高职高专土建类专业规划教材

隧道工程施工技术

主　编： 王万德

副主编： 唐玉勃　王　颀　顾　威

李　勇　李　波　吴美林

参　编： 王　亮　侯献语

主　审： 张　岩

东北大学出版社

· 沈 阳 ·

图书在版编目（CIP）数据

隧道工程施工技术／王万德主编 .— 沈阳：东北大学出版社，2010.9（2020.1 重印）
ISBN 978-7-81102-855-3

Ⅰ.①隧…　Ⅱ.①王…　Ⅲ.①隧道工程—工程施工—高等学校：技术学校—教材
Ⅳ.①U455

中国版本图书馆 CIP 数据核字（2010）第 174834 号

内 容 简 介

本书共 12 章，主要内容包括：绪论、隧道工程的地质环境、隧道设计简介、隧道围岩
分级与围岩压力、隧道构造、隧道施工方法、山岭隧道常规施工、浅埋隧道施工、隧道其
他施工方法、不良地质条件下隧道施工、施工辅助作业、隧道施工组织设计与施工管理。

本书可作为高职高专土建类专业的隧道课程教材，也可作为相关专业工程技术人员的
学习资料或参考书。

出 版 者：东北大学出版社
　　　　　　地址：沈阳市和平区文化路 3 号巷 11 号
　　　　　　邮编：110004
　　　　　　电话：024—83687331（市场部）　83680267（社务室）
　　　　　　传真：024—83680180（市场部）　83680265（社务室）
　　　　　　E-mail: neuph @ neupress.com
　　　　　　http：// www.neupress.com
印 刷 者：沈阳市第二市政建设工程公司印刷厂
发 行 者：东北大学出版社
幅面尺寸：185mm×260mm
印　　张：21.5
字　　数：547 千字
出版时间：2010 年 9 月第 1 版
印刷时间：2020 年 1 月第 5 次印刷
责任编辑：刘宗玉　潘佳宁
责任校对：朗　坤
封面设计：美　明
责任出版：唐敏志

ISBN 978-7-81102-855-3　　　　　　　　　　　　　定　价：58.00 元

前　言

　　本教材以面向企业、面向施工一线培养土建类专业人才为指导思想，针对铁路、公路及市政等隧道工程建设人才培养的需要，按最新铁路、公路隧道设计规范和施工规范要求而编写。内容包括铁路隧道、公路隧道两部分。突出了实践性和实用性，全面系统介绍了隧道构造和施工方面的基本知识，广泛吸取了国内外施工现场的新技术、新方法、新工艺。

　　在教学过程中应根据各专业的特点对教学内容加以适当的调整，并依据隧道施工技术的发展，结合一定的工程实例组织教学。本教材可作为高职高专土建类隧道课程的教学用书，也可供隧道工程技术人员学习参考。

　　本教材由辽宁省交通高等专科学校王万德主编，辽宁省交通高等专科学校张岩主审。参加编写工作的有：王万德（第7章、第8章、第10章）、唐玉勃（第1章、第9章）、王颀（第3章）、顾威（第5章）、吴美林（第12章）、李波（第2章）、李勇（第11章）、侯献语（第4章）、王亮（第6章）。

　　在本书编写过程中得到了中铁九局、中铁十三局、沈阳地铁施工单位与监理单位的领导和同志们的大力支持和帮助，在此一并表示最衷心的感谢！

　　由于篇幅较大，涉及内容较多，加之编者学识和经验所限，书中可能存在错误、疏漏或不妥之处，衷心希望读者对本书提出宝贵意见。

编　者

2010 年 6 月

目　　录

第1章 绪 论

1.1 隧道的定义及其结构组成

1.1.1 有关隧道的基本概念

(1) 隧道，是指一种修建在地层中的地下工程建筑物。1970 年国际经济合作与发展组织召开的隧道会议综合了各种因素，对隧道下了定义：“以某种用途、在地面下用任何方法按规定形状和尺寸修筑的断面大于 $2m^2$ 的硐室。”

(2) 围岩，是指隧道开挖后其周围产生应力重分布范围内的岩体，或指隧道开挖后对其稳定性产生影响的那部分岩体（这里的岩体是土体和岩体的总称）。

(3) 支护，为维护围岩稳定而施作的人工结构。

(4) 衬砌，为控制和防止围岩的变形和坍落，确保围岩的稳定，或为处理涌水和漏水，或为隧道的内空整齐或美观等目的，将隧道的周边围岩覆盖起来的结构体。

1.1.2 隧道结构组成

隧道结构组成是指隧道作为单位工程其结构的组成部分及各部分在总体中所起的作用。

(1) 隧道结构：由围岩、洞身衬砌、洞门、附属设施 4 部分组成。

(2) 围岩：天然结构，是隧道结构的主体，是构成隧道结构的不可替代的部分。

(3) 洞身衬砌：是帮助围岩获得稳定的人工结构部分，分为初期支护（初衬）和二次支护（二衬）。

(4) 洞门：是明暗交界处的结构部分。

(5) 附属设施：包括（铁路隧道）大小避洞或（公路隧道）紧急停车带、洞内排水（沟槽）系统、电力电缆（管槽）系统、辅助系统、辅助通风（巷道）系统。

1.2 隧道的分类

隧道的种类很多，从不同的角度区分，有不同的分类方法。按隧道所处的地质条件来分，可以分为土质隧道和石质隧道；按埋置深度来分，可以分为浅埋隧道和深埋隧道；按隧道所在位置来分，可以分为山岭隧道、水底隧道、城市隧道。但目前比较明确的还是按照隧道的用途划分。习惯上常按隧道的用途划分为交通隧道、水工隧道、市政隧道、矿山隧道 4 类。

1.2.1　按照用途分类

交通隧道、水工隧道、市政隧道和矿山隧道。

1.2.1.1　交通隧道

交通隧道是应用最广泛的一种隧道，其作用是提供交通运输和人行的通道，以满足交通线路畅通的要求，一般有以下几种。

（1）公路隧道，专供汽车运输行驶的通道。

过去，在山区修建公路为降低工程造价，常常选择盘山绕行，宁愿延长距离而避开修建隧道的昂贵费用。随着社会经济和生产的发展，高速公路的大量出现，对道路的修建技术提出了较高的标准，要求线路顺直、坡度平缓、路面宽敞等。因此在道路穿越山区时，出现了大量的隧道方案。隧道的修建在改善公路技术状态、缩短运行距离、提高运输能力、减少事故等方面起到重要的作用。我国修建的秦岭终南山隧道长 18.1km，它的建成将翻越秦岭的道路缩短约 60km，时间减少 2h。

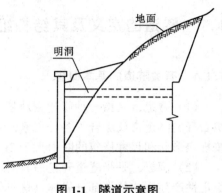

图 1-1　隧道示意图

（2）铁路隧道，专供火车运输行驶的通道。

铁路穿越山岭地区时，需要克服高程障碍，由于铁路限坡平缓，最大限坡小于 24‰（双机牵引），而这些山岭地区限于地形，无法绕行，通常不能通过展线获得所需的高程。此时，开挖隧道穿越山岭是一种合理的的选择，可以使线路缩短，减小坡度，改善运营条件，提高牵引定数。如宝成线宝鸡至秦岭段线路密集地设有 48 座隧道，占线路总延长的 37.75%，可见山区铁路隧道的作用了。

（3）水底隧道，修建于江、河、湖、海、洋下的隧道，供汽车和火车运输行驶的通道。

当交通线路跨越江、河、湖、海、洋时，可以选择的方案有架桥、轮渡和隧道，但架桥受净空的限制，轮渡限制通行量，如果这些矛盾得不到有效的解决，水底隧道是一种很好的方案。水底隧道以不受气候影响，不影响通航，引道占地少，战时不暴露交通设施目标等优点，越来越受到人们青睐，在我国上海和广州分别修建了跨越黄浦江和穿越珠江的水底隧道。其缺点是造价较高。

（4）地下铁道，修建于城市地层中，为解决城市交通问题而修建的火车运输的通道。

地下铁道是在大城市中解决交通拥挤、车辆堵塞的有效途径之一，由于能大量、快速、安全、准时输送乘客，成为大城市解决交通矛盾的有力手段。我国北京、上海、广州等城市已经建成的地下轨道交通系统，为改善城市的交通状况，减少交通事故起到了重要的作用。其他城市，如深圳、南京、青岛、大连、武汉、沈阳、重庆、哈尔滨、成都等正在修建地下铁道。

（5）航运隧道，专供轮船运输行驶的通道。

当运河需要跨越分水岭时，克服高程的有力手段是修建运河隧道，其优点是缩短航程，减少运营费用，河道顺直，航运条件大大改善。

（6）人行隧道，专供行人通过的通道。

一般修建于城市繁华地段穿越街道或跨越铁路、高速公路等行人众多，往来交错，车辆密集，偶有不慎便会发生交通事故的场合。人行隧道的作用是缓解地面交通压力，减少交通事故，方便行人。

1.2.1.2　水工隧道

水工隧道是水利工程和水力发电枢纽的一个重要组成部分。水工隧道包括以下几种。

（1）引水隧道，是将水引入水电站发电机组或为水资源的调动而修建的孔道。

引水隧道引入的水是水电站发电机组的动力源，因此，引水隧道作为引水的建筑工程，一般是内壁承压，但有时只是部分过水，内壁主要受大气压力，而承受水压较小，甚至无水压，故有有压隧道和无压隧道之分。

（2）尾水隧道，用为将水电站发电机组排出的废水送出去而修建的隧道。

（3）泄洪隧道，是用于在洪水期间疏导排泄洪水的隧道。

（4）排沙隧道，它是为冲刷水库中淤积的泥沙而修建的隧道。

排沙隧道是水库建筑物的一个组成部分，其作用是利于排沙隧道把泥沙裹带送出水库。同时也用来检查或修理时，放空水库里的水。

1.2.1.3　市政隧道

在城市的建设和规划中，充分利用地下空间，将各种不同市政设施安置在地下，而修建的地下孔道，称为市政隧道。市政隧道与城市中人们的生活、工作和生产关系十分密切，对保障城市的正常运转起着重要的作用。其类型主要有以下几种。

（1）给水隧道，为城市自来水管网铺设系统修建的隧道。

有序合理地规划和布置与人们生活和生产息息相关的给水管路，是城市市政基础设施的重要任务，要求不破坏市容景观，不占用地面，避免遭受人为的损坏。因此，修建地下孔道来容纳安置这些管道是一种合理的选择。

（2）污水隧道，为城市污水排送系统修建的隧道。

城市的污水，除部分对环境污染严重的采用净化返用或排放外，大部分的污水需要排放到城市以外的河流中去。这就需要有地下的排污隧道。这种隧道一般采用本身导流排送，此时隧道的形状多采用卵形，也可能是在孔道中安放排污管，由管道排污。排污隧道的进口处，多设有拦渣隔栅，把漂浮的杂物拦在隧道之外，不致涌入造成堵塞。

（3）管路隧道，为城市能源供给（煤气、暖气、热水等）系统修建的隧道。

城市中的管路隧道是把输送能源的管路放置在修建的地下孔道中。经过防漏及保温措施处理，能源就能安全地输送到生产和居家的目的地。

（4）线路隧道，为电力通讯系统修建的隧道。

在城市中，为了保证电力电缆和通讯电缆不被人们的活动所损伤或破坏，避免悬挂高空影响市容景观，需要修建专门的地下孔道安置它们。

在现代化的城市中，将以上4种具有共性的市政隧道，按城市的布局和规划，建成一个共用隧道，称为"共同管沟"。共同管沟是现代城市基础设施科学管理和规划的标志，也是合理利用城市地下空间的科学手段，是城市市政隧道规划与修建发展的方向。

（5）人防隧道，是为战时的防空目的而修建的防空避难隧道。

城市中建造人防工程，是躲避战争空袭的需要。人防工程是在紧急情况下，人们避难所用的，因此，在修建时应考虑人生活环境的一般要求，除应设有排水、通风、照明和通讯设备以外，还应考虑贮备饮水、粮食和必要救护设备。在洞口处还需设置防爆、防冲击波装置等。

1.2.1.4　矿山隧道

在矿山开采中，为了能从山体以外通向矿床和将开采到的矿石运输出来，通常修建隧道来实现，其作用主要是为采矿服务，有下列几种。

（1）运输巷道。向山体开凿隧道通到矿床，并逐步开辟巷道，通往各个开采面。前者称为主巷道，为地下矿区的主要出入口和主要的运输干道。后者分布如树枝状，分向各个采掘面。此种巷道多用临时支撑，仅供作业人员进行开采工作的需要。

（2）给水隧道。送入清洁水为采掘机械使用，并将废水及积水通过泵抽排出洞外。

（3）通风隧道。矿山地下巷道穿过的地层，一般都有地下有害气体涌出，采掘机械排出的废气，工作人员呼出的气体，使得巷道内空气变得污浊。如果地层中的气体含有瓦斯，将会危及人身安全。因此，净化巷道的空气，创造好的工作环境，必须设置通风巷道，把有害气体排除出去，补充新鲜空气。

1.2.2　按几何特征分类

1.2.2.1　按照长度等级划分

（1）特长隧道：铁路≥10000m；公路≥3000 m。

（2）长隧道：铁路3000～10000m；公路1000～3000m。

（3）中隧道：铁路500～3000m；公路500～1000m。

（4）短隧道：≤500m。

1.2.2.2　按照开挖隧道断面积等级划分

（1）特大断面隧道：$100m^2$ 以上。

（2）大断面隧道：$50～100m^2$。

（3）中等断面隧道：$10～50 m^2$。

（4）小断面隧道：$3～10 m^2$。

（5）极小断面隧道：$3 m^2$ 以下。

1.3　隧道的发生和发展历史

原始时代：人类出现到公元前 3000 年的新石器时代，是人类利用隧道来防御自然威胁的穴居时代。隧道用兽骨等工具开挖，修筑在可以自身稳定而无须支撑的地层中。

远古时代：从公元前 3000 年到 5 世纪，是为生活和军事防御目的而利用隧道的时代。这个时代隧道的开发技术形成了现代隧道开发技术的基础。例如，古埃及金字塔的建设就修建了地下建筑。公元前 2200 年间的古代巴比伦王朝为连接宫殿和神殿而修建了约 1km 长的隧道，断面为 3.6m×4.5m，施工期间将幼发拉底河水流改道，采用明挖法建造，该隧道是一种砖砌建筑。

中世纪时代：约从 5 世纪到 14 世纪的 1000 年左右。这个时期正是欧洲文明的低潮期，建设技术发展缓慢，隧道技术没有值得一提的进步。但由于对地下矿产资源铜、铁等的需求，开始了矿石开采。

近代和现代：从 16 世纪以后的产业革命开始。这个时期由于炸药的发明和应用，加速了隧道技术的发展。如有益矿物的开采，灌溉、运河、公路和铁路隧道的修建以及随着城市的发展修建地下铁道、上下水道等，使得隧道技术得到极大的发展，其应用范围迅速扩大。

1.4　隧道工程技术的发展与成就

1.4.1　世界隧道工程建设简史

从各国不同时期建成的具有代表性的隧道工程，可以摸清世界隧道工程历史的脉络。最著名的隧道工程有：日本于 1984 年建成的穿越津轻海峡的青森—函馆的海底铁路隧道（长 53.85km，铁路隧道 + 平行导坑）；英、法两国于 1991 年联合建成的穿越英吉利海峡加来—多佛的海底隧道（长 49.6 km，2 座铁路单线隧道，1 座服务隧道）；瑞士、意大利于 1906 年和 1921 年建成的米兰—伯尔尼穿越阿尔卑斯山的辛普伦 I 号、II 号山岭隧道（两座铁路单线隧道，长 19.8 km 和 19.82 km）。这些长大隧道工程，其结构和地质条件之复杂，应用技术之多，规模之大，投入的人力、物力、财力之巨，耗时之长，无不代表着 20 世纪世界隧道施工的领先水平。

1.4.2　中国隧道工程建设的简史

中国隧道工程建设历史也较悠久，我国最早建成的铁路隧道是 1907 年由詹天佑主持建成的京张铁路八达岭隧道。20 世纪后半叶，随着改革开放政策的实施和经济的发展，在各种复杂地质条件下建成了一大批长大铁路隧道、公路隧道、输水隧道、城市地铁，标志着我国隧道建设在工程设计、施工技术、工程质量、施工管理、施工速度、成本控制方面都有了长足的进步和发展。

我国拥有的铁路隧道总长已超过 4000km，居世界第一位。随着我国公路建设的发展，特别是高等级公路在我国的兴起，我国公路隧道在数量和规模上有了很大发展，特别是在复杂地质条件下的修建技术，有了很大提高。

我国已建成的长度超过 3km 的公路隧道见表 1-1。世界各国已建成的长度大于 10km 的公路隧道见表 1-2。

表 1-1　　　　　　　　　　我国已建成的 3km 以上的公路隧道概况

隧道名称	隧道长度/m	营运条件
大溪岭隧道	4100	双向、双车道
二郎山隧道	4160	单向、双车道
华蓥山隧道	4770	单向、双车道
鹧鸪山隧道	4400	单向、双车道
木鱼槽隧道	3600	双向、双车道

续表 1-1

隧道名称	隧道长度/m	营运条件
八达岭隧道	3455	双向、双车道
真武山隧道（重庆）	3100	单向、双车道
中梁山隧道（重庆）	3165	单向、双车道
牛郎河隧道	3920	单向、双车道
猫狸岭隧道	3600	单向、双车道
秦岭终南山隧道	18100	双洞、单向、双车道

表 1-2　　　　　　　　世界各地已建成的长度大于 10km 的公路隧道

隧道名称	国　　家	长度/m
勃朗峰（Mt.Blance）	法国，意大利	11600
弗雷儒斯（Frejus）	法国，意大利	12901
圣哥达（St.Gothard）	瑞　　士	16918
阿尔贝格（Arlberg）	奥地利	13927
格兰萨索（Gran Sasso）	意大利	10173
关越Ⅰ（Kan-Etsu）	日　　本	10920
关越Ⅱ（Kan-Etsu）	日　　本	11010
居德旺恩（Gudvanga）	挪　　威	11400
Folgefonn	挪　　威	11100
Aurland Laerdal	挪　　威	24500
坪林（Pinglin）	中国台湾	12900
Hida	日　　本	10750
秦岭终南山隧道	中　　国	18100

1.5　隧道工程有关设计施工方面的基本知识

1.5.1　隧道工程设计

隧道工程设计，是指出于开拓并持续安全应用地下通道空间的目的，勘察地形、地质、地物等环境条件，确定隧道位置，并根据隧道围岩自稳能力的强弱，选择确定为保持隧道稳定所需提供帮助的多少——需要的加固范围，以及选择确定支护的材料种类、结构形式、力学性能、参与时机、施作方法、监测方法、质量标准等支护技术参数，并评估支护的有效性和经济性的一系列工程规划活动。

隧道工程设计阶段可分为建筑设计、结构设计、施工设计 3 个阶段。各阶段设计内容为：

隧道建筑设计包括选择隧道方案，确定隧道位置、洞口位置，隧道平面、纵断面及横断面设计。

　　隧道施工设计包括施工方案选择、施工方法选择、施工技术选择、量测监控方法选择、施工程序设计以及施工质量控制措施、施工安全控制措施、环境保护措施的制定等。

1.5.2　隧道工程施工

　　隧道工程施工是指按照规定的使用目的、设计要求、技术标准，使用适当的人员、资金、机械、材料，运用适当的施工方法、施工技术和施工管理，在指定的地层中修建隧道及地下硐室建筑物的建筑活动。

1.5.3　隧道施工方法

　　(1) 隧道施工方法分类：一般可分为明挖法和暗挖法两类。

　　明挖法适用于浅埋隧道的施工。此种方法的特点是先从地面将隧道上方及内部地层挖开，形成壕堑，然后在壕堑中修建衬砌，再在衬砌顶部进行土石回填。在修建浅埋隧道的地下铁道时亦常采用明挖法施工。

　　暗挖法施工的特点是先在地层中按需要的形状和尺寸开挖出一个孔洞，然后在其中修建衬砌。常用的暗挖法有矿山法、掘进机法和盾构法 3 种。

　　矿山法是用一般地下开挖方法来进行隧道施工。当隧道穿经岩石地层时，通常均用钻眼爆破的方法进行开挖，在进行必要的临时支护及清除开挖出来的石渣之后，再修建永久性支护结构——衬砌。隧道的横断面视具体条件可分为几部分挖成，亦可一次挖成。由于这种方法与矿山地下巷道的施工方法相类似，故常称之为矿山法。

　　掘进机法是采用掘进机来进行隧道开挖的。在石质地层修建圆形断面的隧道时，常用全断面隧道掘进机 (TBM)，像钻孔一样，一次便将隧道整个断面钻凿成形。掘进机除了具有掘进功能外，还兼有装渣及自动推进的功能。

　　在水底隧道、城市地铁隧道和上下水隧道的建设中，由于经常通过松软的甚至含水的土层，一般采用盾构法施工。盾构是一种兼有推进、防护、安装和掘进功能的壳体隧道开挖机。按其功能不同，可分为普通盾构、机械化盾构、气压盾构及泥水加压盾构等多种。

　　除了上述同类施工方法外，修建水底隧道时还采用沉埋法等特殊的施工方法。

　　(2) 目前在公路、铁路、水底隧道中常用的施工方法。

　　① 矿山法 (爆破法)；

　　② 掘进机法 (非爆破法)；

　　③ 浅埋及软土隧道施工方法：明挖法及浅埋暗挖法、地下连续墙法、盖挖法、盾构法；

　　④ 水底隧道施工方法：预制沉管法、盾构法。

1.5.4　隧道工程施工技术

　　隧道工程施工技术，主要是研究解决隧道工程各种施工方法所需的技术方案和技术措施，特殊地质、不良地质地段的施工手段，隧道工程施工过程中的爆破、支护、通风、出渣、防尘、防瓦斯、防有害风体，以及照明、风、水、电的作业方式及操作技术标准和要求，围岩变化的量测监控方法等。

1.5.5　隧道工程施工要点

隧道工程施工必须坚持的施工要点如下。

（1）施工过程中爱护围岩和保护围岩。

施工过程中不损伤或少损伤遗留围岩的固有支护能力，可以通采用机械开挖技术和控制爆破技术予以解决；另一方面可以采用支护技术、加固或预加技术以及各种辅助施工技术增强围岩的自支护能力等。

（2）隧道圬工工程做到内实外美。

隧道圬工工程是指混凝土、喷混凝土、干砌和浆砌工程。

内实关键是保证"六密实"，即混凝土捣固要密实、喷射混凝土要密实、喷混凝土与围岩结合要密实、二次衬砌与初期支护要密实、喷射混凝土与钢结构、围岩三者要密实、回填石料要密实。外美即混凝土外露表面要美。其中，内实是关键。

（3）隧道施工要重视环境。

隧道施工环境包括内部环境和外部环境。内部环境指隧道施工作业的环境。由于隧道施工空间小，多工种同时施工对作业环境产生污染，直接危害施工人员的身心健康，因此施工过程中需不断改善作业环境。外部环境，是指隧道施工对周边环境的影响。如施工污水、弃渣处理，施工噪声扰民等。重视环境保护是社会进步的要求，环境技术是随着社会发展而发展的，在隧道施工过程中许多标准要求是根据环境保护的要求而制定的。

（4）隧道施工是动态施工。

隧道施工过程中的地质条件是不断变化的，其岩石的力学状态也是不断变化的，施工过程的地质不可能一成不变。要求施工工作者在施工过程中采用不同的施工方法和技术，以适应这种变化的状态。隧道施工决策是建立在施工阶段的地质技术、围岩的量测技术、质量控制基础之上的，充分体现了动态施工的基本含义。

1.6　隧道工程的发展前景及需要解决的难题

1.6.1　隧道工程发展前景

我国是幅员辽阔、地质复杂、多山的发展中国家，随着我国市场经济的发展，高速公路已从沿海地区向西部山区延伸，公路隧道的数量和建筑规模越来越大。交通设施、水电供应越来越成为制约一个地区经济发展的瓶颈所在。隧道的发展也是我国国民经济发展、国家西部大开发战略、开展通海战略的迫切需要。各种用途的地下工程的大力发展，能够有效地缓解经济发展带来的国土资源紧张的矛盾。充分利用城市地下资源，建设各类地下工程是城市经济高速发展的客观需要。我国地下工程的建设，特别是东部经济发达地区和大中城市，将迎来建设高潮。

1.6.2　隧道工程发展方向

在 21 世纪初，展望隧道及地下工程施工技术的发展前景和方向，隧道及地下工程界，尤其是隧道施工企业应着重开展的研究工作包括以下几个方面：

（1）加强对施工中隧道地质勘探和预报技术的研究；

（2）加强对围岩动态量测技术及预报分析技术的研究；

（3）加强对隧道施工机械化与成本关系的研究；

（4）加强对山岭隧道掘进技术的研究；

（5）加强对初期支护技术及其耐久性的研究；

（6）加强对提高内层衬砌施工速度及其整体性、防水性能的研究；

（7）加强对注浆加固（地层改良）技术的应用研究；

（8）加强对隧道施工现代管理方法的应用研究；

（9）促进勘察、设计、施工一体化趋势。

1.6.3 隧道工程需要解决的难题

隧道围岩力学性质与围岩破坏的关系；计算模型和计算理论如何与实际相符；施工技术水平与经济效益的提高；隧道设计施工管理水平与经济效益的提高。

第2章　隧道工程的地质环境

2.1　隧道工程的特点

　　隧道和地面结构物如房屋、桥梁、水坝等一样，也是一种结构体系。但两者之间在赋存环境、力学作用机理等方面都存在着明显的差异。正确地认识和掌握地质环境对隧道结构力学行为的作用和影响，是合理地进行隧道结构体系设计、施工的前提和基础。地面结构体系一般都由结构和地基所组成，地基在结构底部起约束作用，除了自重外，荷载都来自外部，如人群、车载、水力、风力，等等（见图2-1 (a)）。而地下结构是由周边围岩和支护结构两者共同组成并相互作用的结构体系，即地下结构＝支护结构＋周边围岩；其中以地层为主，各种围岩都是具有一定程度的自支承能力的介质，也就是说，周边围岩在很大程度上是地下结构承载的主体，支护仅用来约束地层，不使它产生过大的变形而破坏、坍塌。在地层稳固的情况下，体系中甚至可以不设支护结构而只留下地层，如我国陕北的黄土窑洞。

　　地下结构所承受的荷载又主要来自结构体系的本身——地层，故称为地层压力或围岩压力。所以说，在地下结构体系中，地层既是承载结构的基本组成部分，又是造成荷载的主要来源（见图2-1 (b)），这种合二为一的作用机理与地面结构是完全不同的。

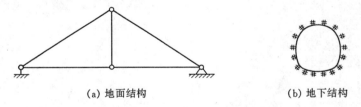

（a) 地面结构　　　　　　　　　　　　（b) 地下结构

图 2-1　结构物与地层关系

　　在隧道工程这样的地下结构中，地层起主导作用。隧道工程的一切活动（包括：能否顺利地建成，使用中是否会出现问题，以及工期长短，投资多少等）无一不与隧道所在区域的地层条件，也就是它所赋存的地质环境息息相关。

　　有些隧道在开挖期间产生大规模坍方，造成施工困难，甚至使工程报废。有些隧道在运营期间出现洞体开裂破坏，严重影响行车安全，要求采取复杂的治理措施。产生这些问题往往都是由于地质环境因素所造成的，当然施工方法不当、工程措施不力也可能是一个重要原因。因此，了解和认识地质环境，研究它在工程建设活动中的变化，制定有力的工程措施，使这种变化不危及隧道的安全，是隧道工程勘测、设计和施工中的头等大事，应当受到充分重视。

　　隧道工程所赋存的地质环境的内涵很广，包括地层特征、地下水状况、开挖隧道前就存在于地层中的原始地应力状态以及地温梯度等。

对隧道工程来说，最关心的问题则是地层被挖成隧道后的稳定程度。这是不言而喻的，因为地层稳定就意味着开挖隧道所引起的地层向隧道内的变形很小，而且在较短的时间内就可基本停止，这对施工过程和支护结构都是非常有利的。

地层被挖成隧道后的稳定程度称为隧道围岩的稳定性，这是一个反映地质环境的综合指标。所以说，研究隧道工程地质环境问题，归根到底就是研究隧道围岩的稳定性问题，它包括隧道围岩破坏或稳定的规律、影响围岩稳定的主要因素、标志围岩稳定性的指标和判断准则、分析围岩稳定性的方法以及为维护围岩稳定而必须采取的工程措施（如施工程序和方法，支护结构的类型、数量和架设时间等）。

长期以来，人们对隧道工程地质环境，也就是围岩稳定性问题的认识和处理，主要是以过去的工程经验为依据，虽然也有一些理论分析方法，但都没有很好地考虑围岩的这种合二为一的作用机理，因而不可能得到符合客观实际的认识。

科学的方法应该从围岩变形与破坏的根本作用力——围岩的原始地应力——出发，结合围岩的工程性质，施工对地层原始状态干扰和破坏的程度等进行综合研究，并根据围岩与支护结构共同作用，用围岩为主的观点来制定施工程序和进行支护结构设计。

由于岩体力学、试验技术以及电子计算机的发展，人们对上述问题的认识有了一个飞跃，正从以经验为主的工程类比向科学理论和定量计算过渡。

诚然，由于围岩的性质十分复杂，人们所设计的力学模型还不能完全反映出围岩的真实性态，确定围岩特征参数的试验技术还不能满足工程精度要求，因此，当前的理论分析结果还达不到十分准确的水平。

但不能因此而否定理论分析的价值，因为理论分析结果可以作为定性解释的依据，还可以用来研究在各种参数变化时，围岩稳定和支护受力状态的限值范围。而且，随着科学技术的发展，理论分析的结果将越来越接近真实情况。

2.2　隧道工程地质调查与勘测

2.2.1　隧道勘察阶段的划分

隧道勘察阶段可划分为可行性研究勘察、初步勘察和详细勘察。

2.2.1.1　可行性研究勘察

可行性研究包括预可行性研究和工程可行性研究。

预可行性研究中的勘察主要侧重于收集与研究已有的文献资料；而在工程可行性研究中，需在分析已有资料的基础上，通过踏勘，对各个可能方案作实地调查，并对不良地质地段等重要工点进行必要的勘探，大致查明地质情况。

2.2.1.2　初步勘察

初步勘察是在批准的工程可行性研究报告推荐建设方案的基础上，在初步选定的路线内进行勘察，其任务是满足初步设计对资料的要求。根据工程地质条件，优选路线方案，在路线基本走向范围内，对可能作为隧道线位的区间进行初勘，重点勘察不良地质地段，以明确隧道能否通过或如何通过。提供编制初步设计所需全部工程地质资料。

初勘工作步骤：可按收集资料、工程地质选定隧道线位、工程地质调绘、勘探、试验、资料整理等顺序进行。

（1）收集资料：初勘也应收集已有资料，包括可行性研究报告，取得隧道所在位置的初步总平面布置地形图及有关工程性质、规模的文件。

（2）工程地质选定隧道线位：初勘工作的任务是选择经济合理、技术可行的最优隧道位置方案。当测区内的工程地质条件比较复杂，如区域地质的稳定条件差，有不良地质现象，尤其应注意工程地质选线工作。首先应从工程地质观点来选定隧道线位的概略位置，然后充分研究并掌握沿线的工程地质条件，尽可能提出有比较价值的方案进行比较，将隧道选定在地质情况比较好的区间内，以避免在详测时因工程地质问题发生大的方案变动。

（3）初勘资料整理：整理工程地质勘察的原始资料，包括调查、测绘、勘探、试验等资料，按有关规定填写，并进行复核与检查。提交的资料包括图件、文字等资料，要求清晰准确，并符合有关规定和设计文件编制办法的规定。

2.2.1.3　详细勘察

（1）详勘的目的：是根据已批准的初步设计文件中所确定的修建原则、设计方案、技术指标等设计资料，通过详细工程地质勘察，为线位布设和编制施工图设计提供完整的工程地质资料。

（2）详勘的任务：是在初勘的基础上，进行补充校对，进一步查明沿线的工程地质条件，以及重点工程与不良地质区段的工程地质特征，并取得必需的工程地质的数据，为确定隧道位置的施工图设计提供详细的工程地质资料。

（3）详勘工作步骤：可按准备工作、沿线工程地质测绘勘探、试验、资料整理等顺序进行。由于详勘工作需在初勘的基础上进一步查明隧道中线两侧的工程地质条件和不良地质区段的主要工程地质问题，因此详勘工作更为详细深入。最后提交的资料深度应满足施工图设计的需要。

2.2.2　隧道勘察的主要方法

隧道勘察的方法，主要有收集与研究既有资料，调查与测绘、勘探，试验与长期观测等几种。随着科学技术的进步，越来越多的新技术在隧道勘察工作中得到发展和应用。

2.2.2.1　收集研究既有资料

隧道工程地质勘察各阶段的准备工作，是根据勘测任务的要求，配备必要的专业人员，收集及研究有关资料，了解现场情况，并做好勘察仪器等的准备。其中，收集和研究隧道所处地区既有的有关资料，不仅是外业工作之前准备工作的重要内容，也是隧道勘察的一个主要方法。

收集的资料一般应包括以下几个方面的内容。

（1）地域地质资料，如地层、地质构造、岩性、土质等；

（2）地形、地貌资料，如区域地貌类型及主要特征，不同地貌单元与不同地貌部位的工程地质评价等；

（3）区域水文地质资料，如地下水的类型、分带及分布情况，埋藏深度、变化规律等；

（4）各种特殊地质地段及不良地质现象的分布情况，发育程度与活动特点等；

（5）地震资料，如沿线及其附近地区的历史地质情况，地震烈度、地震破坏情况及其与地貌、岩性、地质构造的关系等；

（6）气象资料，如气温、降水、蒸发、积雪、冻积深度及风速、风向等；

（7）其他有关资料，如气候、水文、植被、土壤等；

（8）工程经验、区内已有公路、铁路等其他土建工程的工程地质问题及其防治措施等。

2.2.2.2　调查与测绘

调查与测绘是工程地质勘察的主要方法。通过观察和访问，对隧道通过地区的工程地质条件进行综合性的全面研究，将查明的地质现象和获得的资料，填绘于有关的图表与记录本中，这种工作统称为调查测绘（调绘）。隧道工程地质测绘，一般可在沿线两侧带状范围内进行，通常采用沿线调查的方法，对不良地质地段及地质条件复杂的路段，应扩大调绘范围，以提出完整可靠的地质资料。

（1）工程地质调查。

① 直接观察。直接观察是工程地质调查最重要最基本的方法，主要利用自然迹象和露头，进行由此及彼、由表及里的观察分析工作，以达到认识路线隧道通过地带工程地质条件的目的。

在隧道工程地质调查中，常采用地貌学和植物学的方法观察分析有关自然现象。前者根据地貌的形态特征，推断其形成原因和条件，并评价其工程地质条件；后者根据植物群落的种属、分布及其生态特征，推断当地的气候、土质及水文地质等条件。

② 访问群众。访问当地群众是工程地质调查常用的方法。

为使调查访问获得较好的结果，一般应注意以下几点：

（a）选择合适的对象。通常应是年纪长的，对所调查的问题有切身经历的人，要多找几个，以避免出现错误；

（b）进行仔细的询问，认真听取各处意见。需要到现场边看边问；

（c）应对所提供的情况进行核对、分析和判断。

（2）工程地质测绘。

测绘的比例尺可在以下范围内选用：可行性研究阶段 1:5000～1:50000；初勘阶段 1:2000～1:10000；详勘阶段 1:200～1:2000。下面分两种情况说明。

① 无航测资料时：工程地质测绘主要依靠野外工作，为此需要讲究测绘方法与量测精度，以求用较少的工作获得符合要求的结果。

标测方法：根据不同比例尺的精度要求，对观察点、地质构造及地质界线等的标测方法有以下 3 种。

（a）目测法。根据地形、地物目估或步测距离。目测法适用于小比例尺的工程地质测绘。

（b）半仪器法。用简单的仪器（如罗盘、仪器、气压计等）测定方位和高程，用徒步式测绳量距离。此方法适用于中比例尺的工程地质测绘。

（c）仪器法。仪器法是用测量仪器测定方位和高程的方法，此方法适用于大比例尺的工程地质测绘以及重要地质点。

测绘精度的要求：相当于测绘底图上宽度不小于 2mm 的地质现象应尽量标绘在图上；具有重要工程意义的地质体，即使小于图上 2mm 的宽度也应以扩大比例尺的方法标绘在图上；相反，对于工程意义不大的且相近的几种地质体可合并标绘。

工程地质测绘的基本方法有以下几种。

（a）路线法。沿着一些选择的路线穿越测绘场地，并把观测路线和沿线查明的地质现象，地质界线填绘在地形图上。路线形式有直线形式与"S"线形等。一般用于各类的比例尺测绘。

（b）布点法。根据地质条件复杂程度和不同的比例尺，预先在地形图上布置一定数量的观测点及观测路线。布点适用于大、中比例尺测绘。

（c）追索法。沿地层、构造和其他地质单元界线布点追索，以便查明某些局部的复杂构造。追索法多用于中、小比例尺测绘。

隧道工程地质测绘的路线法：采用路线法测绘的两个关键的环节，是观测路线的布置和观测点的选择。

（a）观测路线的布置除应沿隧道中线进行调查测绘外，尚应在路线及两侧布置观测路线，以求在需要测绘的范围内获得足够的资料绘制工程地质图。

（b）观察点的选择应根据观察的目的和要求进行选择。例如，为了研究地貌、地质界线、不良地质现象等不同的目的，考虑分别设置观察点。

② 有航摄资料时。遥感技术是根据电磁波辐射（发射、吸收、反射）的理论，应用各种光学、电子学探测器，对远距离目标进行探测和识别的综合技术，可用于工程地质调查测绘。

地质体不但在光照条件下能反辐射能，自身也能不断发射出辐射能。地质体在不同波长处，反射或发射电磁辐射的本领是不同的。这种辐射能够随波长改变而改变的特性称为地质体的波谱特性。对这种辐射能以波长为参数记录下来就得到该地质体的波谱分布，不同地质体有其特定的波谱分布，这是遥感技术识别目标的根据。遥感技术对地质体进行探测和识别就是以各种地质体对电磁波辐射的反射或发射的不同波谱分布作为理论基础的。

下面概要介绍航摄资料用于绘制工程地质图的方法。

（a）主体镜判释：立体镜是航空相片立体观察仪器。利用判断标志，结合所需掌握的区域地质资料，将判明的地层、构造、岩性、地貌、水文地质条件，不良地质现象等，调绘在单张相片上，并据以确定需要调查的地点和路线。

（b）实地调查测绘：对判释的内容，通过实地调查测绘进行核对，修改与补充。重要的地质点应刺点纪录。

（c）绘制工程地质图：根据地形、地貌、地物的相对位置，将测绘在相片上的地质资料，利用转绘仪器绘制于等高线图上，并进行野外核对。

（3）调查测绘内容。基本内容包括以下几个方面。

① 地形、地貌。地形、地貌的类型、成因、特征与发展过程；地形、地貌与岩性、构造等地质因素的关系；地形、地貌与工程地质条件的关系。

② 地层、岩性。地层的层序、厚度、时代、成因及分布情况；岩性、风化程度及风化层厚度。

③ 地质构造。断裂、褶曲的位置、构造线走向，产状等形态特征和地质力学特征；岩层的产状和接触关系，软弱结构面的发育情况及其与路线的关系，对路基的稳定影响等。

④ 第四纪地质。第四纪沉积物的成因类型，土的工程分类及其在水平与垂直方向上的

变化规律；土的物理、水理、化学、力学性质；特殊土及地区性土的研究和评价。

⑤ 地表水及地下水。河、溪的水位、流量、流速、冲刷、淤积、洪水位与淹沿情况；地下水的类型、化学成分与分布情况，地下水的补给与排泄条件，地下水的埋藏深度，水位变化规律与变化幅度，地面水及地下水对隧道工程的影响。

⑥ 特殊地质、不良地层。各种不良地质现象及特殊地质问题的分布范围、形成条件、发育程度、分布规律及其对隧道工程的影响。

⑦ 地震。根据沿线地震基本烈度的区域资料，结合岩性、构造、水文地质等条件，通过访问、确定大于 7 度的地震烈度界线。

⑧ 工程经验。对所在地区既有地下工程及其他建筑物的稳定情况和工程措施进行调查访问，以便借鉴。

2.2.3　隧道勘察的主要手段

在隧道工程勘察中，当需查明岩土的性质和分布，从地下采取岩土样供室内试验测定岩土的物理力学性质可采用挖探、钻探、地球物理勘探等勘探方法进行。下面介绍几种常用方法。

2.2.3.1　挖　探

① 坑探，用机械或人力垂直向下掘进的土坑，或者称为试坑，深者称为探井。坑探断面根据开口形状可分为圆形、椭圆形、方形、长方形等。其断面积有 1m×1m，1.5m×1.5m 等不同的尺寸。它的选用是根据土层性质、用途及深度而定。坑探深一般为 2～3m。

② 槽探，挖掘成狭长的槽形，其宽度一般为 0.6～1.0m，长度视需要而定，深度通常小于 2m，槽探适用于基岩覆盖层不厚的地方，常用来追索构造线，查明坡积层、残积层的厚度和性质，揭露地层层序等。槽探一般应垂直于岩层走向或构造线布置。

2.2.3.2　简易钻探

简易钻探是工程地质勘探中经常采用的方法。其优点是工具轻、体积小、操作方便，进尺较快，劳动强度较小。缺点是不能采取原状土样或不能取样，在密实或坚硬的地层内不易钻进。常用的简易钻探工具有小螺纹钻、钎探、洛阳铲等。

① 小螺纹钻勘探。小螺纹钻的钻具结构包括螺纹钻头和钻杆等，用人工加压回转钻进，适用于黏性土及亚砂土地层，可以取得扰动土样。钻探深度小于 6 m。

② 钎探。钎探又称锥探，是用钎具向下冲入土中，凭感觉探查疏松覆盖层的厚度或基岩的埋藏深度。探深一般可达 10 m 左右。常用来查明黄土陷穴、沼泽、软土的厚度及其基底的坡度等。

③ 洛阳铲勘探。洛阳铲勘探是借助洛阳铲的重力冲入土中，钻成直径小而深度较大的圆孔，可采取扰动土样。冲进深度一般为 10m，在黄土层中可达 30m 以上。

2.2.3.3　钻　探

在工程地质勘察工作中，钻探是广泛采用的一种最重要的勘探手段，它可以获得深部地层的可靠地质资料。一般是在挖探，简易钻探不能达到目的时采用。为了保证工程地质钻探工作质量，避免漏掉或寻错重要的地质界面，在钻进过程中不应放过任何可疑的地方，对所获得的地质资料进行准确的分析判断。用地面观察所得的地质资料来指导钻探工作，校核钻探结果。

根据钻进时破碎岩石的方法，钻探可分为：

① 冲击钻进；

② 回转钻进；

③ 冲击回旋钻进；

④ 振动钻进。

2.2.3.4 地球物理勘探

凡是以各种岩土物理性质的差别为基础，采用专门的仪器，观测天然或人工的物理场变化，来判断地下地质情况的方法，统称为物理勘探。

物理勘探可分为电法勘探、电磁法勘探、地震勘探、声波探测、重力勘探、磁力勘探与放射性勘探等。在隧道工程地质中，较常用的有电法勘探，地震勘探、地质雷达勘探等。

电法勘探是通过仪器测定岩、土导电性的差异来判断地下地质情况。当地层间具有一定的导电性差异，所测地层具有一定的长度、宽度和厚度，相对的埋藏深度不太大；地形较平坦，游散电流与工业交流电等干扰因素不大时，电法勘探能取得较好的效果。

地震勘探是根据岩、土弹性性质的差异，通过人工激发的弹性波的传播，来探测地下地质情况的一种物探方法。地震勘探直接利用岩石的固有性质（密度与弹性），较其他物探方法准确，且能探测很大深度。在工程地质勘探中主要用于：①探测覆盖层的厚度、岩层的埋藏深度及厚度，断层破碎带的位置及产状等；②研究岩石的弹性，测定岩石的弹性系数等。

地质雷达（电磁法勘探）是利用高频电磁脉冲波的反射，探测地层构造和地下埋藏物体的电磁装置，故又称探地雷达，通过发射天线向地下辐射宽带的脉冲波，在地下传播中遇到不同介质的介电常数和导电率存在差异时，将在其分界面上发生反射，返回地表的电磁波被接收天线接收，根据接收的回波来判断目标的存在，并计算其距离和位置，可用于空中，地面与井中探测，但主要用于地面。

2.2.4 地质勘察

山岭隧道是修建在天然地层中的建筑物，它从位置选择到具体设计，直到施工，均与地质条件有密切关系。

地质条件包括岩层性质、地质构造、岩层产状、裂隙发育程度及风化程度，隧道所处深度及其与地形起伏的关系、地层含水程度、地温及有害气体情况、有无不良地质现象及其影响等。在隧道的勘察中，应十分注意工程地质工作。隧道的勘察一般都采用两阶段勘测，即初步勘察与详细勘察。

对地形地质条件简单中、短隧道采用一阶段勘测，但勘测工作应按相应的要求和深度，提供施工图设计所需资料。地形地质条件特别复杂的长大隧道也可采用多阶段勘测。但为配合整个路线勘察工作，隧道勘察宜与路线勘测阶段相当。

2.2.4.1 初步勘察

(1) 目的和任务。

初勘阶段的工作是为选择隧道方案作出工程地质论证。因此，对各个隧道方案，必须有计划地进行现有地质资料的搜集和现场实地调查测绘，以取得充足的第一手资料。

初勘的任务，首先是选择隧道位置。根据初勘结果初步确定隧道通过地带的围岩类别。根据围岩分类可以大致确定隧道开挖难易，采用施工方法，支护类型以及设计所需参数。通过初勘为隧道的初步设计提供必要的地质资料。

（2）基本内容。

初勘与详勘在基本内容方面没有明确划分的界限。初勘一般通过测绘，查明控制隧道方案的主要工程地质问题，得出定性评价，而深入细致的定量工作，则在详勘阶段完成。

① 地形、地貌。了解隧道通过地带的自然地理概况，查明有关控制点的海拔。地形、地貌是构造内力及外界影响长期作用的结果。地质构造运动结合外界气候、水文、植被及人类活动长期相互作用，往往会产生相应的地形、地貌特征。地质构造及其岩性是形成地形、地貌的主要条件。

② 地质构造。地质构造表现的形态有：单斜、褶曲、断层、节理、劈理及其他面状、线状构造等。需查明其组合方式。地下水的活动和富集，也与地质构造密切相关。

③ 地层岩性。查明隧道通过区域的地层层序、岩性、成因、年代、产状、状态、分布规律及其接触关系、接触面特征；岩层风化破碎程度及抗风能力的强弱。沉积岩、层状岩浆岩、区域变质岩一般具有层状结构。地层界面一般按岩性岩相所显示的特征即按岩石种类、名称、矿物成分、颗粒大小、空隙状态及结构颜色等来区分。

④ 特殊地质、不良地质。特殊地质、不良地质地区，须查明发生发展的原因、类型、范围，并推断其今后的发展趋势对隧道的影响，提出整治意见及初步设计所需的资料。岩堆、崩塌、滑坡、泥石流、冰川、雪崩、积雪、多年冻土、泥沼、软土、黄土、膨胀土、盐渍土、沙漠、岩溶等地区的初勘按相应勘测规定办理。

（3）初勘主要手段。

初勘阶段主要以调查和测绘为主，配合物探，并充分利用以往地质资料，只有当不进行钻探，试验工作不足以说明地质情况而影响方案的选定时，才进行代表性的钻探试验工作。

（4）初勘应提交的资料。

初勘野外工作结束后，应在现场进行初步资料整理，并做好检校工作。文字说明的提纲，图表的底图，勘察及各项调查等原始资料的分析整编，应在工地完成。

最后提供下列资料：

隧道工程地质说明书，对地质工作作一扼要叙述，并作出评价；

提出对隧道初步设计的各项建议及以后详测应进行的工作；

隧道工程地质平面图，图上应填绘物探、钻探等平面布置及挖探点位置，比例尺为 1：2000～1：5000；

隧道工程地质纵断面图，图中应标明勘探点，若进行震探时，则应标明岩层的弹性纵波波速，比例尺为 1：500～1：5000；

洞口、洞身工程地质横断面图，应标明勘探点，若进行震探时，则应标明岩层的弹性纵波波速，比例尺为 1：200～1：500；

提供钻孔地质柱状剖面图；

试验资料汇总表；

航空照片地质解释资料及工程地质照片、野外素描图等。

严重影响隧道方案的特殊地质、不良地质地区，应编制专项资料。

2.2.4.2　详细勘察

(1) 详勘的目的是根据批准的初步设计,对已选定的隧道位置进行详细的工程地质勘察,为编制隧道的施工图提供工程地质资料。

(2) 详勘的主要任务是对隧道所在区的地形、地貌(包括洞外接线),工程地质特征及水文地质条件作出正确的评价;分段确定隧道洞身的围岩类别;由于隧道地质情况千变万化,要求详勘时根据地质变化提供相应的施工设计资料及建议。

(3) 详勘工作的内容:是在初勘的基础上开展进一步深入细致的工作,着重查明和解决初勘时未能查明解决的地质问题,补充、核对初测时的地质资料。对初勘时建议深入调查、勘探的重大复杂地质问题应作出可靠的结论。应根据地质特征,着重分析隧道围岩的稳定性及洞口斜坡的稳定性。正确评价和预测隧道区的工程地质、水文地质条件及其发展趋势,提供设计、施工所需的定量指标,以及设计施工应注意的事项和整治措施意见。

(4) 详勘的方法和手段:主要有调绘、物探、钻探等。地质调绘的范围、测点,物探网的网、线、点的范围和布置,物探方法的运用,坑探、槽探的位置等应与初勘时未能查明的地质条件或沿隧道轴线方向有复杂的地质问题的地段相适应,以期进一步查明和补充校核。钻探主要用于:有丰富地下水,洞顶沟谷有覆盖层,且洞身埋藏较浅;洞身穿过古河谷;地质构造较复杂,且有软弱夹层,地下水通道面及其他软弱结构面;特殊地质、不良地质影响隧道严重时;露头缺乏,覆盖层较厚,且在较大范围内未能取得物探解释的可靠对比资料,无法鉴定隧道通过部分的围岩类别时。上述钻探区域,钻探位置、孔深、孔数及取样等应按不同地质问题的需要而定,在隧道中线上一般应布置钻孔。

(5) 详勘应提交的资料:详勘野外工作结束后,原始记录、计算、底图等应在工地认真进行校检、分类整理,完成详勘说明书。详勘完成后提交下列资料:

详勘说明书,根据详勘提出对设计及施工方案的建议;

地质详勘成果书,包括地质平面图及剖面图,重大地质问题的评价;

钻探、试验资料整编等。

2.2.5　水文勘察

隧道与地下水影响的关系,主要出现两种现象,一是隧道内涌水,这将恶化围岩稳定状态,导致施工困难,增大工程造价;二是地表枯水,造成工业用水及饮水困难。因此必须进行调查预测。

2.2.5.1　地下水涌水调查

(1) 调查内容:调查地下水的类型及其与地表水的相互补给关系,地下水的动态变化规律;调查地下水的流量、流向及水质等。

(2) 要预测地下水的涌水量,须调查隧道中心线上的"谷"及"梁"的分布情况,一般情况,"谷"附近涌水较多,"梁"附近涌水较少;断层及透水性岩层的性状和分布;地下水状况;已建工程的涌水资料,单位流域的枯水量和它的比流量等。

(3) 所有的水文地质勘察,都可以利用钻探的成果。在钻探过程中,如果发现有含水层存在时,对其水位(有两个以上含水层存在时要分层考虑)、涌水量、钻进中的漏水情况,钻孔孔壁坍塌情况等特别加以注意。可以利用钻孔进行抽水试验及各种探测,也可以利用岩芯作渗透试验等。所有这些试验成果，都是分析地层的渗透性及坍塌性的有用资料。利用钻孔，测量含水层的静水位及压力水位。

(4) 涌向隧道的地下水的范围，要看隧道通过地区山体的大小、含水层的分布、岩层的渗透性等情况而定。涌水的调查范围，一般情况应以包括隧道路线在内的，被明显的沟谷割切的单独山体为准。

2.2.5.2　枯水调查

(1) 枯水调查的目的：为了明确由于修建隧道工程而使地下水及供水受到影响，造成工业用水及饮水困难，须调查清楚施工前的状况，因隧道施工而伴生的枯水现象，是由于隧道内涌水造成的，所以调查内容与涌水调查相同。但枯水问题有时对社会产生巨大的影响，所以调查也要考虑到将来的水利规划远景。

(2) 枯水调查的主要内容是：水利资源的利用状况，溪流的流域和流量，泉水、地下水的状态，植被、气象与隧道涌水有关联的问题，以往工程的枯水资料等。地下水枯水调查，主要是调查此地下水的利用状况（使用时间、水量等）、地下水季节性变化以及雨后变化等内容。植被调查，按照分区、分类，分别调查树龄、密度、生长情况等，并要考察分析能否受到隧道涌水的影响。

2.2.6　建筑环境评价

随着社会的发展，人们将环境保护要求提到议事日程，保护环境，改善环境已列入国家法律，因而，隧道设计、施工中必须提高环境保护的意识。无论在工程设计时或施工中，都应采取相应措施，以满足环境保护的要求。环境评价的目的就是在着手修建该工程以前，要调查本地区的环境现状，不能因修建工程给该地区保护环境带来重大的障碍，研究有关对环境影响的内容及其程度，提出防止破坏环境的措施等。

2.2.6.1　对现有生态环境保护的项目

(1) 水资源的保护。

修建隧道工程引起水资源的严重流失，会对隧道顶的水利设施产生极大的影响，会造成隧道区域内居民的用水困难，会使隧道范围内的田地干旱、植被枯黄，甚至引起较大区域的地表塌陷，所以在隧道工程设计施工中应采取措施，防止水资源流失和水面下降。

(2) 植被的保护。

树木、草皮等植被不但能固着表土，减少水土流失，防止土壤沙化，还有涵养水源、保留土壤肥力、调节气候、改善环境的功效。虽然隧道工程本身对植被的破坏远少于路基工程，但在施工过程中对植被的破坏也是比较严重的，故应在施工组织设计中采取有效的环保措施。

(3) 特殊保护区的保护。

特殊保护区是指名胜古迹、风景游览区、疗养区、温泉区、自然保护区等。在上述地区范围修筑隧道，应采取相应措施，保持原有景致特征；防止大气、水质、噪声、振动、粉尘污染；隧道洞口及附属设施应与当地景致协调。

(4) 特殊地质段的保护。

对地层发育良好、层序完整、界线清楚、化石丰富、对地层学、古生物学研究有价值的地段，应采取有效措施进行保护。

（5）对环境污染的防护。

① 污水防治。施工中排放的废液含有固体物质、油类物质及酸碱物质，以及为防渗漏和加固地层所采用的化学浆。

② 烟气污染防治。燃料的不完全燃烧会产生二氧化硫、氮氧化物、碳氧化物、碳氧化合物和烟尘等有害物质，会因地形、风向、温度的影响，聚积不散，形成严重的空气污染。施工期间，烟气污染主要来自燃煤锅炉及以汽油和柴油为动力的机械。营运期间，主要是运输车辆产生的废气。因此，在城市附近，风景旅游区、文物古迹区的隧道工程，烟气排放标准应符合国家或地方规定的标准。

③ 粉尘污染防治。粉尘是大气中悬浮的固体颗粒物，对人体的危害较大。施工中的爆破作业，砂、石、水泥、石灰的装卸、搅拌、破碎、堆放，以及车辆的运输作业及运营车辆都是粉尘污染源。所以靠近城市或具有旅游价值的环境保护区的隧道工程，有必要采取适当的措施，减少对环境的粉尘污染。

④ 噪声污染防治。噪声是国际公认的一种环境公害，对人的中枢神经系统、心血管系统、内分泌系统等多方面都有危害。噪声主要来自于施工期间的工程机械和运营车辆等。目前对噪声的控制，主要是在传播途径上采取措施。

⑤ 振动的防治。振动是声源激发固体构件并伴随噪声同时产生的。强烈的振动会引起稳定性差的建筑物发生破坏，对人体有心理和生理上的影响。隧道施工中的振动主要是爆破和机械引起的。目前，我国尚未颁布振动评价标准，应根据地域环境特点，采取必要措施对其危害加以限制。

⑥ 有害物质的防护。隧道开挖过程中，岩层内的有害物质可能被释放出来，导致环境被污染，主要有煤系地层中的瓦斯溢出导致人员窒息或燃烧爆炸；地质构造的板块边缘贮藏的地热资源直接排入水体对水生生物的危害；酸性岩区和沉积岩区的岩体和弃渣含有较高计量的放射性元素氢、钍、镭，对环境产生的不利影响。

（6）弃渣处理。

隧道工程弃渣处理是施工组织设计中的重要内容，从环境保护要求出发，应着重注意以下几点：

① 选择、规划弃渣场地，应按国家土地利用的基本政策，尽量占用荒地，少占耕地、控制侵占良田，尽可能少地改变原有的自然环境；

② 严禁向河谷倾倒弃渣，应掌握河流特性，经弃渣设计后，分层碾压弃渣，并确保能防止本岸、彼岸、下游出现各种水害；

③ 对于含有放射性物质的水、弃渣，应经严格测定后，依据含量或浓度确定处置措施；

④ 对于可利用的隧道挖方，应尽量就地加工成工料或骨料用于工程，或作为路基填料，以减少堆放数量和减少占用土地；

⑤ 根据隧道弃渣地区的降水、地面径流及地形情况，对弃渣松散堆体设置排水管、盲沟、截排水沟、加固弃渣堆坡脚，以确保弃渣体的稳定，防止发生人为的灾害，有条件时应在弃渣堆上覆盖 30cm 以上厚度的耕植土，改土造田或种树绿化。

2.2.6.2　隧道工程周围环境现状的调查

环境现状调查，要选取被认为因隧道的修建、使用而引起环境现状恶化的项目来进行，其主要内容有以下几个方面。

(1) 地物地貌的调查，包括：隧道洞口附近居民住宅，企事业单位的分布情况及规模；地物的结构类型、用途、稳定情况；应保护的风景、名胜古迹、历史文物的具体位置和保护的级别；土地、水面利用状况；交通状况。

(2) 地形地质的调查，包括：地形特征及可供选择的施工便道、临时建筑及弃渣场地；地质构造及不稳定地层类型；区域地质水文基本特征，地下水及地表水补给状况；河谷的水文特征，如比降、流向、河湾冲高、冲淤的变化、糙率等；温泉地热。

(3) 大气质量的调查，包括：气象资料，如风速、风频、气温、逆温、大气稳定度；大气污染现状，如空气总悬浮微粒、飘尘、二氧化硫、一氧化碳、氮氧化物；大气质量已达国家或地方标准情况。

(4) 水体质量的调查，包括：水源类型、供水量、供水方式、水源补给转化情况；排水途径及方式；现有水质污染程度，通常指 pH 值、水温、浑浊度、色度、溶解氧、石油类等的含量；现有水体质量已达到国家或地方标准情况。

(5) 噪声振动的调查，包括：工程周围环境噪声本底值；对施工机械、运输装卸及爆破产生的噪声、振动的限制标准；施工机械产生的噪声、振动方面的资料。

(6) 生态资源的调查，包括：森林、草场、水域的面积和位置；野生动物、珍稀动物、水生生物的种类、分布、数量。

2.2.6.3 预测环境影响

(1) 大气。

从汽车排出的废气，通过隧道洞口或专门的排风井排出。对人体健康危害大的是一氧化碳、氧化氮、碳氢化合物，但是在当前，通常是以所制定的前二者环境标准为预测对象。预测范围通常是隧道运营对环境有影响的范围，一般是隧道洞口或排风井附近 100~150m。另外，根据地形，气象条件的变化，当废气影响范围扩大时，预测范围也相应扩大。

在预测方式上，可以用在具有类似条件的隧道沿线进行实测的方法和扩散模式的方法，但是和修建隧道具备完全同样条件的隧道很难找到，所以用扩散模式可能比较普遍。隧道工程多半在地形起伏的丘陵或山区，大气污染物质扩散受大气湍流、山区逆温、风向风速的不规则变化等的影响。

(2) 水质。

从隧道内排出的施工及运营污水，要从附近排水处理设备，河流状态，流量等判断，当认为会显著影响接纳水体相应的排放标准时，应根据需要预测其扩散量。

(3) 噪声。

隧道进出口，噪声预测要根据不同的地形、植被等情况拟定相似的噪声预测。

(4) 振动。

主要考虑施工阶段爆破所造成的地层振动及其危害，与炸药的种类、用量、与爆破源的距离、地层性质、爆破方法、炮眼布置等多种因素有关。

(5) 地表沉陷。

在隧道洞口附近、浅埋地段及不良地质地段，可能由于开挖支护的原因造成地表沉陷，影响附近建筑物的正常使用及稳定，要根据隧道工程的地质状况，断面形状，施工方法及开挖支护情况对地表沉陷作出预测。

(6) 地形、地质。

关于改变土地形状、有关挖掘、弃渣填筑等，要用图表分析其数量、位置、形状等。

(7) 植被。

掌握因隧道工程等直接影响的植被改变量，与此同时，在有珍贵植被的情况下，一方面要考虑受地下水变动的影响，以及隧道使用的影响，并和自然环境相对比；另一方面也在可能范围内进行客观地预测，预测方法可以考虑调查对相类似的隧道的类似植被的影响实例，但作为类似的隧道的必要条件应考虑高程、地形、地质等。

(8) 动物。

隧道给动物的影响，有由于隧道工程而直接变迁其繁殖区域的；有由于汽车交通带来的危害，噪声、排出废气等带来的影响等。因为这些因素与动物之间的关系并不明确，要想正确地掌握它是比较困难的。

(9) 自然景观。

有优美景观的情况下，对洞门口用透视图、剪辑相片进行研究，同时据现有的经验预测其变化，并且探出与自然景观协调的构造物的形状、色彩等。

2.2.6.4　环境影响的评价

对于能够掌握定量影响的大气质量、水质、噪声、振动、地表沉降，应根据预测结果，对照环境保护规定的指标进行评价。

对于与自然环境有关的植物、动物、风景名胜区以及已明确其价值者（法定纪念物、学术上重要的动植物等），要拟定定性的保护目标，据此进行评价。对于不能拟出客观的保护目标的项目，可按类似的事例来进行客观评价。

2.2.6.5　环境保护措施的探讨

根据预测以及评价的结果，要探讨适应工程各阶段保护环境的措施，要具体明确制订出来。

(1) 水资源的保护措施。

① 浅埋隧道施工，为防止开挖施工引起地表水漏失和地层下陷，根据观测判断，可采取超前支护方法，实施预注浆，对洞身围岩进行加固。

② 当隧道穿过与地表水连通的破碎带，为防止突发性的泥石漏入或漏失地表水，可根据探水孔流出的水量，水压变化，采取洞内超前帷幕注浆，以加固破碎带和封堵水路。

③ 如预计隧道会与地下径流相遇，应及早采取拦堵截等保水措施，以减少水源高程损失。如一旦形成水资源经隧道漏失，可利用地形、地质等有利条件设置蓄水池，将未经污染的水流经沟、槽或专设管路提升，引入蓄水池供给用户。

(2) 对污水的防治措施。

① 设截水管由衬砌背后引出并导入蓄水池，避免与洞内施工污水汇合外排。

② 利用洞外自然沟壑地形，设置污水处理设施。对地形条件十分困难的地区，采用平流斜板一级处理池。

③ 尽量选用毒性小、污染少的注浆材料，尽量减少配制浆液过程中的撒漏和注浆过程中的浆液漏失，对进入排水系统中的有害物质作净化处理，避免浆液流入地面水系和人畜用水水源。

（3）对粉尘污染的防治措施。

① 施工中改进爆破方法，采用松动爆破，无声振动等技术，炮眼钻孔严禁干孔施钻。

② 散装水泥、石灰采用密闭罐运输、存放。

③ 搅拌场、弃渣设隔尘隔声的隔离设施。

④ 绿化洞口附近的荒山、荒地充分利用植被的天然吸尘作用。

（4）对有害气体的防治措施。

隧道内车辆运营的有害气体都经由隧道通过通风排放口排出，由隧道通风排放口排出的有害气体扩散后的落地浓度应符合排放标准，否则应作处理设计。

（5）对噪声控制措施。

① 施工中，选择低噪声设备型号机械进场施工，噪声大的机械设备远离居民点或施工人员住地布设。

② 运营中，设置隔声屏或利用绿化带减少噪声传播。

（6）对振动的防治。

① 对搅拌机、球磨机、空压机、碎石机等铺设砂石垫层以减轻振动影响。

② 通过试验、选择炸药品种，调整用药量，减少一次爆破的药量，以期达到减小爆破振动的目的。

（7）对有毒有害物质的防护措施。

① 有瓦斯溢出的隧道施工，应采用防爆型机具设备，加强施工通风。

② 含有放射性物质的水、弃渣应置放于远离人群活动或居住的地方或封闭。

（8）自然环境的保护。

在隧道施工过程中，由于改变土地形状、改变河道、改变植被、设置构造物以及开采材料等，破坏了原有自然环境，因此要探讨自然环境的复原，修饰与绿化等措施及方案。

2.2.6.6　环境评价报告

环境评价完成后，要提交环境评价报告，报告的内容主要包括：该环境工程的必要性、概要及其效果；环境现状调查；环境预测、评价、保护措施等一系列内容。

针对环保要求高的特点，严格遵循国家和当地有关环保法规，采取切实可行的保护方案和措施，配合当地政府和有关部门做好环保工作。施工时做到环保设施与主体项目统筹安排，同时开工。

2.3　围岩的工程性质

2.3.1　概　述

（1）隧道围岩概念：隧道围岩是指隧道开挖后其周围产生应力重分布范围内的岩体，或指隧道开挖后对其稳定性产生影响的那部分岩体（这里指的岩体是土体与岩体的总称）。

应该指出，这里所定义的围岩并不具有尺寸大小的限制，它所包括的范围是相对的，视研究对象而定。从力学分析的角度来看，围岩的边界应划在因开挖隧道而引起的应力变化可以忽略不计的地方，或者说在围岩的边界上因开挖隧道而产生的位移应该为零，这个范围在横断面上约为 6～10 倍的洞径。当然，若从区域地质构造的观点来研究围岩，其范围要比上述数字大得多。

　　（2）围岩的工程性质。一般包括 3 个方面：物理性质、水理性质和力学性质。而对围岩稳定性最有影响的则是力学性质，即围岩抵抗变形和破坏的性能。围岩既可以是岩体，也可以是土体。本章重点介绍岩体的力学性质，其他可参阅有关岩体力学专著。

　　岩体是在漫长的地质历史中，经过岩石建造、构造形变和次生蜕变而形成的地质体。它被许许多多不同方向、不同规模的断层面、层理面、节理面和裂隙面等各种地质界面切割为大小不等、形状各异的各种块体。工程地质学中将这些地质界面称为结构面或不连续面，将这些块体称为结构体，并将岩体看做是由结构面和结构体组合而成的具有结构特征的地质体。所以，岩体的力学性质主要取决于岩体的结构特征、结构体岩石的特性以及结构面的特性。环境因素尤其是地下水和地温对岩体的力学性质影响也很大。在众多的因素中，哪个起主导作用需视具体条件而定。

　　在软弱围岩中，节理和裂隙比较容易发育，岩体被切割得很破碎，结构面对岩体的变形和破坏都不起什么作用，所以，岩体的特性与结构体岩石的特性并无本质区别。当然，在完整而连续的岩体中亦是如此。反之，在坚硬的块状岩体中，由于软弱结构面切割，使块体之间的联系减弱，此时，岩体的力学性质主要受结构面的性质及其在空间的位置所控制。

　　由此可见，岩体的力学性质必然是诸因素综合作用的结果，只不过有些岩体是岩石的力学性质起控制作用，而有些岩体则是结构面的力学性质占主导地位。

　　岩体与岩石相比，有着很大的区别。和工程问题的尺度相比，岩石几乎可以被认为是均质、连续和各向同性的介质，而岩体则具有明显的非均质性、不连续性和各向异性。岩体的力学性质，包括变形破坏特性和强度，一般都需要在现场进行原位试验才能获得较为真实的结果。国际岩石力学学会（ISRM）试验标准委员会认为，在大型地下工程详细设计阶段，为探明岩体力学性质所进行的现场原位试验可以包括：①变形试验，通常都是在试验隧洞内采用承压板法或径向千斤顶法；②剪切试验，一般是在基坑或隧洞内用斜推法进行。

　　现场原位试验需要花费大量资金和时间，而且随着测点位置和加载方式不同，试验结果的离散性也很大。因此，常用取样在试验室内进行试验来代替。但室内试验较难模拟岩体真正的力学作用条件，更重要的是对于较破碎和软弱不均质的岩体，不易取得供试验用的试样。究竟采用何种试验方法，应视岩体的结构特征而定。一般来说，破裂岩体以现场试验为主，较完整的岩体以做室内试验为宜。

2.3.2　岩体的变形特性

2.3.2.1　岩体的抗压性质

　　岩体的抗拉变形能力很低，或者根本就没有，因此，岩体受拉后立即沿结构面发生断裂，一般没有必要专门来研究岩体的受拉变形特性。

　　岩体的受压变形特性，可以用它在受压时的应力-应变曲线（亦称本构关系）来说明。图 2-2 中分别画出了典型的岩石、软弱结构面和岩体在单轴受压时的全应力-应变曲线。从图中可以看

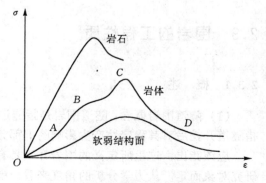

图 2-2　典型岩体全应力-应变曲线

出，岩石的应力-应变曲线线性关系比较明显，说明它是以弹性变形为主。软弱结构面的应力-应变曲线呈现出非线性特征，说明了它是以塑性变形为主。而岩体的应力-应变曲线则要复杂得多了，典型的岩体全应力-应变曲线可以分解为4个阶段。

（1）压密阶段（OA）：这一阶段的变形主要是由于岩体中结构面的闭合和充填物的压缩而产生的。随着应力的增加，变形增长率逐渐减小，应力-应变关系呈非线性凹状曲线。变形模量小，总的压缩量取决于结构面的性态。

（2）弹性阶段（AB）：岩体充分压密后便进入弹性阶段。所出现的弹性变形是岩体的结构面和结构体共同产生的，应力-应变关系呈直线形。

（3）塑性阶段（BC）：岩体继续受力，变形发展到弹性极限后便进入塑性阶段，此时岩体的变形特性受结构面和结构体的变形特性共同制约。整体性好的岩体延性小，塑性变形不明显，达到强度极限后迅速破坏。破裂岩体塑性变形大，甚至有的从压密阶段直接发展到塑性阶段，而不经过弹性阶段。

（4）破裂和破坏阶段（CD）：应力达到峰值后，岩体即开始破裂和破坏，破坏开始时，应力下降比较缓慢，说明破裂面上仍具有一定摩擦力，岩体还能承受一定的荷载。而后，应力急剧下降，岩体全面崩溃。最后当破坏终止时，出现变曲点，应变无约束地增大，但保留一定的强度，即所谓的残余强度。

从岩体的全应力-应变曲线的分析中可以看出，岩体既不是简单的弹性体，也不是简单的塑性体，而是较为复杂的弹塑性体。整体性好的岩体接近弹性体，破裂岩体和松散岩体则偏向于塑性体。

这里需要指出，岩体的全应力-应变曲线只有在刚性试验机上才能测出，普通万能试验机因刚度小，实验时，试验机的变形量和储存的弹性应变能都较岩样的大。所以，当岩样达到强度极限后，抗力下降，试验机内存储的弹性变形能就突然释放，并对岩样产生冲击作用，使其迅速崩溃，无法再继续试验，测不出岩样破坏后的变形特性。

2.3.2.2 岩体抗剪性质

岩体受剪时的剪切变形特性主要受结构面控制。根据结构体和结构面的具体性态，岩体的剪切变形可能有 3 种方式。

（1）结构体不参与作用，沿结构面滑动，所以结构面的变形特性即为岩体的变形特性，易于变形。

（2）结构面不参与作用，沿结构体断裂。所以，岩石的变形特性即起主导作用。

（3）在结构面影响下，沿结构体剪断。此时，岩体的变形特性介乎上述二者之间。

2.3.3 在循环荷载作用下岩体的变形特性

对于弹性材料，其加载和卸载曲线相同，在循环加载和卸载条件下这两条曲线也相同，并且互相重合。

岩体属于非线性材料，如果卸载点超过了其屈服点，则卸载曲线和加载曲线不重合，形成塑性回滞环。如果经过多次反复加载与卸载，且每次施加的最大荷载与第一次加载的最大荷载一样，则每次加载、卸载曲线都各自形成

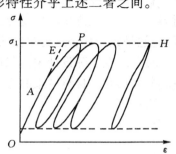

图 2-3 岩体加、卸载曲线

一个塑性回滞环，如图 2-3 所示。这些塑性回滞环随着加载、卸载次数的增加而越来越窄，最后加载、卸载曲线重合，近似于一条直线，岩体近似于弹性体。若在高于弹性极限的某一应力下，反复加载、卸载，将导致岩体进一步变形，直至发生破坏。破坏时的峰值应力低于其单轴抗压强度，这一应力常被称为疲劳强度。由此可见，在高于疲劳强度的应力反复作用下，其累积的变形也将导致岩体的破坏。

2.3.4　岩体的强度

从上述分析可知，岩体和岩石的变形、破坏机理是很不相同的，前者主要受宏观的结构面所控制，而后者则受岩石的微裂隙所制约。因而岩体的强度要比岩石的强度低得多，并具有明显的各向异性。例如，志留纪泥岩的单轴抗压试验结果能很好地说明这个问题。当层面倾角大于 50°时，以层间剪切形式破坏；32°～45°时，为轴向劈裂和层间剪切混合形式破坏；小于 32°时，为轴向劈裂形式破坏。由此可见，岩体的抗压强度不仅因层面倾角增大而减小，同时其破坏形式也发生变化。只有当岩体中结构面的规模较小，结合力很强时，岩体的强度才能与岩石的强度相接近。一般情况下，岩体的抗压强度只有岩石抗压强度的 70%～80%，结构面发育的岩体，仅有 5%～10%。

和抗压强度一样，岩体的抗剪强度主要也是取决于岩体内结构面的性态，包括岩体的力学性质、充填状况、产状、分布和规模等；同时还受剪切破坏方式所制约。当岩体沿结构面滑移时，多属于塑性破坏，峰值剪切强度较低，其强度参数 φ（内摩擦角）一般变化于 10°～45°之间，C（黏结力）变化于 0～0.3MPa 之间，残余强度和峰值强度比较接近。沿岩石剪断属脆性破坏，剪断的峰值剪切强度较上述的高得多，其 φ 值约在 30°～60°之间，C 值有高达几十 MPa，残余强度与峰值强度之比随峰值强度的增大而减小，变化于 0.3～0.8 之间。受结构面影响而沿岩石剪断，其强度介于上述两者之间。

2.3.5　岩体的破坏准则

理论和试验研究都表明，多数岩石在初始应力状态下处于弹性阶段，而在开挖成洞后，洞室周围岩体将产生松弛或进入塑性状态。

弹塑性模型的基本概念是认为岩石在屈服极限之前，只有可恢复的弹性变形，达到屈服极限以后，变形由可恢复的弹性变形和不可恢复的永久变形（塑性变形）两部分组成，弹性变形按弹性理论计算，塑性变形按塑性理论计算。

材料随着外力的增加由弹性状态过渡到塑性状态。当应力的数值等于屈服极限 σ_c 时，材料屈服，开始产生塑性变形，而 $\sigma = \sigma_c$ 就是单向应力状态下的屈服条件，也称做"塑性条件"，它是判断是否达到塑性状态的准则。

目前，在实际设计中，采用最多的是摩尔-库仑破坏准则。图 2-4 表示受到主应力（$\sigma_1 > \sigma_3$）作用时，材料屈服的应力圆。

由图可知

$$\sin\varphi = \frac{\sigma_1 - \sigma_3}{\sigma_1 + \sigma_3 + 2x} \tag{2-1}$$

$$x = \frac{\sigma_c}{2} \cdot \frac{1 - \sin\varphi}{\sin\varphi} \tag{2-2}$$

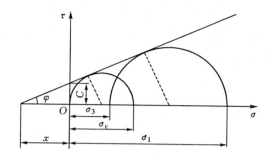

图 2-4　材料强度包络线及应力圆

将式(2-2)代入式(2-1)中,并令

$$\xi = \frac{1 + \sin\varphi}{1 - \sin\varphi}$$

则有

$$\sigma_1 - \xi \cdot \sigma_3 - \sigma_c = 0 \tag{2-3}$$

这就是著名的摩尔-库仑的直线型破坏准则。

实际上,多数岩石的强度包络线不完全是直线。Murrell 对许多岩石进行的三轴试验表明,破坏时的主应力($\sigma_1 > \sigma_3$)与单轴抗压强度(σ_c)之间的关系可用式(2-4)表示:

$$\frac{\sigma_1}{\sigma_c} = K \left[\frac{\sigma_3}{\sigma_c} \right]^A + 1 \tag{2-4}$$

式中, K, A 是依岩石而定的常数。当 K, A 已知时,即可求出 σ_1 或 σ_3。根据 Bieniawski 的试验结果有

硅岩: $K = 4.5$, $A = 0.75$; 砂岩: $K = 4.0$, $A = 0.75$

格里非斯认为,内部有裂隙的材料,在裂隙的尖端部位将引起应力集中,从而导致材料强度的降低。当拉应力集中值超过材料的抗拉强度时,裂隙就会扩展,从而导致岩石破坏。为了计算应力集中值,将这些裂隙假定为很小的扁平椭圆裂纹,按平面状态破坏理论处理,如图 2-5 所示,则格里非斯准则如下:

当 $\sigma_1 + 3\sigma_3 > 0$ 时

$$(\sigma_1 - \sigma_3)^2 - 8\sigma_T(\sigma_1 + \sigma_3) = 0 \tag{2-5}$$

当 $\sigma_1 + 3\sigma_3 < 0$ 时

$$\sigma_1 = -\sigma_T \tag{2-6}$$

式中, σ_T 是材料的抗拉强度。

除了上述准则外,尚有许多其他的破坏准则,如 Mises 准则、Drucker-Prager 准则等,在此不再一一叙述。

值得一提的是,近年来由于量测技术的发展,使得应变推求成为可能,以应变为破坏准则的研究也得到了一定的发展。

2.3.6　岩体的流变特性

试验和实践发现,无论岩体是受压还是受剪切,它们所产生的变形都不是瞬时完成的,而是随着时间的增长逐渐达到最终值的。岩体变形的这种时间效应,称为岩体的流变特性。

严格来说，流变包括两方面：一种是指作用的应力不变，而应变随时间增长，即所谓蠕变；另一种则是作用的应变不变，而应力随时间而衰减，即所谓松弛，如图 2-5 所示。

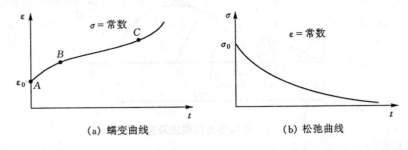

(a) 蠕变曲线　　　　　　　　　　(b) 松弛曲线

图 2-5　岩体的流变

对于那些具有较强的流变性的岩体，在隧道工程的设计和施工中必须加以考虑。例如，成渝复线上的金家岩隧道，埋深 120m，围岩为泥岩，开挖后围岩基本上是稳定的，及时进行了初次支护，采用喷混凝土 20cm 厚，锚杆 $\phi22$，长 2.5～3m，钢筋网（环向）$\phi12$ 和（纵向）$\phi6$，网格 0.2m×0.2m。初次支护 250d 拱顶下沉达 40.2cm，侵入建筑限界，只好挖掉重做。属于这类的岩体大概有两类：一类是软弱的层状岩体，如薄层状岩体、含有大量软弱层的互层或间层岩体；另一类是含有大量泥质物的，受软弱结构面切割的破裂岩体。整块状、块状、坚硬的层状等类岩体，其流变性不明显，但是，在这些岩体中为数不多的软弱结构面，则具有相当强的流变性，有时将对岩体的变形和破坏起控制作用。

2.3.7　岩体结构分类及其破坏特征

试验和实践都已证明，岩体的变形、破坏以及应力在岩体中的传播途径，除了受上述的结构体岩石和结构面控制外，还有一个重要因素，就是岩体的构造特征。和宇宙间一切物体一样，岩体也是以它特有的结构形式存在着，并彼此相区别。不同块度、形状、产状的结构体构成了各种岩体结构类型。根据它们对岩体力学性质和围岩稳定性的影响（称为岩体的结构效应），工程地质学中将岩体划分为 4 大种结构类型：

Ⅰ　整体结构、块状结构；

Ⅱ　层状结构、板状结构；

Ⅲ　碎裂结构、镶嵌结构、层状碎裂结构；

Ⅳ　散体结构。

整体结构岩体的变形主要是结构体的变形，其重要特征是横向应变与纵向应变之比小于 0.5，破坏前的变形是连续的，在低围压作用下多为脆性破裂，高围压时为塑性剪切破坏，应力传播遵循连续介质中应力传播规律。

块状和层状结构岩体的变形主要是结构面的变形，故其变形特性一般不用变形模量，而常用刚度系数来表示。岩体的破坏则是沿软弱结构面滑动，应力传播具有明显的不连续性。

碎裂和散体结构岩体的变形，开始是将裂隙或孔隙压密，随后是结构体变形，并伴随结构面张开。破坏形式主要为剪切破裂和塑性变形。应力传播与岩体结构特征关系十分密切，并具有不连续性，但这种不连续性是有限度的，随着围压的提高很快就消失，随之转化为连续的。

2.4　围岩的初始应力场

地下工程的一个重要的力学特性就是：地下工程是在具有一定的应力历史和应力场的围岩中修建的。所以，围岩的初始应力场的状态，就不可能不极大地影响着在其中发生的一切力学现象，这一点与地面工程是极其不同的。

初始应力场（又称原始地应力场），它在坑道开挖前是客观存在的，在这种应力场中修建地下工程就必须了解它的状态及其影响。通常所指的初始应力场泛指由于岩体的自重和地质构造作用，在坑道开挖前岩体中就已经存在的初始静应力场，它的形成与岩体构造、性质、埋藏条件以及构造运动的历史等密切相关，问题比较复杂。

岩体的初应力状态与施工引起的附加应力状态是不同的，它对坑道开挖后围岩应力分布、变形和破坏有着极其重要的影响。可以说，不了解岩体初应力状态就无法对坑道开挖后一系列力学过程和现象作出正确的评价。

随着地应力量测工作的进展，对围岩中存在地应力这一确切事实，已经没有什么人怀疑了，现在的主要问题是要搞清楚它的分布规律，以便最终能将它确定出来。但是，由于产生地应力的原因非常复杂，以致到目前为止，仍不能完全认识它的规律而给出明确的定量关系，还有待人们继续探索。

2.4.1　围岩初始应力场的组成

围岩初始应力场的形成与岩体的结构、性质、埋藏条件以及地质构造运动的历史等有密切关系。一般认为初应力场由自重应力和构造应力两种力系构成，从而将其分为自重应力场和构造应力场两大类，这两类应力场的基本规律有明显的差异。围岩的自重应力场比较好理解，它是地心引力和离心惯性力共同作用的结果。围岩的构造应力场就比较复杂，按其形成的时间，又可以分为以下两种。

（1）由于过去地质构造运动，譬如断层、褶曲、层间错动等所引起的，虽然外部作用力移去后有了部分恢复，但现在仍残存在岩体中的应力；以及岩石在形成过程中，由于热力和构造作用所引起的。虽经过风化、卸载部分释放，现在仍残存着的原生内应力。这两种都称为构造残余应力。

（2）现在正在活动和变化的构造运动，譬如地层升降，板块运动等所引起的应力，称为新构造应力，地震的产生正是新构造应力的反映。

围岩初始应力场中究竟是以自重应力为主还是以构造应力为主，历来都是有争论的。一种观点认为岩体内的应力主要是在自重作用下产生的垂直应力，水平应力则是由岩体的泊松效应引起的，最大只能等于垂直应力（即取泊松系数等于 0.5）。这种观点实质上是否认地质构造运动能改变岩体的应力状态。这显然与实际情况不符，现今大量的地应力量测资料表明，围岩初始应力场中水平应力与垂直应力之比常常大于 1，有的甚至高达 7~8，而且主应力方向与当地区域构造的迹象非常一致。这一切都说明地质构造运动不仅改变了岩体原生的结构特征，而且也改变了岩体原生的应力状态。

另一种观点则认为岩体中的应力主要是地球自转和自转速度变化而产生的离心惯性力。因此，应以水平应力为主。李四光教授认为，地球自转及自转速度变化是地壳新构造运动的主要动力，是形成岩体中地应力的重要原因之一，但不能说是唯一的，因为在很多地区发现地应力场与最新构造运动所产生的变形场并不一致。

这一切都说明了现阶段围岩的初始应力场主要是构造残余应力场，晚期构造运动的强度如不超过早期构造运动强度的话，则新构造运动可以影响，但很难改变它。只有在埋深较浅而又比较破碎的岩体中，由于构造变动引起的剥蚀作用使构造应力释放殆尽，才是以自重应力场为主。当然，在那些从未遭到过较大构造运动的沉积岩体中，也可能是自重应力占主要地位。

2.4.1.1 自重应力场

在自重应力场中，地表以下任一深度处的垂直应力等于其上覆岩体的重量（如图 2-6(a)所示）

$$\sigma_z = \gamma H \tag{2-7}$$

这里以压应力为正，γ 为岩体的容重。

当上覆岩体为多层时，则为（如图 2-6(b)所示）

$$\sigma_z = \sum_{i=1}^{n} \gamma_i H_i \tag{2-8}$$

式中，γ_i 为第 i 层岩体的容重；H_i 是第 i 层岩体的厚度。

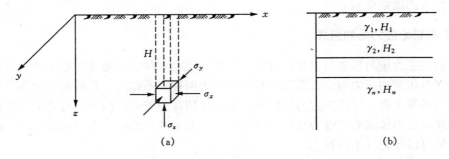

图 2-6　地表水平时的自重应力场

该点的水平应力 σ_x，σ_y 主要是由于岩体的泊松效应所引起的，按弹性理论应为

$$\sigma_x = \sigma_y = \frac{\mu}{1-\mu}\sigma_z \tag{2-9}$$

式中，μ 为计算应力处岩体的泊松系数。

这里所说的只是基本概念，仅当地面为水平面，而岩体为各向同性的半无限弹性体时，上述各式才是有效的。实际的岩体组成比较复杂，不大可能是各向同性的，而且地面也都起伏不平。因此，围岩的自重应力场不能简单地按上述公式决定，必须根据三维弹性理论的基本方程，并考虑重力和各向异性求解，对此问题目前尚无精确的解析解。一般只能采用数值方法，如有限单元法求得近似解。

试验资料表明，大多数岩石的泊松比 μ 在 0.15～0.35 范围内变化。因此，在自重应力场中，水平应力总是小于垂直应力。

深度对初始应力状态有着显著的影响，随着深度的增加，地应力是线性增大的。然而围岩本身的强度是有限的，当地应力增大到一定数值后，围岩将处于隐塑性状态。围岩物性值（和）也是变化的，随着深度的增加，μ 值趋近于 0.5，即与静水压力相似，此时围岩接近

流动状态，初始应力场各应力分量趋于相等，即

$$\sigma_x = \sigma_y = \sigma_z = \gamma H \tag{2-10}$$

由此可见，围岩的初始应力场是随深度而变的。其应力状态可视围岩的不同，分别处于弹性、隐塑性及流动 3 种状态。围岩的隐塑性状态，在坚硬围岩中，约在距地面 10km 以下，也有可能在浅处发生，如在岩石强度低（如泥岩）的地段。通常情况下，在隧道所涉及的范围内，都可视初始应力场为弹性的。

由此可以看出围岩自重应力场的变化规律为：

① 应力随深度成线性增加；

② 水平应力总是小于垂直应力，最多也只能与其相等。

2.4.1.2　构造应力场

前已述及，整个地下工程都是在某种应力场中的地壳上部范围内进行的。这种应力场基本上是由重力应力场和构造应力场构成的。地质力学认为：地壳各处发生的一切构造变形与破裂都是地应力作用的结果。因而地质力学就把构造体系和构造形式在形成过程中的应力状态称为构造应力场，它是动态的。

由于形成构造应力场的原因非常复杂，因而，它在空间的分布极不均匀，而且随着时间的推移还不断发生变化，属于非稳定的应力场。但相对于工程结构物的使用期限来说，可以忽略时间因素，将它视为相对稳定的。即使如此，目前还很难用函数形式将构造应力场表示出来，只能通过实地量测找到一些规律性。但是实测的初始应力是许多不同成因的应力分量叠加而成的综合值，无法将它们一一区别。通过对实测数据的分析，只能了解由于构造应力的存在，使自重应力场发生什么样的变异，以及它在整个初始应力场中所起的作用。已发表的一些地应力量测资料表明，我国大陆初始应力场（包括自重应力场和构造应力场）的变化规律大致可以归纳为如下三点。

（1）地质构造形态不仅改变了重力应力场，而且除以各种构造形态获得释放外，还以各种形式积蓄在岩体内，这种残余构造应力将对地下工程产生重大影响。

（2）垂直应力的量值随深度增加而增大，而且水平应力普遍大于垂直应力。

构造应力场在不深的地方已普遍存在，而且最大构造应力的方向，近似为水平，其值常常大于重力应力场中的水平应力分量，甚至也大于垂直应力分量，这与重力应力场有很大不同。实测资料表明，在深度不大时（<500m），虽然一个主应力方向不总是垂直的，但一般来说，与垂直方向的偏斜不超过 30°。所以，基本上可以认为一个主应力是垂直的，另外两个主应力方向是水平的。垂直主应力的量值大致等于上覆岩层的重量，也就是说，它随深度成线性增加，水平主应力主要反映构造应力，它的量值也是随深度而增加。

但应指出，这些数据都是来自深度较浅的实测资料，当深度超过某一个量值时，水平应力就不大于垂直应力了。这个临界深度在日本约为 600m，在美国约为 1000m，我国尚未发表具体数值。

（3）水平主应力具有明显的各向异性。水平主应力另一个显著特点，就是具有很强的方向性，一般总是以一个方向的主应力占优势，很少有大、小主应力相等的情况。

根据实测资料可知，在我国大陆地壳中，最小主应力与最大主应力的比值为 0.3~0.7 的占 70%，也就是说在我国大部分地区，最大水平主应力约为最小水平主应力的 1.4~3.3 倍。

2.4.2　围岩初始应力场的影响因素

围岩的初始应力状态，一般受到两类因素的影响：

第一类因素有重力、温度、岩体的物理力学性质及构造、地形等经常性的因素。

第二类因素有地壳运动、地下水活动、人类的长期活动等暂时性的或局部性的因素。

在上述因素中，目前主要研究的是由岩体的体力或重力形成的应力场，称为自重应力场。而其他因素只被认为是改变了由重力造成的初应力状态。一般来说，重力应力场的估计可以采用连续介质力学的方法。它的可靠性则取决于对岩石的物理力学性质及岩体的构造——力学性质——的研究，其误差通常是很大的。而其他因素造成的初应力场，主要是用试验（现场试验）方法完成的。

此外，在众多的因素中，还要特别研究下面几点。

（1）地形和地貌。地应力实测和有限元分析都表明了地形的变化并不产生新的地应力场，只对应力起调整作用。在靠近山坡部位，最大压应力方向近似平行山坡表面。在山谷底部，最大压应力方向几乎成水平的了。从主应力的量值来看，接近山谷岸坡表面的部分是应力偏低的地带，往里则转变为应力偏高带，再往山体深部逐渐过渡到应力稳定区，在山谷底部则有较大的应力集中。在实际工程中还发现有些傍山隧道，虽然临近山谷，按理应力已基本释放完毕，属于应力偏低带，可是仍存在着相当大的应力。这可能是由于地形剥蚀作用所造成的。剥蚀前，上面岩层很厚、地壳中储存着很高的地应力，岩层剥蚀后，由于岩体内的颗粒结构的变化和应力松弛都赶不上剥蚀作用的速度，所以，垂直应力虽然释放了绝大部分，但水平应力却未能充分释放而残留下来。这种残留应力和构造残余应力的主要区别在于，后者具有明显的方向性，而前者则方向性不强。

（2）岩体的力学性质。正如以上所述，现阶段围岩中的应力状态是经过历次构造运动的积累和后来剥蚀作用的释放而残存下来的。按照强度理论，岩体中的应力状态不能超出岩体强度，所以，岩体强度越高地应力值越大。一般可用垂直应力与岩体单轴抗压强度的比值$\left(\text{定义为应力度 } S = \dfrac{\gamma H}{R_c}\right)$来表示岩体在开挖前的状态，应力度越小，说明岩体的潜在能力越大，开挖后就越稳定，引起的位移就越小。

此外，应力的积累还与岩体的变形特性有关。变形模量较大的近于弹性的岩体对应力的积累比较有利。塑性岩体容易产生变形，不利于应力的积累，故在这类岩体中常以自重应力场为主。

（3）地温。温度变化，尤其是围岩内部各处温度不相同时，温度应力的一部分会残留下来。此外，地壳内岩浆固结或受高温高压再结晶时，将伴随着体积膨胀或收缩，由于受到相邻岩块的约束作用会产生残余应力。

（4）人类活动。人类活动包括：大堆渣场的形成，深的露天开采和地下开挖，水库、抽水、采油以及高坝建筑等，这些都可能局部地影响围岩的初始应力场，有时候影响甚至很大。如水库蓄水而诱发地震就是一个例子。

只有详尽了解影响围岩初始应力场的各种因素，才能较可靠地确定围岩的初始应力状态。

第3章 隧道设计简介

3.1 隧道位置的选择

3.1.1 按地形及地质条件进行选择

3.1.1.1 按地形条件进行选择

隧道位置的选择在很大程度上着地形的制约。当线路前进方向遇到地形障碍时，采用隧道来克服地形障碍是一种有力的手段。地形障碍有高程障碍和平面障碍两方面。

1. 高程障碍

(1) 绕行方案。

优点：工程容易，工期较短，工程费用也较少。

缺点：绕行势必路线要延长，今后长期的运程必然增加；路线弯道增多，曲线半径也可能减小，使长期的运行条件变坏，行车速度和牵引定数都会有所降低。尤其是今后随着国民经济的发展，对运输任务提出更高的要求时，就会给技术改造带来困难。此外，当绕行方案靠近山坡，地质条件复杂时，工程困难程度也较大。

所以，从长远的利益来看，这一方案是不甚可取的，只有具体条件适宜时，才可采用。

(2) 深堑方案。

优点：展线比绕行方案略少。

缺点：急弯陡坡与绕行方案类似，前述的缺点依然存在。而且在山顶开挖深路堑，往往工程量很大，施工困难，边坡切削太甚，易于引起坍方落石，防护需要加强。若地下水发育，还会引起滑坡，给今后的运行和养护遗留下很多隐患。

这一方案在展线方面是改良性质的，而在劈山方面仍包含着不利因素。所以，这也不是太好的方案。

(3) 隧道方案。

优点：它能使线路平缓顺直，不需用较大的坡度，不需设置太多、太急的曲线。今后在长期的运营中，由于技术条件好，可以牵引更大的重量，可以使行驶速度提高、缩短运程，还不受外界干扰，战争时期将是良好的掩护所。

缺点：修建隧道可能工程要大一些，工期也会长一些。

因此从全局和长期考虑，隧道方案往往是比较合理的。

2. 平面障碍

① 沿河傍山绕行方案。沿着山体自然弯曲傍山绕行，如果地形条件尚能允许，则可采用。在不得已时，只得大劈坡，或高层填土，上设御土墙，下设护坡护岸，有时还须跨谷建桥，有时为防滚石坠落，还需设置防护明洞。往往线路增长，桥隧毗邻，工程量大，运营条

件差，并常伴有一些不良地质灾害工程的出现。由于线路走行在山坡表层内，地质多为风化松散带，施工时极易坍方。行车后也难保证安全。至于遇急弯猛拐处，线路条件也较差，行车不能多拉、快跑。因此，这种方案只有在条件允许时，才能采用。

　　② 隧道直穿方案。如果在平面障碍的前方，开凿隧道，穿山而过，虽然初期工程略大一些，但线路顺直平缓，工程单一，可不设急弯，没有陡坡，路线行程缩短，运营条件改善，而且不受山坡坍方落石的威胁，如图 3-1 所示。从长远的利益来看，隧道方案往往是比较合理的。

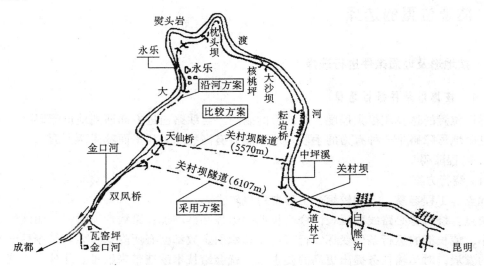

图 3-1　隧道直穿方案示意图

3.1.1.2　按地质条件进行选择

　　隧道是埋置在地层内的结构物，受地层岩体的包围。如何避开不良地质区域，或如何拟定克服不良地质的措施，是选择隧道位置时，必须审慎考虑的问题。

　　1. 单斜构造与隧道位置的选择

　　按岩层的倾角不同，可分为 3 种情况。

　　(1) 水平或缓倾角岩层。

　　如图 3-2 所示，当隧道通过坚硬的厚层岩层时，较为稳定。若通过很薄的岩层，则施工时顶部易产生掉块现象，此时，以不透水的坚硬岩层作顶板为最好。

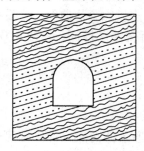

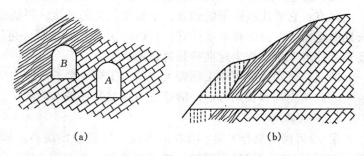

(a)　　　　　　　　　　　　　　(b)

图 3-2　缓倾角岩层隧道　　　　　图 3-3　软弱结构面地带隧道位置的选择
　　　　　位置的选择

（2）陡倾角岩层。

如图 3-3 所示。因此，在单斜构造的地质条件下，必须事先把地层的构造和倾角大小调查清楚，一定要尽可能避开软弱结构面。特别是不要把隧道中线设成与软弱结构面的走向一致或平行，至少要成一定的交角。

（3）直立岩层。

隧道通过直立岩层时，其中线宜垂直于岩层的走向穿过，如图 3-4（a）所示。如隧道中线与岩层走向一致时，如前所述，仍应避开不同岩层接触带。尤应注意的是：当层状岩层较薄，并有软弱夹层，伴有微量地下水活动时，亦可产生不对称压力，在隧道开挖过程中，易产生坍塌（如图 3-4（b）所示），甚至会导致大的坍方，致使地面形成"天窗"，在选择隧道位置时应予重视。

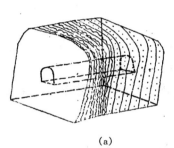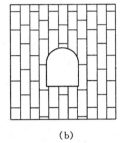

背斜构造　　　　向斜构造

（a）　　　　　　　（b）

图 3-4　直立岩层中的隧道位置选择　　　**图 3-5　褶皱构造隧道位置的选择**

2．褶皱构造与隧道位置的选择

褶皱构造有向斜和背斜两种基本类型，当隧道通过褶皱构造时，应尽量避免将隧道置于向斜或背斜的轴部，如图 3-5 所示。

3．断裂构造、接触带与隧道位置的选择

在选择隧道位置时，切忌沿着（或靠近平行）断层带或破碎带修建隧道，如图 3-6（a）所示，特别是对于区域性大断裂，尤应注意绕避。当隧道线路必须通过断层带时，应尽量使线路与断层走向正交，如图 3-6（b）所示，同时应避开严重破碎带，并应使通过断层的地段最短。

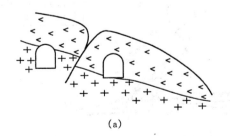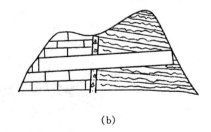

（a）　　　　　　　　　　　　　　（b）

图 3-6　断裂构造地带隧道位置选择

4．不良地质的影响

① 滑坡地区；

② 岩堆、崩坍、错落、堆积层以及危岩落石地区；

③ 泥石流；

④ 溶洞地区；

⑤ 瓦斯地区；

⑥ 黄土地区。

5．不良水文地质的影响

① 地下水；

② 地温。

3.1.2　按地形及地质条件进行选择

3.1.2.1　越岭线上隧道位置的选择

当铁路路线需要从一个水系过渡到另一个水系时，必须跨越高程很大的分水岭。这段线路称之为越岭线。

1．隧道平面位置的选择

当线路必须跨越分水岭时，分水岭的山脊线上总会有高程较低处，称之为垭口。一般的情况，常有若干个垭口可以通过。此时，就要分析比较，选定最为理想的垭口。

垭口是选定越岭隧道线路方案的控制点。如图 3-7 所示为沙木拉打越岭长隧道的方案比选平、纵断面示意图。

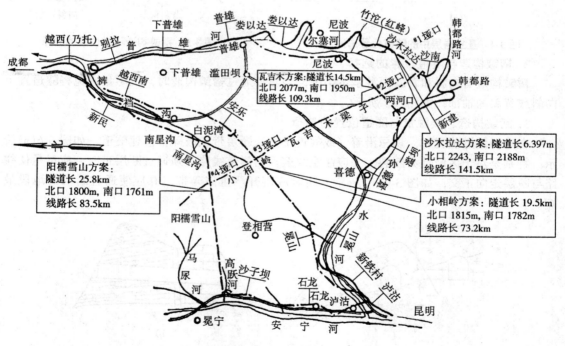

图 3-7　平、纵断面示意图

2．隧道立面位置的选择

如图 3-8 所示，为穿越娄山山脉分水岭的越岭隧道选线实例。

3.1.2.2　河谷线上隧道位置的选择

铁路沿河傍山而行时称为河谷线。

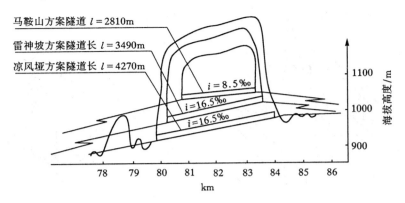

图 3-8　隧道立面位置的选择

　　多年实践总结出一条经验，就是"宁里勿外"，意思是在河谷线上，隧道位置以稍向内靠为好。当然，过分内靠，使土石方量增加太多，隧道增长，也是没有必要的。

　　为了使隧道顶上有足够的覆盖岩体，隧道结构不致受到偏压，还能形成天然拱，洞顶以上外侧应有足够的厚度。铁路隧道设计规范规定的厚度如表 3-1 所列。

　　当地层结构面倾向山一侧时，地层比较稳定，覆盖厚度可以酌减。当地层结构面倾向河流一侧时，覆盖厚度宜予加大，如图 3-9 所示。

表 3-1　　　　　　　　　　　偏压隧道外侧拱肩山体最小覆盖厚度　　　　　　　　　　　　　　　m

地面坡 1:m	线别	围岩级别			
		Ⅲ	石Ⅳ	土Ⅳ	Ⅴ
1:0.75	双线	7.0			
1:1	单线		5.0	10.0	18.0
	双线	7.0			12.0
1:1.25	双线			18.0	
1:1.5	单线		4.0	8.0	16.0
	双线	7.0	11.0	16.0	30.0
1:2	单线		4.0	6.0	12.0
	双线		10.0	14.0	25.0
1:2.5	单线			5.5	10.0
	双线			13.0	20.0

　　注：Ⅵ级围岩的 t 值可通过计算确定；
　　　　Ⅲ，Ⅳ级石质围岩的 t 值应扣除表面风化破碎和坡积层厚度。

3.1.2.3　隧道洞口位置选择

　　洞口位置选择好坏，将直接影响隧道施工、造价、工期和运营安全。选择时要结合洞口的地形、地质条件、施工、运营条件以及洞口的相关工程（桥涵、通风设施等）综合考虑。

　　（1）洞口部分在地质上通常是不稳定的。一般应设在山体稳定，地质条件好，排水有利的地方。隧道宜长不宜短，应"早进洞，晚出洞"，尽量避免大挖大刷，破坏山体稳定。

　　（2）洞口不宜设在沟谷低洼处和汇水沟处，一般宜将洞口移到沟谷地质条件较好的一侧有足够宽度的山嘴处，如图 3-10 中的 B 线。

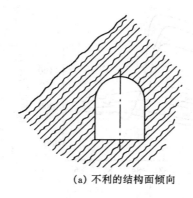
(a) 不利的结构面倾向

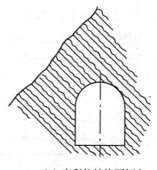
(b) 有利的结构面倾向

图 3-9　结构面倾向对隧道位置的影响

（3）当洞口处为悬崖陡壁时，根据地质情况采用贴壁（见图 3-11）或采用接长明洞的办法，将洞口堆到坍方范围以外 3～5m 处，见图 3-12。

（4）洞口地形平缓时，一般也应早进洞晚出洞。这时洞口位置选择余地较大，应结合洞外路堑、填方、弃渣场地、工期等具体确定，见图 3-13。

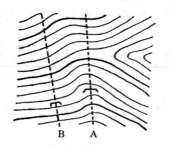

图 3-10　沟谷附近洞口平面位置示意图

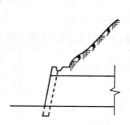

图 3-11　贴壁进洞时洞口纵断面示意图

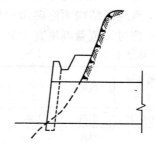

图 3-12　陡壁下接长明洞纵断面示意图

（5）考虑洞口边仰坡不致开挖过高和洞口段衬砌结构受力，洞口位置宜与地形等高线大体上正交，见图 3-14(a)。特别是在土质松软、岩层破碎、构造不利的傍山隧道，更应注意。道路隧道一般不宜设计斜交洞门。若为斜交时，应尽可能加大斜交角度（一般不小于 45°），或采取工程措施，以降低垂直等高线方向的开挖高度，见图 3-14(b)。

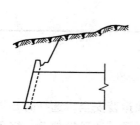

图 3-13　缓坡洞口纵断面示意图

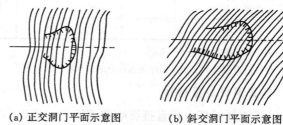
(a) 正交洞门平面示意图　　(b) 斜交洞门平面示意图

图 3-14　正、斜交洞门平面示意图

（6）长大隧道在洞门附近应考虑施工场地、弃渣场以及便道等的位置。

（7）洞口附近有居民点时，考虑提前进洞，尽可能减少附近地上构筑物，地下埋设物与隧道的相互影响，及减少对环境（农业、交通、居民生活）的影响。

（8）洞口路肩应高出设计洪水位（包括浪高）以上 0.5m，以免洪水侵入隧道。

（9）考虑通风设备排出的废气和噪声对周围环境的影响程度和解决办法。

（10）考虑设置防雪工程、防风工程和防路面冻害工程的必要性。

总之，隧道洞口和洞身是不可分的整体，在位置选择时不能顾此失彼，应该同样重视。

3.2　隧道方案比较

3.2.1　隧道方案与明堑的比较

1. 经济和技术上的比较

一般说来，隧道造价比明堑要贵一些，施工技术也复杂一些，因此，除了展线和抬坡以外，单纯从经济和技术上比较，明堑方案常常是比较省钱、省事又快速的。

2. 安全条件比较

经验指出："山体可穿而不宜大挖，大挖必坍。"也就是说，山体本来是处于暂时平衡状态的，一旦开挖出暴露面，使平衡受到破坏，就要自行进行内力调整，产生位移，于是出现了坍方。开挖得越深，扰动越大，引起塌方的可能性也就越高。特别是沿河路线，地质条件复杂，开挖暴露面大了，这种情况就更为严重。所以，凡是大挖的地方，往往是最容易发生坍方，造成各种后患的所在，贻害无穷。

所以隧道方案与明堑方案比选时，除了经济和技术上比较以外，对于安全的保证也必须给予足够的重视。只有在保证安全的前提下，才能谈到经济和技术的比较。另外，前面的分析已经指出，从长期运营条件来看，隧道方案优于明堑。

3.2.2　隧道方案与跨河建桥方案的比较

隧道方案与跨河建桥方案要从多方面进行比较。

1. 跨河建桥方案的优缺点

① 一般情况是桥梁长度短而每延米的造价高；

② 一般跨过河谷的桥梁，河心不宜设墩，所以中孔跨度较大，两端基础必须十分坚实；

③ 在洪水或严寒时期，施工就比较困难，因而施工有季节性；

④ 跨河桥的最大缺点是桥头两端必然是曲线，甚至曲线半径很小。这就使得线路的行车条件变坏；

⑤ 如果线路原本要抬坡争取高程的，转为桥梁后，桥身及两端引线都要放在平坡上，这样就达不到争取高程的目的；

⑥ 在国防意义上，跨河建桥往往是空袭的明显目标，一旦受到破坏，全线就要中断，而且不能做临时变线。

2. 隧道方案的优缺点

① 隧道相对较长而每延米的造价要低一些；

② 隧道穿山而过，线路直、短、平；

③ 施工不受季节影响；

④ 隧道建成后维修养护的工作量较小；

⑤ 战时可作列车掩蔽所；

⑥ 如果线路前方遇到不良地质地段，修建隧道将增加困难。

⑦ 如果隧道太长，工程太大，出渣太多，将会堵塞河道，施工场地不如桥梁开阔，不能容纳更多的人同时施工，那就不如建桥了。

因此，隧道方案与跨河建桥方案的比较，必须从多方面综合考虑。可能是此长彼短而又此短彼长，这就需要以轻重主次来权衡，选出较优方案。

3.2.3　双线单隧道和单线两隧道的比较

一座双线隧道的优点是：

① 一座双线隧道所需的地位宽度比两座单线隧道的地位宽度要小，选线时易于安排布置；

② 一座双线隧道的开挖面面积比两座单线隧道的开挖总面积要小。也就是工程量要小些，而施工的相互干扰也少些；

③ 双线隧道的净空较大，坑道宽敞，有条件使用大型机械施工；

④ 双线隧道的通风条件好，维修养护都较方便。

一座双线隧道的缺点是：

① 双线隧道断面跨度大，所受围岩压力也就大。因此需要更为有力的支护结构；

② 隧道施工时，因为压力大，临时支护困难，发生坍方事故的威胁较大；

③ 双线隧道的一次工程投资比两座单线隧道先后修建的初期投资大；

④ 双线隧道断面积大，不能充分利用列车活塞风。

单线隧道的优缺点，正与上述相反。它的优点是：

① 断面小，压力小，坑道的稳定性好，施工容易，支护简单而且安全；

② 对于近期尚不准备修第二线的新建隧道来说，可以先修第一线的单线隧道，预留第二线，待需要时才修。如此则初期一次投资较少；

③ 若第一线隧道施工时采用了平行导坑，则平导即可作为第二线隧道的前进导坑。

单线隧道的缺点是：

① 两座单线隧道必须横向相隔一定的安全距离，才能保证两隧道间的围岩土柱有足够的支承能力，以避免在修筑第二线隧道的施工中，对第一线隧道有影响；

② 两座单线隧道无论是同时施工还是先后施工，施工时总会有些相互干扰。尤其是在修第二线隧道时，多半是在已成的第一线不间断行车的条件下进行的，这就增加了施工的困难。

根据实践的经验体会，在松软地层、不良地质或黄土地区修建隧道时，跨度大小对隧道工程的影响较其他地区更为显著，往往修建两座单线隧道较修建一座双线隧道较易于保证施工质量和施工安全，且工程费用所增亦不多。

总的说来，两种方案各有其优缺点。比较时，就要从铁路运量的要求，结合地形、地质以及施工条件、工期要求、资金运用等因素，综合比较，择优选定。

3.2.4　长隧道与短隧道群方案的比较

短隧道群方案的优点：

① 一般说来，短隧道是比较容易施工的。有时可以只用简单的设备就可以进行施工，技术上困难也不多；

② 一群短隧道并不相连，这一座与那一座之间留有长短不等的明线部分，这样，它们各自有自己的出口和入口，可以开辟较多的工作面，容纳较多的人同时工作，施工进度较快；

③ 建成后，由于隧道短，多半可以只靠自然通风，不必另配机械通风系统；

④ 运营成本低，车上旅客长时间处于地下的不舒服感觉可以减轻。

短隧道群方案的缺点：

① 河谷边坡的地质多是比较复杂的，尤其是地表覆盖层更是风化地带，岩体松散破碎，节理切割严重，短隧道在此通过，坑道多不稳定，围岩压力很大，开挖时易致坍方；

② 隧道外侧覆土太薄，形成偏侧压力，使隧道的支护结构处于不利的受力状态中，若是岩体的，层理是向外下倾的，更易发生剪切破坏，对隧道的稳定形成威胁；

③ 多个隧道相距不远，有时前一座隧道的出口，相隔不远就是另一座隧道的进口，施工时互相干扰，洞口场地也不好布置；

④ 多条隧道要多建许多洞门建筑物，在工程造价上就不经济了。

线路稍稍内移，则将引出一座较长的隧道代替一群短的隧道。

长隧道方案的优点：

① 它将位于岩体深处坚固稳定的地层中，围岩压力小，坑道稳定，无偏压受力的情况；

② 支护可以简单，施工比较安全；

③ 工程单一，施工不受干扰；

④ 洞门建筑物只有两个，比多座短隧道为少。

长隧道方案的缺点：隧道长，技术上要复杂一些，工程造价可能要贵一些。

多年实践指出，线路还是倾向于向里靠一些，宁愿隧道长一些，但只是一座为好。虽然各个隧道的条件不同，不能把它绝对化，但是这一倾向是经过许多教训而得出的。

3.3　隧道的几何设计

公路隧道的几何设计主要是汽车行驶与隧道各个几何元素之间的关系，常把隧道中心线解剖为隧道的平面、纵断面及净空断面来分别研究。

3.3.1　隧道的平面设计

1. 隧道平面设计

隧道平面是指隧道中心线在水平面上的投影。隧道是线路的一个组成部分，与公路一样，线形至少满足《公路工程技术标准》规定。

2. 应适当提高线形标准

因隧道内运营和养护条件明显比洞外差。

3. 具体原则

（1）原则上采用直线，避免曲线；

（2）当必须设置曲线时，半径不宜小于不设超高的平面曲线半径，如表 3-2 所列。曲线隧道示意图如图 3-15 所示。

4．曲线隧道的不利因素

（1）行车视距问题；

（2）加宽断面问题，造成变截面隧道，施工难度大；

（3）曲线隧道内装修复杂；

（4）增加通风阻抗，不利于自然通风；

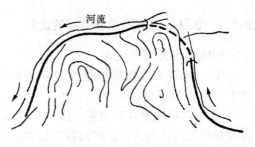

图 3-15　曲线隧道示意图

表 3-2　　　　　　　　　　**不设超高最小平曲线半径**

公路等级	高　速				一		二		三		四	
地　形	平原微丘	重丘	山岭		平原微丘	山岭重丘	平原微丘	山岭重丘	平原微丘	山岭重丘	平原微丘	山岭重丘
不设超高最小 R/m	5500	4000	2500	1500	4000	1500	2500	600	1500	350	600	150

3.3.2　隧道纵断面设计

1．隧道纵断面

沿隧道中心线展开的垂直面上的投影。

2．纵坡类型

（1）人字坡隧道，见图 3-16(a)；

（2）上行单坡隧道；

（3）下行单坡隧道，见图 3-16(b)。

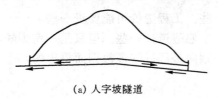

（a）人字坡隧道

（b）下行单坡隧道

图 3-16　纵坡类型

3．控制隧道纵坡大小的主要因素

（1）通风问题；

（2）排水问题。

4．纵坡坡度大小及其影响

（1）隧道纵坡坡度范围：0.3%～3%。

（2）纵坡坡度与通风的关系，要求 2% 以下，超过 2% 时有害物质随着坡度的增大而急剧增多，一般把纵坡保持在 2% 以下是比较好的。

（3）与排水的关系，纵坡越大，水流越快。

（4）纵坡坡度与施工运营的关系，采用大竖曲线半径和竖曲线长度。各级公路凸形竖曲线最小半径和最小长度见表 3-3。

（5）综合通风和排水考虑，纵坡以不妨碍排水的缓坡为宜。

表 3-3 各级公路凸形竖曲线最小半径和最小长度 m

公路等级		高 速			一		二		三		四	
地 形		平原微丘	重丘	山岭		平原微丘	山岭重丘	平原微丘	山岭重丘	平原微丘	山岭重丘	平原微丘	山岭重丘
凸形竖曲线半径	极限最小值	11000	6500	3000	1400	6500	1400	3000	450	1400	250	450	100
	一般最小值	17000	10000	4500	2000	10000	2000	4500	709	200	400	700	200
竖曲线最小长度		100	85	70	50	85	50	70	35	50	25	35	20

3.3.3 隧道横断面设计

3.3.3.1 公路隧道

图 3-17 所示为断面形状和尺寸，应根据围岩压力求得最经济值。

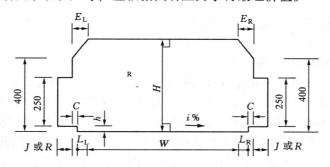

图 3-17 隧道建筑限界（尺寸单位：m）

在图 3-17 中，W 为行车道宽度，按表 3-4 的规定采用；S 为行车道两侧路缘带宽度，按表 3-4 的规定采用；C 为余宽，当计算行车速度 >100km/h 时为 0.50m，计算行车速度 <100km/h 时为 0.25m；H 为净高，汽车专用公路、一般二级公路为 5m，三、四级公路为 4.5m；E 为建筑限界顶角宽度，当 $L\leqslant1$m 时，$E=L$；当 $L>1$m 时，$E=1$m；L 为侧向宽度，高速公路、一级公路短隧道，其侧向宽度宜取硬路肩宽度；R 为人行道宽度；J 为检修道宽度。

表 3-4 两相邻隧道最小间距

	Ⅰ	Ⅱ～Ⅲ	Ⅳ	Ⅴ	Ⅵ
净距/m	(1.5～2.0) B	(2.0～2.5) B	(2.5～3.0) B	(3.0～5.0) B	>5.0B

（1）隧道净空。

隧道净空指隧道衬砌的内轮廓线所包围的空间，包括通风、照明、消防、通讯等设备所占空间。

（2）隧道建筑限界。

隧道建筑限界是为保证隧道内各种交通的正常运行与安全而规定在一定宽度和高度范围内不得有任何障碍物的空间限界。

（3）隧道行车限界。

隧道行车限界是指为保证隧道中行车安全，在一定高度和宽度范围内任何物体不得侵入的限界；

（4）行车道宽度：W。

（5）路缘带宽度：S。

（6）净高：H。

一般高速公路、一级公路 5m，二级以下公路 4.5m。

（7）建筑限界顶角宽：E 不大于 1m。

（8）侧向宽度：L。

（9）检修道宽度：J。

（10）人行道宽度：R。

（11）余宽：C。

（12）墙效应。

隧道边墙给驾驶员造成危险的心理影响，行车偏左减少行车道。

（13）加宽带。

大于 2km 隧道，设紧急停车带，宽 2.5m，长 25～40m，间隔 750m；大于 10km 隧道设 U 形回车道。

（14）两相邻隧道最小间距问题。

由于地质条件的关系，隧道宽度过大则不经济，施工上也增加了难度，所以高速公路、一级公路一般应设计为上下行分离的两座独立隧道。两相邻隧道最小净距视围岩类别、断面尺寸、施工方法、爆破震动影响等因素确定，一般情况可按表 3-4 的规定选用。从理论上说，两相邻隧道应分别置于围岩压力相互影响及施工影响范围之外。因此还需根据经验通过工程类比分析确定。《公路道路勘测规程》（JTG D70—2004）规定："一般为 30m。"

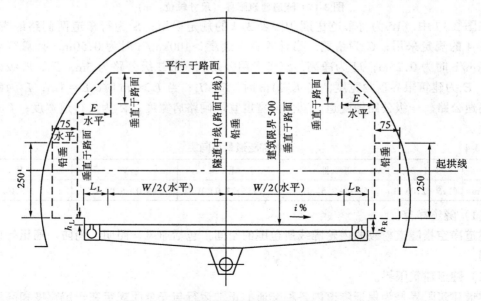

图 3-18　公路隧道横断面示意图（单位：m）

（15）隧道接线。

① 保证有足够的视距和行驶安全：隧道洞口连接线的平面及纵断面线形应与隧道线形相配合。尤其在进口一侧，需要在足够的距离外能够识别隧道洞口。为了使汽车能顺利驶入隧道，驾驶员应提前知道前方有隧道。通常当汽车驶近隧道，但尚有一定距离时，驾驶员若能自然地集中注意力观察到洞口及其附近的情况，并保证有足够的安全视距，对障碍物可以及时察觉，采取适当措施，就能保证行车安全。

② 注视点和注视时间：开始注视的点称为注视点，从注视点到安全视距点所需时间称为注视时间。从注视点到洞口采用通视线形极为重要。在洞口及其附近放入平面曲线或竖曲线的变更点时，应以不妨碍观察隧道为宜。

隧道两端平面线形与道路线形相一致的最小长度规定如表 3-5 所列。

表 3-5　　　　　　　　　　隧道两端平面线形与路线线形相一致的最小长度　　　　　　　　　　　m

公路等级	高　速				一		二		三		四	
地　形	平原微丘	重丘	山岭		平原微丘	山岭重丘	平原微丘	山岭重丘	平原微丘	山岭重丘	平原微丘	山岭重丘
最小长度	100	80	60	40	80	40	60	20	40	15	20	10

当隧道净宽大于所在公路的路基宽度时，两端接线应有不短于 50m 的同隧道等宽的加宽段，并设计过渡段加以衔接。当隧道净宽小于所在公路的路基宽度时，两端接线仍然按等级公路标准设计，与隧道洞门端墙衔接。隧道内的路肩宽度与一般道路相比要缩小很多，需要进行平滑的过渡，应在适当的距离内收缩，使汽车进出隧道时顺利。

表 3-6　　　　　　　　　　公路隧道建筑界限横断面组成最小宽度　　　　　　　　　　　m

公路分类	公路等级	地　形	行车道宽度（单洞）W	侧向宽度		人行道R	检修道（一侧）J	隧道建筑限界净宽	
				路缘带 S	余宽 C			设检修道或不设人行道	设人行道
汽车专用公路	高速	平原微丘	7.50	0.75	0.50	0.75	10.75		
		重丘	7.50	0.50	0.50	0.75	10.25		
		山岭	7.50	0.50	0.25	0.75	9.25		
			7.00	0.50	0.25	0.75	9.25		
	一级	平原微丘	7.00	0.50	0.50	0.75	10.25		
		山岭重丘	7.00	0.50	0.25	0.75	9.25		
	二级		8.00		0.25	0.75	9.25		
			7.50		0.25	0.75	8.25		
一般公路	二级	平原微丘	9.00		0.25	0.75		9.50	10.50
		山岭重丘	7.00		0.25			7.50	8.50
	三级	平原微丘	7.00		0.25	0.75		7.50	8.50
		山岭重丘	7.00		0.25			7.50	8.50
	四级	平原微丘	7.00		0.25			7.50	
		山岭重丘	7.00/4.50		0.25			7.50/5.00	

3.3.3.2　铁路隧道净空及要求

1. 直线隧道净空

隧道净空是指隧道衬砌的内轮廓线所包围的空间。

隧道净空是根据"隧道建筑限界"确定的，而"隧道建筑限界"是根据"基本建筑限界"制定的，"基本建筑限界"又是根据"机车车辆限界"制定的。

"限界"是一种规定的轮廓线，这种轮廓线以内的空间是保证列车安全运行所必需的。"建筑限界"是建筑物不得侵入的一种限界。

（1）机车车辆限界。

它是指机车车辆最外轮廓的限界尺寸。要求所有在线路上行驶的机车车辆停在平坡直线上时，沿着车体所有部分都必须容纳在此限界范围内而不得超越。

$$A = 机车车辆限界 = 机车车辆最大轮廓尺寸 + 机车车辆技术改造预留空间$$

（2）基本建筑限界。

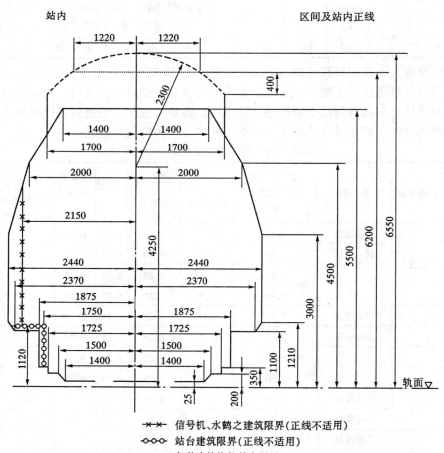

图 3-19　客运专线铁路建筑接近限界（单位：mm）

它是指线路上各种建筑物和设备均不得侵入的轮廓线，它的用途是保证机车车辆的安全运行及建筑物和设备不受损害。

$$B=基本建筑限界=A+线路铺设误差+线路变形和位移+$$
$$列车运行振动、摇动、摆动+允许的货物超限尺寸$$

（3）隧道建筑限界。

它是指包围"基本建筑限界"外部的轮廓线。即要比"基本建筑限界"大一些，留出少许空间，用于安装通讯信号、照明、通风、电力等设备。我国现行的"隧道建筑限界"是国家标准局 1983 年 11 月 7 日发布的 GB146.2 - 83，并以此作为设计隧道支护结构的依据。

对于新建和改建的蒸汽及内燃牵引的单线和双线铁路隧道，采用"隧限-1A"和"隧限-1B"。对于新建和改建的电力牵引的单线和双线铁路隧道，采用"隧限-2A"和"隧限-2B"。

$$C=隧道建筑限界=B+设备最大尺寸+设备安装误差+衬砌施工误差+衬砌变形和位移$$

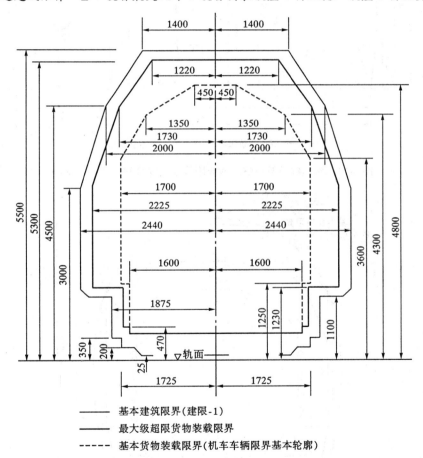

—— 基本建筑限界(建限-1)
—— 最大级超限货物装载限界
---- 基本货物装载限界(机车车辆限界基本轮廓)

图 3-20　客运专线铁路隧道建筑限界及内轮廓线（单位：mm）

（4）直线隧道净空。

"直线隧道净空"要比"隧道建筑限界"稍大一些，除了满足限界要求外，还考虑了在不同的围岩压力作用下，衬砌结构的合理受力形状以及施工方便等因素。

$$D = 直线隧道净空 = C + 结构受力合理 + 形状便于施工$$

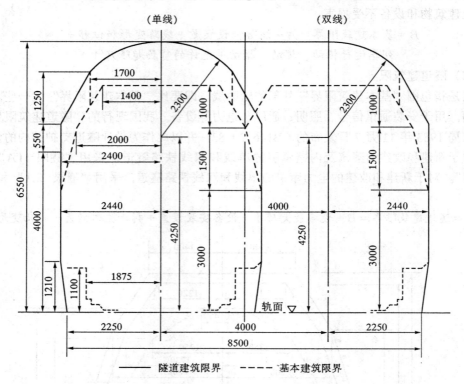

—— 隧道建筑限界　　- - - - 基本建筑限界

图 3-21　客运铁路双线隧道建筑限界及内轮廓线（单位：mm）

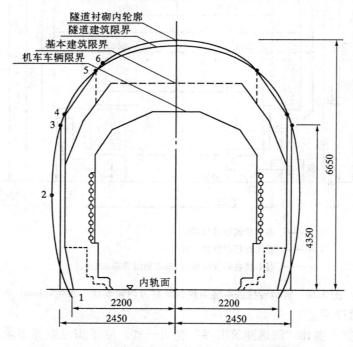

图 3-22　客运铁路单线隧道建筑限界及内轮廓线（单位：mm）

2. 曲线隧道净空加宽

加宽原因如下。

① 车辆通过曲线时，转向架中心点沿线路运行，而车辆本身却不能随线路弯曲仍保持其矩形形状。故其两端向曲线外侧偏移（$d_外$），中间向曲线内侧偏移（$d_{内1}$）。

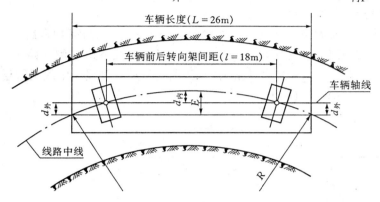

图 3-23　曲线隧道净空加宽平面示意图

E = 曲线隧道净空 = D + 曲线隧道净空加宽

② 由于曲线外轨超高，车辆向曲线内侧倾斜，使车辆限界上的控制点在水平方向上向内移动了一个距离（$d_{内2}$）。

2. 加宽值的计算

（1）单线曲线隧道加宽值的计算。

① 车辆中间部分向曲线内侧的偏移

$$d_{内1} = 12/8R$$

② 车辆两端向曲线外侧的偏移

$$d_外 = (L_2 - 12)/8R$$

③ 外轨超高使车体向曲线内侧倾移

$$d_{内2} = H \cdot E/150 = 2.7E$$

式中，R 为曲线半径，m；H 为隧道限界控制点自轨面起的高度；E 为曲线外轨超高值，其最大值不超过 15cm。

单线曲线隧道净空的加宽值为

内侧加宽　$W_1 = d_{内1} + d_{内2} = 4050/R + 2.7E$（cm）

外侧加宽　　　$W_2 = d_外 = 4400/R$（cm）

总加宽　　　$W = W_1 + W_2 = d_{内1} + d_{内2} + d_外 = 8450/R + 2.7E$（cm）

（2）双线曲线隧道加宽值的计算。

双线曲线隧道的内侧加宽值 W_1 及外侧加宽值 W_2 与单线曲线隧道加宽值的计算相同。即

内侧加宽　　　　　　$W_1 = d_{内1} + d_{内2} = 4050/R + 2.7E$（cm）

外侧加宽　　　　　　　$W_2 = d_外 = 4400/R$（cm）

内外侧线路中线间的加宽值 W_3 按以下两种情况计算：

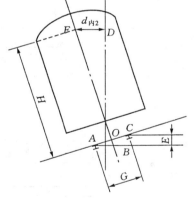

**图 3-24　曲线隧道净空
加宽断面示意图**

当外侧线路的外轨超高大于内侧线路的外轨超高时

$$W_3 = 8450/R + H \cdot E/150/2 \text{ (cm)}$$

其他情况时 $\qquad\qquad W_3 = 8450/R \text{ (cm)}$

总加宽 $\qquad\qquad W = W_1 + W_2 + W_3$

（3）曲线隧道中线与线路中线偏移距离。

曲线隧道内外侧加宽值不同（内侧加宽大于外侧加宽），断面加宽后，单线曲线隧道中线与线路中线偏移距离 $d = (W_1 - W_2) \text{ (cm)}$；双线曲线隧道内侧线路中线至隧道中线的距离 $d_1 = 200 - (W_1 - W_2 - W_3) \text{ (cm)}$，双线曲线隧道外侧线路中线至隧道中线的距离 $d_2 = 200 + (W_1 - W_2 + W_3) \text{ (cm)}$。

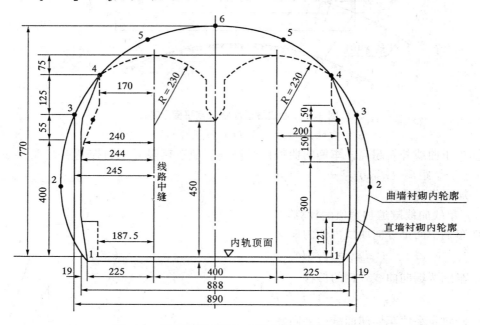

图 3-25 双线隧道曲线加宽示意图（单位：mm）

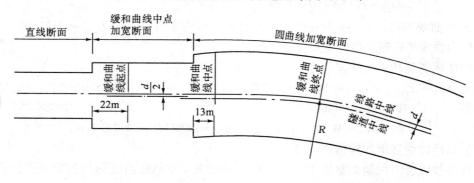

图 3-26 曲线隧道与直线隧道衔接方法平面示意图

3. 曲线隧道与直线隧道衬砌的衔接方法

隧道衬砌施工中，对不同宽度衬砌断面的衔接，可采用在衬砌断面变化点错成直角台阶的错台法及自加宽断面终点向不加宽断面延伸 1m 范围内逐渐过渡的顺坡法。

3.3.4　隧道衬砌的其他构造要求

（1）隧道洞口段，比隧道中段受力复杂，除了受横向的竖直与水平荷载以外，还受有纵向的推力荷载。所以，规范规定隧道洞口段应设置加强衬砌，并宜与洞身整体砌筑。其长度应根据地质、地形等条件确定，一般单线隧道洞口应设置不小于 5m 长的模筑混凝土衬砌，双线和多线隧道应适当加长；

（2）围岩较差段的衬砌应向围岩较好地段延伸 5～10m；

（3）偏压衬砌段应延伸至一般衬砌段内 5m 以上；

（4）不设仰拱的隧道应做底板，单线隧道的厚度不得小于 20cm，双线隧道的厚度不得小于 25cm；

（5）对衬砌有不良影响的硬软地层分界处，应设置变形缝；

（6）电力牵引的隧道，其长度大于 2000m 及位于隧道群地段和车站两端时，为了使接触网有良好的工作和维修条件，应根据需要设置接触网补偿下锚的衬砌段。

（7）运营通风洞、联络通道等与主隧道连接处的衬砌设计应做加强处理。

3.3.5　隧道衬砌断面的初步拟定

3.3.5.1　隧道衬砌是超静定结构

断面设计步骤：初步拟定尺寸—计算内力—检算强度（安全量）—调整尺寸—重复上述计算，直到合适为止。

初步拟定结构形状和尺寸可采取经验类比的方法，考虑因素如下。

（1）内轮廓——选定净空形状。

原则：紧贴限界，衬砌表面平顺圆滑。

（2）结构轴线——抽象出进行计算的几何形状。

隧道衬砌是一种受压结构，结构的轴线尽可能地符合荷载作用下的压力线。

当衬砌承受径向分布的静水压力时，结构轴线以圆形最合适。

当衬砌主要承受竖向荷载和不大的水平荷载时，结构轴线上部宜采用圆弧形或尖拱形，下部可以做成直线形（即直墙式）。

当衬砌承受竖向荷载的同时，又承受较大的水平荷载时，衬砌结构的轴线上部宜采用圆弧形或平拱形，下部可采用凸向外方的圆弧形（即曲墙式）。如果还有底鼓压力，或衬砌有沉陷的可能，则结构底部还应有凸向下方的仰拱为宜。

（3）截面厚度——检算强度。

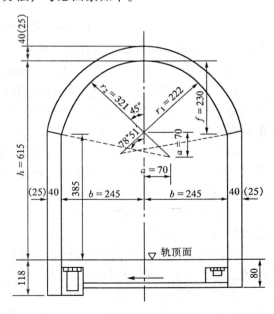

图 3-27　直墙衬砌示意图

要求设计的截面厚度具有足够的强度。

衬砌的最小厚度规定——满足施工要求。

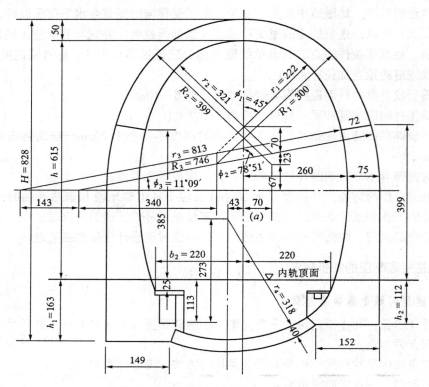

图 3-28　曲墙衬砌示意图（单位：mm）

3.3.5.2　衬砌内轮廓线及几何尺寸拟定

（1）隧道衬砌的结构类型：它是一种超静定支护结构。

（2）衬砌断面设计：主要解决内轮廓线、轴线和厚度 3 个问题。

（3）设计内轮廓线的原则：衬砌的内轮廓线应尽可能地接近建筑限界，力求开挖和衬砌的数量最小。衬砌内表面力求平顺，还应考虑衬砌施工的简便。

（4）隧道衬砌断面的轴线：应当尽量与断面压力曲线重合，使各截面主要承受压应力。为此，当衬砌受径向分布的水压时，轴线以圆形最好；主要承受竖向压力或同时承受不大的水平侧压力。

（5）可采用三心圆拱和直墙式衬砌；当承受竖向压力和较大侧压力时，宜采用五心圆曲墙式衬砌；当有沉陷可能和受底压力时，宜加设仰拱的曲墙式衬砌。

（6）隧道衬砌厚度：随所处地质条件和水文地质条件不同而有较大变化，并且与隧道的跨径，荷载大小，衬砌材料以及施工条件等有关。

根据以往经验，拱圈可以采取等截面，也可采取在拱脚部分加厚 20% ~ 50% 的变截面。仰拱厚度一般略小于拱顶厚度。从衬砌质量要求出发，一般不应小于规范规定的最小厚度。其值列于表 3-7。

表 3-7　　　　　　　　　　　　　　　截面最小厚度　　　　　　　　　　　　　　cm

建筑材料种类	隧道和明洞衬砌			洞门端墙、翼墙和洞口挡土墙
	拱圈	边墙	仰拱	
混凝土	20	20	20	30
片石混凝土		50	50	50
浆砌粗料石或混凝土块	30	30		30
浆砌块石		30		30
浆砌片石		50		50

3.3.5.3　衬砌断面

（1）衬砌内轮廓线：是衬砌的完成线，在内轮廓线之内的空间，即为隧道的净空断面。该线应满足所围成的断面积最小，适合围岩压力和水压力的特点，以既经济又实用为目的。

（2）衬砌外轮廓线：指为保持净空断面的形状，衬砌必须有足够的厚度（或称最小衬砌厚度）的外缘线。为保证衬砌的厚度，侵犯该线的山体必须全部除掉，木质临时支撑或木模板等也不应侵入，所以该线又称为最小开挖线，见图3-29断面所示。

（3）实际开挖线：为保证衬砌外轮廓，开挖时往往稍大，尤其用钻爆法开挖时，实际开挖线不可避免地成为不规则形状。因为它比衬砌外轮廓线大，所以又称为超挖线，超挖部分的大小叫超挖量，一般不应超过10cm。实际上凸凹不平，这样10cm的限制线只能是平均线，它是设计时

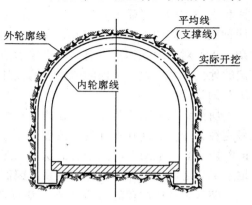

图 3-29　隧道断面轮廓线

进行工程量计算的依据。施工中，尤其是用钻爆法施工时，很难掌握刚好达到平均线，常常比它还要大，这就造成了不必要的工程量，如何对其进行控制，至今仍为一个难题。按设计要求所有超挖部分，都要用片石回填密实。由于施工上的困难，不容易做到密实。但这是设计及施工中都应着重强调的问题。

第4章　隧道围岩分级与围岩压力

4.1　隧道围岩分级

4.1.1　概　述

判断隧道围岩的稳定性，并针对围岩稳定的程度制定相应的工程措施——最佳的施工方法和支护结构，是研究隧道地质环境需要解决的两个基本问题。对此，工程界历来都并存着两种截然不同的方法可供采用：经验方法和理论方法。由于隧道工程所处地质环境十分复杂，人们对它的认识远没有达到完善的地步，所以，至今在隧道工程中经验方法仍然占有一定的地位。可以说，目前隧道工程的设计和施工在很大程度上还处在"经验设计""经验施工"的阶段。

所谓经验方法就是根据以往的工程经验对上述两个问题作出决策，其依据就是隧道围岩稳定性分级。目前，作为隧道工程设计、施工基础条件的隧道围岩分级还处在"经验分级"的阶段上。人们对于坑道围岩的认识，还没有达到"自由"，还不能充分揭示出地质条件和地下工程之间本质的、内在的联系，因而也就不能客观地预估或判断坑道围岩的级别。

隧道工程所赋存的地质环境千差万别，诸如地质构造、岩性、地下水等都是千差万别的。这给地下工程的设计、施工带来了很大的不可避免的"盲目性"。但也应指出：隧道工程的某一种类型的支护结构或某一种施工方法，在多数条件下，都有很大的地质适应性。例如，台阶法可以适应大部分中等程度的地质条件；喷混凝土支护作为临时支护，在采取一定措施的情况下，几乎可以适应绝大多数的地质条件。这就说明，针对不同的工程目的（爆破开挖、掘进机掘进、支护等），是可以把与之相应的地质条件进行一定的概括、归纳并加以分级的，从而，为隧道工程设计、施工提供一定的基础条件。

4.1.2　围岩分级

1. 围岩分级

根据长期的工程实际，工程师们认识到各种围岩的物理性质之间存在一定的内在联系和规律，依照这些联系和规律，可将围岩划分为若干级别，这就是围岩分级。

2. 围岩分级的目的

作为选择施工方法的依据；进行科学管理及正确评价经济效益的依据；确定结构上的荷载；确定支护结构的类型和尺寸；制定劳动定额、材料消耗标准的基础等。

国内外在最近几十年内，把地下坑道围岩分级作为地下工程技术基础研究的重要内容之一，也同时作为岩体力学的重要研究内容之一。从定性上、定量上进行了大量的探索和实践，取得了一定的成果。

隧道围岩分级是为了坑道支护这个目的而建立起来的，即坑道开挖后是否需要支护、采用什么类型的支护结构、如何支护等。而坑道支护与坑道开挖后的稳定性有直接的关系。因此，隧道围岩分级的基础条件是坑道开挖后的稳定性。

3. 隧道开挖后的稳定性

根据坑道开挖实践，坑道开挖后的稳定性大体上可分为以下几类：

（1）充分稳定。坑道在长时间内有足够的自稳能力，无须任何人为支护而能维持稳定，无坍塌、偶尔有掉块。

（2）基本稳定。坑道会因爆破、岩块结合松弛等而产生局部掉块，但不会引起坑道的坍塌，坑道是稳定的，层间结合差的平缓岩层顶板可能弯曲、断裂。此时应采取局部支护或轻型的支护。

（3）暂时稳定。大多数坑道是属于这个类型的。坑道开挖后呈现出不同程度的坍塌现象，坍塌后的坑道呈拱形而处于暂时稳定状态。在外界（如爆破、重新更换支撑等）和内部（如地下水等）条件的影响下，坑道如不及时支护，会进一步丧失稳定。因此，在这种围岩中，必须采取各种类型的支护措施。

（4）不稳定。坑道在不进行支护的条件下是难以开挖的，随挖随坍，常常要先支后挖，坑道的坍塌发生迅速、影响范围大，有时可坍塌到地表，或在地面形成塌盆地。在有水的情况下，土体流动造成极大的荷载。在这种情况下，需要采取专门的支护措施和施工方法来保证坑道的稳定。

坑道围岩稳定性的不同，采取的施工方法和支护措施也是不同的。因此，按坑道围岩稳定性大致相同的围岩工程地质条件并结合工程实践进行围岩分级是有可能的，也是有根据的。

目前国内外隧道围岩分类的方法很多，它们所采用的分类指标也是各式各样的，但都是在隧道工程实践的基础上逐步发展起来的。随着人们对隧道工程、地质环境以及这两者间相互关系的了解，围岩分级方法亦在不断地深化和提高。

4.1.3　围岩分级方法

现行围岩分级方法，作为分级的基本要素有以下几个因素。

第一因素是与岩石有关的要素；第二因素是与地质构造有关的要素；第三因素是与地下水有关的要素。

4.1.3.1　以岩石强度或岩石的物性指标为代表的分级方法

（1）以岩石强度为基础的分级方法；

（2）以岩石的物性指标为基础的分级方法。

4.1.3.2　与地质勘探手段相联系的分级方法

随着工程地质勘探方法，尤其是物理勘探方法的进展，用弹性波速度进行围岩分级的探讨，在日本获得了一定的成果。1970 年前后，日本提出按弹性波速度进行围岩分级的方法。

围岩弹性波速度是判断岩性、岩体结构的综合指标，它既可以反映岩石软硬，又可以表达岩体结构的破碎程度。因此，在弹性波速度基础上，综合考虑与隧道开挖及土压有关的因素（岩性、风化程度、破碎状态、含水及涌水状态等），将围岩分为 7 级。

我国 2001 年施行的"铁路隧道设计规范"中将弹性波（纵波）速度引入隧道围岩分级中，将围岩分为 6 级（见表 4-1）。

表 4-1　　　　　　　　　　　　弹性波（纵波）速度分级

围岩级别	Ⅰ	Ⅱ	Ⅲ	Ⅳ	Ⅴ	Ⅵ
弹性波速/（km/s）	>4.5	3.5~4.5	2.5~4.0	1.5~3.0	1.0~2.0	<1.0（饱和土<1.5）

把地质勘察手段与围岩分类联系起来，这在分类上是一个重要的进展。（这方面除了用弹性波速度外，还有用钻探时的岩心复原率（或称岩芯采取率）分级的方法）。美国伊利诺斯大学狄丽等人提出的采用所谓的"岩石质量指标"（RQD）就是一例。狄丽指出，岩心的采取状态（采用率）、岩心的平均长度、最大长度等受到原始裂隙、硬度、均质性等状态所支配。因此，岩心采取率是可以表达岩体质量的。同时指出，岩体质量好坏主要取决于小于 10cm 以下的细小岩块状态。因此，岩心复原率是以单位长度钻孔中 10cm 以上的岩心占有比例来判断的，即

$$RQD（\%）= \frac{10\mathrm{cm} \text{以上岩心累计长度}}{\text{钻孔长度}} \times 100 \tag{4-1}$$

该分级法将围岩分为 5 级：RQD>90% 即为优质的；75%<RQD<90% 为良好的；50%<RQD<75% 为好的；25%<RQD<50% 为差的；RQD<25% 为很差的。分级也给出相应的地压值及可采取的支护系统。同时应指出，在采用掘进机掘进时，地压值可适当降低（约减小 20%）。

上述分类大体上可以说是半定量的，但是综合的。它把岩体的很多错综复杂的因素，全部用一个指标表达，难免给判断带来一定的"主观性"。例如弹性波速度低，就可能有几种情况：

（1）岩体完整，但岩质松软；

（2）岩质坚硬，但岩体破碎；

（3）地形上出现局部高低差显著的谷部等。因而在判断上还要借助于其他条件，如地质测绘、岩性等手段或资料。因此，考虑多种因素并给予一定的定量分析和定性描述的分级方法，最近得到了一些发展。

4.1.3.3　以多种因素进行组合的分级方法

这种分级法认为，评价一种岩体的好坏，既要考虑地质构造、岩性、岩石强度，还要考虑施工因素，如掘进方向与岩层之间的关系、开挖断面的大小等，因此就需要建立在多种因素的分析基础之上。

在这类分级法中，比较完善的是 1974 年挪威地质学家巴顿（N.Barton）等人所提出的"岩体质量——Q"分级法。Q 与 6 个表明岩体质量的地质参数有关，表达如下

$$Q = \frac{RQD}{J_h} \cdot \frac{J_r}{J_a} \cdot \frac{J_w}{SRF} \tag{4-2}$$

式中，RQD 是岩石质量指标，其取值方法见式（4-1）；J_h 是节理组数，岩体愈破碎，J_h 取值愈大，例如，整体没有或很少有节理的岩体，$J_h=0.5~1.0$，两个节理组时，$J_h=4$，破碎岩体，类似土的 $J_h=20$ 等；J_r 是节理粗糙度，节理愈光滑，J_r 取值愈小，例如，不连续节理，$J_r=4$，平整光滑的，$J_r=0.5$ 等；J_a 为节理蚀变值，蚀变愈严重，J_a 取值愈大。例如，节理面紧密结合，夹有坚硬不软化的充填物时，$J_a=0.75$，节理中夹有膨胀性黏土，如

蒙脱土时，$J_a = 8 \sim 12$ 等；J_w 为节理含水折减系数，节理渗水量愈大，水压愈高，J_w 取值愈小，例如，干燥或微量渗水，水压 $< 0.1 \text{MPa}$ 时，$J_w = 1.0$，而渗水量特别大，或水压特别高，持续无明显衰减的，$J_w = 0.1 \sim 0.05$ 等；SRF 为应力折减系数，围岩初始应力愈高，SRF 取值愈大。例如，脆性而坚硬的岩石，有严重岩爆现象时，$SRF = 10 \sim 20$，坚硬岩石有单一剪切带的，$SRF = 2.5$。

进一步分析可以发现，这 6 个地质参数可以表达出岩体的：①岩块大小（SRF/J_h），②岩块间的抗剪强度（J_r/J_a），③作用应力（J_w/SRF）。所以说，岩体质量 Q 实际上是岩块尺寸、抗剪强度、作用应力的复合指标。

根据不同的 Q 值，将岩体质量评为九等，详见表 4-2。

表 4-2　　　　　　　　　　　　　　　　岩体质量评估

岩体质量	特别好	极好	良好	好	中等	不良	坏	极坏	特别坏
Q	400~1000	100~400	40~100	10~40	4~10	1~4	0.1~1	0.01~0.1	0.001~0.01

考虑多种因素组合的分级是以大量实践资料为基础的，它同时引进了岩体的动态分析，故判断隧道围岩的稳定性是比较合理和可靠的，也具有一定的理论意义，是围岩分级研究中一个有发展前途的方法。但分级还没有与有关的地质测试手段联系起来，因而在确定各项指标时，有的是通过试验或现场实测确定的；有的主要是凭经验决定，带有一定的主观因素。

4.1.3.4　以工程对象为代表的分级法

这类分级法如专门适用于喷锚支护的原国家建委颁布的围岩分级法（1979 年）、前苏联在巴库修建地下铁道时所采用的围岩分级法（1966 年）等，优点是目的明确，而且和支护尺寸直接挂钩，因此，使用方便，对指导施工起很大作用。但分类指标以定性描述为主，带有很大的人为因素。

由上述可知，隧道围岩分级方法有简有繁，并无统一格式。目前，国内外许多学者都认为，隧道围岩分级的详细程度，在工程建设的不同阶段可以有所不同。在工程规划和初步设计阶段，围岩分级可以定性评价为主，判别的依据主要来源于地表的地质测绘以及部分的勘探工作。在工程的技术设计和施工设计阶段，围岩分级是为专门目的服务的，如为支护结构设计服务的围岩分级，为钻爆工作服务的围岩分类等。围岩类别除了取决于地质条件外，还应和工程尺度、形状、施工工艺技术等条件有关。其判别依据除了地质测绘资料外，更重要的是详细勘探（包括钻探、坑探、物探等）资料和岩石（体）的室内和现场试验数据。这一阶段的分类指标应该是半定量的或定量的。在施工阶段，应利用各种量测和观测到的实际资料对围岩分类进行补充修正，此时的分类仍属第二阶段的详细分类，但数据则是岩体暴露后的实际值。

4.1.4　我国现行铁路隧道围岩分级

经过长期工程实践，人们发现主要反映岩石强度的 f 值分级法不能全面地反映隧道围岩的稳定特征和状态。所以，铁道部在 1975 年颁布了以围岩结构特征和完整状态为分类基础的新的铁路隧道围岩稳定性分级法，它总结了新中国成立以来在修建铁路隧道中使用 f 值分级法所积累的经验，并参考了国内外有关围岩分级成果。它的出现引起了各方面的重视，国内许多部门针对本部门地下工程的特点，也相继采用了类似的分类方法。说明了这种分类法的原则、方法和内容是正确的，是有发展前途的，也是与当前国际上围岩分类的趋势相适应的。80 年代以来又对铁路隧道围岩分级法做了补充和修正，1986 年颁布了修正方案。2001 年的颁行《铁路隧道设计规范（TB10003—2001）》中采用了国家标准的分级排序，并将原围岩分类改称为围岩分级，同时充实了施工阶段围岩分级的评定方法。又将围岩分级的部分内容与"铁路工程地质勘察规范"进行了协调修改，颁布了新的隧道围岩分级方案。下面对这一新的隧道围岩分级作以介绍。

4.1.4.1　围岩分级的基本因素及围岩基本分级

1. 围岩分级的基本因素

围岩基本分级应由岩石坚硬程度和岩体完整程度两个基本因素确定。岩石坚硬程度和岩体完整程度应采用定性划分和定量指标两种方法确定。岩石坚硬程度划分为极硬岩、硬岩、较软岩、软岩和极软岩等 5 类，岩体完整程度划分为完整、较完整、较破碎、破碎和极破碎等 5 类，见表 4-3 和表 4-4。

表 4-3　　　　　　　　　　　　　　岩石坚硬程度的划分

岩石类别		单轴饱和抗压极限强度 R_c/MPa	代表性岩石
硬质岩	极硬岩	>60	花岗岩、闪长岩、玄武岩等岩浆岩；硅岩、钙质胶结的砾岩及砂岩、石灰岩、白云岩等沉积岩；片麻岩、石英岩、大理岩、板岩、片岩等变质岩
	硬　岩	30～60	
软质岩	较软岩	15～30	凝灰岩等喷出岩；砂砾岩、泥质砂岩、泥质页岩、炭质页岩、泥灰岩、泥岩、煤等沉积岩；云母片石或千枚岩等变质岩
	软　岩	5～15	
	极软岩	<5	

表 4-4　　　　　　　　　　　　　　岩体完整程度的划分

完整程度	结构面特征	结构类型	岩体完整性指数 K_v
完　整	结构面 1～2 组，以构造型节理或层面为主，密闭型	巨块状整体结构	$K_v>0.75$
较完整	结构面 2～3 组，以构造型节理、层面为主，裂隙多呈密闭型，部分为微张型，少有充填物	块状结构	$0.75{\geqslant}K_v>0.55$
较破碎	结构面一般为 3 组，以节理及风化裂隙为主，在断层附近受构造影响较大，裂隙以微张型和张开型为主，多有充填物	层状结构、块石碎石结构	$0.55{\geqslant}K_v>0.35$
破　碎	结构面大于 3 组，多以风化型裂隙为主，在断层附近受构造作用影响大，裂隙以张开型为主，多有充填物	碎石角砾状结构	$0.35{\geqslant}K_v>0.15$
极破碎	结构面杂乱无序，在断层附近受断层作用影响大，宽张裂隙全为泥质或泥夹岩屑充填，充填物厚度大	散体状结构	$K_v{\leqslant}0.15$

2. 围岩基本分级

根据以上分级的因素及指标，给出各级围岩的主要工程地质特征、结构特征、完整性及围岩弹性纵波速度等要素，《铁路隧道设计规范》将单、双线铁路隧道的围岩划分为 6 级，见表 4-5。

表 4-5　　　　　　　　　　　　铁路隧道围岩基本分级

级别	围岩主要工程地质条件		围岩开挖后的稳定状态	围岩弹性纵波速度 $V_p/$ (km/s)
	主要工程地质条件	结构特征和完整状态		
I	硬质岩石（饱和抗压极限强度 $R_c>$ 60MPa），受地质构造影响轻微，节理不发育，无软弱面（或夹层）；层状岩层为厚层，层间结合良好	呈巨块状整体结构	围岩稳定、无坍塌，可能产生岩爆	>4.5
II	硬质岩石（$R_c>$30MPa），受地质构造影响较重，节理较发育，有少量软弱面（或夹层）和贯通微张节理，但其产状及组合关系不致产生滑动，层状岩层为中层或厚层，层间结合一般，很少有分离现象，或为硬质岩石偶夹软质岩石	呈大块状砌体结构	暴露时间长，可能出现局部小坍塌，侧壁稳定；层间结合差的平缓岩层，顶板易塌落	3.5~4.5
III	硬质岩石（$R_c>$30MPa），受地质构造影响严重，节理发育，有层伏软弱面（或夹层），但其产状及组合关系尚不致产生滑动；层状岩层为薄层或中层，层间结合差，多有分离现象；或为硬、软质岩石互层	呈块（石）碎（石）状镶嵌结构	拱部无支护时可产生中小坍塌，则壁基本稳定，爆破振动过大易塌	2.5~4.0
III	软质岩石（$R_c=5$~30MPa），受地质构造影响严重，节理较发育；层状岩层为薄层、中层或厚层，层间结合一般	呈大块状砌体结构		
IV	硬质岩石（$R_c>$30MPa），受地质构造影响很严重，节理很发育，层状软弱面（或夹层）已基本被破坏	呈碎石状压碎结构	拱部无支护时，可产生较大的坍塌；侧壁有时失去稳定	1.5~3.0
IV	软质岩石（$R_c=5$~30 MPa），受地质构造影响严重，节理发育 ① 略具压密或成岩作用的黏性土、粉土及砂类土 ② 一般钙质、铁质胶结的碎、卵石土、大块石土 ③ 黄土（Q_1，Q_2）	呈块（石）碎（石）状镶嵌结构 ① 呈大块状压密结构 ② 呈巨块状整体结构 ③ 呈巨块状整体结构		
V	石岩：软岩、岩体破碎至极破碎；全部极软岩及全部极破碎岩（包括受构造影响严重的破碎带）	呈角（砾）碎（石）状松散结构	围岩易坍塌，处理不当会出现大坍塌，侧壁经常小坍塌；浅埋时易出现地表下沉（陷）或坍塌至地表	1.0~2.0
V	一般第四系的半干硬~硬塑的黏性土及稍湿至潮湿的碎石土、卵石土、圆砾土、角砾土、粉土及黄土（Q_3，Q_4）	非黏性土呈松散结构，黏性土及黄土呈松软结构		
VI	岩体：受构造影响很严重呈碎石、角砾及粉末、泥土状的断层带	黏性土呈易蠕动的松软结构，砂性土呈潮湿松散结构	围岩极易坍塌变形，有水时土砂常与水一齐涌出；浅埋时易坍至地表	<1.0 （饱和状态土<1.5）
VI	土体：软塑状黏性土，饱和的粉土、砂类土			

4.1.4.2　围岩分级的影响因素及分级的修正

在围岩基本分级的基础上，结合考虑隧道工程的特点，考虑地下水状态、初始应力状态等必要的因素进行修正。

1. 地下水

隧道施工的大量实践证明，水是造成施工坍方、使坑道围岩丧失稳定的重要原因之一。

在不同的围岩中水的影响是很不相同的。归纳有：①使岩质软化，强度降低，对软岩尤为明显，对土体则可促使其液化或流动；②在有软弱结构面的围岩中，会冲走充填物或使夹层液化，减少层间摩阻力促使岩块滑动；③在某些围岩中，如石膏、岩盐和蒙脱石为主的黏土岩中，遇水后产生膨胀，在未胶结或弱胶结的砂岩中可产生流砂和潜蚀。因此，在隧道围岩分级中水的影响是不容忽视的，在同级围岩中，遇水后则适当降低围岩级别。降低的幅度主要取决于：①围岩的岩性及结构面的状态；②地下水的性质、大小、流通条件及对围岩浸润状况和危害程度。本围岩分级中关于地下水影响的修正参照表4-6和表4-7。

表 4-6　　　　　　　　　　　　　　　地下水状态的分级

级　别	状　态	渗水量/(L/(min·10m))
Ⅰ	干燥或湿润	<10
Ⅱ	偶有渗水	10～25
Ⅲ	经常渗水	25～125

表 4-7　　　　　　　　　　　　　　　地下水影响的修正

地下水状态级别＼围岩级别	Ⅰ	Ⅱ	Ⅲ	Ⅳ	Ⅴ	Ⅵ
Ⅰ	Ⅰ	Ⅱ	Ⅲ	Ⅳ	Ⅴ	—
Ⅱ	Ⅰ	Ⅱ	Ⅳ	Ⅴ	Ⅵ	—
Ⅲ	Ⅱ	Ⅲ	Ⅳ	Ⅴ	Ⅵ	—

2. 初始应力场

围岩的初始应力状态对岩体的构造-力学特征是有一定影响的。因此，围岩分级中考虑了初始应力状态的影响，对初始应力场采取修正系数的方法，对围岩级别予以降级（见表4-8和表4-9）。

表 4-8　　　　　　　　　　　　　　　地应力状态评估

初始地应力状态	主要现象		评估基准 (R_c/σ_{max})
极高应力	硬质岩：开挖过程中时有岩爆发生，有岩块弹出，洞壁岩体发生剥离，新生裂缝多，成洞性差		<4
	软质岩：岩心常有饼化现象，开挖过程中洞壁岩体有剥离，位移极为显著，甚至发生大位移，持续时间长，不易成洞		
高应力	硬质岩：开挖过程中可能出现岩爆，洞壁岩体有剥离和掉块现象，新生裂缝较多，成洞性较差		4～7
	软质岩：岩心时有饼化现象，开挖过程中洞壁岩体位移显著，持续时间长，成洞性差		

表 4-9　　　　　　　　　　　　　　　初始地应力影响的修正

初始地应力状态＼围岩级别	Ⅰ	Ⅱ	Ⅲ	Ⅳ	Ⅴ
极高应力	Ⅰ	Ⅱ	Ⅲ或Ⅳ	Ⅴ	Ⅵ
高应力	Ⅰ	Ⅱ	Ⅲ	Ⅳ或Ⅴ	Ⅵ

3. 风化作用的影响

如果隧道洞深埋深较浅，应根据围岩受地表的影响情况进行围岩级别修正。当围岩为风化层时，应按风化层的围岩基本分级考虑。围岩仅受地表影响时，应较相应围岩降低 1～2 级。

在隧道施工过程中，根据对隧道的直接观察、量测和试验结果，可进一步核定岩层构造、岩性及地下水等情况，从而可以判断围岩的稳定程度。当发现设计文件与实际情况不相符合时，应及时修改围岩级别，并变更支护设计。

4.2　围岩压力及成拱作用

4.2.1　围岩压力

围岩压力是指衬砌结构承受的压力。

在坚硬稳定的岩层中开挖隧道时，一般是不需要支护的，可是爆破时会发生围岩松动及爆破后受风化，故仍需要修筑支护结构；在破碎的岩层或松软地层中修筑隧道，开挖坑道时，围岩由于受到扰动失去稳定而产生变形、松弛、错动、挤压、断裂、下沉或坍塌等现象。因此，为了阻止围岩的移动和崩落，保证坑道具有设计的建筑界限和净空，就需要架设临时支撑或修筑永久支护结构。

围岩压力按作用发生形态，一般可分为以下几种类型。

1. 松动压力

由于开挖而松动或坍塌的岩体以重力形式直接作用在支护结构上的压力称为松动压力。按作用在支护结构上的位置不同，分为竖向压力、侧向压力和底压力。松动压力常发生在下列 3 种情况下：

（1）在整体稳定的岩体中，可能出现个别松动掉块的岩石；

（2）在松散软弱的岩体中，坑道顶部和两侧片帮冒落；

（3）在节理发育的裂隙岩体中，围岩某些部位沿软弱面发生剪切破坏或拉坏等局部塌落。

2. 形变压力

形变压力是由于围岩变形受到与之密贴的支护如锚喷支护等抑制，而使围岩与支护结构共同变形过程中，围岩对支护结构施加的接触压力。所以形变压力除与围岩应力状态有关外，还与支护时间和支护刚度有关。

3. 膨胀压力

当岩体具有吸水膨胀崩解的特征时，由于围岩吸水而膨胀崩解所引起的压力称为膨胀压力。它与形变压力的基本区别在于它是由吸水膨胀引起的。

4. 冲击压力

冲击压力是在围岩中积累了大量的弹性变形能之后，由于隧道的开挖，围岩的约束被解除，能量突然释放所产生的压力。

由于冲击压力是岩体能量的积累-释放问题，所以它与弹性模量直接相关。弹性模量较大的岩体，在高地应力作用下，易于积累大量的弹性变形能，一旦遇到适宜条件，它就会突然猛烈地大量释放。

4.2.2　坑道开挖前后围岩应力状态

1. 坑道开挖前围岩应力状态

坑道开挖前，地层是处于相对静止状态。因为地层中任何一处的土石都受到其上、下、左、右、前、后土石的挤压，保持着相对的平衡，称为原始应力状态。它是由上覆地层自重、地壳运动的残余应力以及地下水活动等因素所决定的。

2. 坑道开挖后围岩应力状态

坑道开挖后，围岩原来保持的平衡状态受破坏，由相对的静止状态变成显著的变动状态，于是围岩在应力和变形方面开始了一个新的变化运动，出现了围岩应力的重分布和围岩向开挖的坑道空间变形，力图达到新的平衡。

4.2.3　围岩的成拱作用

工程实践中人们发现，当隧道在多裂隙围岩（包括一般土层）中埋置较深时，作用在支护结构上的围岩压力远小于其上覆层自重所造成的压力。这是为什么呢？可以用围岩"成拱作用"来作解释。当坑道开挖后，如果任意让其变形、松动和坍塌，最后将看到在坑道上方形成一个相对稳定的拱形洞穴，人们常称之为"天然拱"或"平衡拱"。它上方的一部分岩体承受着上覆地层的全部重力，如同一个承载环一样，并将荷载重力向两侧传递下去，这就是所谓围岩的成拱作用。

4.2.4　影响围岩压力的因素

影响围岩压力的因素很多，一是工程地质因素，主要包括原始应力状态、岩石的力学性质、岩体的结构面等；二是工程结构因素，包括施工方法、支护设置时间、支护本身的刚度、坑道形状和尺寸、埋置深度等。其中起决定作用的是围岩的地质条件，这是内因，其对围岩压力的影响已在围岩分级中述及。现将其他因素（外因）分析如下。

1. 时间因素

不论何种围岩，在坑道开挖后的暴露时间都是越短越好。从另一方面讲，就是要修筑永久性衬砌并使之能提供所需的支护力的时间不过迟。否则，要受到较大的松动围岩压力作用。按照一般混凝土衬砌的修筑方法，从开挖到做完衬砌并使之具有一定的强度，往往需要较长的时间，因此衬砌结构一开始就要受到很大的松动围岩压力，衬砌结构就要做得厚些。而采用喷射混凝土技术来支护围岩，可使围岩的暴露时间较短，能及时制止围岩的变形，防止变形过大而产生较大的松动压力，充分利用围岩自身的承载能力。

2. 坑道的尺寸和形状因素

围岩压力是随着坑道尺寸增大而增大的，当坑道有引起应力集中的形状，即有明显的拐角时，围岩压力相对较大。

3. 坑道的埋深因素

当坑道的埋深度在一定范围内时，围岩压力是随着埋深的增大而增大的；当坑道埋深超过此范围时，围岩压力的大小则基本不受埋深变化的影响。

4. 支护因素

有支护的坑道围岩压力要比无支护的坑道小；支护及时要比支护晚的围岩压力小；支护

与坑道周边密贴得越好则围岩压力越小；支护刚度较小即柔性支护时，坑道的围岩压力相对较小。

5. 爆破因素

采用爆破法开挖对围岩的稳定性极为不利，尤其是对地质条件较差的围岩，爆破的扰动很大，会造成围岩压力过大，岩体松动甚至坍方。因此在隧道施工中应严格控制爆破用药量，提倡采用光面爆破、预裂爆破等先进的爆破技术。

6. 超挖回填因素

衬砌背后的超挖部分在施工时回填不密实，使围岩得不到很好的支护而继续松动，严重时会造成围岩坍塌，引起衬砌裂损。

4.3　围岩压力的确定

围岩压力的确定方法一般有：现场量测法、理论计算法、统计法。量测法是用仪器实地量测围岩压力的大小，应该最有说服力。但因量测技术手段方面的影响，量测的结果往往不能充分反映真实情况。理论计算是用一些成熟的计算理论对围岩体作一些假设来实现对隧道围岩压力的计算，但因围岩的条件千变万化，所用的计算参数难免有与实际不符之处，故理论计算方法还需要配合其他的一些方法。通过对实际工程的围岩压力值的统计分析而形成的经验计算方法，因具有简单、可靠等优点而被广泛应用。目前，在实际工程中往往采用上述几种方法互相验证。

4.3.1　深埋隧道围岩压力的确定方法

当隧道的埋置深度超过一定限值后，由于围岩有"成拱作用"，其松动压力仅是隧道周边某一破坏范围（自然拱）内岩体的重量，而与深度无关。故确定这一破坏范围的大小就成为解决问题的关键。

下面介绍我国铁路隧道设计规范所推荐的方法。

隧道围岩压力的确定。目前我国铁路隧道所采用的计算围岩竖向匀布压力的计算式，是以工程类比为基础，统计分析了我国 1000 座隧道坍方调查资料而拟定的。

单线、双线及多线铁路隧道按破坏阶段设计时，围岩竖向匀布压力 q 按下式计算

$$q = 0.45 \times 2^{s-1} \times \gamma \omega \qquad (4-3)$$

式中，s 为围岩级别，如属 Ⅱ 级，则 $s=2$；γ 为围岩容重；$\omega = 1 + i(B-5)$，为宽度影响系数；B 为隧道宽度，m；i 为以 $B=5$ m 为基准，B 每增减 1m 时的围岩压力增减率。当 $B<5$ m 时，取 $i=0.2$；当 $B>5$ m 时，取 $i=0.1$。

式（4-3）的适用条件为：

① $H_t/B < 1.7$，式中 H_t 为坑道高度；

② 深埋隧道；

③ 不产生显著偏压力及膨胀力的一般隧道；

④ 采用钻爆法施工的隧道。

围岩的水平匀布压力 e，按表 4-10 中的经验公式计算。

表 4-10　　　　　　　　　　　　　　围岩水平匀布压力

围岩级别	I、II	III	IV	V	VI
水平匀布压力	0	$<0.15q$	$(0.15\sim0.3)\,q$	$(0.3\sim0.5)\,q$	$(0.5\sim1.0)\,q$

在确定了围岩压力的数值后，一个重要的问题是考虑压力分布特征。根据我国隧道围岩压力的一些量测结果表明：作用在支护结构上的荷载是不均匀的，这是因为在 I 及 II 级围岩中，局部塌方是主要的，而其他级别的围岩中，岩体破坏范围的形状和大小受岩体结构、施工方法等因素的控制，也是极不规则的。根据统计资料，围岩竖向压力的分布图大致如图 4-1 所示。用等效荷载即非匀布压力的总和应与匀布压力的总和相等的方法，来确定各种荷载图形的最大压力值。另外，还应考虑围岩水平压力分布情况。

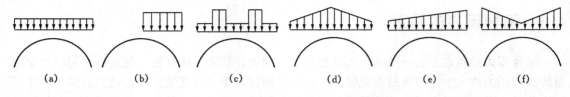

(a)　　　　　(b)　　　　　(c)　　　　　(d)　　　　　(e)　　　　　(f)

图 4-1　围岩压力分布特征

上述压力分布图形只概括一般情况，当地质、地形或其他原因可能产生特殊荷载时，围岩压力的大小和分布应根据实际情况分析确定。

在分析支护结构时，一般以竖向和水平的匀布荷载图形为主，并用局部压力、偏压以及非匀布的荷载图形进行校核，较好的围岩着重于局部压力校核。

4.3.2　浅埋隧道围岩压力的计算

浅埋隧道一般出现在山岭隧道的洞口附近，埋置深度较浅，深埋和浅埋隧道的分界，按荷载等效高度值，并结合地质条件、施工方法等因素综合判定，按荷载等效高度的判定式为：

$$H_p = (2\sim2.5)\,h_q \tag{4-4}$$

式中，H_p 为深浅埋隧道分界深度；h_q 为荷载等效高度，按下式计算：$h_q = q/\gamma$；q 为深埋隧道竖向均布压力（kN/m^2）；γ 为围岩容重（kN/m^3）。

当埋深 $H \geqslant H_p$ 时，隧道为深埋；当 $H < H_p$ 时，隧道为浅埋。一般在松软的围岩中取最高限，在较硬的围岩中取最低限，其他视具体情况而定。

在矿山法施工的条件下，IV～VI 级围岩取

$$H_p = 2.5 h_q \tag{4-5}$$

I～III 级围岩取

$$H_p = 2 h_q \tag{4-6}$$

浅埋隧道围岩压力分下述两种情况分别计算：

（1）埋深 $H \leqslant h_q$ 时，因上覆岩体很薄，滑动阻力很小，为安全起见，计算时可忽略滑面上的摩擦力，荷载视为均布竖向压力

$$q = \gamma H \tag{4-7}$$

式中，q 为匀布布竖向压力；γ 为深度上覆围岩容重；H 为隧道埋深，指隧道顶至地面的距

离。

　　侧向压力 e，按匀布考虑时，其值为：

$$e = \gamma(H + 1/2\ H_t)\tan^2(45° - \Phi/2) \tag{4-9}$$

式中，e 为侧向匀布压力；γ 为围岩容重；H 为隧道埋深；H_t 隧道高度；Φ 为围岩计算摩擦角，其值可查有关规范。

　　(2) 埋深 $h_q < H < H_p$ 时，为便于计算，作如下假定：假定土体中形成的破裂面是一条与水平成 β 角的斜直线，如图 4-2 所示；$EFHG$ 岩（土）体下沉，带动两侧三棱土体（如图中 FDB 及 ECA）下沉，整个土体 $ABDC$ 下沉时，又要受到未扰动岩（土）体的阻力；斜直线 AC 或 BD 是假定的破裂面，分析时考虑内聚力 C，并采用了计算摩擦角 Φ；另一滑面 FH 或 EG 则并非破裂面，因此，滑面阻力要小于破裂滑面的阻力，若该滑面的摩擦角为 θ，则 θ 值应小于 ϕ 值。

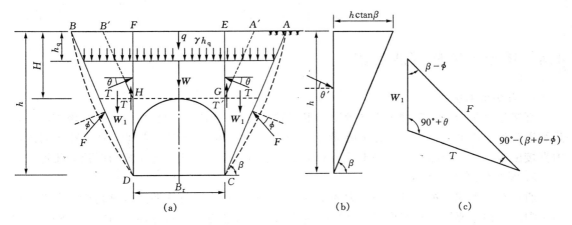

图 4-2　浅埋隧道围岩压力

　　设图 4-2 中隧道上覆岩体 $EFHG$ 的重力为 W，两侧三棱岩体 FDB 或 ECA 的重量为 W_1，未扰动岩体对整个滑动土体的阻力为 F，当 $EFEG$ 下沉，两侧受到的阻力为 T 或 T'，可见作用于 HG 面上的垂直压力总值 $Q_浅$ 为：

$$Q_浅 = W - 2T' = W - 2T\sin\theta \tag{4-9}$$

　　三棱自重为：

$$W_1 = 1/2\gamma h(h/\tan\beta) \tag{4-10}$$

式中，γ 为围岩容重；h 为隧道底部到地面的距离；β 为破裂面与水平置的夹角。

$$Q_浅 = W - 2T\sin\theta = W - \gamma h^2\lambda\tan\theta \tag{4-11}$$

　　由于 GC、HD 与 EG、FH 相比往往较小，而且衬砌与土之间的摩擦角也不同，前面分析列按 θ 计，当中间土块下滑时，由 FH 及 EG 面传递，考虑压力稍大些对设计的结构也偏于安全，因此，摩擦力不计隧道部分而只计洞顶部分，即在计算中用埋深 H 代替 h。

$$Q_浅 = W - \gamma H^2\lambda\tan\theta$$

由于

$$W = B_t H\gamma$$

故

$$Q_浅 = \gamma H(B_t - H\lambda\tan\theta) \tag{4-12}$$

式中，B_t 为隧道宽度；H 为洞顶至地面距离，即埋深；其他符号意义同前。

换算为作用在支护结构上的匀布荷载如图 4-3 所示。

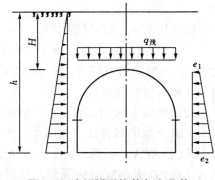

$$q_浅 = Q_浅 / B_t = \gamma H (1 - H / B_t \cdot \lambda \tan\theta)$$

$$(4\text{-}13)$$

式中，$q_浅$ 为作用在支护结构上的匀布荷载，其他符号意义同前。

作用在支护结构两侧的水平侧压力为

$$e_1 = \gamma H \lambda$$

$$e_2 = \gamma h \lambda \qquad (4\text{-}14)$$

图 4-3　浅埋隧道换算匀布荷载

式中符号意义同前。侧压力视为匀布时，侧压力为

$$e = 1/2 \, (e_1 + e_2) \qquad\qquad (4\text{-}15)$$

4.4　围岩压力的实测方法

1. 直接量测法

直接量测是指采用各种压力盒量测作用在衬砌或支护结构上的压力的方法。该方法主要是利用各种土压力盒（即土压力传感器），将其置于衬砌结构与围岩之间，使二者之间的压力直接由压力盒反映出来。这种土压力盒主要有电阻式、电容式、电压式和振弦等几种。

2. 间接量测法

通过对衬砌或支护及围岩的应力的量测来推求围岩压力的方法叫间接量测法。在这种量测法中，往往还要用围岩变形（位移）的量测来评价隧道围岩的稳定性及确定围岩松弛带的范围等。

衬砌（支护）和围岩的应力或应变量测方法有以下几种。

（1）应力解除法。这种方法是在已经承载的衬砌（支护）表面贴上应变量测元件（应变片、应变计），再解除衬砌（支护）的应力，使其处于不受力状态，从而测出衬砌（支护）受力前后应变值的变化，以此反推衬砌（支护）上承受的压力。

（2）内部埋设应变仪法。

这种方法是在衬砌（支护）施工时预先将应变元件（应变仪）埋设在衬砌与围岩之间，以测出衬砌（支护）的内外表面的应变变化，进而反推出围岩压力。

（3）电测锚杆法。电测锚杆法是一种特制的空心锚杆，在其内壁贴有应变元件。在隧道施工中，可将其锚固在围岩中，这样电测锚杆就会随着围岩的变形而变形，这种变形可通过应变元件测出，以此来推求围岩压力。

第5章　隧道构造

5.1　隧道衬砌的形式及适用条件

隧道开挖以后，为了保持坑道的稳定，一般都需要在坑道周围修建支护结构，即衬砌。

5.1.1　支护的方式

① 外部支护，即从外部支撑着坑道的围岩（如模筑混凝土整体式衬砌、砖石衬砌、装配式衬砌、喷射混凝土支护等）；

② 内部支护，即对围岩进行加固以提高其稳定性（如锚杆支护、压入浆液等）；

③ 混合支护，即内部与外部支护混合在一起的衬砌（如喷锚支护）。如图 5-1 所示。

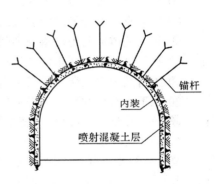

图 5-1　隧道支护

5.1.2　衬砌类型

从衬砌施工工艺方面将隧道衬砌的形式分为以下 4 类。

1. 整体式模筑混凝土衬砌

整体式模筑混凝土衬砌是指就地灌注混凝土衬砌，也称模筑混凝土衬砌。其工艺流程为：立模—灌注—养生—拆模。模筑衬砌的特点是：对地质条件的适用性较强，易于按需要成形，整体性好、抗渗性强，并适用于多种施工条件，如可用木、钢模板或衬砌模板台车等。

2. 装配式衬砌

装配式衬砌是将衬砌分成若干块构件，这些构件在现场或工厂预制，然后运到坑道内用机械将它们拼装成一环接一环的衬砌。这种衬砌的特点是：拼装成环后立即受力，便于机械化施工，改善劳动条件，节省劳力。目前多在使用盾构法施工的城市地下铁道中采用。

3. 喷锚支护

喷射混凝土是以压缩空气为动力，将掺有速凝剂的混凝土拌和料与水汇合成为浆状，喷射到坑道的岩壁上凝结而成的。当岩壁不够稳定时，可加设锚杆、金属网和钢架，这样构成的一种支护形式，简称"锚喷支护"。

喷锚支护是一种符合岩体力学原理的支护方法，其特点是：

① 与围岩密贴、支护及时、柔性好；

② 封闭围岩壁面防止风化；

③ 充填裂隙加固围岩；

④ 它能充分调动围岩本身的自稳能力，与围岩组成共同承载体系。

喷锚支护包括锚杆支护，喷射混凝土支护，喷射混凝土锚杆联合支护，喷射混凝土钢筋网联合支护，喷射混凝土与锚杆及钢筋网联合支护，喷射钢纤维混凝土支护，喷射钢纤维混凝土锚杆联合支护，以及上述几种类型加设型钢支撑（或格栅支撑）而成的联合支护，等等。

喷锚支护是目前常用的一种围岩支护手段，适用于各种围岩地质条件，但是若作为永久衬砌，一般考虑在Ⅰ、Ⅱ级等围岩良好、完整、稳定的地段中采用。

不宜采用喷锚支护作为永久衬砌的情况有：

① 膨胀性围岩；

② 黏土质胶结的软岩；

③ 大面积涌水地段；

④ 堆积层、破碎带等不良地质地段；

⑤ 对衬砌有特殊要求的隧道或地段，如洞口地段，要求衬砌内轮廓很整齐、平整；

⑥ 辅助坑道或其他隧道与主隧道的连接处及附近地段；

⑦ 有很高的防水要求的隧道；

⑧ 围岩及覆盖太薄，且其上已有建筑物，不能沉落或拆除者等；

⑨ 地下水有侵蚀性，可能造成喷射混凝土和锚杆材料的腐蚀；

⑩ 最冷月平均气温低于 − 5℃ 地区的冻害地段。

4．复合式衬砌

复合式衬砌不同于单层厚壁的模筑混凝土衬砌，它将衬砌分成两层或两层以上，可以是同一种形式、方法和材料施作的，也可以是不同形式、方法、时间和材料施作的。

目前实践的都是外衬和内衬两层，所以也称它为"双层衬砌"。按内、外衬的组合情况可分为：①喷锚支护与混凝土衬砌；②喷锚支护与喷射混凝土衬砌；③可缩性钢拱架（或格栅钢构拱架）喷射混凝土与混凝土衬砌；④装配式衬砌与混凝土衬砌。目前最通用的是外衬喷锚支护，内衬为整体式混凝土衬砌。

复合式衬砌是一种较为合理的结构形式，适用于多种围岩地质条件，有其广阔的发展前景。

5.2　隧道衬砌的一般构造要求

5.2.1　隧道衬砌的建筑材料及要求

修建隧道衬砌的材料，应具有足够的强度和耐久性，在某些环境中，还必须具有抗冻、抗渗和抗侵蚀性。此外，还应满足就地取材，降低造价，施工方便及易于机械化施工等要求。

常用的隧道衬砌材料如下。

1．混凝土与钢筋混凝土

混凝土的优点是：整体性和抗渗性较好，既能在现场浇注，也可以在加工厂预制，而且能采用机械化施工。可以在水泥中掺入外加剂，以提高混凝土的性能。

　　钢筋混凝土材料主要用在洞门、明洞衬砌及地震区、偏压、通过断层破碎带或淤泥、流砂等不良地质地段的隧道衬砌中。在特殊情况下可采用旧钢轨或焊接钢筋骨架进行加强。

　　2. 片石混凝土

　　为了节省水泥，在岩层较好地段的边墙衬砌，可采用片石混凝土（片石的掺量不应超过总体积的 20%）。此外，当起拱线以上 1m 以外部位有超挖时，其超挖部分也可用片石混凝土进行回填。

　　选用的石料要坚硬，其强度等级不应低于 MU40，有裂隙和易风化的石料不应采用。

　　3. 石料和混凝土预制块

　　石料衬砌的优点是：可就地取材、降低造价、可保证衬砌厚度并能较早地承受荷载，可以节省水泥和模板，耐久性和耐侵蚀性较好。

　　石料衬砌的缺点是：整体性差，砌缝多容易漏水，防水性能较差，施工主要靠手工操作，难于机械化施工，费工、费时，施工进度较慢，而且需要大量熟练工人。

　　4. 喷射混凝土

　　采用混凝土喷射机，将掺有速凝剂的混凝土干拌混合料和水高速喷射到洗干净的岩石表面上经凝结而成。其早期强度和密实性均较普通混凝土高，能封闭围岩的裂隙，能很快起到支护围岩的作用。另外在喷射混凝土中可加入纤维类材料提高其性能。

　　5. 锚杆和钢架

　　锚杆是一种插入到围岩岩体内的杆形构件。锚杆可以是钢材，也可以是其他抗拉性能较好的材料。

　　钢架是为了加强支护刚度而在初期支护或二次衬砌中放置的型钢支撑或格栅钢支撑。

　　6. 装配式材料

　　对于衬砌材料，可采用一些装配式材料，如钢筋混凝土大型预制块、加筋肋铸铁预制块等。另外，为了提高洞内照明、防水、通风、美观、视线诱导或减少噪声等原因，可在衬砌内表面粘贴各种各样的装修材料。

5.2.2　隧道衬砌的其他构造要求

　　(1) 隧道洞口段，比隧道中段受力复杂，除了受横向的竖直与水平荷载以外，还受纵向的推力荷载。所以，规范规定隧道洞口段应设置加强衬砌，并宜与洞身整体砌筑。其长度应根据地质、地形等条件确定，一般单线隧道洞口应设置不小于 5m 长的模筑混凝土衬砌，双线和多线隧道应适当加长。

　　(2) 围岩较差段的衬砌应向围岩较好地段延伸 5~10m。

　　(3) 偏压衬砌段应延伸至一般衬砌段内 5m 以上。

　　(4) 不设仰拱的隧道应做底板，单线隧道其厚度不得小于 20cm，双线隧道其厚度不得小于 25cm。

　　(5) 对衬砌有不良影响的硬软地层分界处，应设置变形缝。

　　(6) 电力牵引的隧道，其长度大于 2000m 及位于隧道群地段和车站两端时，为了使接触网有良好的工作和维修条件，应根据需要设置接触网补偿下锚的衬砌段。

　　(7) 运营通风洞、联络通道等与主隧道连接处的衬砌设计应做加强处理。

5.2.3　隧道衬砌断面的初步拟定

隧道衬砌是超静定结构。

断面设计步骤：初步拟定尺寸—计算内力—检算强度（安全量）—调整尺寸—重复上述计算，直到合适为止。

初步拟定结构形状和尺寸可采取经验类比的方法，考虑因素如下。

1．内轮廓——选定净空形状

原则：紧贴限界，衬砌表面平顺圆滑。

2．结构轴线——抽象出进行计算的几何形状

隧道衬砌是一种受压结构，结构的轴线尽可能地符合荷载作用下的压力线。

（1）当衬砌承受径向分布的静水压力时，结构轴线以圆形最合适。

（2）当衬砌主要承受竖向荷载和不大的水平荷载时，结构轴线上部宜采用圆弧形或尖拱形，下部可以做成直线形（即直墙式）。

（3）当衬砌承受竖向荷载的同时，又承受较大的水平荷载时，衬砌结构的轴线上部宜采用圆弧形或平拱形，下部可采用凸向外方的圆弧形（即曲墙式）。如果还有底鼓压力，或衬砌有沉陷的可能，则结构底部还应有凸向下方的仰拱。

3．截面厚度——检算强度

要求设计的截面厚度具有足够的强度。

衬砌的最小厚度规定：满足施工要求。

5.3　隧道洞身支护结构的构造

5.3.1　整体式模筑混凝土衬砌

整体式模筑混凝土衬砌，是在坑道内立模板、拱架，然后浇灌混凝土而成。它是作为一个支护结构，从外部支撑着坑道围岩的，是一种传统衬砌结构形式。依照不同的地质条件，或是按照不同的围岩级别，又可分为：直墙式和曲墙式两种形式。

5.3.1.1　直墙式衬砌

适用范围：地质条件比较好，属于我国铁路隧道围岩分类中的Ⅱ，Ⅲ级围岩，有时也可用于Ⅳ级围岩。围岩压力以竖向为主，几乎没有或仅有很小的水平侧向压力，如图 5-2 所示。

组成：上部拱圈、两侧竖直边墙和下部铺底。

顶部拱圈可采用圆弧形拱、坦三心圆拱或尖三心圆拱。洞内一侧设有排除洞内积水的排水沟。

特殊情况：

① 半衬砌（省去边墙）：注意在拱脚做平台以支持拱圈，两侧岩壁喷浆敷面阻止风化和少量地下水的渗透。

② 大拱脚：产生于先拱后墙法施工。

③ 降低边墙建筑材料等级或采用花边墙：柱式边墙，连拱式边墙。

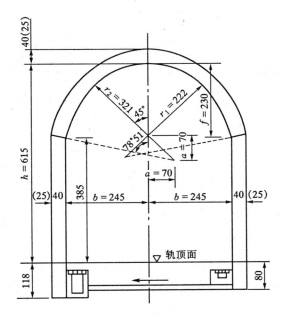

图 5-2　铁路隧道Ⅲ级围岩直墙式衬砌标准图（单位：cm）

5.3.1.2　曲墙式衬砌

适用范围：地质条件比较差，岩体松散破碎，强度不高，又有地下水，侧向水平压力也相当大的Ⅳ，Ⅴ和Ⅵ级围岩情况，见图 5-3。

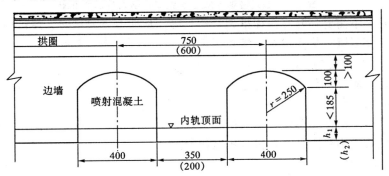

图 5-3　带花边墙隧道纵断面示意图（单位：mm）

组成：顶部拱圈、侧面曲边墙和底部仰拱（或铺底）。

仰拱的作用是抵御底部围岩压力和防止衬砌沉降，并使衬砌形成一个环状的封闭整体结构以提高衬砌的承载能力，如图 5-4 所示。

5.3.2　装配式衬砌

（1）装配式的隧道衬砌是将衬砌分成若干块构件，这些构件在工厂或现场预先制备，然后运入坑道内，用机械将它们拼装成一环接着一环的衬砌。

（2）这种衬砌具备以下优点：

① 一经装配成环，不需养生时间，即可承受围岩压力；

② 预制的构件可以在工厂成批生产、在洞内可以机械化拼装，从而改善了劳动条件；

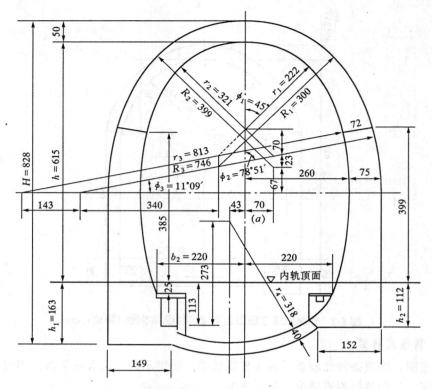

图 5-4　铁路隧道 V 级围岩整体曲墙式衬砌示意图

③ 拼装时，不需要临时支撑如拱架、模板等，从而节省大量的支撑材料和劳力；

④ 拼装速度因机械化而提高，缩短了工期，还有可能降低造价。

（3）装配式衬砌的构造应满足下列条件：

① 强度足够而且耐久；

② 能立即承受荷载；

③ 装配简便，构件类型少，形式简单，尺寸统一，便于工业化制作和机械化拼装；

④ 构件尺寸大小和重量适合拼装机械的能力；

⑤ 有防水的设施。

5.3.3　锚喷支护

5.3.3.1　喷射混凝土支护层

喷射混凝土的拌和材料：①普通硅酸盐水泥≥325 号；②坚硬耐久的卵石或碎石：粒径不应大于 15mm；③河沙：不含土质或杂物；④速凝剂。

喷射混凝土的喷射方式：干喷、湿喷和潮喷。

干喷：输送到喷头处与高压水混合。

潮喷：预加水成潮湿状，再在喷头处与高压水混合。

湿喷：拌和好混凝土，喷头处与速凝剂汇合，然后喷出。

喷层厚度一般为 5～25cm。

5.3.3.2　锚　杆

锚杆是一种插入到围岩岩体内的杆形构件，用于主动加固围岩。只有受拉时才起作用。

锚杆的锚固方式：①通过锚杆杆体或杆端锚头的膨胀将锚杆嵌固在围岩中（机械型）；②利用灌浆将锚杆杆体或杆端端部固定在岩体内（黏结型）。

锚杆的作用：①组合梁（层状岩体）；②悬吊（不稳定岩体）；③挤压加固（系统锚杆，形成连续压缩带）。

锚杆的类型按照作用原理可划分为：

① 全长黏结型：价廉、施作简单，适用于围岩变形量不大的各类地下工程的永久系统支护。

② 端头锚固型锚杆：安装后能立即提供支护抗力，并能对围岩施加不大的预应力，适用于坚硬裂隙岩体中的局部支护和系统支护，当用做永久支护时，须采取灌浆或其他防腐措施。

③ 摩擦型锚杆：安装后可立即提供抗力，其最大特点是能对围岩施加三向预应力，韧性好，适于软弱破碎、塑性流变围岩及经受爆破震动的矿山巷道工程。

④ 预应力型锚杆或锚索：可对围岩施加较大的预应力，适于大跨度高边墙隧道的系统支护及加固大的不稳定块体的局部支护。

5.3.4　复合式衬砌

复合式衬砌分不同层先后施作，一般为内衬和外衬。

常用组合：锚喷支护＋模筑混凝土衬砌，同时可在外衬与内衬之间敷设一层防水层，以便达到防水的目的。

在洞壁表面上先喷射一层混凝土，有时也同时施加锚杆，凝固以后形成一个薄层的柔性支护结构，允许有限度地产生变形，甚至少许的裂纹，把围岩因开挖坑道而引起的形变压力全部吸收或吸收施大部分，并把洞壁的位移逐渐地稳定下来，使外衬与围岩共同组成初步的支护体系处于暂时平衡状态。外衬的厚度多在 5～20cm。在施工的同时，定期地量测支护变形的信息，将这些信息反馈到施工和结构的设计中去，据以确定内衬的最佳施作时间，以及内衬的适宜厚度。在外衬变形终止或基本稳定以后，再施作内衬。

内衬除了起到整齐美观作用外，还承担如围岩的残留变形、竣工后围岩条件改变所产生的荷载。根据铁道科学研究院和隧道工程局共同进行的模型实验和有限元分析、验证结果表明：复合衬砌的极限承载能力比同等厚度的单层模筑混凝土衬砌可以提高 20％～30％，并且如能调整好内衬的施作时间，还可以改善结构的受力条件。

内外层衬砌之间的防水层可以用软聚氯乙烯薄膜、聚异丁烯片、聚乙烯片等防水卷材，或用喷涂乳化沥青等防水剂。在喷层表面有凹凸不平时，须事先以砂浆敷面，作成找平层，务使岩壁与防水层密贴。防水层接缝处，一般用热焊接，或电敏电阻焊接，亦可用适当的溶剂作溶解焊接，以便保证防水的质量。

复合式衬砌最适宜在 Ⅱ～Ⅵ级围岩中使用，但遇到下列情况时，应慎重对待，必要时应辅以相应的加固措施：

① 拱顶以上覆盖厚度小于隧道直径时；

② 有明显偏压力时；

③ 在无自稳能力的未胶结砂砾石地层中时；

④ 在大膨胀性的地层中时；

⑤ 在大涌水的地层中时；

⑥ 在严重的冻害的地区中时。

复合式衬砌的支护机理：

① 外衬（初期支护），允许大的约束变形，允许出现少量裂缝，吸收变形压力，稳定洞壁，与围岩共同形成支护体系；

② 内衬（二次衬砌），与外衬围岩共同承受围岩残余变形产生的压力，共同承受外部条件恶化产生的压力，作为整个结构的安全储备；

③ 中间设有防水层，防止水从衬砌背后渗入隧道。

初期支护应按主要承载结构设计；二次支护在Ⅲ级及以下围岩时按安全储备设计，在Ⅳ级及以上围岩时按承载（后期围岩）结构设计，并均应满足构造要求。

5.4　明洞的构造

明洞是用明挖法修建的山岭隧道部分。

修建明洞的场合：①地质差且洞顶覆盖层较薄，用暗挖法难以进洞；②洞口路堑边坡上受坍方、落石、泥石流等威胁而危及行车安全；③铁路、公路、河渠必须在线路上方通过，且不宜做立交桥或暗洞；④为了减少隧道工程对环境的破坏，保护环境和景观，洞口段需延长者，均需要修建明洞。

明洞作用：在隧道洞口或线路上起防护作用。

明洞是在露天的路堑地面上，或是在敞口的基坑内，先修筑结构物，然后再回填覆盖土石，如图5-5所示。

明洞形式：拱式明洞和棚式明洞。

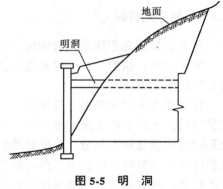

图 5-5　明　洞

5.4.1　拱式明洞

组成：由拱圈、边墙和仰拱或铺底组成。

1. 路堑式拱形明洞

适用：路堑边坡处于对称或接近对称，边坡岩层基本稳定，谨防边坡有少量坍塌、落石，或用于隧道洞口岩层破碎，覆盖层较薄而难以用暗挖法修建隧道时，如图5-6所示。

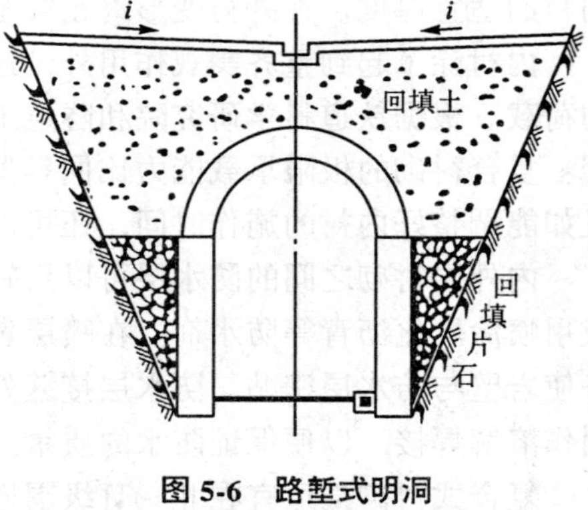

在挖出路堑的基面上，先修建与隧道衬砌相似的

图 5-6　路堑式明洞

结构，然后在上面回填覆盖土石，夯紧并覆盖防水黏土层，层上留有排水的沟槽，以防止地面水的渗入。两侧墙外填以浆砌片石，使其密实。

此种明洞承受对称荷载，拱、墙均为等截面，边墙为直墙式。

2．偏压直墙式拱形明洞

适用：两侧边坡高差较大的不对称路堑。

承受不对称荷载，拱圈为等截面，边墙为直墙式，外侧边墙厚度大于内侧边墙的厚度。

3．偏压斜墙式拱形明洞

适用：地形倾斜，低侧处路堑外侧有较宽敞的地面供回填土石，以增加明洞抵抗侧向压力的能力，承受偏压荷载，拱圈为等截面，内侧边墙为等厚直墙式，外侧边墙不等厚斜墙式。

4．半路堑单压式拱形明洞

适用：傍山隧道的洞口或傍山线路上半路堑地段，外侧地形狭小，地面陡峻，无法回填土石，以平衡内侧压力。

受到单侧的压力，内侧边墙为等厚直墙，外墙为设有耳墙的不等厚斜墙，而且必须把基础放在稳固的基岩上。拱圈可采用等截面或变截面，如图 5-7 所示。

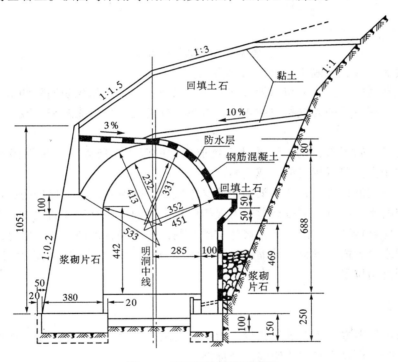

图 5-7　半路堑单压拱形明洞

当外侧地形低下，不能保持回填土的天然稳定坡度，或是按天然稳定坡度则边坡将延伸很远时，可以在结构的外墙顶上，接高一段挡墙，用以拦截土石的流走，称之为耳墙式拱形明洞。

有时，外侧边墙基底地质不好，不足以承受外墙传来的压力而必须把基础放到下方较深的基岩上时，外墙可以延伸直达基岩，成为内、外墙不同，内短外长的形式，称为长腿式拱形明洞，如图 5-8 所示。

明洞顶上回填土石为了缓冲落石对衬砌的冲击，它的厚度应视落石下坠的实际情况通过计算而定。一般不应小于 1.5m。在填土面上应留有不小于 1:1.5 的流水坡。填土的上面及

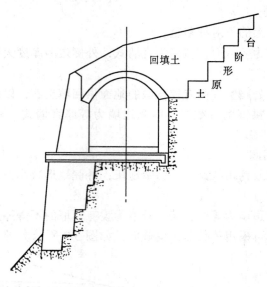

图 5-8　长腿式拱形明洞

拱顶上方都要做一层黏土隔水层，以防水渗入。

如果基底地质较好，外墙可以做成连拱形，以节省圬工。如果明洞外侧覆盖土不厚，还可以掏成侧洞，使露天的光线可以射进来，外界的新鲜空气可以流进来，改善了明洞内的环境条件。

拱形明洞是在露天施工的，不受地下坑道条件的限制，所以可以采用钢筋混凝土作拱圈。外边墙体积大，可以用混凝土或石料。

有时，在隧道洞口有公路或水渠横越而又不宜做立交桥时，为了保持公路的通行和不致中断灌溉农田的水道起见，可以修建带有渡槽的拱式明洞。在有滑坡的地方，而路线又必须通过时也可以配合挡墙、抗滑桩等，修建抗滑明洞，作为综合治理滑坡的措施之一。

拱形明洞应设置横向贯穿的伸缩缝，其间隔约为 6～20m，视实际情况而定。如有侧洞，伸缩缝应避开侧洞位置。

5.4.2　棚　洞

适用：山坡的坍方、落石数量较少，山体侧向压力不大，或因受地质、地形限制，难以修建拱形明洞时，可以修建棚式明洞，简称棚洞。

棚式明洞常见的结构形式有盖板式、刚架式和悬臂式 3 种。

1. 盖板式棚洞

盖板式棚洞是由内墙、外墙及钢筋混凝土盖板组成的简支结构。顶上不是拱圈而是平的盖板，其上回填土石，以保护盖板少受山体落石的冲击，如图 5-9 所示。

内墙一般为重力式墩台结构，厚度较大，用以抵抗山体的侧向压力，它的基础必须放在基岩或稳固的地基上。若是侧坡较陡，地面水不大，坡面稳定而坚实，采用重力式内墙开挖量太大时，也可以用钢筋混凝土锚杆挡墙的形式。

外墙不受侧向压力，仅承受梁和盖板的竖向荷载时，它要求的地基承载力较小，此时外墙可以较薄，或可以根据落石的严重与否以及地质情况，采用立柱式（梁式）或连拱墙式结

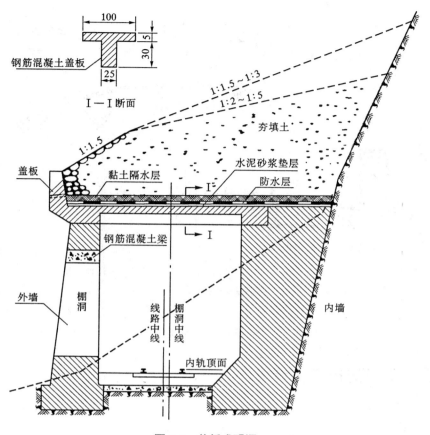

图 5-9　盖板式明洞

构。当外侧基岩较浅，地基基础承载力较大时，可采用立柱式。

2．刚架式棚洞

适用：地形狭窄，山坡陡峻，基岩埋置较深而上部地基稳定性差。可采用刚架式或长腿式外墙，置于稳固的地基上。

组成：外侧刚架、内侧重力式墩台结构、横顶梁、底横撑及钢筋混凝土盖板。盖板上作防水层及回填土石处理，如图 5-10 所示。

3．悬臂式棚洞

适用：稳固而陡峻的山坡，外侧地形难以满足一般棚洞的地基要求，而且落石不太严重。

内墙为重力式，上端接筑悬臂式横梁，其上铺以盖板，在盖板的内端设平衡重来维持结构受外荷载作用下的稳定性。同时为了保证棚洞的稳定性，要求悬臂必须伸入稳定的基岩内。对内墙的稳定性要求很严，施工必须十分谨慎，由于不对称结构，所以应当慎重选用。

明洞虽然是在敞开的地面上修建的，但是，由于它的圬工量较大，上覆回填也较费工，所以，它的造价比暗挖的隧道要贵些。过去，很多隧道由于力求缩短洞身，在施工后，发现洞口保证不了安全，于是只得一再地接长明洞，原先企图节省投资，反而增添了费用，还给洞口施工带来干扰。所以，决定洞口位置时，应体现"早进晚出"的精神，不宜以事后增修明洞作为补救的办法。必须有计划、有比较地全面考虑，慎重选用。

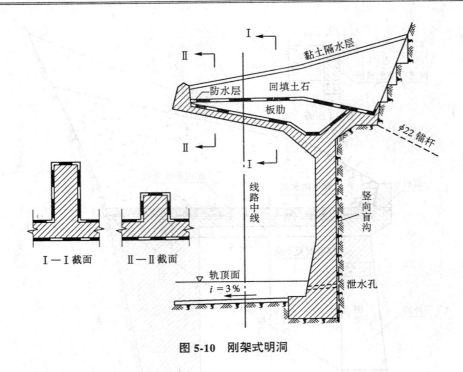

图 5-10　刚架式明洞

5.5　隧道洞门结构的构造

5.5.1　洞　门

1.洞门的概念

洞门（隧道门的简称，通常也泛指隧道门及明洞门）是隧道洞口用坬工砌筑用以保护洞口、排放流水并加以建筑装饰的支挡结构物。它联系衬砌和路堑，是整个隧道结构的主要组成部分，也是隧道进出口的标志。

2.洞门的作用

（1）减少洞口土石方开挖量，起到挡土墙的作用。

（2）稳定边仰坡，减小引线路堑的边坡高度，缩小正面仰坡的坡面长度，从而使边仰坡得以稳定。

（3）引离地面流水，把流水引入侧沟排走，保证了洞口的正常干燥状态。

（4）装饰洞口，修建洞门也可以算是一种装饰。特别是在城市附近、风景区及旅游区内的隧道，更应配合当地的环境，给予艺术处理进行美化。

对于铁路隧道，隧道的长度就是其进出口洞门墙外表面与线路内轨顶面标高线交点之间的距离；对于公路隧道，隧道的长度就是其进出口洞门墙外表面与路面的交线同路线中线交点间的距离。

3.洞门结构的设计要求

（1）洞门结构的形式应实用、经济、美观、醒目；

（2）洞门墙应根据实际情况设置伸缩缝、沉降缝和汇水孔；

（3）洞门墙的厚度可按计算或结合其他已建成隧道洞门用工程类比法确定；

（4）洞门墙基础必须埋置在稳定地基上，应视地形及地质条件，埋置足够的深度，保证洞门的稳定性。

4．洞门分类

根据洞口地形、地质及衬砌类型等不同的情况和要求，洞门结构主要有以下两大类型：

（1）隧道门。

隧道门指修建在不设明洞的隧道洞口的支挡结构物，包括环框式洞门、端墙式洞门、翼墙式洞门、柱式洞门、台阶式洞门、斜洞门和耳墙式洞门等。

（2）明洞门。

明洞门主要配合明洞结构类型设计，明洞有拱形明洞和棚洞之分，相应地，明洞门也分拱形明洞门和棚式明洞门两大类。棚式明洞门并不单独设置，通常在棚洞洞口端横向顶梁上，加设端墙，以拦截落石，避免其坠入线路影响行车安全，故一般阐述的明洞门形式多指拱形明洞门。

5.5.2　洞门类型

5.5.2.1　环框式洞门

环框式洞门，即只镶饰隧道衬砌两端部分，如图 5-11 所示。

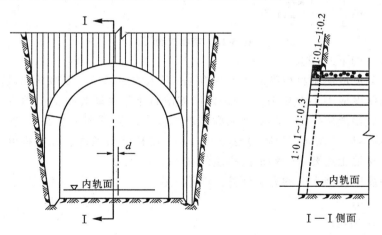

图 5-11　环框式洞门

适用：隧道洞口仰坡极为稳固，岩层坚硬，节理不发育，不易风化，地形陡峻而又无排水要求。

不承载的简单洞口环框。

作用：加固洞口，减少雨后洞口滴水的作用，并对洞口作出简单的装饰。

5.5.2.2　端墙式洞门与柱式洞门

1．端墙式洞门

端墙式洞门俗称一字式洞门。

适用：地形开阔，岩层较为坚硬完整。

组成：端墙，洞门顶排水沟。

端墙的作用：抵抗山体纵向推力，支持洞口正面上的仰坡。

排水沟作用：将从仰坡流下来的地面水，汇集排走。

端墙的构造一般是采用等厚的直墙，墙身微向后倾斜，斜度约为1:10。

端墙式洞门具有结构简单、工程量小、施工简便的优点，在岩层较好时使用最为经济，也是最常见的一种洞门。只是洞门顶排水条件稍差，若横向山坡一侧较低时，宜开挖沟槽横向引排，如图5-12所示。

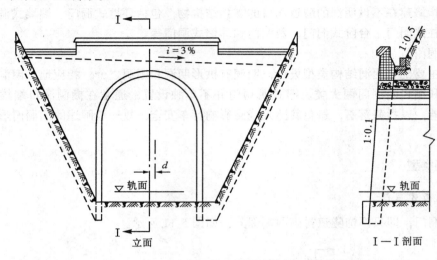

图5-12　端墙式洞门

端墙的构造有如下的要求。

（1）端墙的高度应使洞身衬砌的上方尚有1m以上的回填层，以减缓山坡滚石对衬砌的冲击；洞顶水沟深度应不小于0.4m；为保证仰坡滚石不致跳跃超过洞门落到线路上去，端墙应适当上延形成挡渣防护墙，其高度从仰坡坡脚算起，应不小于0.5m，在水平方向不宜小于1.5m；端墙基础应设置在稳固的地基上，其深度视地质条件、冻害程度而定，一般应在0.6～1.0m。按照上述要求，端墙的高度约在11.0m上下。

（2）端墙厚度应按挡土墙的方法计算，但不应小于：

浆砌片石0.4m；

片石混凝土0.35m；

混凝土、块石0.3m；

钢筋混凝土0.2m。

（3）端墙宽度与路堑横断面相适应。下底宽度应为路堑底宽加上两侧水沟及马道的宽度。上方则依边坡坡度按高度比例增宽。端墙两侧还要嵌入边坡以内约30cm以增加洞门的稳定。

2. 柱式洞门

柱式洞门是从端墙式洞门发展起来的，它实际上也是一种端墙形式的洞门，如图5-13所示。

适用：洞口地形较陡，地质条件较差，岩层有较大

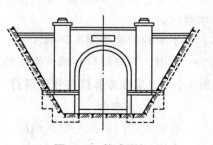

图5-13　柱式洞门

侧压力，仰坡有下滑的可能性的地段，或洞口处地形狭窄，受地形或地质条件限制，设置翼墙无良好基础或不能设置翼墙的地段，这时可以在端墙中部设置两个断面较大的柱墩，以增加端墙的稳定性。

由于柱式洞门墙面有凸出线条，较为雄伟美观，所以在城市、风景区或有建筑艺术装饰要求的地区，适宜采用柱式洞门，特别是对于较长大的隧道，采用柱式洞门比较壮观。

5.5.2.3　翼墙式洞门与耳墙式洞门

1. 翼墙式洞门

适用：地质条件较差，山体纵向推力较大。

在端墙式洞门以外，增加单侧或双侧的翼墙（挡墙），成为翼墙式洞门，俗称八字式洞门。

翼墙与端墙共同作用，抵抗山体纵向推力，增加洞门的抗滑走和抗倾覆的能力。同时翼墙还有保护路堑边坡起挡土墙的作用。

翼墙式洞门的正面端墙一般采用等厚的直墙，微向后方倾斜，斜度为 1:10。翼墙前面与端墙垂直，顶面斜度与仰坡坡度一致（顶面一般与仰坡的延长面一致），墙顶上设流水凹槽，将洞顶上的水从端墙后面沿预留的泄水孔流出墙外，俗称"龙咀"或"吊沟"，然后沿凹槽引至路堑边沟内。翼墙基础应设在稳固的地基上，其埋深与端墙基础相同，如图 5-14 所示。

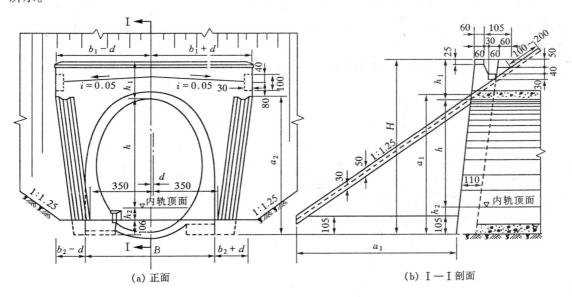

（a）正面　　　　　　　　　　　（b）I—I 剖面

图 5-14　翼墙式洞门

2. 耳墙式洞门

耳墙式洞门即带耳墙的翼墙式洞门。将翼墙式洞门端墙两侧各接出一个耳墙至边坡内，呈带耳墙的结构，形成耳墙式洞门。这种洞门结构形式对于排泄仰、边坡地表汇水，阻挡洞顶风化剥落体，效果良好，并可大大减少对坡面的冲刷，洞口显得宽敞，结构式样比较美观，而且对于边、仰坡坡度不一致的洞口，设计时亦便于处理，如图 5-15 所示。

耳墙式洞门因增加了耳墙，虽圬工量略有增加，但可减少铺砌范围，在总的造价上与无

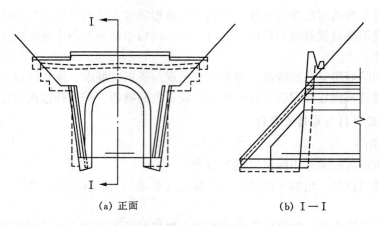

（a）正面　　　　　　　　（b）Ⅰ—Ⅰ

图 5-15　耳墙式洞门

耳墙的翼墙式洞门相比，增加的费用很有限。由于这种洞门形式保持了翼墙式洞门的优点，克服了其不足之处，采用它可以大量地减少运营期间的养护工程量，故受到现场欢迎，被认为是一种适用、经济、美观的结构形式。

5.5.2.4　其他形式的隧道门

1．台阶式洞门

适用：当洞门处于傍山侧坡地区，地面横坡较陡，洞门一侧边坡较高时，为了减小仰坡高度及外露坡长，可以将端墙一侧顶部改为逐步升级的台阶形式，以适应地形的特点，减少仰坡土石开挖量。

此种洞门一般配合偏压隧道衬砌使用，故亦称偏压隧道门，如图 5-16 所示。

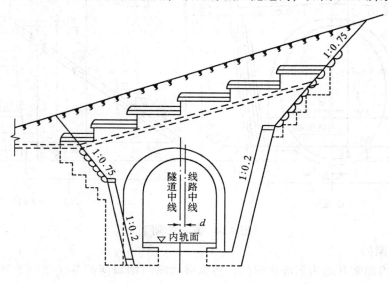

图 5-16　台阶式洞门

在靠山侧通常需设置挡墙，以降低边坡开挖高度，并压缩端墙宽度。低山坡一侧如地质较差、地面较高，也可采用矮挡墙。选用台阶式洞门时，通常需要根据洞口地形地质条件，与采用明洞或斜洞门做技术经济比较。

2. 斜交式洞门

适用：当线路方向与地形等高线斜交时，可采用平行于地形等高线方向与线路成斜交的洞门。

斜洞门一般分端墙式和翼墙式两种，个别工点因受地形限制也可采用柱式斜洞门，如图 5-17 所示。

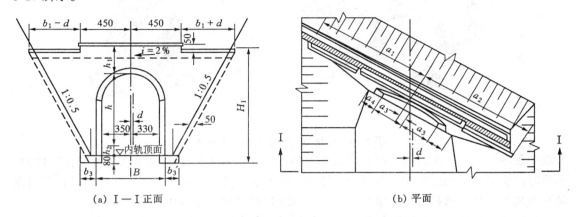

(a) I—I 正面　　　　　　　　　　(b) 平面

图 5-17　斜交式洞门（单位：cm）

在松软地层中，不宜采用斜洞门。斜洞门与线路中线的交角不应小于 45°，一般斜洞门与衬砌斜口段是整体砌筑的。由于斜洞门与线路中线斜交，因而洞口环节衬砌跨度加大，衬砌斜口段的受力情况复杂，施工也不方便，所以，只有在十分必要时才采用它。

3. 拱形明洞门

拱形明洞门可分为路堑式和半路堑式两类。路堑式明洞门有端墙式（常用柱式）和翼墙式两种，与一般隧道门形式相类似，如图 5-18 所示。

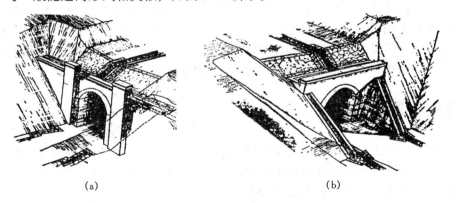

(a)　　　　　　　　　　(b)

图 5-18　路堑式拱形明洞门

半路堑式明洞门多用于傍山线路，其山侧与原地层相接，为了适应傍山、横向地面坡陡的地形，一般也多以台阶形式加高端墙，并在山侧设置挡墙支挡边坡，降低开挖高度。对外侧有覆盖填土的偏压明洞，为了支挡填土，设置了较低的翼墙，并将洞门顶水沟的水经由翼墙顶引排，如图 5-19 所示。

5.5.2.5　突出式洞门

在工程实践中，人们逐渐认识到"洞门是防护承载结构"观念的局限性和不合理性，在

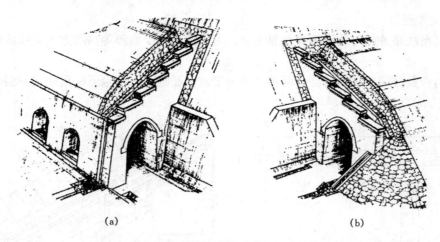

(a)　　　　　　　　　　　　　　　(b)

图 5-19　半路堑式拱形明洞门示意图

实践中逐渐形成了"无洞门"的洞口观念。即不开挖既有山体边坡和周边植被，直接进洞，必要时，将洞口结构适当向洞外延长。这种处理方法，基本上不设置洞门，即使设置洞门也是装饰性的，是不承载的。在这种情况下，"无洞门"的洞口的功能可以概括如下。

(1) 防护功能：主要是防护洞口上方的落石以及在严寒地区防护洞口积雪等。

(2) 安全功能：主要是指车辆行驶的安全。从功能上讲，公路隧道洞口应具有缓和洞口内、外光线的差异，降低眩晕感，确保眼睛舒适性和视觉安全性的安全作用。

(3) 景观功能：与洞口周边的景观协调，将洞口作为一个与周边环境协调的"景点"建筑，缓和高速进入洞内暗部时心理的紧张感，提高环境意识。

从功能分析中可以看出，洞口的承载功能被削弱了，更加强调的是其防护、安全和景观的功能。

为了综合地满足上述功能的要求，"突出式"洞口将成为主流形式而代替传统的路堑式洞口形式。突出式洞口为景观设计提供了极大的设计空间和自由度，这是路堑式洞口所不可比拟的。突出式洞门是采用与隧道主体相同的断面向前突出的、使用填土防止滑坡所采用的结构。突出式洞门根据其外形又可分为消竹形式和喇叭口形式。

5.6　隧道附属建筑物

为了使隧道能够正常使用，保证车辆通过的安全，除了洞门、明洞和洞身衬砌等主体建筑物以外，还要设置一些附属建筑物来配合，其中包括：隧道通风建筑物、安全避让设备、防排水设备和电力及通讯信号的安放设备等。

5.6.1　通风建筑物

将有害气体、热量、潮湿空气等排出洞外，把洞外的新鲜空气引进洞来，使洞内空气达到无害的程度，使列车司乘人员和洞内维修人员能舒适而高效地工作。

要达到铁路隧道规范规定的标准，除了提高列车运行速度、铺设整体道床、给避车洞安装防烟门和为隧道内工作人员配备防毒口罩以外，采取通风措施是最有效的一种方法。

通风可以分为借助自然条件的自然通风和依靠人为条件的机械通风两种方式。

　　自然通风是利用洞内的天然风流和列车运行所引起的活塞风来达到通风目的的。机械通风则是在自然通风不能满足要求时，设置一系列通风机械，送入或吸出空气来达到通风目的的。

　　铁路隧道规范总结了许多实践经验，归纳了隧道通风的一般规定：单线隧道，当用内燃机车牵引，2km 以上和用电力机车牵引，8km 以上的隧道，都应设置机械通风。双线隧道应根据行车密度、自然条件等具体情况而定，对于内燃机车牵引的双线隧道，当隧道长度 L（km）×行车密度 N（对/d）≤100 时不应设置机械通风。

　　机械通风的方式可以分为纵向式通风、全横向式通风和半横向式通风。

5.6.1.1　纵向式通风

　　在通风机的作用下，风流沿着隧道轴线方向流动的称为纵向式通风。它又有以下不同的形式。

　　1．洞口风道式通风

　　这种通风方式是把通风机设置在隧道洞口处，将通风道联通至洞内。当列车车尾一出洞口，立即开动通风机，把已被活塞风挤到出洞口一端内的污浊空气排出洞外的露天中去，同时低洞口外的新鲜空气随着风流带进到隧道中来，这样就完成了一次通风作业，如图 5-20 所示。

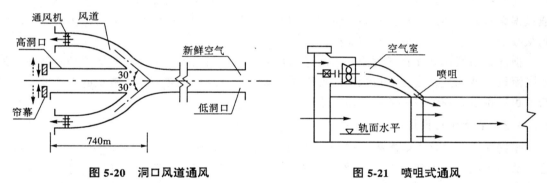

图 5-20　洞口风道通风　　　　　　　图 5-21　喷咀式通风

　　2．喷咀式通风

　　喷咀式通风方式是在隧道洞口处的衬砌上方建造一个汇集新鲜空气的空气室，室内尽端在衬砌周边上做成环形喷咀通向洞内。当洞外新鲜空气在通风机的作用下被送到空气室后，空气积聚到一定压力时，便从衬砌周边的环形喷咀以极高的速度和极小的交角喷进隧道内。它的缺点是喷咀的结构复杂、施工工艺要求高、维修不方便，并且有很大一部分能量损失在喷咀的摩擦阻力上，因而降低了通风效果，如图 5-21 所示。

　　3．竖井、斜井式通风

　　长隧道纵剖面为人字坡时，污浊空气常积聚在坡顶，使得通风效果不好。若在隧道施工中，设置竖井或斜井作为辅助坑道时，可以利用这些辅助坑道作为通风道，把通风机置于竖井或斜井处，借助于通风机和竖井的换气作用，可以把污浊空气吸出，或把新鲜空气引入。竖井式通风如图 5-22 所示。

　　4．射流式通风

　　射流式通风是在隧道内安设射流式通风机，用以升压，进行通风的方式。射流风机的安

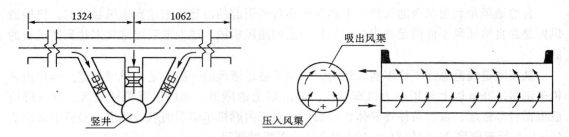

图 5-22　竖井通风（单位：cm）　　　　　　图 5-23　压入式通风

设可采用洞口堆放式、洞内壁龛式和拱部吊装式。通常根据需要，在隧道洞口或沿隧道纵向以适当的间隔安设数组，每组为一至数个射流式通风机。射流式通风机具有体积小，风量大的特点，其喷射风速能达到 25～30m/s。

5.6.1.2　全横向式通风

在通风机的作用下，风流的方向与隧道轴线方向成正交的称为横向式通风。

做法：隔出隧道部分面积作为沿洞身轴线的通风渠（包括压入风渠和吸出风渠，见图 5-23）。

根据计算确定风量和风压，选择合适的通风机。

通风机送入的新鲜空气首先送入压入通风渠，并沿着通风渠流到隧道全长范围内。压入通风渠设有系列的出风口，把新鲜空气在均匀的间隔上吹到隧道中去，而隧道内的污浊空气则从吸出风渠的系列进风口吸出洞外。

横向式通风系统能将新鲜空气沿隧道全长范围内均匀吹入，而污浊气体无须沿隧道全长范围流过，就地直接由进风口吸出。所以通风效果较好，只是它占用了隧道的净空面积，结构上也较费事。在公路隧道中使用最适宜。

5.6.1.3　半横向式通风

半横向式通风系统的工作原理如图 5-24 所示，这种通风系统是在隧道的顶部设置进风管，并在进风管的下部，沿隧道的长度方向每隔一定距离开一通风口，气流则沿通风口流向隧道内，然后隧道内的空气在新鲜气流的推动下，沿隧道的纵向排出洞外。半横向式通风效果比纵向好，但没有全横向式通风能力强。

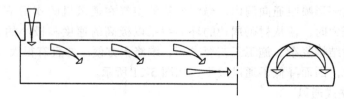

图 5-24　半横向式通风

对于公路隧道，通风设计是隧道总体设计的重要环节之一。隧道通风所需新鲜空气的风量和风压必须经过计算确定，即进行通风设计。设计需要考虑的问题是：①空气中有害物质的容许浓度；②需风量的计算方法；③判断自然通风的能力；④机械通风方式的讨论；⑤通风设备的选择以及经济性等。

5.6.2　避车洞

在隧道两侧边墙上交错均匀修建的人员躲避及放置车辆料具的洞室叫避车洞，如图5-25所示。

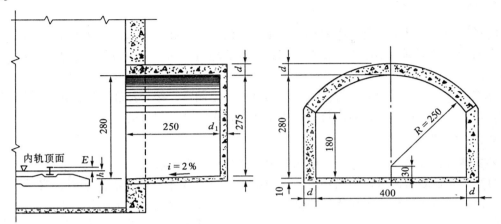

图 5-25　避车洞示意图

避车洞根据其断面尺寸的大小分为大避车洞及小避车洞。

1．大避车洞

大避车洞的净空尺寸为：宽 4m，凹入边墙深 2.5m，中心高 2.8m。

碎石道床的隧道内，个/300m。混凝土宽枕道床或整体道床的隧道内，个/ 420m（每侧）。

2．小避车洞

小避车洞的净空尺寸为：宽 2m，凹入边墙深 1m，中心高 2.2m。

无论在碎石道床还是在整体道床的隧道内，单线：个/60m，双线：个/30 m（每侧）。

3．避车洞的建筑要求

要求：在修隧道衬砌时，同时修避车洞，保证连续结构，避开衬砌的伸缩缝、沉降缝工作缝、不同衬砌类型或不同加宽断面变化的衔接处。避车洞的底面应与道床或侧水沟的盖板面等高齐平，以使维修人员等及小车可以平顺进入。

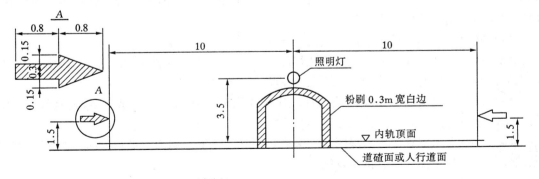

图 5-26　避车洞周边示意图（单位：m）

为使避车洞的位置明显，便于人员在光线暗淡的隧道内易于寻找，得以迅速地奔向最近的避车洞，且可不跨越线路，在避车洞内以及周边用石灰浆刷成白色，并在两侧距离为 10m 处的边墙上各绘一个白色的指向箭头，在运营期间应保证这些标志的鲜明醒目，如图 5-26 所示。

5.6.3　防排水建筑物

隧道防排水设计标准是：①衬砌不滴水，安装设备的孔眼不渗水；②道床不积水；③电力牵引的隧道拱部基本不渗水；④在有冻害地段的隧道，除拱部和边墙不渗水外，衬砌背后也不积水。

隧道防排水应根据"防、排、截、堵结合，因地制宜，综合治理"的原则，采取切实可靠的设计、施工措施，达到防水可靠、排水畅通、经济合理的目的。

5.6.3.1　"防"

要求隧道衬砌结构具有一定的防水能力，能防止地下水渗入。

（1）防止地表水的下渗。当隧道地表的沟谷、坑洼积水对隧道有影响时，宜采取疏导、勾补、铺砌和填平等措施，对废弃的坑穴、钻孔等应填实封闭，防止地表水下渗。

（2）隧道附近水库、池沼、溪流、井泉的水，当有可能渗入隧道，影响农田灌溉及居民生活用水时，应采取措施处理。

（3）混凝土衬砌抗渗等级不得低于 P6，若必要时可采用防水混凝土（不小于 P8）。

（4）施工缝、变形缝应采用可靠的堵水措施。

（5）围岩破碎、含水、易坍塌地段，宜采用注浆加固围岩和防水措施。

（6）在初期支护与二次衬砌之间，宜设置防水板或设系统盲（管）沟。当隧道底部有涌水时，应采用封闭式防水板。

（7）有侵蚀性地下水时，应针对侵蚀类型，采用抗侵蚀性混凝土以及压注抗侵蚀浆液，敷设防水、防蚀层等措施。

（8）最冷月平均气温低于 -15℃ 地区和高海拔地区，对地下水的处理应以堵为主。

5.6.3.2　"排"

隧道应有排水设施并充分利用，以减少渗水压力和渗水量；但必须注意大量排水后引起的后果，如围岩颗粒流失，降低围岩稳定性或造成当地农田灌溉和生活用水困难等，应事先妥善处理。"排"是利用盲沟、泄水管、渡槽等将衬砌背后的地下水排入隧道内，再经由洞内水沟排走，以免造成隧道病害。

（1）隧道内纵向应设排水沟，横向应设排水坡。

（2）遇围岩地下水出露处所，宜在衬砌背后设竖向盲沟或排水管（槽）、集水钻孔等予以引排，对于颗粒易流失的围岩，不宜采用集中疏导排水。

（3）根据工程地质和水文地质条件，应在衬砌外设环向盲沟、纵向盲沟和隧底排水盲沟，组成完整的排水系统，保证道床不积水。

（4）当地下水发育，含水层明显，又有长期补给来源，洞内水量较大时，可利用辅助坑道或设置泄水洞等作为截、排水设施。

5.6.3.3　"截"

隧道顶部如有地表水易于渗漏处所或有坑洼积水，应设置截、排水沟或采取消除积水的措施。它是指截断地表水和地下水流入隧道的通路。为了防止地表水渗入地层内，主要采取以下措施。

（1）在洞口仰坡外缘 5m 以外，设置天沟，并加以铺砌。当岩石外露，地面坡度较陡时可不设天沟。仰坡上可种植草皮、喷抹灰浆或加以铺砌。

（2）对洞顶天然沟槽加以整治，使山洪宜泄畅通。

（3）对洞顶地表的陷穴、深坑加以回填，对裂缝进行堵塞。处理隧道地表水时，要有全局观点，不应妨害当地农田水利规划，做到因地制宜，一改多利，令各方满意。

（4）在地表水上游设截水导流沟，地下水上游设泄水洞，洞外井点降水或洞内井点降水。

5.6.3.4 "堵"

在隧道施工过程中，有渗漏水时，可采用注浆、喷涂等方法堵住；运营后渗漏水地段也可采用注浆、喷涂或用嵌填材料、防水抹面等方法堵水。"堵"即堵住地下水从衬砌背后渗入隧道内。

（1）喷射混凝土和模筑混凝土衬砌堵水。当围岩有大面积裂隙渗水，且水量、压力较小时，可结合初期支护采用喷射混凝土堵水。但应注意此时需加大速凝剂用量，进行连续喷射，且在主裂隙处不喷射混凝土，使水流能集中于主裂隙流入盲沟，通过盲沟排出。

普通混凝土的抗渗性较差，要堵水需采用防水模筑混凝土，并注意以下两点：

① 防水混凝土的抗渗等级不得小于 P8，抗压强度应满足设计要求，水泥用量不得少于 320m^3，当掺用活性粉细料时，不得少于 280m^3。

② 防水模筑混凝土衬砌施工必须采用机械振捣。施工缝、沉降缝及伸缩缝则可以采用中埋式塑料或橡胶止水带，或采用背贴塑料止水带止水。

（2）防水层。防水层的种类很多，大致可归纳为两类：一类为粘贴式防水层，如用沥青将油毡（或麻片）粘贴在衬砌的外表面（适用于明挖修建的地下工程），复合式衬砌在初期支护与二次模筑衬砌之间可粘贴软聚氯乙烯薄膜、聚异丁烯片、聚乙烯片等防水卷材；另一类为喷涂式防水层，如 "881" 涂膜防水胶、阳离子乳化沥青等防水剂。

（3）压浆。向衬砌背后压注水泥砂浆，用以充填衬砌与围岩之间的空隙，以堵住地下水的通路，并使衬砌与围岩形成整体，改善衬砌受力条件。采用压浆分段堵水，使地下水集中在一处或几处后再引入隧道内排出，此法可收到良好的防水效果。

5.6.3.5 隧道内设置的排水建筑物

1. 排水沟

排水沟的断面大小按排水量而定，一般底宽不应小于 40cm，深度不小于 35cm。沟底纵向坡度与线路坡度一致为宜，不得已时，沟底纵坡也不应小于 1‰，道床底面的横坡不应小于 2‰，如图 5-27 所示。水沟上面应有预制的钢筋混凝土盖板，平时成为人行道。盖板顶面应与避车洞底面平齐。排水沟在一定长度上应设检查井，以便随时清理残渣。

排水沟有两种方式：侧式水沟，中心式水沟。

单侧水沟：设在来水的一侧，设在曲线内侧。

双侧水沟：隔一定距离应设一横向联络沟，以平衡不均匀的水流量。

中心式水沟：隧道采用整体道床时，水沟设在线路中线的下方；或双线隧道时，水沟设

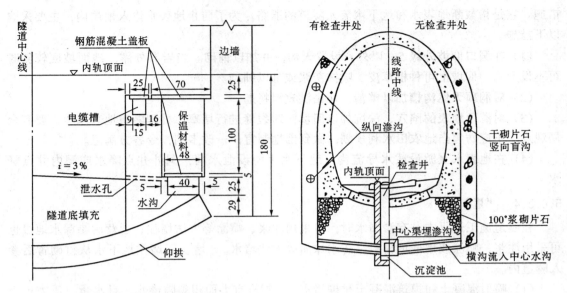

图 5-27　排水沟（单位：cm）　　　　　图 5-28　寒冷地区隧道排水沟

在两线之间。它是用混凝土砌筑的，维修工作量较小，但一旦需要清理或维修时，必须在行车间隔的时间内进行，不甚方便。

在冬季较寒冷地区，可修筑浅埋保温水沟，即将水沟沟身加深，用轻质混凝土作成上、下两层，各自设有钢筋混凝土盖板。上层用保温材料密实填充，厚度不小于 70cm，可保流水不冻，如图 5-28 所示。

当浅埋保温水沟不足以防止冻害时，可设置中心深埋渗水沟，即利用地温本身的作用，达到保温防冻害之目的。当隧道内冻结深度较深，用明挖法会影响边墙稳定时，可采用暗挖法修筑泄水洞。

2．盲　沟

在衬砌背后，用片石、卵石或埋管修成一道环向或竖向可供流水的盲沟，以汇集衬砌周围的地下水。

现在我国普遍采用的是柔性盲沟，它由工厂加工制造。柔性盲沟具有现场安装方便，布置灵活，连接容易，接头不易被混凝土阻塞，过水效果良好，成本也不太高等优点。其构造形式有以下两种：①弹簧软管盲沟；②化学纤维渗滤布盲沟。

弹簧软管盲沟一般是采用 10 号铁丝缠成直径 5～8cm 的圆柱形弹簧或采用硬质又具有弹性的塑料丝缠成半圆形弹簧，或带孔塑料管，以此作为过水通道的骨架，安装时外覆塑料薄膜和铁窗纱，从渗流水处开始沿环向铺设并接入泄水孔，如图 5-29 所示。

化学纤维渗滤布盲沟是以结构疏松的化学纤维布作为水的渗流通道，其单面有塑料敷膜，安装时使敷膜朝向混凝土一面，可以阻止水泥浆渗入滤布。这种渗滤布式盲沟质量轻，便于安装和连续加垫焊接，宽度和厚度也可以根据渗排水量的大小进行调整，是一种较理想的渗水盲沟，如图 5-30 所示。

3．渡　槽

在隧道衬砌的内表面，每隔一定的距离，开凿一道竖向的环行凹槽。槽的大小依水量而定。槽内填以卵石，槽的外表面仍以混凝土封盖。环槽下端连接到预留的水管，通到侧排水

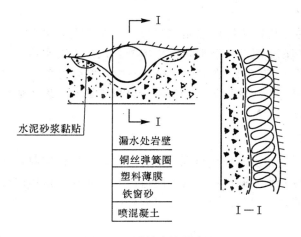

水泥砂浆黏贴
漏水处岩壁
铜丝弹簧圈
塑料薄膜
铁窗砂
喷混凝土

I—I

图 5-29 弹簧盲沟示意图

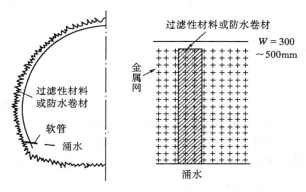

过滤性材料或防水卷材
$W = 300$
$\sim 500mm$
金属网
过滤性材料
或防水卷材
软管
涌水
涌水

图 5-30 化学纤维渗滤布盲沟

沟。地下水从外方流到隧道衬砌的周边，便进入到渡槽，自顶上沿两侧流到槽底，然后经水管排到边沟去。这种排水方式多在已成隧道漏水较大已无法用其他防水措施解决时，作为整治漏水病害处理。虽然渡槽可以取得较好效果，但是削弱了衬砌边墙的强度。

5.6.3.6 防水层

为保证隧道衬砌、通信信号、供电线路和轨道等设备的正常使用，隧道衬砌应根据要求采取防水措施。设置防水措施一般有以下几种途径。

（1）注浆。即压注水泥浆及化学浆液，系指将一定组合成分配制而成的浆液压入衬砌背后围岩或衬砌与围岩间的空隙中，经凝结，硬化后起到防水和加固的作用。

（2）防水混凝土衬砌。衬砌采用防水混凝土灌注。防水混凝土是指以调整配合比或掺用外加剂的方法增加混凝土的密实性，以提高混凝土自身抗渗性能的一种混凝土。

（3）衬砌各类缝隙防水。在地下水较丰富的地区，衬砌接缝处常用止水带防水。其类型很多，如金属（铜片）止水带、聚氯乙烯止水带以及橡胶止水带等，橡胶止水带可用于变形幅度较大的场合。在水底隧道中广泛使用钢边止水带，它是在两侧镶有 $0.6 \sim 0.7mm$ 厚的钢片翼缘的一种橡胶止水带，刚度较高，便于安装。

（4）外贴式防水层。外贴式防水层是在衬砌的外侧粘贴沥青、油毡，或涂刷焦油聚氨酯等涂料，形成隔水层。外贴式防水层防水效果比较好，但是施作困难，工作人员易中毒，故一般用于明洞的防水。

（5）内贴式防水层。内贴式防水层是在衬砌的内侧施作防水层。一般采用喷水泥砂浆、防水砂浆抹面或喷涂阳离子乳化沥青胶乳等涂料施作内贴式防水层。

（6）复合式衬砌中间防水层。在复合式衬砌的内外层衬砌之间设防水层，是一种效果良好的防水形式，防水层可以用软聚氯乙烯薄膜、聚异丁烯片、聚乙烯片等防水卷材，或用喷涂乳化沥青等做防水剂。

5.6.3.7　洞顶防排水

隧道围岩内的水，主要由洞顶地表水补给时，可根据实际情况对地表进行处理，以隔断水源。另外，为防止地表水冲刷仰坡，流入隧道，一般应在洞口边仰坡上方设置天沟，以便引流地表水。如果隧道设有明洞，那么一定要做好明洞顶的防排水。

5.6.3.8　洞门排水

洞门的端墙、翼墙和边仰坡上均应设有相应的排水设施，以便引流地表水。另外在洞口处还应设有洞内外水沟的衔接过渡设施。

5.6.4　电缆槽及高低压供电

5.6.4.1　电缆槽

穿过隧道的各种电缆，如照明、通讯、信号以及电力等电缆，必须有一定的保护措施来防止潮湿、腐烂以及人为的破坏。保护的办法是沿着衬砌边墙下方，设置全长的电缆槽。

电缆槽是用混凝土浇注围成的，附设在侧水沟的同侧（内侧）或异侧而不侵入隧道净空限界的位置上。槽内铺以细砂或自熄性泡沫塑料为垫层，低压电缆可以直接放在垫层面上，高压电缆则在槽边预埋的托架上吊起。槽顶有盖板用做防护。盖板顶面应与避车洞底面或道床顶面齐平。当电缆槽与水沟同侧并行时，应与水沟盖板齐平。通讯和信号的电缆可以放在同一个电缆槽内，但缆间距离不应小于100mm。电力线必须单独放在另外的电缆槽内。托架的间隔，在直线段不应超过 20 m，曲线段不应超过 15m。

电缆槽在转折处，应以不小于 1.2m 的半径曲线连接，以免电缆弯曲而折断。

电力牵引区段隧道内接触网，对于单线隧道是悬吊在拱顶处，对于双线隧道是悬吊在线路中心上方的拱腰处。

隧道内养护维修或其他电气设备的供电一般是采用三相四线式供电，控制开关应集中设在隧道口便于操作处。

隧道照明主要为便于工作人员对隧道及其设备进行检查、养护维修以及洞内人员行走与躲避车辆而设置的。电力照明采用固定式灯具，装置高度（距轨面）一般为 3.5～4m。

养护作业用的照明插座，一般设在避车洞内，装置高度（距轨面）不宜低于 1.5m。

隧道长度大于 500m 时，需要在设有电缆槽的同侧大避车洞内设置余长电缆腔；隧道长度在 500～1000m 时，需要在隧道中间设置一处；1000m 以上的隧道则每隔 420m 或 600m 增设一处。

5.6.4.2　信号继电器箱和无人增音站洞

隧道内如需要设置信号继电器，则应在电缆槽同侧设置信号继电器箱洞，其宽度为 2m，深度为 2m，中心高度为 2.2m。

根据电讯传输衰耗和通讯设计要求，在隧道内设置无人增音站时，其位置可根据通信要求确定，亦可与大避车洞结合使用，但应将大避车洞加深 2.5m。如不能结合时，则另行修建，其尺寸同大避车洞。

电力牵引的长隧道，如需设置存放维修接触网的绝缘梯车洞时，宜利用施工辅助坑道或避车洞修建，其间距约 500m。

隧道内还有一些专门的构造设备。如洞门的检查梯、洞内变压器洞库、双孔隧道之间的行人横洞（宽 2m，高 2.2m，间距 300～400m）和行车横洞（宽 4m，高 4.5m，间距 600～800m）、存放消防器材及救援设施的洞室、报警及其他应急设施等。可以按照具体需要予以布置。

5.6.5　伸缩缝沉降缝与施工缝

伸缩缝和沉降缝统称为变形缝。伸缩缝是为了防止结构因热胀冷缩，或湿胀干缩产生裂缝而设置的，它保证结构有伸缩的余地。沉降缝是为了防止结构因局部不均匀下沉引起变形断裂而设置的，它保证结构有上下左右变形的余地。所以伸缩缝是为满足结构在轴线方向上的变形要求而设置的，沉降缝是为满足结构在垂直与水平方向上的变形要求而设置的。

伸缩缝的设置，应考虑衬砌材料收缩情况，生产工艺等引起洞内温度变化情况，衬砌所处部位（口部或内部），施工方法，衬砌类型等因素。隧道衬砌一般不设伸缩缝。但严寒地区的整体式衬砌、锚喷衬砌或复合式衬砌应在洞口和易受冻害地段设置伸缩缝。

凡属下列情况应设置沉降缝：

（1）对衬砌有不良影响的软硬地层分界处；

（2）8 度及 8 度以上地震区的断层处；

（3）同一洞室高低相差悬殊处；

（4）按动荷载与静荷载设计的衬砌交界处；

（5）衬砌形状或截面厚度显著改变的部位。

Ⅴ，Ⅵ级围岩中的隧道，在洞口约 50m 范围内，宜设置沉降缝，沉降缝间距约 10m。

伸缩缝和沉降缝的设置要求为：

（1）混凝土衬砌：缝宽 1cm，中间夹以沥青油毛毡等材料，在衬砌施工的同时施作。

（2）石砌衬砌：缝宽 3cm，用沥青麻筋或其他材料填塞，在衬砌施工的同时施作。

衬砌的施工缝应与设计的伸缩缝、沉降缝结合布置，并尽量少设施工缝。在进行下一循环衬砌混凝土灌注之前，必须凿毛并清洗干净施工缝。在有地下水的隧道中，伸缩缝、沉降缝和施工缝均应进行防水处理。

5.7　隧道内部装饰

在公路隧道及城市中的地下铁道或其他地下洞室中，为了美观、提高能见度、吸收噪声和改善隧道内的环境，内部装饰有时是必不可少的。

内装的作用，包括美化洞室，使衬砌漏水不露出墙面，防尘蚀与烟蚀，隐藏各种管线，提高照明和通风效果，吸收噪声等。

内装的材料应具有：耐火性，在高温条件下仍能维持原状，不燃烧、不分解有害成分等；耐蚀性，长期在油垢及有害气体作用下不变质，在洗涤剂等化学物质作用下不被侵蚀；不怕水，大多数隧道都存在漏水问题，在水的浸泡下，在潮湿环境中不变质，不霉烂；不易污染、易清洗、耐刷；便于更换或修复；表面应该光滑、平整和明亮；材料来源广泛，价格相对便宜，隧道是大型构造物，用材量很大，价格高昂的材料不适于作隧道内装。

常见的内部装饰类型有：粉刷，涂料，塑料装饰或粘贴各种装饰材料。

1．粉 刷

对于公路隧道，为增加洞内光线，可用大白浆喷白处理。

2．涂 料

涂料的作用是对被涂刷物体的表面起到防潮、防腐作用，并使表面易于清洗，色彩丰富、光洁美观。常用的涂料有：白石灰浆、白水泥浆、乳胶漆苯乙烯涂料和过氯乙烯涂料。

在使用上述这些涂料时，应加入一定量的防霉剂，以确保装饰工程的质量。防霉剂分油溶性和水溶性两种，如五氯酚苯汞、有机锡、五氯酚、五氯酚钠等，其掺入量常为原涂料的 $2\% \sim 5\%$。

3．粘常贴各种装饰材料

隧道的装饰材料主要有以下几种。

（1）天然石及人造石：花岗石、大理石、水磨石和仿石等。

（2）金属：钢材、铝合金、不锈钢板和彩色钢板等。

（3）玻璃及陶瓷：普通玻璃、有机玻璃、钢化玻璃、夹胶玻璃和夹丝玻璃等。

（4）砖类：地砖、缸砖、釉面砖、无釉砖和玻璃砖等。砖类镶面材料表面光滑，容易洗净且效果良好。要求衬砌平整，以便镶砌整齐；隧道漏水部位可以考虑用排水管道疏导；镶面后面可以埋设小管线。

5.8 洞内噪声的减低措施

根据洞室的使用要求，当洞室内的噪声级超过允许值时，就应该采取适当的措施加以处理。防止噪声的措施主要应从降低声源噪声，隔绝噪声（即在传递途径上隔绝噪声传播），在接受者活动的洞室内采取改变洞室的剖面形状、大小以及采取一定的吸声处理等三方面入手。

1．降低声源噪声

降低声源的噪声是最有效的方法，主要措施有：

（1）选择低噪声设备；

（2）注意在通风管道中所产生的噪声。

2．隔声措施

噪声的隔绝措施主要应从防止空气传声与防止固体传声两方面着手。

最简单的防止空气传声的措施是将产生噪声的设备用罩子封闭起来。

防止固体传声的隔声措施：一般可在设备基础的周围作必要的隔振措施，以防止噪声通过地基和地面向外传播，其方法是在设备基础的四周和底面与洞室的地面、地基分离，中间填以弹性材料，如橡皮、软木、锯末、干砂、炉渣等，四周也可以用空气夹层隔振。

3．洞室内部减噪措施

主要是在洞室表面采取一定的吸声处理措施。

目前地下建筑中最常用于墙、顶面上的吸声处理措施有两种：一种是在墙面铺贴或涂刷多孔吸声材料，如木丝板、沥青纤维板、蛭石灰浆面层以及粘贴聚苯乙烯等泡沫塑料板，采用加气混凝土、微孔吸声砖、喷涂膨胀珍珠岩等。另外也可采用薄板共振吸声或穿孔板空腔吸声处理。

对于高速铁路隧道内的噪声治理主要可采取以下 3 项措施。

（1）轨道下铺设橡胶隔振垫。

通常做法是在道床上道渣下铺设 12～19 mm 的弹性体，也可在轨枕下铺设弹性块。此措施可以有效地减小铁路向两侧的振动传递，从而减少结构的声辐射，其有效范围一般在 31.5 Hz 和 63 Hz 两个倍频程段。国外的经验表明，在新线的建设中，将这一因素考虑进去所增加的成本是相当低的。

（2）隧道内的噪声治理。

高速列车在隧道中运行时，形成非常强烈的混响场，如果不采取吸声措施，将会恶化车内声环境，影响车内舒适度。因此必须对道路和隧道内壁采取吸声处理，一般可用多孔性材料铺设隧道内部，如多孔砖或多孔板加纤维质填料。国外试验过使用特殊道渣，如石英道渣，以增强道床的吸声能力，此外，还可考虑在隧道中使用轨道下铺设橡胶隔振垫的措施。

（3）接触网的低噪声设计。

日本的研究表明，集电系统的噪声仅次于轮轨噪声，占总噪声的 27% 左右，除了对受流系统采取低噪声、流线形设计等措施外，接触网的悬挂应使用复合悬链式结构。

第6章　隧道施工方法

6.1　概　述

6.1.1　隧道工程施工的特点

概括地说，隧道施工具有以下特性：

(1) 隐蔽性大；

(2) 作业的循环性强；

(3) 作业空间有限；

(4) 作业的综合性强；

(5) 施工是动态的；

(6) 作业环境恶劣；

(7) 作业的风险性大；

(8) 气候影响小。

各种施工技术必须考虑这些特性，才能够发挥作用。

隧道施工由多种作业构成，开挖、支护、出渣运输、通风及除尘、防水及排水、供电、供风、供水等作业缺一不可。任何一项作业做得不好都会影响全局。隧道施工的综合性很强，要求工程技术人员及工程管理者必须有良好的施工管理和施工组织经验，才能使工程有序、迅速进展。

隧道结构的力学状态也是复杂的，其复杂程度至今还有很多不清楚的地方。只能在修筑的整个过程中，逐渐地去认识和了解它的力学状态变化，并通过各种手段尽力控制和调整这个力学状态变化。施工过程，从力学角度看，就是控制和调整这个力学状态变化的过程，施工技术也就是控制和调整这个力学状态的手段和方法。

风险性与隐蔽性是关联的，施工人员必须经常关注隧道施工的风险性。特别是在不良地质条件下，更要有风险意识和应变意识。

目前，在隧道工程施工中出现的许多问题，都是由于对上述隧道工程特性认识不充分或没有认识而造成的。因此，提高对隧道工程施工特性的认识是十分必要的。

6.1.2　隧道施工方法及其选择

根据隧道穿越地层的不同情况和目前隧道施工方法的发展，隧道施工方法可按如图6-1所示的方式分类。

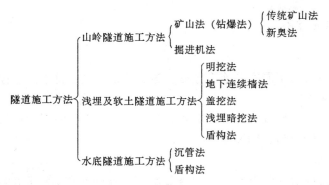

图 6-1　隧道施工方法分类

矿山法因最早应用于矿石开采而得名，它包括上面已经提到的传统方法和新奥法。由于在这种方法中，多数情况下都需要采用钻眼爆破进行开挖，故又称为钻爆法。有时候为了强调新奥法与传统矿山法的区别，而将新奥法从矿山法中分出另立系统。

掘进机法包括隧道掘进机（Tunnel Boring Machine，简写为 TBM）法和盾构掘进机法。前者应用于岩石地层，后者则主要应用于土质围岩，尤其适用于软土、流砂、淤泥等特殊地层。

沉管法、明挖法等则是用来修建水底隧道、地下铁道、城市市政隧道等，以及埋深很浅的山岭隧道。

在隧道施工中最重要的是选择合理的施工方法。选择施工方法时需要考虑的基本因素大体上可归纳为：

（1）施工条件；

（2）围岩条件；

（3）隧道断面积；

（4）埋深；

（5）工期；

（6）环境条件。

从目前的工程实际出发，在今后很长一段时期内，矿山法仍然是修建山岭隧道的主流方法，是其他方法不可代替的。

隧道施工过程和方法是多种多样的，目前经常采用的矿山法大致有全断面法、台阶法和分部开挖法三大类。

在当前的施工实践中，采用最多的方法是台阶法，其次是全断面法。在大断面隧道中，单侧壁导坑（中隔壁法）和双侧壁导坑（眼镜法）采用较多。由于施工机械的开发和辅助工法的采用，施工方法有向更多地采用全断面法，特别是全断面法与超短台阶法结合发展的趋势。也就是说，施工方法有向全地质形方法转变的趋势。因此，目前选择施工方法，并不完全决定于地质条件。地质条件仅仅是选择施工方法的一个因素，而更应强调的是：施工方法必须符合快速、安全、质量及环境的要求。其中环境因素有时成为选择施工方法的决定性因素。

6.1.3　隧道施工基本理论

1.隧道施工

隧道施工是隧道及地下洞室的施工方法、施工技术、施工管理的总称。

2.隧道施工过程

在地层内挖出土石，形成符合设计断面的坑道，进行必要的支护和衬砌，控制坑道围岩变形，保证隧道施工安全和长期安全使用。

3.隧道施工技术

隧道施工技术主要研究解决各种隧道施工方法所需的技术方案和措施（如开挖方法、掘进、运输、支护和衬砌施工方案和措施）；隧道穿越特殊地质地段时（如膨胀土、黄土、溶洞、塌方、流沙、高地温、岩爆、瓦斯地层等）的施工手段；隧道施工过程中的通风、防尘、防有害气体、照明、防排水、高压风和高压水供给的方式和方法；对围岩变化的量测监控方法。

4.隧道施工管理

隧道施工管理主要解决施工组织设计（如施工方案的选择、施工技术措施、场地布置、进度控制、材料供应、劳力及机具安排等）和施工中的技术管理、计划管理、质量管理、经济管理等问题。

6.1.4　隧道施工的基本理念

根据有关工程的总结和学者的归纳，针对目前隧道施工存在的问题，归纳如下："爱护围岩、内实外美、重视环境、动态施工。"

"爱护围岩"：不损伤或少损伤遗留围岩的固有支护能力，通过机械开挖和控制爆破技术实现；通过支护技术、围岩的加固或预加固技术及辅助施工技术增强围岩的自承能力。

"内实外美"：关键是内实，即模筑混凝土密实、喷射混凝土密实、喷射混凝土与围岩密实、二次衬砌与初期支护密实。

"重视环境"：对内部环境、外部环境的影响都要重视。

"动态施工"：隧道施工过程中的地质条件是不断变化的；其力学状态也是不断变化的。在实施过程中采用的施工方法和技术在变化。隧道施工的各种决策都要在施工阶段的地质技术、施工阶段的量测技术和施工阶段的质量控制技术的基础上进行管理。

6.1.5　山岭隧道的常规施工方法

山岭隧道的常规施工方法又称为矿山法，因最早应用于采矿坑道而得名。

在矿山法中，多数情况下都需采用钻眼爆破进行开挖，故又称为钻爆法。从隧道工程的发展趋势来看，钻爆法仍将是今后山岭隧道最常用的开挖方法。

在矿山法中，坑道开挖后的支护方法，大致可以分为钢木构件支撑和锚杆喷射混凝土支护两类。

作为施工方法，人们习惯上将钻爆开挖加钢木构件支撑的施工方法称为"传统的矿山法"；而将采用钻爆加喷锚支护的施工方法称为"矿山法"或"钻爆法"。

6.1.5.1　传统的矿山法

传统的矿山法是人们在长期的施工实践中发展起来的，它是采凿眼爆破，以木或钢构件作为临时支撑，待隧道开挖成形后，逐步将临时支撑换下来，而代之以整体式衬砌作为永久性支护结构的施工方法。

钢构件对坑道的形状适应性强，但存在撤换时不完全，若不撤换成本高，以及与围岩非面接触支撑等缺点。

钢木构件支撑类似于地面上的"荷载-结构"力学体系。作为维持坑道稳定的措施，是很直观和奏效的，也易被操作人员理解和掌握。这种方法用在不易于喷锚支护的隧道或处理坍方等抢险工程中。

6.1.5.2　现代矿山法

随着隧道工程理论及施工工艺的不断发展，人们逐渐深刻地认识到隧道是围岩和支护的组成体系，应充分地保护围岩，发挥围岩自身承载能力，维护围岩的稳定性；隧道设计和施工与隧道围岩条件密切相关，只有充分掌握隧道的围岩条件，才能有合理的隧道设计与施工。

施工手段也由人力、小型机械化、半机械化发展到机械化施工。施工技术更加重视施工地质调查工作，超前地质预报的技术更加丰富和有效，光面控制爆破技术得到了广泛应用。喷锚技术已成为隧道施工支护的基本方式，实现了在硬岩、软弱破碎围岩、松散砂土等各类围岩中的良好喷锚支护。在软弱破碎围岩中，形成了超前支护技术、地层预加固技术，以及多分部支护及时封闭技术等，对现代矿山法的技术发展十分重要。

6.2　主要开挖方法

隧道施工就是要挖除坑道范围内的岩体，并尽量保持坑道围岩的稳定。开挖是隧道施工的第一道工序。在施工中，围岩稳定与否，主要取决于围岩本身的工程地质条件，开挖方法对围岩的稳定状态有直接而重要的影响。

隧道开挖的基本原则是：在保证围岩稳定或减少对围岩扰动的前提下，选择恰当的开挖方法和掘进方式，并应尽量提高掘进速度。即在选择开挖方法和掘进方式时，一方面应考虑隧道围岩地质条件及其变化情况，选择能很好地适应地质条件及其变化，并能保持围岩稳定的方法和方式；另一方面应考虑坑道范围内岩体的坚硬程度，选择快速掘进，并能减少对围岩扰动的方法和方式。

隧道开挖方法实际上是指开挖成形方法。按隧道的横断面部分情况来分，开挖方法可分为全断面开挖法、台阶开挖法、分部开挖法等，见表 6-1。

6.2.1　全断面开挖法

1. 全断面法施工的顺序

(1) 施工准备完成后，用钻孔台车钻眼，然后装药，连接起爆网络；

(2) 退出钻孔台车，引爆炸药，开挖出整个隧道断面；

(3) 进行通风、撒水，排烟、降尘；

表 6-1 隧道主要施工（开挖）方法

开挖方法	横断面示意图	纵断面示意图
全断面开挖法		
台阶法		
环形开挖预留核心土法		
单侧壁导坑法		
双侧壁导坑法		
中洞法		
中隔壁法（CD法）		
交叉中隔壁法（CRD法）		

（4）排除危石，安设拱部锚杆和喷第一层混凝土；

（5）用装渣机将石渣装入矿车或运输机，运出洞外；

（6）安设边墙锚杆和喷混凝土；

（7）必要时可喷拱部第二层混凝土和隧道底部混凝土；

（8）开始下一轮循环；

（9）在初次支护变形稳定后，或按施工组织中规定日期灌注内层衬砌。

根据围岩稳定程度及施工设计亦可以不设锚杆或设短锚杆。也可先出渣，然后再施作初次支护，但一般仍先进行拱部初次支护，以防止局部应力集中而造成的围岩松动剥落。

2. 全断面开挖法的适用条件

全断面开挖法适用于岩层覆盖条件简单、岩质较均匀的硬岩中。必须具备大型施工机械。隧道长度或施工区段长度不宜太短，否则采用大型机械化施工的经济性差。根据经验，这个长度不应小于 1km。

全断面开挖法的优点是：工序少，相互干扰少，便于组织施工和管理；工作空间大，便于组织大型机械化施工，因此，施工进度高，目前，我国公路隧道一般都能保持月进成洞平均 150m 左右，高者已接近 300 m/月。

采用全断面法应注意下列问题：摸清开挖面前方的地质情况，随时准备好应急措施（包括改变施工方法等），以确保施工安全；各种施工机械设备务求配套，以充分发挥机械设备的效率；加强各项辅助作业，尤其应加强施工通风，保证工作面有足够的新鲜空气；加强对施工人员的技术培训，实践证明，施工人员对新奥法基本原理的了解程度和技术熟练状况，直接关系到施工的效果。

6.2.2　台阶开挖法

台阶开挖法一般是将设计断面分上半断面和下半断面两次开挖成形。台阶法包括长台阶法、短台阶法和超短台阶法等三种，其划分依据是台阶长度，如图 6-2 所示。至于施工中究竟应采用何种台阶法，要根据以下两个条件来决定：

（1）初次支护形成闭合断面的时间要求，围岩越差，闭合时间要求越短；

（2）上断面施工所用的开挖、支护、出渣等机械设备施工场地大小的要求。

在软弱围岩中应以前一条件为主，兼顾后者，确保施工安全。在围岩条件较好时，主要考虑如何更好地发挥机械效率，保证施工的经济性，故只要考虑后一条件。现将各种台阶法叙述如下。

6.2.2.1　长台阶法

上下断面相距较远，一般上台阶超前 50m 以上或大于 5 倍洞跨。

（1）长台阶法的作业顺序如下。

上半断面开挖：

① 用两臂钻孔台车钻眼、装药爆破，地层较软时亦可用挖掘机开挖；

② 安设锚杆和钢筋网，必要时加设钢支撑、喷射混凝土；

③ 用推铲机将石渣推运到台阶下，再由装载机装入车内运至洞外；

④ 根据支护结构形成闭合断面的时间要求，必要时在开挖上半断面后，可修筑临时底拱，形成上半断面的临时闭合结构，然后在开挖下半断面时再将临时底拱挖掉，但从经济观

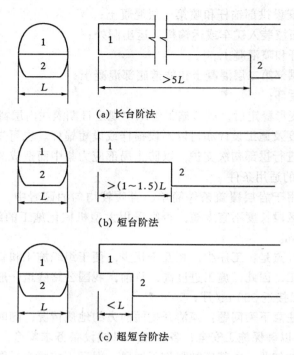

(a) 长台阶法

(b) 短台阶法

(c) 超短台阶法

图 6-2　台阶法施工形式

点来看，最好不这样做，而改用短台阶法。

下半断面开挖：

① 用两臂钻孔台车钻眼、装药爆破。装渣直接运至洞外；

② 安设边墙锚杆（必要时）和喷混凝土；

③ 用反铲挖掘机开挖水沟，喷底部混凝土。

（2）长台阶法的施工要点。

① 对于上半断面。用两臂钻孔台车钻眼、装药爆破，地层较软时亦可用挖掘机开挖。安设锚杆和钢筋网，必要时加设钢支撑、喷射混凝土。用铲斗为 $1.6m^3$ 的推铲机将石渣推运到台阶下，再由装载机装入车内运至洞外。根据支护结构形成闭合断面的时间要求，必要时在开挖上半断面后，可建筑临时底拱，形成上半断面的临时闭合结构，然后在开挖下半断面时再将临时底拱挖掉。但从经济观点来看，最好不这样做，而改用短台阶法。

② 开挖下半断面时，其炮眼布置方式有两种：平行隧道轴线的水平眼；由上台阶向下钻进的竖直眼，又称插眼，如图 6-3 所示。前一种方式的炮眼主要布置在设计断面轮廓线上，能有效地控制开挖断面。后一种方式的爆破效果较好，但爆破时石渣飞出较远，容易打坏机械设备。

③ 待初期支护的变形稳定后，或根据施工组织所规定的日期敷设防水层（必要时）和建造内层衬砌。

（3）优缺点及适用条件。

有足够的工作空间和相当的施工速度，上部开挖支护后，下部作业就较为安全，但上下部作业有一定的干扰。相对于全断面法来说，长台阶法一次开挖的断面和高度都比较小，只需配备中形钻孔台车即可施工，而且，对维持开挖面的稳定也十分有利。所以，它的适用范

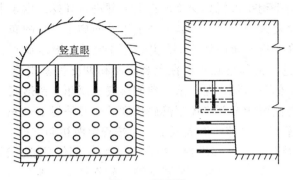

图 6-3　竖直眼

围较全断面法广泛，凡是在全断面法中开挖面不能自稳，但围岩坚硬不用底拱封闭断面的情况，都可采用长台阶法。

6.2.2.2　短台阶法

（1）定义：这种方法也是分成上下两个断面进行开挖，只是两个断面相距较近，一般上台阶长度小于 5 倍但大于 1～1.5 倍洞跨。上下断面采用平行作业。

短台阶法的作业顺序和长台阶法相同。

（2）优缺点及适用条件。由于短台阶法可缩短支护结构闭合的时间，改善初次支护的受力条件，有利于控制隧道收敛速度和量值，所以适用范围很广，Ⅰ～Ⅴ级围岩都能采用，尤其适用于Ⅳ，Ⅴ级围岩，是新奥法施工中经常采用的方法。缺点是上台阶出渣时对下半断面施工的干扰较大，不能全部平行作业。为解决这种干扰可采用长皮带机运输上台阶的石渣；或设置由上半断面过渡到下半断面的坡道。将上台阶的石渣直接装车运出。过渡坡道的位置可设在中间，也可交替地设在两侧。过渡坡道法通用于断面较大的双线隧道中，在断面较大的三车道中尤为适用。

采用短台阶法时应注意下列问题：初期支护全断面闭合要在距开挖面 30m 以内，或距开挖上半断面开始的 30d 内完成。初期支护变形、下沉显著时，要提前闭合，要研究在保证施工机械正常工作的前提下台阶的最小长度。

6.2.2.3　超短台阶法

台阶仅超前 3～5m，只能采用交替作业。

（1）优缺点及适用条件：由于超短台阶法初次支护全断面闭合时间更短，更有利于控制围岩变形。在城市隧道施工中，能更有效地控制地表沉陷。所以，超短台阶法适用于膨胀性围岩和土质围岩，要求及早闭合断面的场合。当然，也适用于机械化程度不高的各类围岩地段。缺点是上下断面相距较近，机械设备集中，作业时相互干扰较大，生产效率较低，施工速度较慢。在软弱围岩中施工时，应特别注意开挖工作面的稳定性，必要时可对开挖面进行预加固或预支护。

这种方法也是分成上下两部分，但上台阶仅超前 3～5m，只能采用交替作业。

（2）超短台阶法施工作业顺序为：用一台停在台阶下的长臂挖掘机或单臂掘进机开挖上半断面至一个进尺。安设拱部锚杆、钢筋网或钢支撑。喷拱部混凝土。用同一台机械开挖下半断面至一个进尺。安设边墙锚杆、钢筋网或接长钢支撑，喷边墙混凝土（必要时加喷拱部混凝土）。开挖水沟、安设底部钢支撑，喷底拱混凝土。灌注内层衬砌。

如无大型机械也可采用小型机具交替地在上下部进行开挖，由于上半断面施工作业场地狭小，常常需要配置移动式施工台架，以解决上半断面施工机具的布置问题。

最后还应指出，在所有台阶法施工中，开挖下半断面时要求做到以下几点。

① 下半断面的开挖（又称落底）应在上半断面初期支护基本稳定后进行，或采用其他有效措施确保初期支护体系的稳定性；采用单侧落底或双侧交错落底，避免上部初期支护两侧同时悬空；又如，视围岩状况严格控制落底长度，一般采用 1~3m。

② 下部边墙开挖后必须立即喷射混凝土，并按规定做初期支护。

③ 量测工作必须及时，以观察拱顶、拱脚和边墙中部位移值，当发现速率增大，应立即进行底（仰）拱封闭，或缩短进尺，加强支护，分割掌子面等。

6.2.3　分部开挖法

分部开挖法是将隧道断面分部开挖逐步成形，且一般将某部超前开挖，故也可称为导坑超前开挖法。分部开挖法可分为 3 种变化方案：台阶分部开挖法、单侧壁导坑法、双侧壁导坑法，见图 6-4。

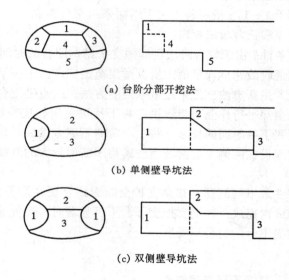

（a）台阶分部开挖法

（b）单侧壁导坑法

（c）双侧壁导坑法

图 6-4　分部开挖形式

6.2.3.1　台阶分部开挖法（环形开挖留核心土法）

（1）开挖面分部形式：一般将断面分成为环形拱部（图 6-4(a)中的 1，2，3）、上部核心土 4、下部台阶 5 等 3 部分。

（2）台阶分部开挖法施工作业顺序为：

① 用人工或单臂进机开挖环形拱部，或根据断面的大小，环形拱部又可分成几块交替开挖；

② 安设拱部锚杆、钢筋网或钢支撑，喷混凝土；

③ 在拱部初次支护保护下，用挖掘机或单臂掘进机开挖核心土和下台阶，随时接长钢支撑和喷混凝土、封底；

④ 根据初次支护变形情况或施工安排修筑内层衬砌。

由于拱形开挖高度较小，或地层松软锚杆不易成形，所以施工中不设或少设锚杆。环形开挖进尺为 0.5~1.0m，不宜过长。上部核心土和下台阶的距离，一般双线隧道为 1 倍洞跨，单线隧道为 2 倍洞跨。

(3) 优缺点及适用条件：在台阶分部开挖法中，因为上部留有核心土支挡着开挖面，而且能迅速及时地建造拱部初次支护，所以开挖工作面稳定性好。和台阶法一样，核心土和下部开挖都是在拱部初次支护保护下进行的，施工安全性好。这种方法适用于一般土质或易坍塌的软弱围岩。与超短台阶法相比，台阶长度可以加长，减少上下台阶施工干扰；而与下述的侧壁导坑法相比，施工机械化程度较高，施工速度可加快。虽然核心土增强了开挖面的稳定，但开挖中围岩要经受多次扰动，而且断面分块多，支护结构形成全断面封闭的时间长，这些都有可能使围岩变形增大。因此，台阶分步开挖法常要结合辅助施工措施对开挖工作面及其前方岩体进行预支护或预加固。

6.2.3.2 单侧壁导坑法

(1) 开挖面分部形式：一般将断面分成 3 块：侧壁导坑 1、上台阶 2、下台阶 3，见图 6-4(b)。侧壁导坑尺寸应充分利用台阶的支撑作用，并考虑机械设备和施工条件而定。一般侧壁导坑宽度不宜超过 0.5 倍洞宽，高度以到起拱线为宜，这样，导坑可分二次开挖和支护，不需要架设工作平台，人工架设钢支撑也较方便。导坑与台阶的距离没有硬性规定，但一般应以导坑施工和台阶施工不发生干扰为原则，所以在短隧道中可先挖通导坑，而后再开挖台阶。上、下台阶的距离则视围岩情况参照短台阶法或超短台阶法拟定。

(2) 单侧壁导坑法施工作业顺序为：

① 开挖侧壁导坑，并进行初次支护（锚杆加钢筋网，或锚杆加钢支撑，或钢支撑，喷射混凝土），应尽快使导坑的初次支护闭合；

② 开挖上台阶，进行拱部初次支护，使其一侧支撑在导坑的初次支护上，另一侧支撑在下台阶上；

③ 开挖下台阶，进行另一侧边墙的初次支护，并尽快建造底部初次支护，使全断面闭合；

④ 拆除导坑临空部分的初次支护；

⑤ 建造内层衬砌。

(3) 优缺点及适用条件：单侧壁导坑法是将断面横向分成 3 块或 4 块，每步开挖的宽度较小，而且封闭形的导坑初次支护承载能力大，所以，单侧壁导坑法适用于断面跨度大，地表沉陷难于控制的软弱松散围岩中。

6.2.3.3 双侧壁导坑法 (眼镜法)

(1) 开挖面分部形式：一般将断面分成四块：左、右侧壁导坑 1、上部核心土 2、下台阶 3，见图 6-4(c)。导坑尺寸拟定的原则同前，但宽度不宜超过断面最大跨度的 1/3。左、右侧导坑错开的距离，应根据开挖一侧导坑所引起的围岩应力重分布的影响不致波及另一侧已成导坑的原则确定。

双侧壁导坑法适用于 V ~ VI 级围岩双线隧道掘进。由于跨度较大，无法采用全断面法或台阶法开挖，先开挖两侧导坑，相当于先开 2 个小跨度的隧道，并及时施作导坑四周初期支护，再根据地质条件、断面大小，对剩余部分断面进行一次或二次开挖。

双侧壁导坑法施工要求：侧壁导坑高度以到起拱线为宜；侧壁导坑形状应接近于椭圆形断面，导坑断面为整个断面的 1/3；侧壁导坑领先长度一般 30～50 m，以开挖一侧导坑所引起的围岩应力重分布不影响另一侧导坑为原则；导坑开挖后应及时进行初期支护，并尽早封闭成环。

（2）双侧壁导坑法施工作业顺序为：

① 开挖一侧导坑，并及时地将其初次支护闭合；

② 相隔适当距离后开挖另一侧导坑，并修筑初次支护；

③ 开挖上部核心土，建造拱部初次支护，拱脚支承在两侧壁导坑的初次支护上；

④ 开挖下台阶，建造底部的初次支护，使初次支护全断面闭合；

⑤ 拆除导坑临空部分的初次支护；

⑥ 建造内层衬砌。

（3）优缺点及适用条件：当隧道跨度很大，地表沉陷要求严格，围岩条件特别差，单侧壁导坑法难以控制围岩变形时，可采用双侧壁导坑法。现场实测表明，双侧壁导坑法所引起的地表沉陷仅为短台阶法的 1/2。双侧壁导坑法虽然开挖断面分块多，扰动大，初次支护全断面闭合的时间长，但每个分块都是在开挖后立即各自闭合的，所以在施工中变形几乎不发展。双侧壁导坑法施工安全，但速度较慢，成本较高。

6.2.3.4 中洞法

中洞法适用于双连隧道，采用先开挖中洞并支护，在中洞内施作隧道中墙混凝土，后开挖两侧。

中洞法施工要求：中洞法开挖高度应大于中墙高度 1 m，开挖宽度应大于 5 m，中洞开挖超前长度根据隧道长度、宽度以及地质情况综合考虑，一般为 50～80 m；对长度 200～300 m 的短隧道可先贯通中洞，然后再施工两侧侧洞；中洞开挖后应及时施作初期支护，再分段灌注中墙混凝土，每一纵向段长度为 4～10 m，在中墙混凝土达到设计强度后方可拆模，并进行临时横向支撑。

6.2.3.5 中隔壁法（CD）

中隔壁法在近年国内的铁路隧道和城市地下工程的实践中，被证明是通过软弱、浅埋大跨度隧道的最有效的施工方法之一，它适用于 Ⅴ～Ⅵ 级围岩的双线隧道。中隔墙开挖时，应沿一侧自上而下分为二部或三部进行，每开挖一步均应及时施作喷锚支护，安设钢架，施作中隔壁。之后再开挖中隔墙的另一侧，其分部次数及支护形式与先开挖的一侧相同。

中隔墙法施工要求：各部开挖时，周边轮廓应尽可能圆顺，减小应力集中；各部的底部高程应与钢架接头处一致；后一侧开挖应及时全断面封闭；左右两侧纵向间距一般为 30～50 m；中隔壁设置为弧形或圆弧形。

6.2.3.6 交叉中隔壁法（CRD）

交叉中隔壁法适用于 Ⅴ～Ⅵ 级围岩浅埋隧道的双线隧道或多线隧道。采用自上而下分为二至三部分，开挖中隔墙的一侧，以及支护并封闭临时仰拱，待完成①～②部后，即开始另一侧的③～④部开挖及支护，形成左右两侧开挖及支护相互交叉的情形。

采用交叉中隔壁法施工，除满足中隔壁法的要求外，尚应满足：设置临时仰拱，步步成环；自上而下，交叉进行；中隔壁法及交叉临时支护，在灌注二次衬砌时，应逐段拆除。

6.3　新奥法的基本概念

6.3.1　隧道施工应遵循的基本原则

1963 年，由奥地利学者 L·腊布兹维奇教授命名的"新奥地利隧道施工法（New Austria Tunnelling Method)"，简称"新奥法（NATM）"正式出现。它是以控制爆破或机械开挖为主要掘进手段，以锚杆、喷射混凝土为主要支护方法，理论、量测和经验相结合的一种施工方法，同时又是一系列指导隧道设计和施工的原则。

6.3.1.1　施工中的基本技术要求

（1）因为围岩是隧道的主要承载单元，所以要在施工中充分保护和爱护围岩。

（2）为了充分发挥围岩的结构作用，应容许围岩有可控制的变形。

（3）变形的控制主要是通过支护阻力（即各种支护结构）的效应达到的。

（4）在施工中，必须进行实地量测监控，及时提出可靠的、足够数量的量测信息，以指导施工和设计。这是"新奥法"的重要组成部分。

（5）在选择支护手段时，一般应选择能大面积的、牢固的、与围岩紧密接触的、能及时施设和应变能力强的支护手段。

（6）要特别注意，隧道施工过程是围岩力学状态不断变化的过程。

（7）在任何情况下，使隧道断面能在较短时间内闭合是极为重要的。

（8）在隧道施工过程中，必须建立设计—施工检验—地质预测—量测反馈—修正设计的一体化的施工管理系统，以不断地提高和完善隧道施工技术。

上述隧道施工的基本原则可扼要地概括为："少扰动、早喷锚、勤量测、紧封闭。"

在实际施工过程中，这些原则也不是一成不变的，应该结合实际情况进行提高和完善。

6.3.1.2　新奥法施工的基本原则

根据我国隧道采用新奥法施工的经验，隧道施工采取的基本原则，可概括为"少扰动、早喷锚、勤量测、紧封闭" 4 句话 12 个字。

少扰动：是指在进行隧道开挖时，要尽量减少围岩的扰动次数、强度、范围和持续时间。即能用机械开挖的就不用钻爆法开挖；采用钻爆法开挖时，要严格进行控制爆破；尽量采用大断面开挖；根据围岩级别、开挖方法、支护条件选择合理的循环掘进进尺；对自稳性差的围岩，循环掘进进尺应短一些；支护要尽量紧跟开挖面，缩短围岩应力松弛时间。

早喷锚：是指开挖后及时施作初期锚喷支护，使围岩的变形进入受控状态。这样做一方面是为了使围岩不致因变形过度而产生坍塌失稳；另一方面是使围岩变形适度发展，以充分发挥围岩的自承能力。必要时可采取超前预支护措施。

勤量测：是指以直观、可靠的量测方法和量测数据来准确评价围岩（或围岩加支护）的稳定状态，或判断其动态发展趋势，以便及时调整支护形式、开挖方法，确保施工的安全和顺利。

紧封闭：是指对易风化的自稳性较差的软弱围岩地段，应及早施作封闭式支护（如喷射混凝土、锚喷混凝土等），以避免围岩因暴露时间过长而产生风化，降低强度及稳定性，使支护与围岩进入良好的共同工作状态。

6.3.2　新奥法的分类及施工工序

新奥法施工，根据开挖断面的大小及位置，基本上又可分为以下几种。

（1）全断面开挖法。

（2）台阶法，其中包括：① 长台阶法；② 短台阶法；③ 超短台阶法。

（3）分部开挖法，其中包括：① 台阶分部开挖法（环形开挖留核心土法）；② 中隔壁法（单侧壁导坑法、CD法）；③ 双侧壁导坑法（眼镜法）等。

新奥法的施工工序可用框图（见图6-5）表示。

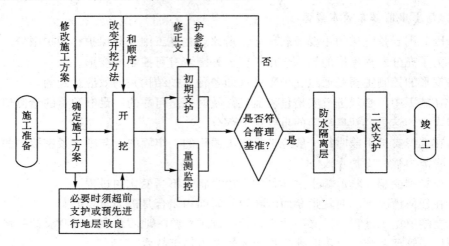

图 6-5　新奥法施工程序

6.4　传统的矿山法

在传统的矿山法中，历史上形成的变化方案很多，其中包括：全断面法、台阶法、侧壁导坑法，等等。它与新奥法的根本区别，除了施工原理不同外，在具体作业上还有：传统的矿山法中不强调采用锚喷支护，而大量采用钢、木支撑；不强调要及早闭合支护环；很少采用复合式衬砌，而是大量采用刚度较大的单层衬砌；不进行施工量测等。近年来，由于施工机械的发展，以及传统矿山法明显地不符合岩石力学的基本原理和不经济性，已逐渐为新奥法所取代。只有在一些缺少大型机械的中、短隧道中，或不熟悉新奥法的施工单位还采用传统的矿山法。本书只简单地叙述一二种典型的，并具有中国特色的，现在仍可能采用的传统矿山法。

6.4.1　漏斗棚架法

全名叫下导坑漏斗棚架法，亦称下导坑先墙后拱法。它是硬岩层中修筑隧道的一种基本的传统方法，也是我国20世纪80年代前修筑公路、铁路隧道采用得最广泛的方法之一。

此法的基本施工程序（见图6-6）是：首先开挖下导坑①，在下导坑开挖面后约30～50 m处，开始架设"漏斗棚架"，然后在漏斗棚架上方开挖②、③部（"挑顶"）和④部（"扩大"）。它们的间距以互不干扰为原则，一般可采用 15～20m。挑顶和扩大爆下的石渣直接堆放在棚架上，并通过漏斗口向下装入矿车内运出洞外。石渣装完后即可拆除棚架，开挖⑤（"刷帮"）和⑥边墙、水沟。此时整个隧道开挖完毕。在一定的安全距离（10～20m）外灌注边墙Ⅶ和拱圈Ⅷ混凝土。最后铺底砌水沟。

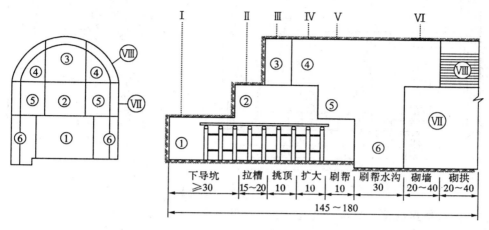

图 6-6　漏斗棚架法

下导坑的形状一般为梯形，坚硬围岩中也可用矩形。其宽度 2.8～3.0 m（铺单运输线），或 3.8～4.4m（铺双运输线），高度视装渣机装载高度而定，一般约 2.8～3.0m，见图 6-7。在中长隧道中为运输畅通多采用双线导坑。

漏斗棚架的结构构造如图 6-8 所示。

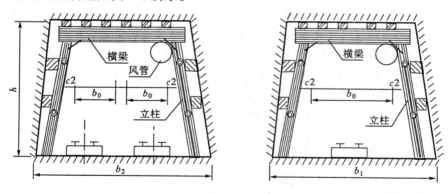

图 6-7　下导坑结构

采用漏斗棚架法时应注意如下问题：下导坑开挖是领先工序，它的开挖速度直接影响整个隧道的施工进度，因此，要千方百计予以保证；漏斗棚架是卸、装渣的关键结构，必须具有足够的强度和刚度以承受爆破时石渣的冲击作用；挑顶时如发现拱顶有坍塌的预兆，应立即用圆木支顶住。

漏斗棚架法的优点：便于人力、小型机具开挖；挑顶、扩大的石渣通过漏斗棚架装车，效率高，节省人力和机械；工作面多，可以安排较多的人力和机具，进行平行作业，加快施工进度。

漏斗棚架法的缺点：设置棚架需要消耗大量木材和钢材；断面分块多，对围岩扰动大，

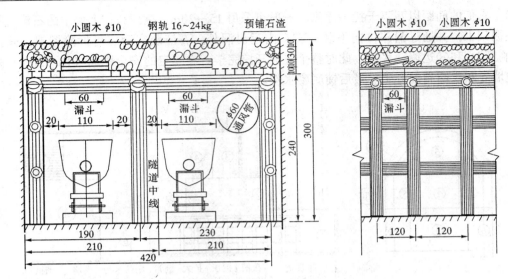

图 6-8　漏斗棚架结构构造

而且拱顶围岩暴露过长，所以，只适用于Ⅰ～Ⅲ级围岩；工作面多虽可平行作业，但相互干扰较大，尤其刷帮开挖容易损坏通风、水管、电力线和堵塞运输。

6.4.2　上下导坑先拱后墙法

上下导坑先拱后墙法，又称拱圈支承法，是软地层中修筑隧道的一种基本的传统方法，也是我国以往修筑隧道采用得最广泛的方法之一，如图 6-9 所示。

此法的基本施工程序（见图 6-9）是：首先开挖下导坑①，并尽快架设木支撑。在下导坑开挖面后约 30～50m 处开挖上导坑②和架设木支撑。上、下导坑间开挖漏斗（如图中虚线所示），以便于上断面出渣。距上导坑15～20m，进行上导坑落底开挖③。然后由上导坑向两侧开挖④（"扩大"），边开挖边架设扇形支撑。在扇形支撑之间立拱架模板，灌注拱圈混凝土Ⅴ，边灌注边顶替、拆除扇形支撑。开挖中层⑥（"落底"）。左右错开，纵向跳跃开挖马口⑦、⑨，每个马口的纵向长度一般取拱圈灌注节长的一半。紧跟马口开挖后，立即架设边墙模板，由下而上灌注边墙混凝土Ⅷ，Ⅹ。挖水沟、铺底。

采用上下导坑先拱后墙法施工时应注意下列问题：开挖马口时要绝对避免拱圈两侧拱脚同时悬空；边墙灌注到顶部时要仔细地做到与拱脚的连接，保证衬砌的整体性。

和漏斗棚架法比起来，它有如下优点：拱部围岩暴露时间短，开挖马口、灌注边墙都是在拱圈保护下进行的，因此，施工安全，能适用于较软弱的Ⅳ，Ⅴ级围岩；其缺点是衬砌整体性差，开挖两个导坑成本高、速度慢。

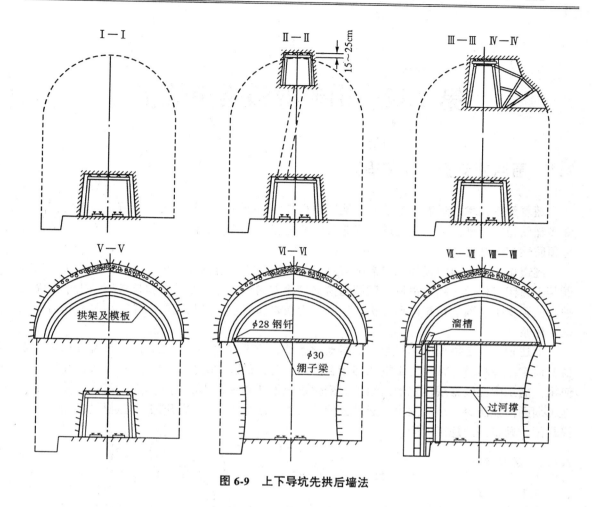

图 6-9 上下导坑先拱后墙法

第7章　山岭隧道常规施工

7.1　围岩预支护（预加固）

随着开挖技术、锚喷支护技术、地层改良技术的研究应用和发展，隧道工作者研究出了许多辅助稳定措施，从而使隧道工程施工的开挖和支护变得更简捷、及时、有效，也更具有可预防性和安全性。

隧道施工中常用的辅助稳定措施有：稳定工作面方法包括预留核心土挡护开挖面和喷射混凝土封闭工作面；超前锚杆；管棚超前支护前方围岩，包括小导管和长管棚；水平旋喷支护超前预支护；预切槽超前预支护；注浆加固围岩和堵水，包括超前小导管注浆和超前深孔帷幕注浆。

上述辅助稳定措施的选用应视围岩地质条件、地下水情况、施工方法、环境要求等具体情况而定，并尽量与常规施工方法相结合，进行充分的技术经济比较，选择一种或几种同时使用。施工中应经常观测地形、地貌的变化以及地质和地下水的变异情况，制定有关的安全施工细则，预防突然事故发生。必须坚持预支护（或强支护）、后开挖、短进尺度、弱爆破、快封闭、勤量测的施工原则。

7.1.1　超前锚杆

1. 构造组成

超前锚杆是指沿开挖轮廓线，以一定的外插角，向开挖面前方钻孔安装锚杆，形成对前方围岩的预锚固，在提前形成的围岩锚固的保护下进行开挖等作业。

2. 性能特点和适用条件

锚杆超前支护的柔性较大，整体刚度较小。它主要适用于地下水较小的破碎、软弱围岩的隧道工程中，如裂隙发育的岩体、断层破碎带、浅埋无显著偏压的隧道。采用风枪、凿岩机或专用的锚杆台车钻孔，锚固剂或砂浆锚固，其工艺简单、工效高，如图7.1所示。

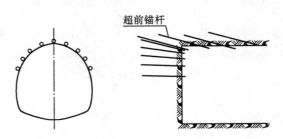

图 7-1　超前锚杆预加固围岩

3．设计、施工要点

（1）超前锚杆的长度、环向间距、外插角等参数，应视围岩地质条件、施工断面大小、开挖循环进尺和施工条件而定。一般超前长度为循环进尺的 3～5 倍，环向间距采用 0.3～1.0m；外插角宜用 10°～30°；搭接长度宜为超前长度的 40%～60%，即大致形成双层或双排锚杆。

（2）超前锚杆宜用早强砂浆全黏结式锚杆，锚杆材料可用不小于 $\phi22mm$ 的螺纹钢筋。

（3）超前锚杆的安装误差，一般要求孔位偏差不超过 22cm，外插角不超过 1°～2°，锚入长度不小于设计长度的 96%。

（4）开挖时应注意保留前方有一定长度的锚固区，以使超前锚杆的前端有一个稳定的支点。其尾端尽可能多地与系统锚杆及钢筋网焊连。若掌子面出现滑坍现象，则应及时喷射混凝土封闭开挖面，并尽快打入下一排超前锚杆，然后才能继续开挖。

（5）开挖后应及时喷射混凝土，并尽快封闭环形初期支护。

（6）开挖过程中应密切注意观察锚杆变形及喷射混凝土层的开裂、起鼓等情况，以掌握围岩动态，及时调整开挖及支护参数，如遇地下水时，则可钻孔引排。

7.1.2　管　棚

7.1.2.1　构　造

管棚是指利用钢拱架沿开挖轮廓线以较小外插角向开挖面前方打入钢管，构成棚架来形成到开挖面前方围岩的预支护，如图 7-2 所示。

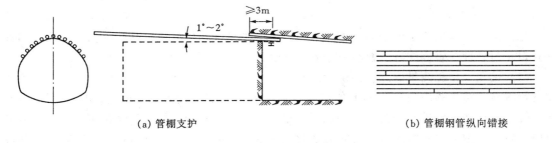

(a) 管棚支护　　　　　　　　　　　　　(b) 管棚钢管纵向错接

图 7-2　管棚预支护围岩（长管棚）

采用长度小于 10m 的钢管，称为短管棚；采用长度为 10～45m 且较粗的钢管，称为长管棚。

7.1.2.2　性能特点及适用条件

管棚因采用钢管或钢插板作纵向预支撑，又采用钢拱架作环向支撑，其整体刚度较大，对围岩变形的限制能力较强，且能提前承受早期围岩压力。因此管棚主要适用于围岩压来得快、来得大、对围岩变形及地表下沉有着严格要求的软弱破碎围岩隧道工程中，如土砂质地层、强膨胀地层、强流变性地层、裂隙发育的岩体、断层破碎带、浅埋有显著偏压等围岩的隧道中。此外，采用插板封闭较为有效；在地下水较多时，可利用钢管注浆堵水和加固围岩。

短管棚一次超前量少，基本上与开挖作业交替进行，占循环时间较多，但钻孔或顶入安装较容易。

长管棚一次超前量大，虽然增加了单次钻孔或打入长钢管的作业时间，但减少了安装钢管的次数，减少了与开挖作业之间的干扰。在长钢管的有效超前区段内，基本上可以进行连续开挖，也更适于采用大中型机械进行大断面开挖。

7.1.2.3 设计、施工要点

(1) 管棚的各项技术参数要视围岩地质条件和施工条件而定。长管棚长度不宜小于10m，一般为 10～45m；管径 70～180mm，孔径比管径大 20～30mm，环向间距 0.2～0.8m；外插角 1°～2°。

(2) 两组管棚间的纵向搭接长度，短管棚不小于1.5m，长管棚不小于3m；钢拱架常采用工字钢拱架或格栅钢架。

(3) 钢拱架应安装稳固，其垂直度允许误差为 ±2°，中线与高程允许误差为 ±2cm。

(4) 钻孔平面误差不大于 15cm，角度误差不大于 0.5°，钢管不得侵入开挖轮廓线。

(5) 第一节钢管前端要加工成尖锥状，以利导向插入。要打一眼，装一管，由上而下顺序安装。

(6) 长钢管应用 4～6m 管节逐节接长，打入一节，再连接一节，连接头应采用厚壁管箍，上满丝扣，丝扣长度不应小于 15 cm；为保证受力的均匀性，钢管接头应纵向错开。

(7) 当需增加管棚刚度时，可在安装好的钢管内注入水泥砂浆，一般在第一节管的前段管壁交错钻 10～15mm 孔若干，以利排气和出浆，或在管内安装出气导管，浆注满后方可停止压注。

(8) 钻孔如出现卡钻或坍孔，应注浆后再钻，有些土质地层则可直接将钢管顶入。

7.1.2.4 管棚施工工序

施工工序：管棚施工流程为：施工准备—施工测量—钻机就位—钻孔—扫孔—插入钢管—孔口密封处理—管棚注浆—检验—进入下一道工序。

(1) 钻孔。施工测量确定管棚位置，在开挖线外 40cm 进行布点。在每一循环中，将孔位进行编号，钻孔顺序由高位向低位进行。钻孔外插角以不侵入隧道开挖，轮廓线越小越好；钻孔从导向管钻进，开孔时低速低压，钻机主轴方向准确定位，确保孔向正确，不偏离或侵入隧道开挖轮廓线内，每孔钻完后及时顶进钢管，以免塌方，在钻孔时，定时进行钻机的方向和外插角的检查，发现偏差应立即纠正。

(2) 管棚插入。在每一钻孔成形后，应及时进行扫孔与钢管安装；为克服坍孔等不利情况影响采用机械旋进，钢管采用丝扣连接，丝扣长 15cm，相邻钢管的接头相错量不小于 1m（按照施工图所示孔号有奇数孔和偶数孔，奇数孔使用 6m 的第一节管，偶数孔使用 4m 的第一节管，后面使用相同的 6m 或 4m 钢管，这样就能保证上述技术指标），钢管就位后加以固定。

(3) 注浆。管棚安装就位后应进行检查，确定钢管安装牢固后用棉纱堵塞钢管与钻孔间的空隙，进行封堵工作，封堵应有进料孔和出料孔。注浆采用 HFV-50 注浆机进行灌注，材料为 M30 水泥砂浆。注浆时为避免孔多串浆，应钻一孔注一孔，注浆压力为 1.0～2.0MPa，在出气孔流出浆后，方可停止压注。

管棚支护从第二循环开始，掌子面拱部在设计开挖线基础上向外径向扩挖 50cm，以作为第二、第三等循环的管棚工作室，工作室纵向长 6 m 左右，支护参数与正常段相同，在二次模筑混凝土时，管棚工作室用同级混凝土回填密实。

7.1.2.5　大棚管预加固施工的工程应用实例

国内某高速公路隧道大管棚均采用 $\phi108\times6$mm 的无缝钢管，每节长度为 6m，以长 15cm 的丝扣连接，长度在 30m 左右，其打设仰角为 $1°\sim2°$，钢管上间隔 25cm 按梅花形钻 8mm 的小孔，并在钢管中注水泥浆液，其水泥浆水灰比控制在 0.5:1.5～1.0:1.5 之间，注浆初压力为 0.5～1.0MPa，终压力为 2.0～2.5MPa，注浆结束后用 10 号水泥砂浆填充，达到先支护后开挖的超前支护目的。利用钻孔台车施作长大管棚深孔、压钢管施作管棚和采用管棚机打管棚，有关注浆技术参照小导管注浆工艺实施。施工要点和组织情况如下。

（1）钻深孔工艺流程及操作要点。

① 钻深孔工艺流程如图 7-3 所示。

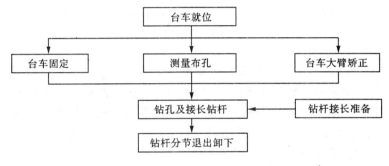

图 7-3　钻孔工艺流程

② 钻深孔操作要点：

（a）使用液压钻孔台车施钻深孔，钻杆长度必须为 4.3m，5.525m，几次接杆。钻孔时随着孔深的增长，需要对回转扭矩、冲击力及推力进行控制和协调，尤其是推力要严格控制，不能过大。

（b）为了确保钻杆接头有足够的强度、刚度和韧性，钻杆连接套与钻杆同材质，两段加工成内螺扣（钻杆首尾端外螺扣），连接套的最小壁厚≥10mm。连接套及连接方式为波形螺纹。为防止钻杆在推力和振动力的双重作用下，上下颤动，导致钻孔不直，钻孔时应把扶直器套在钻杆上，随钻杆钻进向前平移。

（c）台车就位固定后，由测量工站在台车臂托上准确画出钻孔位置。

（d）施钻时，台车大臂必须顶紧在掌子面上，以防止过大颤动，提高施钻精度。

（e）钻机开钻时钻速宜低，钻深 20cm 后转入正常转速。

（f）第一节钻杆钻入岩层尾部剩余 20～30cm 时钻进停止，用两把管钳人工卡紧钻杆（注意不得卡丝扣），钻机低速反转，脱开钻杆，钻机沿导轨退回原位，人工装入第二根钻杆，并在钻杆前端安装好连接套，钻机低速送至第一根钻杆尾部，方向对准后连接成一体。隧道拱圈起拱线以上的孔位，由于台车大臂离地面较高，不便装卸钻杆，这时应将大臂落下，人工在地面安装钻杆，大臂重新升起就位。每次接长钻杆，均可按上述方法进行操作。

（g）换钻杆时，要注意检查钻杆是否弯曲，有无损伤，中心喷水孔是否畅通等，不符合要求的应及时更换以确保正常作业。

（h）引导孔直径应比棚管外径大 15～20mm，孔深要大于管长 0.5m 以上。

（i）钻孔达到要求深度后，按同样方法拆卸钻杆，钻机退回原位。

（2）顶管的工艺流程及工艺原理。

① 顶管工艺流程图如图 7-4 所示。

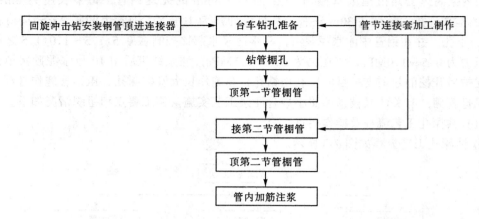

图 7-4　顶管工艺流程

② 顶管工艺。本隧道工程采用大孔引导和管棚钻进相结合的顶管工艺，即先钻大于棚管直径的引导孔，然后利用钻机的冲击和推力（顶进棚管时凿岩机不便用回转压力，不产生扭矩）将安有工作管头的棚管沿引导孔钻进，接长棚管，直至孔底。

③ 钢管顶进的作业要点如下。

（a）管件制作：管棚采用 $\phi108 \times 6$mm 热轧无缝钢管，钢管节长为 6m，管棚长度 30m，因此必须接长三次以上。管棚接长时先将第一节钢管顶入钻好的孔内，将事先加工好的管节连接套预先焊接在每节钢管两端，再逐根连接。第一根钢管前端要焊上合金钢片空心钻头，以防管头顶弯或劈裂。

（b）接长管件应满足管棚受力要求，相邻管的接头应前后错开，避免接头在同一断面受力。

（c）使用三臂液压钻孔台车施作管棚时，其中两个大臂用于钻引导孔（冲击钻头 $\phi130$mm），另一大臂用于顶进 $\phi108$mm 管棚管。在顶管大臂的冲击钻机上，必须安装与管棚直径相应的钢管顶进连接器，并在大臂上改换特制钢管扶直器。待引导孔钻好后，使用顶管大臂进行顶进作业。

（d）顶管作业：先将钢管安装在大臂上，凿岩机将已钻好的引导孔，低速推进钢管，其冲击压力控制在 18～22MPa，推进压力控制在 4.0～6.0MPa。

（e）接管：当第一根钢管推进孔内，孔外剩余 30～40cm 时，开动凿岩机反转，使顶进连接套与钢管脱离，凿岩机退回原位，大臂落下，人工装上第二节钢管，大臂重新对正，凿岩机缓、慢、低速前进对准第一节钢管端部（严格控制角度），人工持链钳进行钢管连接，使两节钢管在连接套处连成一体。凿岩机再以冲击压力和推进压力低速顶进钢管。根据管棚设计长度，按同样方法继续接长钢管。

（f）管棚管补强：为了加强管棚的刚度和强度，按设计将管棚钢管全部打好后，应先用钻头掏净钢管内残渣，进行棚管补强。

补强方法：一般地段在钢管内注入水泥浆，其水泥浆水灰比控制在 0.5∶1.5～1.0∶1.5

之间，注浆初压力为 0.5～1.0MPa，终压力为 2.0～2.5MPa，注浆结束后用 10 号水泥砂浆填充，形成钢管混凝土；塌方及围岩破碎且富水地段，建议在钢管内先放置 $\phi20$ 钢筋笼，再向管内注水泥浆（水灰比为 1:1）或水泥、水玻璃浆液（双液比为 1.0:0.5，水玻璃浓度为 30～35Be）可达补强。

（3）机具设备和劳力组织。

① 需要的机具设备。

② 劳动力组织：本隧道工程可分 2 个工班作业，每个工班 12 人，其中：施工指挥 1 人；施工技术指导 1 人；测量工 1 人（负责布孔、定位、量测、质量检查）；台车凿岩机司机 1 人（负责钻孔、下管）；普通工人（负责装卸钻杆、装接钢管）4 人；电工 1 人（负责供水供电工作）；电焊工 1 人；汽车司机 1 人；洞外调度 1 人。

（4）安全措施如下。

① 加强全员安全意识教育。

② 针对本隧道工程围岩破碎及长大管棚施工特点和要求，参照相关规范制定安全规章制度。

③ 加强对围岩进行动态监控量测，实行信息化管理，科学地组织施工。

④ 拆卸钻杆时，要有统一指挥、明确联络信号，扳钳卡钻方向应正确，防止管钳及扳手打伤人。

⑤ 钢管内注浆时，操作人员应戴口罩、眼镜和胶手套。

⑥ 要有良好的照明条件。

7.1.3　超前注浆小导管

7.1.3.1　构造组成

超前注浆小导管是在开挖前，沿坑道周边向前方围岩钻孔并安装带孔小导管，或直接打入带孔小导管，并通过小导管向围岩压注起胶结作用的浆液，待浆液硬化后，坑道周围岩体就形成了有一定厚度的加固圈，如图 7-5 所示。在此加固圈的保护下即可安全地进行开挖作业。若小导管前端焊一个简易钻头，则可钻孔、插管一次完成，称为自进式注浆锚杆。

7.1.3.2　性能特点及适用条件

浆液被压注岩体裂隙中并硬化后，不仅将岩块或颗粒胶结为整体，起到了加固作用，而且填塞了裂隙，阻塞了地下水向坑道渗流的通道，起到了堵水作用。因此，超前注浆小导管不仅适用于一般软弱破碎围岩，也适用于含水的软弱破碎围岩。小导管注浆工艺流程图如图 7-6 所示。

7.1.3.3　小导管布置和安装

（1）小导管钻孔安装前，应对开挖面及 5m 范围内的坑道喷射 5～10cm 厚的混凝土封闭。

（2）小导管一般采用 $\phi32mm$ 的焊接管或 $\phi40mm$ 的无缝钢管制作，长度宜为 3～6m，前端做成尖锥形，前段管壁上每隔 10～20cm 交错钻眼，眼孔直径为 6～8mm。

（3）钻孔直径应较管径大 35mm 以上，环向间距应按地层条件而定，一般采用 35～50mm；外插角应控制在 3°～15°之间。

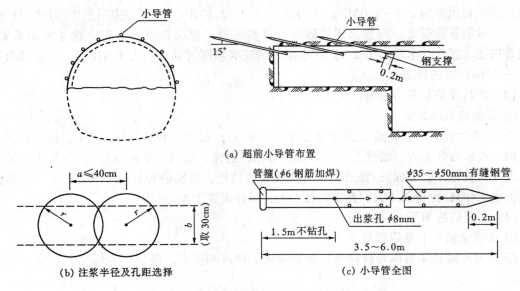

图 7-5　超前小导管注浆预加固示意图

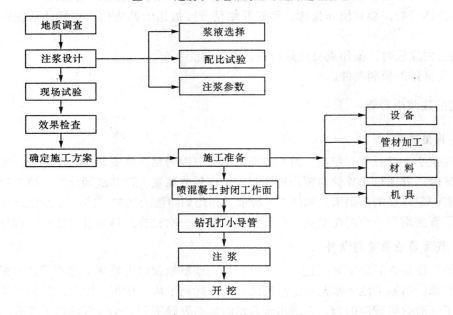

图 7-6　小导管注浆工艺流程图

（4）极破碎围岩或处理坍方时可采用双排管；地下水丰富的松软层，可采用双排以上的多排管；大断面或注浆效果差时，可采用双排管。

（5）小导插入后应外露一定长度，以便连接注浆管，并用塑料胶泥将导管周围孔隙封堵密实。

7.1.3.4　注浆材料

1．注浆材料种类及适用条件

（1）在断层破碎带及砂卵石地层（裂隙宽度或颗粒粒径大于 1mm，渗透系数 $k \geqslant 5 \times$

10^{-4} m/s）等强渗透性地层中，应采用料源广且价格便宜的注浆材料。一般对于无水的松散地层，宜优先选用单液水泥浆；对于有水的强渗透地层，则宜选用水泥-水玻璃双浆液，以控制注浆范围。

（2）断层带，当裂隙宽度（或粒径）小于 1mm，或渗透系数 $k \geqslant 5 \times 10^{-5}$ m/s 时，注浆材料宜优先选用水玻璃类和木胺类浆液。

（3）细、粉砂层，细小裂隙岩层及断层地段等弱渗透地层中，宜选用渗透性好，低毒及遇水膨胀的化学浆液，如聚胺酯类，或超细水泥。

（4）对于不透水的黏土层，则宜采用高压劈裂注浆。

2．注浆材料的配比

注浆材料的配比应根据地层情况和胶凝时间要求，并经过试验而定。

（1）采用水泥浆液时，水灰比可采用 0.5:1～1:1，需缩短凝结时间时，可加入氯盐、三乙醇胺带凝剂。

（2）采用水泥-水玻璃双浆液时，水泥浆的水灰比可用 0.5:1～1:1；水玻璃浓度为 25～40Be，水泥浆与水玻璃的体积比宜为 0.5:1～1:0.3。

7.1.3.5　注　浆

（1）注浆设备应性能良好，工作压力应满足注浆压力要求，并应进行现场试验运转。

（2）小导管注浆的孔口最高压力应严格控制在允许范围之内，以防压裂开挖面，注浆压力一般为 0.5～1.0MPa，止浆塞应能经受住注浆压力。注浆压力与地层条件及注浆范围要求有关。一般要求单管注浆能扩散到管周 0.5～1.0m 的半径范围内。

（3）要控制注浆量，即每根导管内已达到规定注入量时就可结束；若孔口压力达到规定压力值，但注入量仍不足时，亦应停止注浆。

（4）注浆结束后，应做一定数量的钻孔检查，可用声波探测仪检查注浆效果，如未达到要求，应进行补注浆。

（5）注浆后应视浆液种类，等待 4（水泥-水玻璃浆）～8h（水泥浆）方可开挖，开挖长度不宜太长，以保留一定长度的止浆墙（亦即超前注浆的最短超前量）。

7.1.3.6　工程应用实例

在某隧道Ⅳ，Ⅴ级围岩地段，围岩压力大、自稳性差、地下水发育，采用 ϕ50mm 超前小导管或 ϕ25mm 超前中空锚杆预支护加固岩层。

（1）设计参数。

超前小导管采用 ϕ50mm、壁厚 5mm 的热轧无缝钢管（超前锚杆采用 ϕ25mm 中空锚杆），长度、环向间距、外插角、纵向相邻两排的水平投影的搭接长度见相关设计，注浆管的外露端支撑于开挖面后方的钢架上，与钢架共同组成预支护体系。

注浆设备采用 KBY-50/70 注浆泵，压注水泥浆时注浆压力由地层致密程度决定，一般为 0.5～1.0MPa。注浆材料采用水泥-水玻璃双液浆，水泥浆水灰比 1:1，水泥浆与水玻璃体积比为 1:0.5。

（2）施工工艺。

小导管注浆工艺如图 7-7 所示。

制作钢花管：小导管在构件加工厂制作。前端做成尖锥形，尾部焊接 ϕ6mm 钢筋加劲

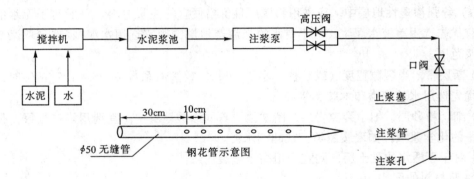

图 7-7　小导管注浆工艺示意图

箍并预留 1m 的止浆段,管壁上每隔 10cm 交错布置注浆孔,孔眼直径为 8mm。

小导管(中空锚杆)安装:采用风动凿岩机钻孔,钻孔直径比钢管直径大 3cm,然后将钢管穿过钢架,用油锤或凿岩机直接将小导管打入,外露端支撑于开挖面的钢架上,与钢架共同组成预支护体系,并用高压风将钢管内的砂石吹出。

小导管(中空锚杆)注浆:小导管安设后,用塑胶泥封堵孔口及周围裂隙,注浆前进行压水试验,检查机械设备是否正常,管路连接是否正常。注浆量达到设计注浆量并且注浆压力达到设计终压时可结束注浆。

7.1.4　超前深孔帷幕注浆

上述超前注浆小导管,对围岩加固的范围和止水的效果是有限的,作为软弱破碎的围岩隧道施工的一项主要辅助措施,它占用的时间和循环次数较多。超前深孔帷幕注浆较好地解决了这些问题。注浆后即可形成较大范围的筒状封闭加固区,称为帷幕注浆。

7.1.4.1　注浆机理及适用条件

注浆机理可以分成以下 4 种。

1.渗透注浆

对于破碎岩层、砂卵石层、粉砂层等有一定渗透性的地层,采用中低压力将浆液压注到地层中的空穴、裂缝、孔隙里,凝固后将岩土或土颗粒胶结为整体,以提高地层的稳定性和强度。

2.劈裂注浆

对于颗粒更细的黏土质不透水(浆)地层,采用高压浆液挤压孔周,在注浆压力的作用下,浆液作用的周围土体被劈裂并形成裂缝,通过土体中形成的浆液脉状固结作用对黏土层起到挤压加固和增加高强度夹层加固作用,以提高其强度和稳定性。

3.压注浆液

即用浓稠的浆液注入土层中,使土体形成浆液,向周围土层加压使土层得到加固。

4.高压喷灌注浆

通过灌浆在高压作用下,从管底部的特殊喷嘴中喷射出高速浆液射流,促使土粒在冲击力、离心力及重力作用下被切割破碎,随注液管向外抽出与浆液混合形成柱状固结体,以达到加固的目的。

深孔注浆一般可超前开挖面 20～50m,可以形成有相当厚度和较长区段的筒状加固区,从而使得堵水的效果更好，也使得注浆作业次数减少。它更适用于有压地下水及地下水丰富的地层中，也更适用于大中型机械化施工。

如果隧道埋深较浅，则注浆作业可在地面进行；对于深埋长大隧道可利用辅助平行导坑对正洞进行预注浆，这样可以避免对正洞施工的干扰，缩短施工工期。

7.1.4.2　注浆范围

围岩进行注浆加固的大致范围，即筒状加固区。要确定加固区的大小，即确定围岩塑性破坏区的大小，可以按岩体力学和弹塑性理论计算出开挖坑道后围岩的压力重分布结果，并确定其塑性破坏区的大小，这也就是应加固的范围。

工程中常用充填率来估算和控制注浆总量。所谓充填率是指注浆体积和占孔隙总体积的比率。于是注浆总量可按下式计算：

$$Q = naA$$

式中，Q 为注浆总数量，m^3；A 为被加固围岩的体积，m^3；n 为被加固围岩的孔隙率，%；a 为过去实践证实了的充填率，%。

为了做好注浆工作，必须事先对被加固围岩进行试验，查清围岩的透水系数、土颗粒组成、孔隙率、饱和度、密度、pH 值、剪切和抗压强度等，必要时还要做现场注浆和抽水试验。

7.1.4.3　钻孔布置及注浆压力

对于浅埋隧道，还可以采用平行布置方式，即注浆钻孔均呈竖直方向并互相平行分布，但每钻一孔即需移动钻机。

钻孔间距要视地层条件、注浆压力及钻孔能力等来确定。一般渗透性强的地层，可以采用较低的注浆压力和较大的钻孔间距，钻孔量也少，但平均单孔注浆量大。

渗透式注浆时，注浆压力应大于待注浆底层的静水压力，劈裂式注浆时，注浆压力应大于待注浆地层的水压力与土压力之和，并取一定的储备系数，一般为 1.1～1.3。超前深孔帷幕如图 7-8 所示。

7.1.4.4　施工要点

1. 注浆管和孔口套管

深孔注浆一次注浆时，孔内可用注浆管或不用；分段式注浆时需用注浆管。注浆管一般采用带孔眼的钢管或塑料管。止浆塞常用的有两种：一种是橡胶式；一种是套管式。安装时，将止浆塞固定在注浆管上的设计位置，一起放入钻孔，然后用压缩空气或注浆压力使其膨胀而堵塞注浆管与钻孔之间的间隙，此法主要用于深孔注浆。

2. 钻　孔

钻孔可用冲击式钻机或旋转式钻机，应根据地层条件及成孔效果选择。

3. 注浆顺序

应按先上方后下方，或先内侧后外侧，先无水后有水，先上游（地下水）后下游顺序进行，应利用止浆阀保持孔内压力直至浆液完全凝固。

4. 结束条件

应根据注浆压力和单孔注浆量两个指标来判断确定。单孔结束条件为：注浆压力达到设计终压；浆液注入量已达到计算值的 80%以上。全段结束条件为：所有注浆孔均已符合单

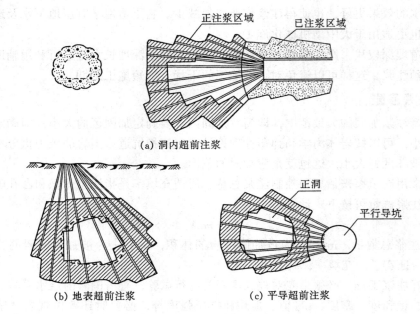

图 7-8　超前深孔帷幕

孔结束条件，无漏注。注浆结束后必须对注浆效果进行检查，如未能达到设计要求，应进行补孔注浆。

7.1.5　水平旋喷预支护

喷射注浆法又称为旋喷法，分为垂直和水平旋喷注浆法两种。20 世纪 70 年代初期日本首次开发使用了这种地层加固技术。水平旋喷注浆法是在一般的初期导管注浆的基础上发展起来的，水平旋喷注浆法的施工原理类似于垂直旋喷注浆法，只是一个为水平，一个为垂直。我国的沙哈拉茆隧道和宋家坪隧道的施工方法为：首先使用旋喷注浆机，沿着隧道掌子面周边的设计位置旋喷注浆形成旋喷柱体，通过固结体的相互咬合形成预支护拱棚。旋喷柱体的形成方法：首先通过水平钻机成孔，钻到设计位置以后，随着钻杆的退出，用水泥浆-水玻璃双浆液旋喷注入钻成钻机成孔，钻到设计位置以后，随着钻杆的退出，用水泥浆或水泥-水玻璃双浆旋喷注入钻成的孔腔，通过高压射流切割腔壁土体，被切割下的土体浆液搅拌混合，固结形成直径 600mm 左右的固结体，同时周围地层受到压缩和固结，其土体的物理力学性质得到一定程度的改善。旋喷柱体沿隧道拱部形成环向咬合、纵向搭接的预支护拱棚，在松散不稳定地层隧道中，可有效控制坍塌和地层变形，水平旋喷支护的应用在我国还不是很广泛，旋喷柱体抗弯性能不强，施工控制的难度较大，特别是目前我国的水平旋喷钻孔性能尚未过关，制约了水平旋喷预支护技术的应用和发展。

水平旋喷预支护主要适用于黏性土、砂类土、淤泥等地层。

7.1.6　机械预切槽

机械预切槽首次应用于 20 世纪 70 年代法国巴黎快速轨道运输系统的一个车站建造工程中。它是利用专业的切槽机械，沿隧道外轮廓切割一定深度的切槽。切槽方式有带锯式和排钻式两种。在硬岩地层中，利用该切槽，作为爆破振动的隔离层，主要起隔振或减振的作用。在软岩或砂层地层中，在切槽内填筑混凝土，形成预支护拱，提高隧道稳定性。

作业过程中应注意以下几点。

（1）用预切槽锯沿隧道外轮廓弧形拱深切一个宽 15～30cm，长约 5m 的切槽。

（2）在切槽内立即填充高强度喷射混凝土，形成长 3～5m 的整体连续拱，两次连续拱的搭接长度为 0.5～2.0m，视围岩性质的不同而定。

（3）在安全稳定的作业环境下，用挖掘机或臂式掘进机开挖前作业面。自卸汽车或翻斗车可穿行于预切槽机内。

（4）必要时，作业面装以玻璃纤维锚杆，以稳定作业面。随后在作业面上喷射混凝土。

（5）紧随其后，安装隧道防水层，进行二次衬砌。

机械预切槽的优点：①可减轻在硬岩爆破时振动的扩展；②在作业面开挖前，快速形成一临时的整体弧形拱，从而减少了围岩变形与地表沉陷；③为人员和设备提供清洁、安全的工作条件；④有利于作业全过程的工业化及机械化，从而使进度快速均衡，适应性增强，大大节约了成本。机械预切槽法在硬岩地层中应用的最大弱点是推进速度慢，较适合于市区隧道工程、松散地层和大断面隧道。

机械切槽预支护，在国外已有多次成功应用的实例，取得了较好的经济和社会效益。在国内，硬岩锯式切槽机尚在研制之中。

7.2　山岭隧道钻爆施工技术

在目前条件下，开挖隧道的主要方法仍然是钻孔爆破法。开挖工作包括钻眼、装药、爆破等几项工作内容，对于开挖工作应做到下面几点。

（1）按设计要求开挖出断面（包括形状、尺寸、表面平整、超挖、欠挖等要求）；

（2）石渣块度（石渣大小）便于装渣作业；

（3）掘进速度快，占作业循环时间少；

（4）爆破在充分发挥其能力的前提下，减少对围岩的震动破坏，减少对施工用具设备及支护结构的破坏，并尽量节省爆破器材消耗。

隧道施工所采用的爆破方法中，用得最多的是炮眼爆破法。爆破方法要研究的问题主要是炮眼布置、炮眼参数以及装药起爆等。

7.2.1　钻眼与爆破的一般知识

隧道施工常用的掘进方式有钻眼爆破掘进、单臂掘进机掘进和人工掘进 3 种掘进方式。一般山岭隧道最常用的是钻眼爆破掘进。

钻眼爆破是用炸药爆破坑道范围内的岩体。它对围岩的扰动破坏较大，有时由于爆破震动使围岩产生坍塌，故一般只适用于石质隧道。但随着控制爆破技术的发展，爆破法的应用范围也逐渐加大，如用于软石及硬土的松动爆破。

7.2.1.1　钻眼机具

隧道工程中常使用的凿岩机有风动凿岩机和液压凿岩机，另有电动凿岩机和内燃凿岩机，但较少采用。其工作原理都是利用镶嵌在钻头体前端的凿刃反复冲击并转动破碎岩石而成孔。施工时可通过调节冲击功率大小和转动速度以适应不同硬度的石质，达到最佳成孔效果。

1. 钻头和钻杆

钻头直接连接在钻杆前端（整体式）或套装在钻杆前端（组合式），钻杆尾则套装在凿岩机的机头上，钻头前端则镶入硬质高强耐磨合金钢凿刃。

凿刃起着直接破碎岩石的作用，它的形状、结构、材质、加工工艺是否合理都直接影响凿岩效率和其本身的磨损。

凿刃的种类按其形状可分为片状连续刃及柱齿刃（不连续）两类。片状连续刃又有一字形、十字形等几种布置形式；柱齿刃又有球形、锥形齿、楔形齿等形状之分。

一字形片状连续刃钻头的制造和修磨简单，对岩性的适应能力较强，适用于功率较小的风动凿岩机在中硬以下岩石中钻眼，但钻眼速度较慢，且在节理裂隙发育的岩石中容易卡钻。

十字片状连续刃钻头和柱齿刃钻头的制造和修磨较复杂，适用于功率较大和冲击频率较高的重型风动或液压凿岩机在各种岩石中钻眼，尤其在高硬度岩石中或节理裂隙发育的岩石中钻眼效果良好，速度也快。

常用的钻头直径有 38，40，42，45，48mm 等，用于钻中空孔眼的钻头直径可达 102mm，甚至更大。钻头和钻杆均有射水孔，压力水即通过此孔清洗岩粉。钻头形式如图 7-9 所示。

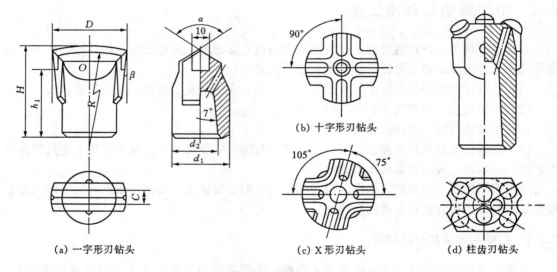

(a) 一字形刃钻头　　　(b) 十字形刃钻头　　　(c) X形刃钻头　　　(d) 柱齿刃钻头

图 7-9　钻头形式

钻眼速度受以下几个因素的影响：冲击频率、冲击功、钻头形式、钻孔直径、钻孔深度及岩石级别等。另外钻头与钻杆、钻杆与机头的套装紧密程度和钻杆的质量、粗细则影响冲击功的传递。若套装不紧密、钻杆轴线与机头轴线重合不好或钻杆硬度小，钻杆较粗，都会损耗冲击功而降低钻眼速度。

2. 风动凿岩机

风动凿岩机俗称风钻，它以压缩空气为驱动力，具有结构简单、制造维修简便、操作方便、使用安全的优点。但压缩空气供应设备比较复杂、机械效率低、能耗高、噪声大、凿岩速度比液压凿岩机低，如图 7-10 所示。

3. 液压凿岩机

液压凿岩机是以电力带动高压油泵，通过改变油路，使活塞往复运动，实现冲击作用。如图 7-11 所示。

液压凿岩机与风动凿岩机比较，具有以下一些特点：

（1）动力消耗少，能量利用率高。液压凿岩机动力消耗仅为风动凿岩机的 1/3～1/2；能量利用率方面：液压凿岩机可达 30%～40%，风动凿岩机仅有 15%。

（2）凿岩速度快。液压凿岩机比风动凿岩机的凿

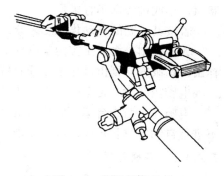

图 7-10　风动凿岩机

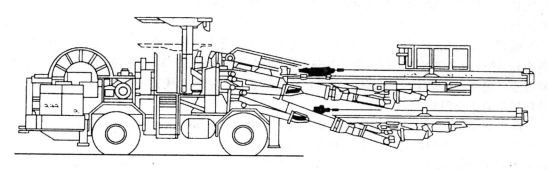

图 7-11　液压凿岩台车

岩速度快50%～150%。在花岗岩中纯钻进速度可达 170～200cm/min。

（3）液压凿岩机的液压系统设计配套合理，能自动调节冲击频率、扭矩、转速和推力等参数，适应不同性质的岩石，以提高凿岩功效，且润滑条件好，各主要零件使用寿命较长。

（4）环境保护较好。液压钻的噪声比风钻降低 10～15dB；液压钻也没有像风钻那样的排气，工作面没有雾气，空气较清新。目前液压钻已广泛应用于隧道工程中。

（5）液压凿岩机构造复杂，造价较高，重量大，附属装置较多，多安装在台车上使用。

4. 凿岩台车

将多台凿岩机安装在一个专门的移动设备上，实现多机同时作业，集中控制，成为凿岩台车。

凿岩台车按其走行方式可分为轨道走行式、轮胎走行式及履带走行式；按其结构形式可分为实腹式、门架式两种。图 7-11 所示是工程中应用较多的实腹结构轮胎走行的全液压凿岩台车。

实腹式凿岩台车通常为轮胎行走，可以安装 1～4 台凿岩机及一支工作平台臂。其立定工作范围可以达到宽 10～15m，高 7～12m，分别可适用于不同断面的隧道中。但实腹式凿岩台车占用坑道空间较大，需与出渣运输车辆交互避让，占用循环时间，尤其是在隧道断面不大时，机械避让占用的非工作时间就更长。故实腹式凿岩台车多应用于断面较大的隧道中。

门架式凿岩台车的腹部可以通行出渣运输车辆，大量减少机械避让时间。门架式凿岩台车通常为轨道行走，安装 2～3 台凿岩机，多用于中等断面（20～80m²）的隧道开挖，开挖

断面过小或过大都不宜采用。

若按其控制的自动化程度来分，凿岩车可分为人工控制、电脑控制、电脑导向三种。

人工控制是由人工控制操纵杆来实现钻机的定位、定向和钻进的。钻眼位置由技术人员标出，钻眼方向则由操作手按经验目测确定。

电脑控制凿岩台车的所有动作都在电脑的控制下进行，必要时可用操作手进行干预。

电脑导向凿岩台车不仅具有电脑控制功能，而且可以在隧道定位（导向）激光束的帮助下进行自动定位和定向，因此能进一步缩短钻眼作业时间，提高钻眼精度，减少超欠挖量。

7.2.1.2　爆破作用

炸药的爆炸反应是极为迅速的，爆速可达 2000～8000m/s。一旦激起爆炸，则能在瞬间产生大量的高温高压爆炸气体，1kg 炸药含热量约为 2090～6270kJ，爆温可达 2000～4000℃，爆压可达数千兆帕，在极短的时间内能释放大量的能量而对周围的介质产生巨大破坏作用。

爆炸生成的高压气体以突然冲击的方式作用在其周围的介质上，产生强大的冲击波（动压力）。这种冲击波以同心圆的形式按辐射状向四周介质传播，冲击波是破坏周围介质的主要因素。另外，爆炸生成的气体（作用在周围介质上的膨胀力或称静压力）也是对介质产生破坏作用的重要因素。

冲击波和膨胀力在介质中成辐射状传播，传播速度随着远离药包中心而逐渐减弱，故周围的介质受破坏的程度也随着远离药包而逐渐减小。药包破坏区域可划分为三个不同破坏程度区域和一个震动区域，如图 7-12 所示。

在爆破工程中，压缩粉碎、抛掷、破裂各圈的综合有实际应用的意义，其总名称叫做破裂圈。破裂圈的半径叫做爆破作用半径。药包的爆破作用半径的大小与药包的重量和炸药的威力成正比。当药包在介质深处爆炸，它的爆破作用半径不能达到临空面时，这种药包的作用叫做内部作用。药包在介质中爆炸，它的爆破作用半径达到或超过临空面的距离

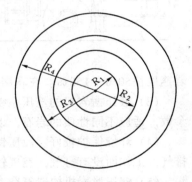

图 7-12　药包的爆破作用

R_1—压缩粉碎圈半径；R_2—抛掷圈半径；
R_3—破裂圈半径；R_4—震动圈半径

时，岩层将在炸药和临空面之间被炸成一个漏斗形凹槽，这个凹槽叫做爆破漏斗。岩层的临空面越多，则在各临空面上都有可能形成爆破漏斗，故爆破效果也越好。爆破漏斗如图 7-13 所示，图中 W 为药包中心至临空面的最短距离，叫最小抵抗线；r 为爆破漏斗半径；R 为破坏作用半径。

爆破漏斗半径 r 与最小抵抗线 W 之比值称为爆破作用指数 n（$n=r/W$），其大小代表药包的爆破能力。当 $n=1$ 时，称为标准投掷爆破；$n>$

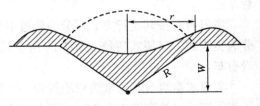

图 7-13　爆破漏斗

1 时，称为加强投掷爆破；$0.75<n<1$ 时，称为减弱投掷爆破；$n\approx0.75$ 时，称为松动爆破；$n<0.75$ 时，称为压缩爆破，此时只在药包附近破碎一小部分岩石形成空洞，而不能使临空面的岩石发生破坏。在隧道工程中常采用松动爆破或减弱投掷爆破。

　　临空面的多少决定了爆破效果的好坏，对于相同的介质条件和施工技术条件，相同的炸药和药包用药量，临空面少，爆破出来的介质也少；临空面多，爆破出来的介质也多。所以爆破要充分利用自然地形的临空面，或人为地多创造一些临空面，就可以提高爆破效果。如果是一个临空面，只能炸出一个爆破漏斗。两个临空面则可能炸出两个爆破漏斗。3 个临空面，可能炸出 3 个爆破漏斗。如果是爆破一块孤石，药包又放在孤石内部中央，则有 6 个临空面，可能炸出 6 个爆破漏斗，爆破效果是具有一个临空面的 6 倍，如图 7-14 所示。

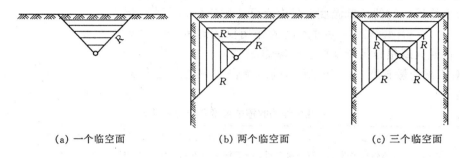

　　　　（a）一个临空面　　　　　　　（b）两个临空面　　　　　　　（c）三个临空面

图 7-14　临空面爆破效果

　　为了提高地下工程爆破效果，也应尽可能创造新的临空面。隧道开挖从两端独头坑道掘进，只有一个临空面，因此，首先用掏槽眼拉一个槽腔，创造一个新的临空面。然后就是严格掌握放炮顺序，使前一炮爆炸后，能为下一炮开辟新的临空面。否则，就不能得到预期的效果。

7.2.1.3　炸药的特征

　　1．炸药的基本特征

　　（1）炸药爆炸与化学爆炸的三要素。

　　工程用炸药爆炸属于化学爆炸。化学爆炸的三要素为：放热、高效、生成大量的气体。放热反应是化学爆炸反应得以自动高速进行的首要条件，也是炸药爆炸能对外界做功的基础。炸药爆炸具有极高的速度，梯恩梯炸药反应完成仅需要 $10^{-5} \sim 10^{-6}$s，释放出的热量高度密集，所以具有猛烈的爆炸作用。在爆炸瞬间有大量的气体产生，这种储存有极大压缩能的气体，能迅速膨胀而将炸药的潜能转变为炸药机械能。因此，气体产物是炸药爆炸做功的直接媒介。

　　（2）工业炸药。

　　炸药的质量和性能对于工程爆破的效果和安全有着极大的影响。因此，工业炸药应满足如下要求：

　　① 炸药性能良好，具有足够的爆炸威力；

　　② 具有适中的敏感度，既能保证顺利方便地起爆，又能保证制造、运输、加工和使用时的安全；

　　③ 接近于零氧平衡，爆炸后有毒气体生成量少；

　　④ 物理化学性能较稳定，保证在一定的储存期内不变质失效；

　　⑤ 原料来源丰富，制造加工简单，成本低。

　　2．炸药的特性

　　（1）炸药的敏感度。

不同的炸药在同一外能作用下，有的很容易爆炸，有的较难爆炸，还有的甚至完全不爆炸。炸药对外能作用起爆的难易程度就称为该炸药的敏感度，简称为感度。某种炸药起爆时所需的外能小，则这种炸药的感度高，反之，某种炸药起爆所需的外能大，则这种炸药的感度低。同一种炸药对于不同的外能，感度是不一样的。在实际工作中，必须综合炸药对各种外能作用所表现的感度，全面评价炸药的敏感度。

① 爆燃点：指在标准的容器——伍德合金浴锅中，质量为 0.05g 的炸药在 5min 内受热而燃烧或爆炸反应时的最低温度。爆燃点低，则炸药易受热起爆。

② 发火性：有些炸药虽然对温度的作用反应迟钝，但对火焰却非常敏感。如黑火药、导火线一接触火就很容易燃烧或引起爆炸。

③ 对机械的敏感度：用于表示炸药对撞击和摩擦的敏感度。几种炸药撞击和摩擦的敏感度见表 7-1。

表 7-1 几种炸药的撞击感度和摩擦感度

炸药 感度	2号岩石铵梯炸药	3号高威力岩石铵梯炸药	4号高威力岩石铵梯炸药	煤矿1号岩石铵梯炸药	煤矿2号岩石铵梯炸药	铵松蜡炸药
撞击感度/%	32~40	4~8	12	48~56	32~40	0~4
摩擦感度/%	16~20	32~40	24~32	28	24~36	4~16

④ 起爆敏感度：所需起爆时间是不同的。即使是同一种炸药，装药密度的大小不同也会使起爆敏感度发生变化。比如硝铵炸药装药密度过大时，就会出现钝感，甚至发生拒爆。其次炸药的颗粒越小，起爆的敏感度也就越高。

（2）炸药的威力。

炸药的威力通常用爆力和猛度来表示。

① 爆力：爆破一定量的介质体积的能力叫做爆力。炸药的爆力是表示炸药爆炸做功的一个指标，它表示炸药爆炸时所产生的冲击波和爆轰气体作用于介质内部，并对介质产生压缩、破坏和抛移的做功能力。炸药的爆力越大，破坏岩石的能量就越多。爆力的大小取决于炸药的爆热、爆温和爆炸生成气体的体积。炸药的爆热、爆温越高，生成的气体体积就越大，则爆力就越大。

爆力通常用铅铸扩孔法测定，即以铅铸爆破前后所扩大的体积（mL）表示该炸药在受试密度下的爆力。几种炸药的爆力值见表 7-2。

表 7-2 几种炸药的爆力值

炸药名称	梯恩梯	黑索金	太安	苦味酸	雷汞	迭氮化铅	二硝基重氮酚	2号煤矿炸药	2号岩石炸药	小直径浆状炸药	乳化炸药
爆力值/mL	285	490	500	335	110	110	230	250	320	326~356	280~304

② 猛度：猛度系指爆炸瞬间爆轰波和爆炸产物直接对与之接触的固体介质局部产生破碎的能力。猛度的大小主要取决于爆速，爆速愈高，猛度愈大，岩石的破坏程度愈大。

猛度通常用铅柱压缩法测定，即以铅柱压缩前后的高度差（mm）表示该炸药在受试密度下的猛度。几种炸药的猛度值见表 7-3。

表 7-3　　　　　　　　　　　　　几种炸药的猛度值

炸药名称	梯恩梯	2 号煤矿炸药	2 号露天炸药	2 号岩石炸药	铵沥蜡炸药	EL 系列乳化炸药	RJ 系列乳化炸药	小直径浆状炸药
密度 /(g/mL)	1.2	0.9~1.0	0.9~1.0	0.9~1.0	0.9~1.0	0.9~1.1	1.1~1.2	1.2~1.25
铅柱压缩值 /mm	18.7	10~12	8~11	12~14	8~9	16~19	15~19	15.2~16.6

（3）爆炸稳定性。

爆炸稳定性是指炸药经起爆后，能否连续、完全爆炸的能力。它主要受炸药的化学性质、爆轰感度以及装药密度、药包大小（或药卷直径）、起爆能力等因素的影响。

① 临界直径。工程爆破采用柱状装药时，常用药卷的"临界直径"来表示炸药的爆炸稳定性。"临界直径"是在柱状装药时被动药卷都能发生殉爆的最小直径。临界直径越小，则其爆炸稳定性越好。如铵梯炸药的稳定性较好，其临界直径为 15mm。浆状炸药的爆炸稳定性较差，其临界直径为 100mm，但加入敏化剂后其临界直径降为 32mm，也能稳定爆炸。

② 最佳密度。对于单质猛炸药，其装药密度越大，则其爆速越大，爆炸越稳定。对于工程用混合炸药，在一定密度范围内，也有以上关系。炸药爆炸稳定，且爆速最大时的装药密度称为"最佳密度"。如硝铵类炸药的最佳密度为 $0.9~1.19g/cm^3$，乳化炸药一般为 $1.05~1.30g/cm^3$。但爆速又随着密度的增加而下降，直至某一密度时，爆炸不稳定，甚至拒爆，这时炸药的密度称为"临界密度"。

③ 管道效应。工程爆破中，常采用柱状装药结构，若药卷直径较钻孔直径小，则在药卷与孔壁之间有一个径向空气间隙。药卷起爆后，爆轰波使间隙中的空气产生强烈的空气冲击波，这股空气冲击波速度比爆轰波速度更高，它在爆轰波未到达之前，即将未爆炸的炸药压缩，当炸药被压缩到临界密度以上时，就会导致爆速下降，甚至断爆，这种现象称为管道效应。

（4）炸药的氧平衡。

在炸药爆炸的化学反应中，如氧被全部用尽而无剩余，则称为零氧平衡。如有多余的氧，则称为正氧平衡。如氧含量不足，则称为负氧平衡。零氧平衡的炸药在爆炸效果（爆炸生成热量最高）和安全方面（不产生有毒气体）都是较好的。故在配制炸药时，必须接近零氧平衡，或具有微量的正氧平衡。尤其是洞内爆破，应把预防工人炮烟中毒放在重要的位置。

3. 隧道爆破常用炸药

隧道爆破应尽量选择高威力的炸药。选择炸药时，应根据岩石的物理力学性质、工作面的情况（有无涌水、瓦斯爆炸的危险）综合考虑。一般手持凿岩机钻眼，浅眼爆破，在无水的情况下，选用标准型的 2 号岩石硝铵炸药。进口的液压凿岩机钻眼，因孔径大一些，宜选用大直径药卷，以消除管道效应。在隧道内遇有水的情况下，可选用防水型的炸药，以防炸药遇水失效而拒爆。隧道内遇到坚硬岩石时，最好选用猛度大的乳胶炸药、硝化甘油，易破碎岩体和取得较高的炮眼利用率。在有瓦斯的隧道一定要使用煤矿硝铵炸药。周边光面爆破一定要采用小直径、低爆速、低猛度、高爆力的专用炸药，以取得优质的爆破效果。隧道爆破常用炸药见表 7-4。

表 7-4　　　　　　　　　　隧道内常用炸药的规格性能

炸药名称	药卷规格			药卷性质							适用范围	备注
	直径/mm	长度/mm	质量/g	密度/(g/cm³)	爆速/(m/s)	猛度/mm	爆力/mL	殉爆距离/cm	有害气体/(L/cm³)	保存期/月		
2号岩石硝铵炸药（标准型）	35	165	150	0.95	3050	12	320	7	<43	6	适用于一般岩石隧道，孔径40mm以下的炮眼爆破；大孔径的光爆	属常用的标准药卷
2号岩石硝铵炸药	22	270	105	0.84	2200	—	320	3	<43	6	适用于一般岩石隧道的周边光爆	曾在大瑶山隧道使用
1号抗水岩石硝铵（小直径）炸药	42	500	450	0.95	3850	14	320	12	<45	6	适用于一般有水岩石隧道，孔径42mm的深孔炮眼爆破	专为大瑶山隧道爆破研制的
1号抗水岩石硝铵（小直径）炸药	25	165	80	0.96	2400	12	320	6	<42	6	适用于一般岩石隧道的周边光爆	曾在大瑶山隧道使用
RJ-2乳胶炸药（大直径）	40	330	490	1.20	4100	13～16	340	13	<42	6	适用于坚硬岩石隧道孔径48mm的深炮眼爆破；且适用于有水隧道	乳胶状抗水炸药
RJ-2乳胶炸药（标准型）	32	200	190	1.20	3600	12	340	9	<42	6	适用于一般有水岩石隧道，孔径40mm以下的炮眼爆破；大孔径光爆	属新型乳胶抗水炸药，也是一般炮眼法爆破的标准性炸药
粉状硝化甘油炸药（标准型）	32	200	170	1.10	4200	16	380～410	15	<40	8	适用于有一定涌水量的隧道竖井、斜井掘进爆破	有毒，避免皮肤直接接触，机械感较高，注意安全
粉状硝化甘油炸药（标准型）	22	500	152	1.10	2300～2700	13.7	410	10	<40	8	适用于岩石隧道的周边光面爆破	专为光面爆破研制的光爆炸药
SHJ-K形水胶炸药	35	400	650	1.05～1.30	3200～3500		340	3～5			适用于岩石隧道，孔径48mm的深炮眼爆破，属防水型炸药	
EJ-102乳胶炸药（标准型）	32	200	170	1.15～1.35	4000	15～19	88～143	10～12	22～29		适用于一般防水岩石隧道的炮眼爆破	属新型抗水性炸药
EJ-102乳胶炸药（小直径）	20	500	190	1.15～1.35	4000	15～19	88～143	2	22～29		适用于一般有水岩石隧道的周边光爆	属新型抗水炸药

4．爆破器材及起爆方法

要使炸药发生爆炸就必须要有一定的起爆能。起爆方法根据所用器材不同可分为：火雷管起爆法、电雷管起爆法、塑料导爆管起爆法以及混合起爆法。常用的起爆器材有：火雷管、导火索、电雷管、导爆索、塑料导爆管等。不同的爆破方法所用的起爆器材也不同。

现在我国隧道施工中正逐渐以导爆管法代替火雷管及电雷管起爆法，因为它经济、安全、使用方便。还有一种导爆索起爆法，由于它价格昂贵又只能同时起爆，所以只在必须的条件下才使用，因此在这里不作介绍。

（1）火雷管起爆法。主要用火源（点火材料）点燃导火索，用导火索来传导火焰，使之直接喷射于火雷管的正起爆药上而使火雷管起爆，使炸药发生爆炸。

① 火雷管。火雷管的构造，它由管壳、正起爆药、负起爆药、加强帽四部分组成。正起爆药多用二硝基重氮酚、雷汞、迭氮化铅等；副起爆药多用黑索金、特屈儿或太安等；管壳材料分为金属（铝、铁或铜）、纸、塑料几种；加强帽用铜、铝、铁等金属材料冲压而成。

工业雷管按起爆药量的多少分为 10 个等级（号数）。号数愈大起爆药量愈多，则起爆能力愈强。隧道爆破中常用的是 8 号和 6 号雷管。其他雷管的号数亦同此划分。

火雷管成本较低，使用比较简单灵活，不受杂散电流的影响，应用广泛。火雷管全部是即发雷管，受撞击、摩擦和火花等作用时会引起爆炸，应正确选购、运输、保管和使用。

② 导火索。导火索是用来传递火焰给火雷管，并使火雷管在火焰下爆炸的传爆材料。

导火索的燃烧速度取决于索芯黑色火药的成分和配合比，一般在 110～130s/m 范围内，缓燃导火索则为 180～210s/m 或 240～350s/m。导火索具有一定的防潮耐水能力，在 1m 深常温静水中浸泡 2 小时后，其燃烧速度和燃烧性能不变。普通导火索不能在有瓦斯或有矿尘的爆炸危险场所使用。

（2）电雷管起爆法。此法是利用电能引起电雷管的爆炸，然后再起爆工业炸药的起爆方法。它所需要的爆破器材有起爆电源、导线、电雷管。

电雷管是在火雷管中加设电发火装置而形成的。通电后，因灼热点燃雷管而起爆。

电雷管分即发电雷管和迟发电雷管两种。迟发电雷管是在即发雷管中加装延期药来实现的。迟发电雷管又分为秒迟发电雷管和毫秒迟发电雷管。有关电雷管性能参数，可在有关资料或说明中查到，这里不再介绍。

在有杂散电流条件下，应采用抗杂散电流电雷管。

（3）导爆管起爆法。导爆管起爆是一种非电起爆系统，是 20 世纪 70 年代出现的一种新的起爆方法。该法具有抗杂电、操作简单、使用安全可靠、成本低以及能节省大量棉纱等优点，目前应用非常广泛。

① 塑料导爆管非电起爆系统的组成。塑料导爆管非电起爆系统包括击发元件、起爆元件、连接元件等。

② 塑料导爆管。塑料导爆管是内壁涂有混合炸药粉末的空心塑料软管。管壁材料为高压聚乙烯，外径（2.95±0.15）mm，内径（1.4±0.10）mm。所涂的混合炸药成分是 91% 的奥克托金，9% 的铝粉，外加微量的工艺附加物，一般为石墨粉。药量为 14 ～16mg/m，导爆管内也有涂黑索金等炸药的。当击发元件对着导爆管腔激发时，将击起冲击波，在冲击波沿导爆管的传播过程中，导爆管的内壁上涂的炸药受冲击波作用发生化学反应，由于管壁内的炸药量很少，不能形成爆轰，其化学反应释放出的能量与冲击波传播过程中的能量损失

相平衡，从而使冲击波能以一恒定的速度沿导爆管稳定传播。

塑料导爆管的主要性能如下。

激发感度：塑料导爆管可以用一切能产生冲击波的起爆器材激发。

传播速度：塑料导爆管的爆速为（1950±50）m/s，最低为 1580 m/s。

传播性能：导爆管传爆性能良好。一般数米至 6km 的导爆管，中间不要中继雷管接力；或者一根导爆管内有不超过 15cm 长的断药时，都可正常传爆。

抗火性能：火焰不能激发导爆管，用火焰点燃单根或成卷的塑料导爆管时，它只能和塑料一样缓慢地燃烧。

抗冲击性能：塑料导爆管受一般机械的冲击波作用时不会被激发。200m 长，药量超过正常药量 1～5 倍的成卷导爆管，用 12 磅大锤猛砸直至破碎时，不发生爆炸现象。用 54 式手枪在 10～20m 的远处射击导爆管，导爆管也不能被激发。

抗水性能：导爆管与金属雷管组合后具有很好的抗水性，在水下 80m 深处放置 48 小时，仍能正常起爆。如果对雷管防护好，可以在水下 135m 深处起爆炸药。

抗电性能：塑料导爆管能耐 30kV 以下的直流电。15cm 长的导爆管两端插入相距 10cm 的两个电极，两极加 30kV 直流电，1min 内导爆管不被起爆，也不被击穿。

破坏性能：塑料导爆管传爆时，管壁完整无损，对周围环境没有破坏污染作用，人手握无不适之感。偶尔因药量不均使管壁破洞时，也不至伤害人体。

国产塑料导爆管具有一定的强度，在 50～70N 拉力作用下，导爆管不会变细，传爆性能不变。

塑料导爆管可作为非危险品运输。

塑料导爆管非电起爆系统微差起爆方法为：

孔内延期法是对装入炮孔炸药内的组合起爆雷管配用毫秒延期火雷管，而对在孔外传爆网络中的各组合起爆传爆雷管配用瞬发火雷管；孔外延期法是对装入炮孔炸药内的组合起爆雷管全部用瞬发火雷管或低段毫秒雷管，而对在孔外传爆网络中的各组合传爆雷管配用毫秒延期火雷管（可用同段号雷管或不同号段的雷管）。

③ 非电雷管。非电雷须与塑料导爆管配合使用。国产非电雷管的延期时间分为毫秒迟发、半秒迟发、秒迟发三个系列，见表 7-5。

表 7-5　　　　　　　　　迟发非电雷管的段别及延迟时间

毫秒迟发雷管（第二系列）				半秒迟发雷管		秒迟发雷管	
段别	延期时间/ms	段别	延期时间/ms	段别	延期时间/s	段别	延期时间/s
1	≥13	11	460±40	1	≤0.13	1	≤1.0
2	25±10	12	550±45	2	0.5±0.15	2	2.0±0.5
3	50±10	13	650±50	3	1.0±0.15	3	4.0±0.6
4	75^{+15}_{-10}	14	760±55	4	1.5±0.20	4	6.0±0.8
5	110±15	15	880±60	5	2.0±0.20	5	8.0±0.9
6	150±20	16	1020±70	6	2.5±0.20	6	10.0±1.0
7	200^{+20}_{-25}	17	1200±90	7	3.0±0.20	7	$14.0^{+1.0}_{-2.0}$
8	250±25	18	1400±100	8	3.5±0.20	8	19.0±2.0
9	310±30	19	1700±130	9	3.8～4.5	9	25.0±2.5
10	380±35	20	2000±150	10	4.6～5.3	10	32.0±3.0

7.2.2　炮眼布置和周边眼的控制爆破

掘进工作面的炮眼可分为掏槽眼、辅助眼和周边眼。如图 7-15 所示。

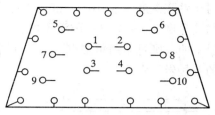

图 7-15　爆破炮眼布置

7.2.2.1　掏槽眼布置

掏槽眼的作用是将开挖面上某一部位的岩石掏出一个槽，以形成新的临空面，为其他炮眼的爆破创造有利条件。掏槽炮眼一般要比其他炮眼深 10~20cm，以保证爆破后开挖深度一致。

根据坑道断面、岩石性质和地质构造等条件，掏槽眼排列形式有很多种，总的可分成斜眼掏槽和直眼掏槽两大类，如图 7-16 所示。

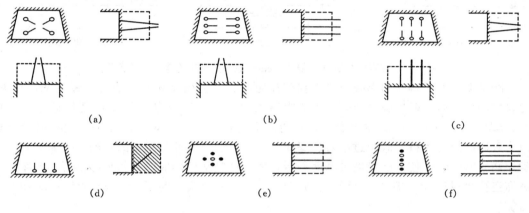

(a)　　　　　　　　　　　(b)　　　　　　　　　　　(c)

(d)　　　　　　　　　　　(e)　　　　　　　　　　　(f)

图 7-16　掏槽方式图

1. 斜眼掏槽

斜眼掏槽的特点是掏槽眼与开挖面斜交。常用的有锥形掏槽、楔形掏槽、单向掏槽。其中最常用的是竖楔形掏槽（见图 7-16(b)）。斜眼掏槽的优点是可以按岩层的实际情况选择掏槽方式和掏槽角度，容易把岩石抛出，而且所需掏槽眼的个数较少。缺点是眼深受坑道断面尺寸的限制，也不便于多台钻机同时凿岩。

为了防止相邻炮眼或相对炮眼之间的殉爆，装药炮眼之间的距离不能小于 20cm。

2. 直眼掏槽

直眼掏槽可以实行多机凿岩、钻眼机械化和深眼爆破，从而为加快掘进速度提供了有利条件。直眼掏槽凿岩作业比较方便，不需随循环进尺的改变而变化掏槽形式，仅需改变炮眼深度；而斜眼掏槽则要随循环进尺的不同而改变炮眼位置和角度。直眼掏槽石渣抛掷距离也可缩短。所以目前现场多采用直眼掏槽。但直眼掏槽的炮眼数目和单位用药量要增多，炮眼位置和钻眼方向也要求高度准确，才能保证良好的掏槽效果，技术比较复杂。1~4 为掏槽炮眼，5~10 为辅助炮眼，其余为周边炮眼。

直眼掏槽的形式很多，过去常用的有：龟裂掏槽、五梅花掏槽和螺旋掏槽。

近年来，由于重型凿岩机投入施工，尤其是能钻大于 100mm 直径大孔的液压钻机投入施工以后，直眼掏槽的布置形式有了新发展。隧道工程局试验成功的几种大孔中空（即临空孔）平行直眼掏槽形式，已在该局现场施工爆破中证明具有良好的掏槽效果。初步结论是：

对于钻孔深度为 3.0~3.5m 的深孔爆破，采用双临空孔形式（图 7-17(a)），爆破效果最佳；钻孔深度 3.5~5.15m 的深孔爆破，采用三临空孔形式最佳（图 7-17(b)）；钻孔深度在 3m 以下的，则可采用单临空孔形式（图 7-17(c)）。以上几种掏槽形式基本上适用于中硬和坚硬的各种岩层中。

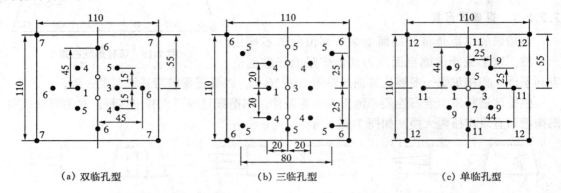

（a）双临孔型　　　　　　　（b）三临孔型　　　　　　　（c）单临孔型

图 7-17　直眼掏槽形式（单位：cm；炮眼旁数字为毫秒雷管段别）

实践证明，直眼掏槽的爆破效果与临空孔的数目、直径及其与装药眼的距离密切相关。在硬岩爆破中，效果随空眼至装药眼中心距离 W 与空眼直径 ϕ 的比值而有很大变化。如 $W > 2\phi$，爆破后岩石仅产生塑性变形，而不能产生真正的破碎；$W = 0.70\phi \sim 1.5\phi$ 时效果最好，为破碎抛掷型掏槽；眼距过小时，爆炸作用有时会将相邻炮眼中的炸药（主要指粉状硝铵类炸药）"挤实"，使之因密度过高而拒爆。为保证空眼所形成的空间足够供岩石膨胀，在考虑临空孔数目时，一般要求所形成的空间不小于装药眼至空眼间的岩柱体积的 10% ~ 20%。

7.2.2.2　辅助眼布置

辅助眼的作用是进一步扩大掏槽体积和增大爆破量，并为周边眼创造有利的爆破条件。其布置主要是解决间距和最小抵抗限问题，这可以由工地经验决定。最小抵抗限约为炮眼间距的 60% ~ 80%。

7.2.2.3　周边眼布置

周边眼的作用是爆破后使坑道断面达到设计的形状和规格。周边眼原则上沿着设计轮廓均匀布置，间距和最小抵抗限应比辅助眼的小，以便爆出较为平顺的轮廓。眼口距设计轮廓线约 0.1~0.2m，便于钻眼。

周边眼的底端，对于松软岩层应放在设计轮廓线以内，对于中硬岩层可放在设计轮廓线以上，对于坚硬岩层则应略超出设计轮廓线外。为了避免欠挖，底板眼底端一般都超出设计轮廓线。

7.2.2.4　周边眼的控制爆破

在隧道爆破施工中，首要的要求是提高炮眼的利用率，开挖轮廓及尺寸准确，对围岩震动小。按通常的周边炮眼布置，若全断面一次开挖，常常难以爆破出理想的设计断面，对围岩扰动又大。采用光面爆破与预裂爆破技术，可以控制爆破轮廓，尽量保持围岩的稳定。

光面爆破是指爆破后断面轮廓整齐，超挖和欠挖符合规定要求的爆破。其主要标准是：

（1）开挖轮廓成形规则，岩面平整；

（2）岩面上保存 50% 以上孔痕，并无明显的爆破裂缝；

（3）爆破后围岩壁上无危石。

隧道施工中采用光面爆破，对围岩的扰动比较轻微，围岩松弛带的范围只有普通爆破法的 1/9～1/2；大大地减少了超欠挖量，节约了大量的混凝土和回填片石，加快了施工进度；围岩壁面平整、危石少，减轻了应力集中现象，避免局部坍落，增进了施工安全，并为喷锚支护创造了条件。

光面爆破的优点，在完整岩体中可以从直观感觉中明显地看到。在松软的特别是不均质和构造发育的岩体中采用光面爆破时，表面效果看来则较差，但对于减轻对围岩的震动破坏，减少超挖和避免冒顶等方面，其实质作用是很大的。所以从围岩稳定性着眼，愈是地质不良地段，更要采用光面爆破。

1. 光面爆破的基本原理

实现光面爆破，就是要使周边炮眼起爆后优先沿各孔的中心连线形成贯通裂缝，然后由于爆炸气体的作用，裂解的岩体向洞内抛散。对于裂缝形成的机理，国内外进行过不少研究，但目前还缺乏一致的认识。有代表性的理论有 3 种，第一种是认为成缝主要是由爆破应力波的动力作用引起的，提出了应力波理论；另一种则认为裂缝主要是由爆破高压气体准静应力的作用引起的，提出了静压力破坏理论；第三种是应力波与爆破气体压力共同作用理论，这是更多的人赞同的一种理论。

2. 光面爆破的主要参数及技术措施

确定合理的光面爆破参数，是获得良好的光面爆破效果的重要保证。光面爆破的主要参数包括周边眼的间距、光面爆破层的厚度、周边眼密集系数、周边眼的线装药密度等。影响光面爆破参数选择的因素很多，主要有岩石的爆破性能、炸药品种、一次爆破的断面大小及形状等；其中影响最大的是地质条件。光面爆破参数的选择，目前还缺乏一定的理论公式，多是采用经验方法。为了获得良好的光面爆破效果，可采取以下技术措施。

（1）适当加密周边眼。

周边眼孔距适当缩小，可以控制爆破轮廓，避免超欠挖，又不致过大地增加钻眼工作量。孔间距的大小与岩石性质、炸药种类、炮眼直径有关，一般为 $E=(8～18)d$，E 为孔距（见图 7-18），d 为炮眼直径。一般情况下，坚硬或破碎的岩石宜取小值，软质或完整的岩石宜取大值。

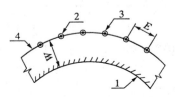

图 7-18　光面爆破

（2）合理确定光面爆破层厚度。

所谓光面爆破层，就是周边眼与最外层辅助眼之间的一圈岩石层。光面爆破层厚度就是周边眼的最小抵抗线（见图 7-18）。周边眼的间距 E 与光面爆破层厚度 W 有着密切关系，通常以周边眼密集系数 K 表示，$K=E/W$。必须使应力波在两相邻炮眼间的传播距离小于应力波至临空面的传播距离，即 $E<W$。所以 K 是小于 1 的变量，国内外大量工程实践的经验是取 $K=0.8$ 左右，光面爆破层厚度 W 一般取 50～90cm。

（3）合理用药。

用于光面爆破的炸药，既要求有较高的破岩应力能，又要消除或减轻爆破对围岩的扰动，所以宜采用低猛度、低爆速、传爆性能好的炸药。但在炮眼底部，为了克服眼底岩石的夹制作用，应改用高爆速炸药。

周边眼的装药量是光面爆破参数中最重要的一个参数，通常以线装药密度表示。线装药密度是指炮眼中间正常装药段每米的装药量。恰当的装药量应是既要具有破岩所需的应力能，又不造成围岩的破坏，施工中应根据孔距、光面爆破厚度、石质及炸药种类等综合考虑确定装药量。

（4）采用小直径药卷不偶合装药结构。

在装药结构上，宜采用比炮眼直径小的小直径药卷连续或间隔装药；此时，药卷与炮眼壁间留有空隙，称为不偶合装药结构。炮眼直径与药卷直径之比称为偶合系数。光面爆破的不偶合系数最好大于 2，但药卷直径不应小于该炸药的临界直径，以保证稳定起爆。当采用间隔装药时，相邻炮眼所用药串的药卷位置应错开，以便充分利用炸药效能。

（5）保证光面爆破眼同时起爆。

据测定，各炮眼的起爆时差超过 0.1s 时，就同于单个炮眼爆破。使用即发雷管与导爆索起爆是保证光面爆破眼同时起爆的好方法，同段毫秒雷管起爆次之。

（6）要为周边眼光面爆破创造临空面。

这可以在开挖程序和起爆顺序上予以保证，并应注意不要使先爆落的石渣堵死周边眼的临空面。一个均匀的光面爆破层是有效地实现光面爆破的重要一环，应对靠近光面爆破层的辅助眼的布置和装药量给予特殊注意。

以上几点，是通过实践经验总结而来的有效措施。

3. 预裂爆破

预裂爆破实质上也是光面爆破的一种形式，其爆破原理与光面爆破原理相同。只是在爆破的顺序上，光面爆破是先引爆掏槽眼，接着引爆辅助眼，最后才引爆周边眼；而预裂爆破则是首先引爆周边眼，使沿周边眼的连心线炸出平顺的预裂面。由于这个预裂面的存在，对后爆的掏槽眼和辅助眼的爆炸波能起反射和缓冲作用，可以减轻爆炸波对围岩的破坏影响，爆破后的开挖面整齐规则。由于成洞过程和破岩条件不同，在减轻对围岩的扰动程度上，预裂爆破较光面爆破的效果更好一些。

所以，预裂爆破很适用于稳定性差而又要求控制开挖轮廓的软弱岩层。但预裂爆破的周边眼间距和最小抵抗限都要比光面爆破的小，相应地要增多炮眼数量，钻眼工作量增大。

与光面爆破一样，理想的预裂效果关键在于保证连心线上的预裂面产生贯通裂缝，形成光滑的岩壁。但由于预裂爆破受到只有一个临空面条件的制约，采取的爆破参数及技术措施均较光面爆破的要求更严。

由于预裂爆破可以沿设计轮廓线裂出一条一定宽度的裂缝，对开挖岩石的破坏比较轻微，保持了岩体的完整性，所以在短短的十多年内，已在我国冶金、水电、煤炭、铁道等部门得到了广泛应用。

7.2.3 炮眼参数

炮眼参数包括炮眼直径、炮眼数目和炮眼长度。

7.2.3.1 炮眼直径

炮眼直径对凿岩生产率、炮眼数目、单位炸药消耗量和平整度均有影响。炮眼直径以及相应药径增加可使炸药能量相对集中，爆炸效果得以提高。但炮眼直径过大将导致凿岩速度显著下降，并影响岩石破碎质量、洞壁平整程度和围岩稳定性。因此，必须根据岩性、凿岩设备和工具、炸药性能等综合分析，合理选用孔径。药卷与炮眼壁之间的空隙通常为炮眼直径的 10% ～15%。

7.2.3.2　炮眼数目

炮眼数目主要与开挖断面、岩石性质和炸药性能有关。炮眼数量应能装入所需的适量炸药，通常可根据各炮眼平均分配炸药量的原则来计算炮眼数目 N

$$N = \frac{qs}{\alpha\gamma} \quad （此处 N 不包括未装药的空眼数） \tag{7-1}$$

式中 q 为单位炸药消耗量（由经验决定，一般取 $q = 1.2～24 \text{kg/m}^3$）；s 为开挖断面积，m^2；α 为装药系数，指装药深度与炮眼长度的比值，可参考表 7-6；γ 为每米药卷的炸药质量，kg/m，2 号岩石硝胺炸药的每米药卷质量见表 7-7。

表 7-6　　　　　　　　　　　　　装药系数 α 值

围岩类别 炮眼名称	Ⅱ，Ⅲ	Ⅳ	Ⅴ	Ⅵ
掏槽眼	0.5	0.55	0.60	0.65～0.80
辅助眼	0.4	0.45	0.50	0.55～0.70
周边眼	0.4	0.45	0.55	0.60～0.75

表 7-7　　　　　　　　　2 号岩石炸药每米质量 γ 值

药卷直径/mm	32	35	38	40	45	50
γ/（kg/m）	0.78	0.96	1.10	1.25	1.59	1.90

7.2.3.3　炮眼长度

炮眼长度，决定着每一掘进循环的钻眼工作量、出渣工作量、循环时间和次数以及施工组织。它对掘进速度的影响很大，对围岩的稳定性和断面超欠挖也有重大影响。因此，合理的炮眼长度，应是在保证隧道施工优质、安全、节省投资的前提下，能够防止爆破面以外围岩过大的松动，减少繁重支护，避免过大的超欠挖，又能获得最好的掘进速度的炮眼长度。一般根据下列因素确定：

① 考虑围岩的稳定性，并避免过大的超欠挖；

② 考虑凿岩机的允许钻眼长度、操作技术条件和钻眼技术水平；

③ 考虑掘进循环安排，保证充分利用作业时间。

在围岩稳定性良好的情况下，为了充分发挥凿岩机的性能，提高掘进循环的效率，可采用深眼掘进；但宜通过试验定出一个合理的炮眼长度，以避免引起过大超欠挖的不良后果。在围岩稳定性差的地段，为了防止对围岩的过大扰动，宜实行浅眼爆破，以免引起坍塌。

根据围岩性质，所拥有的掘进设备的能力，结合以往的实践经验，便可初步作出掘进循环安排，进而确定合理的炮眼长度（一般为导坑宽度或高度的 0.5～0.85 倍）。

在隧道全断面开挖中，随着大型液压凿岩台车的使用和钻眼技术水平的提高，炮眼深度已由原来的 1.2～1.8m 逐渐增至 2.5，3.0，3.5，4.0m，有不少的隧道已采用钻深 5.15m，钻孔直径 48mm（中空孔直径为 102mm）。总的说来，在每一掘进循环中，应考虑提高钻眼、出渣作业的效率，又使其他各项作业都能紧凑、顺利地完成这一原则，来确定合理的炮眼长度。

　　一个循环的时间 T，应事先初步规定，如每班 6h（或 8h）内完成一个或两个循环，则 T 为6h或3h（8h或4h）。每一循环中各项作业的时间可分析如下。

　　（1）钻眼时间 t_1。

$$t_1 = \frac{NL}{mv} \qquad\qquad (7\text{-}2)$$

式中，m 为同时使用的凿岩机台数；v 为钻眼速度，m/min，可先根据 L 的大致值近似决定；L 为平均炮眼长度，m。

　　（2）装药时间 t_2。

$$t_2 = \frac{Nt'}{n} \qquad\qquad (7\text{-}3)$$

式中，t' 为一个炮眼的装药时间，min；n 为同时装药的放炮工数目。

　　在有自动装药机的工地，装药时间当可根据实测统计资料确定。

　　（3）起爆及通风时间 t_3。

$$t_3 = (15 \sim 30)\text{min} \qquad\qquad (7\text{-}4)$$

采用无轨运输的独头双线隧道通风时间长达 1h（如大瑶山隧道出口）。

　　（4）装渣时间 t_4。

$$t_4 = \frac{\eta L S \sin\theta}{\rho} \qquad\qquad (7\text{-}5)$$

式中，ρ 为按实方计算的实际装渣生产率（m^3/min）；η 为炮眼利用系数，可估计为 $0.75 \sim 0.95$；θ 为炮眼与开挖面所成的平均角度。

　　（5）其他时间 t_5。

　　此时间应包括在开挖面设置钻眼和装渣机械与清除危石的时间，以及其他时间损失等，按实际情况估算。

　　根据上列 5 项时间应得出

$$T = t_1 + t_2 + t_3 + t_4 + t_5 \qquad\qquad (7\text{-}6)$$

由此可推导出在规定循环时间完成各项作业的炮眼长度为

$$L = \frac{T - \left(\dfrac{Nt'}{n} + t_3 + t_5 \right)}{\dfrac{N}{mv} + \dfrac{\eta S \sin\theta}{\rho}} \qquad (\text{m}) \qquad\qquad (7\text{-}7)$$

　　以上是传统施工中所采用的计算炮眼长度的方法。采用喷锚支护施工时，还应考虑增加喷锚（t_6）和位移量测（t_7）两项作业时间，仿照式（7-7）可得炮眼长度为

$$L = \frac{T - \left(\dfrac{Nt'}{n} + t_3 + t_5 + t_6 + t_7 \right)}{\dfrac{N}{mv} + \dfrac{\eta \cdot S \cdot \sin\theta}{\rho}} \qquad (\text{m}) \qquad\qquad (7\text{-}8)$$

7.2.4　电爆破网络

　　在隧道的一个工作面上，往往一次要起爆几十发至两百发左右的炮眼。为了准确起爆，最好采用电起爆。其最大特点是可以用仪表检查电雷管的质量和起爆网络的连接情况，从而保证起爆网络的正确性和可靠性。只要网络设计正确，计算无误，能保证安全准爆。非电起

爆在有瓦斯的环境下不准采用，而电起爆则可以，所以电起爆的适用范围较广。主要缺点是准备工作比较复杂，需要一定的电力设备，网络设计计算较繁，相对于导爆管起爆而言，不易广泛推广使用。

采用电起爆法需要将电雷管联成电爆网络，以便从母线输入电流后，每一雷管都能接受足够的电流而起爆。

7.2.4.1 电雷管的起爆热量

电雷管中引火剂点火的热源，是桥丝通电后所放出的热量，如果不考虑热损失，则根据焦耳-楞次定律，桥丝产生的总热量为

$$Q_1 = 1.004832RI^2t \quad (J) \tag{7-9}$$

式中，I 为电流强度，A；R 为桥丝电阻，Ω；T 为桥丝通电时间，S。

根据热容量公式，将桥丝由初温（可略去不计）加热至某一温度所需的热量为

$$Q_2 = 4.1868CMT \quad (J) \tag{7-10}$$

式中，C 为桥丝材料的比热容；M 为桥丝的质量，g；T 为引火药剂的反应温度，℃。

为了使引火剂点燃，必须保证通过一定的电流，即保证达到引火剂反应温度 T 所需的热能 Q_2，使 $Q_1 > Q_2$。

从式（7-9）中可看出，当 I 和 t 为定值时，若 R 不同，则所放出的热量也不同，这就会使成组电雷管爆破网络中有的电雷管早爆，有的拒爆。因此对一组中各个电雷管的电阻值差值有一定要求，其极限允许差值是：电阻值在 1.25Ω 以下时，上下不得超过 0.25Ω；电阻值大于 1.25Ω 时，上下不得超过 0.3Ω。在洞室大爆破中，起爆体内两个并联的电雷管最好选用电阻值相等的，或相差最多不超过 0.1Ω 为宜。

一个电雷管的全电阻 R 是它的桥丝电阻和脚线电阻的总和。我国工业雷管的常用电阻值参见表 7-8。

表 7-8 　　　　　　　　　　　　　　　　　电阻与材质

脚线材质	桥丝材质	电阻/Ω		
		桥丝电阻	全电阻①	允许误差
铜丝	康铜	0.8	1.2	±0.15
	镍铬	3.0	3.4	±0.42②
铁丝	康铜	0.8	3.2	±0.13
	±0.40③	镍铬	3.0	5.4

注　①脚线长2.0m；②测全电阻误差；③测桥丝电阻误差。

7.2.4.2 电雷管的最低准爆电流和最高安全电流

在一定的持续时间内，电雷管通以恒定的直流电，将桥丝加热到能点燃引火剂的温度的最低电流，称为电雷管的最低准爆电流。它表示电雷管对电流的敏感程度。康铜桥丝的电雷管最低准爆电流为 0.4~0.8A，镍铬合金桥丝的电雷管最低准爆电流约为 0.2~0.4A。成组电雷管的最低准爆电流应比单个电雷管的大。提高成组电雷管的准爆电流，可保证电流回路中不出现拒爆的电雷管。

在较长时间内（5min），电雷管通以恒定的直流电流，不致点燃引火剂的最大电流，称为最高安全电流。它是电雷管对于电流的一个安全指标，是选定测量电雷管仪表的重要依

据。国产电雷管的最高安全电流：康铜丝的为 0.3A，镍铬丝的为 0.125A。爆破安全规程中规定，用于量测电雷管的仪器，其输出电流不得超过 30mA。

7.2.4.3　电爆网络的设计

在爆破工程中，电爆网络可以设计成串联、并联和混合联 3 种形式。

1．串　联

串联的优点是：消耗电能小，接线简单，易于操作，便于检查，导线消耗少。缺点是：一个不通，会造成全部雷管拒爆；或因敏感度高的雷管先爆而使电路中断，造成其他雷管拒爆。为了提高这种网络的准爆可靠性，实际爆破中也常采用复式串联网络。

2．并　联

并联的优点是不致因为其中一个雷管断路而引起其余雷管拒爆。缺点是电爆网路中电流大，需要断面较大的母线，连接线消耗多，漏接雷管不易发现；此外当各雷管电阻不同，通过电流就不同，可能产生拒爆现象。这种方法适用于导坑等小断面爆破。

3．混合联

混合联可分为串并联和并串联两种。混合联是实际工作中采用较多的方法。它要求各支路的电阻基本平衡，否则会造成瞬发雷管发火时间的差异，更会造成毫秒雷管秒量的额外误差。

7.2.5　塑料导爆管非电起爆网络

导爆管起爆法问世以来，由于其显示的优越性，目前在无瓦斯隧道爆破施工中越来越受到欢迎，得到迅速推广。

7.2.5.1　导爆管起爆系统的工作过程

导爆管起爆系统如图 7-19 所示。它包括 3 个组成部分：起爆元件，传爆元件和末端工作元件。

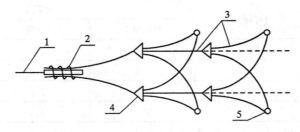

图 7-19　导爆管起爆系统

1—导火索；2—8 号雷管及胶布；3—导爆管；4—连接块；5—炮眼

起爆系统的工作过程是：导火索点燃后引爆雷管；从而使传爆元件中的导爆管起爆传爆，当导爆管传爆到连接块中的传爆雷管时，雷管起爆，再引起周围的导爆管起爆和传爆；这样连续传爆下去，使所有炮眼炸药起爆。

7.2.5.2　起爆网络

在隧道爆破中，炮眼比较密集，把各炮眼塑料导爆管联结在一起的常用方法，是集束联结法（见图 7-20）。

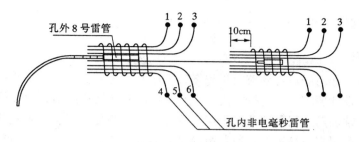

图 7-20　集束联结法（炮眼旁数字为非电毫秒雷管段别）

　　整个爆破网络的设计，采用串联、并联或串并联都很方便。但对于隧道爆破，实践证明以并联网络较好。图 7-21 所示即为弧导光面爆破采用并联网络的实例。

　　网络连接应由里向外，并防止起爆雷管附近有其他连线交错，以避免传爆雷管击断导爆管。

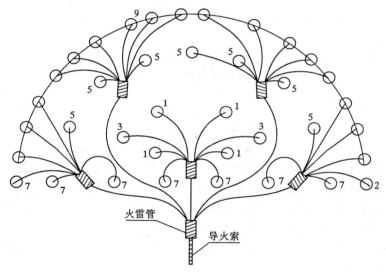

图 7-21　采用并联网络的弧导光面爆破
（炮眼旁数字为毫秒雷管段别）

　　利用导爆管起爆系统的起爆性能和用法，可以实行网络的孔外控制微差爆破。孔外控制微差爆破，是在各炮眼内装非电瞬发雷管，而在孔外装非电毫秒雷管作为传爆雷管来实现微差爆破；它操作简便，不易出错。对于大断面爆破，为了解决毫秒雷管段数不足的问题，可以进行孔内外延期相结合的控制微差爆破，以增加起爆段数。孔内控制微差爆破已是隧道爆破的常用方法，但设计、操作都要求较严，且易出差错，影响效果。

　　导爆管非电起爆系统网络联结简单，操作方便，安全可靠，技术先进。但不能像电爆网络那样用仪表来检查网络，因此操作应仔细，网络联结好后，要作细致的直观检查，确认无误再起爆，以免产生瞎炮。

7.2.6　装药及起爆

7.2.6.1　装　药

装药及起爆工作的好坏与爆破效果和爆破工作的安全密切相关。装药前要检查炮眼位置和长度是否符合设计要求，并进行清渣排水。装药时要严格按照炮眼的设计装药量装填，可以按设计要求连续装药或间隔装药或不偶合装药，总的装药长度不宜超过炮眼深的2/3；靠炮眼口的剩余长度用炮泥堵塞好。装药结构可分为3种方式：一是起爆药卷放在靠近眼口的第二个药卷位置，雷管聚能穴朝向眼底，称为正向起爆装药；二是起爆药卷放在靠近眼底的第二个药卷位置，雷管聚能穴朝向眼口，称为反向起爆装药；第三种方式为起爆药卷放在炮眼装药中部，称为双向起爆装药。图7-22为常用的连续装药结构。

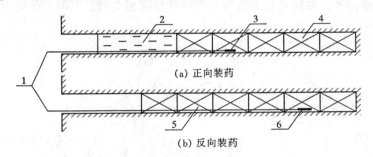

图7-22　连续装药结构

1—引线；2—炮泥；3，6—引爆药卷；4，5—普通药卷

在过去的施工中，人们多采用正向装药结构，经多年来国内外实践证明，反向装药能提高炮眼利用率，减少瞎炮，减少岩石破碎块度，增大抛渣距离和降低炸药消耗量，炮眼愈深，效果愈好。但反向装药结构的雷管脚线长，装药麻烦；在有水炮眼中起爆易受潮拒爆；机械化装药时，易产生静电引起早爆；也不宜用于炮眼较浅（小于1.5m）的场合。

间隔装药是在药卷之间留出一定的空隙，使药量分散以使爆力沿孔长分布均匀。药卷之间的距离由现场通过殉爆实验确定。

不偶合装药时药卷置于炮眼孔的中央，药卷与孔壁间留有空气间隙。为了保证药卷位置准确居中定位，可采用塑料扩张套管定位。

深眼爆破有利于提高掘进速度，但在使用中可能会产生所谓"管道效应"的现象。管道效应的现象有多种，其原因错综复杂。深眼爆破中产生的中途熄爆，药卷不能全部爆炸即是现象的一种。为了克服管道效应所造成的熄爆，可采用合理的装药结构和增大装药直径，并选用合适的不偶合系数。此外，采用新型炸药（如乳胶炸药）也有利于减弱管道效应。

7.2.6.2　起　爆

在工程爆破中，根据起爆的原理和使用器材的不同，通用的起爆方法大致可分为两种：非电起爆法和电起爆法。非电起爆法又可分为火雷管起爆、导爆索和导爆管起爆；电起爆法则是应用电雷管起爆。

1. 非电起爆

火雷管起爆是把火雷管和导火索结合在一起的一种起爆方法。用导火索的火花首先引爆火雷管，利用火雷管的爆炸能量使引爆药卷爆炸，进而使全部炸药爆炸。

使用导火索起爆，器材较简单，操作容易；但不能使多个炮眼同时起爆，也不能进行准确的延期起爆，只宜于炮眼不多的场合。

导爆索起爆是不需要采用引爆炸药的雷管，而可直接引爆炸药的一种方法，故亦称为"无雷管起爆法"。导爆索的一端直接插入孔底炸药中，另一端用火雷管引爆导爆索本身，从而传爆至炮眼引爆炸药。

塑料导爆管起爆法问世以来，已立即取代导火索火雷管起爆法。

2. 电起爆

电雷管起爆的可靠程度与导线、电雷管、电源本身的质量以及电爆网络连接是否正确有关。电雷管的选择及电爆网络设计已在前面作过介绍，现介绍对于导线、检测仪表和电源的要求。

(1) 导线。

应该要求电阻系数小，导电率高；绝缘耐压 250V 或 500V；有一定强度和韧性，不易断裂等。母线断面应不小于 $0.75mm^2$，开挖面附近的联接线直径应不小于 0.6mm。

(2) 检测仪表。

为了保证起爆线路的质量，电雷管在使用前必须经过一定的检查，包括电阻检验，安全电流试验，延期秒量试验，雷管串联试验等项。还要用线路电桥测量整个网络的总电阻是否与计算数值相符，如检测值小于计算值时，或大于计算值的 10% 时，应找出原因，清除故障。

(3) 起爆电源。

电起爆的电源，可根据网络所需准爆电流的大小，选用放炮器、干电池、蓄电池、移动式发电站、照明电力线、电力动力线等。移动式发电站、照明电力线、电力动力线是电起爆中最可靠的电源；但使用时不能将母线直接接到电力线上，必须设置爆破开关站。

3. 瞎炮的处理

在爆破过程中，炮眼装药未能起爆，称为拒爆，亦即瞎炮。

为了取得良好的爆破效果，必须预先防止瞎炮的发生。应选用合格的炸药和雷管以及其他起爆材料；清理好炮眼中积水和残渣；在装药、堵塞、网络联结等各项操作中，严格按照有关操作细则进行。

瞎炮产生后，应封锁现场，查明原因，采取相应的处理措施。一般可以采用二次爆破法、炸毁法及冲洗法这 3 种方法。

4. 隧道超欠挖的规定

(1) 隧道的允许超挖值应符合表 7-9。

表 7-9 　　　　　　　　　　隧道允许超挖值 　　　　　　　　　　　　cm

围岩级别 开挖部位		I	II～IV	V～VI
拱部	线性超挖	10	15	10
	最大超挖	15	25	15
边墙线性超挖		10	10	10
仰拱隧底	线性超挖	10		
	最大超挖	25		

注 ① 本表适于炮眼深度不大于 3.0m 的隧道。炮眼深度大于 3.0m 时，根据实际情况另行而定；
　　② 平均线性超挖值＝超挖横断面积/爆破设计开挖面周长（不包括隧底）；
　　③ 最大超挖值是指最大超挖处至设计开挖轮廓切线的垂直距离；
　　④ 表列数值不包括测量贯通误差、施工误差。如采用预留支撑沉落量时，不应再计超挖值；
　　⑤ 测量方法采用隧道断面仪或全站仪配反光片进行；
　　⑥ 超过表中所列数值的部分按局部坍塌或塌落处理。

（2）隧道超欠挖的测定方法见表 7-10。

表 7-10 　　　　　　　　　　隧道超欠挖的测定方法

测定方法及采用的测定仪器		方法简述
比较施工数量的方法	求算开挖出渣数量的方法	将实渣数量与设计断面开挖数量相比较，此方法适用于一个段落的超欠挖统计
	求算二次衬砌混凝土数量的方法	将一个二次衬砌段的混凝土（含回填注浆数量）实际用量与设计数量相比较
直接量测开挖断面积的方法	利用激光束进行测定	用激光指向仪或激光经纬仪射在掌子面上的光束测定特定部位的超欠挖的线性值
	用全站仪测定	在要测的点位粘贴反光片，用全站仪测定各点的三维坐标，通过计算绘制开挖断面，与设计断面进行比较
	用激光隧道限界测量仪	由免棱镜测距全站仪和手提电脑组成，对掌子面（或任一断面）测量，直接打印出设计断面与实际断面，并标出设定点的超欠挖值
直接尺量的方法	直角坐标法	在掌子面上用经纬仪、水平仪定出隧道中线和起拱线，从起拱线分别向上、向下每 50cm 定出一水平线，量取两端的开挖轮廓边缘，与设计断面比较
	用二次衬砌轮廓钢架作基准	当防水板铺设专用台车移动时，用直尺量取需要测定点至轮廓刚架的最小距离，并考虑喷射混凝土的厚度，以确定超欠挖值

7.3 　装渣与运输

　　将开挖的石渣迅速装车运出洞外，是提高隧道掘进速度的重要环节。该项作业往往占全部开挖作业时间的 50% 左右，控制着隧道的施工速度。因此，正确选择并准备足够的装渣运输方案，维修好线路，减少相互干扰，提高装渣效率是加快隧道施工速度，尤其是加快长大隧道施工速度的关键。

7.3.1　装　渣

装渣就是把开挖下来的石渣装入运输车辆。

1. 渣量计算

出渣量应为开挖后的虚渣体积，可按式（7-11）计算

$$Z = RKLS \tag{7-11}$$

式中，Z 为单循环爆破后石渣量；R 为岩体松胀系数，见表 7-11；K 为超挖系数，视爆破质量而定，一般可取 1.05～1.15；L 为设计循环进尺；S 为开挖断面面积。

2. 装渣方式

装渣的方式可采用人力装渣或机械装渣。人力装渣劳动强度大，速度慢，仅在短隧道缺乏机械或断面小无法使用机械装渣时才考虑采用。机械装渣速度快，可缩短作业时间，目前隧道施工中经常采用，但仍需配少数人工辅助。

表 7-11　　　　　　　　　　　　岩体松胀系数 R 值

岩体级别	Ⅵ		Ⅴ		Ⅳ	Ⅲ	Ⅱ	Ⅰ
土石名称	砂砾	黏性土	砂夹卵石	硬黏土	石质	石质	石质	石质
松胀系数	1.15	1.25	1.30	1.35	1.6	1.7	1.8	1.85

3. 装渣机械

隧道用的装渣机又称装岩机，要求外形尺寸小，坚固耐用，操作方便和生产效率高。装渣机械的类型很多，按其扒渣机构形式可分为：铲斗式，蟹爪式，立爪式，挖斗式。铲斗式装渣机为间歇性非连续装渣机，有翻斗后卸，前卸和侧卸式 3 个卸渣方式。蟹爪式，立爪式和挖斗式装渣机时连续装渣机，均配备刮板（或链板）转载后卸机构。

装渣机的走行方式有轨道走行和轮胎走行两种。也有配备履带走行和轨道走行两种走行机构的。轨道走行式装渣机须铺设走行轨道，因此其工作范围受到限制。但有些轨道走行式装渣机的装渣机构能转动一定角度，以增加其工作宽度。必要时，可采用增铺轨道来满足更大的工作宽度要求。轮胎走行式装渣机移动灵活，工作范围不受限制。但在有水土质围岩的隧道中，有可能出现打滑和下陷。

装渣机械扒渣方式的不同，走行方式不同，装备功率不同，则其工作能力也不同。装渣机的选择应充分考虑围岩及坑道条件，工作范围及其与运输车辆的匹配和组织，以充分发挥各自的工作效能，缩短装渣的时间。

隧道施工中较为常用的装渣机有以下几种。

（1）翻斗式装渣机。又称铲斗式后卸式装渣机，有风动和电动之分。翻斗式装渣机利用机体前方的铲斗铲起石渣，然后后退并将铲斗后翻，经机体上方将石渣投入机后的运输车内，如图 7-23 所示。

该机具有构造简单，操作方便的特点，但工作宽度一般只有 1.7～3.5m，工作长度较短，须将轨道延伸至渣堆，且一进一退间歇装渣，工作效率低，其斗容量小，工作能力较低，一般只有 30～120m³/h（技术生产率），主要应用于小断面或规模较小的隧道中。

（2）蟹爪式装渣机。这种装渣机多采用履带走行，电力驱动。它是一种连续装渣机，其前方倾斜的受料盘上装有一对由曲轴带动的扒渣蟹爪。装渣时，受料盘插入岩堆，同时两个蟹爪交替将岩渣扒入受料盘，并由刮板输送机将岩渣装入机后的运输车内（见图 7-24）。

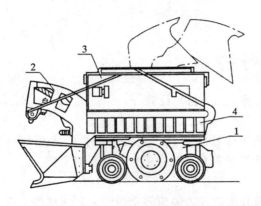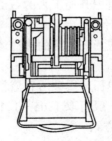

图 7-23　翻斗式装渣机

1—行走部分；2—铲斗；3—操纵箱；4—回转部分

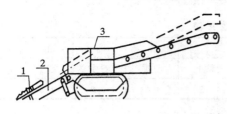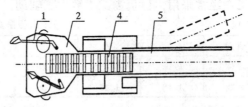

图 7-24　蟹爪式装渣机

1—蟹爪；2—受料机；3—机身；4—链板输送机；5—带式输送机

因受蟹爪拨扒限制，岩渣块度较大时，其工作效率较低，故主要用于块度较小的岩渣及土的装渣作业。工作能力一般在 60～80m³/h。

（3）立爪式装渣机。这种装渣机多采用轨道走行，也有采用轮胎走行或履带走行的。以采用电力驱动、液压控制的较好。装渣机前方装有一对扒渣立爪，可以将前方或左右两侧的石渣扒入受料盘，其他同蟹爪式装渣机。立爪扒渣的性能较蟹爪式的好，对岩渣的块度大小适应性强，轨道走行时，其工作宽度可达到 3.8m，工作长度可达到轨端前方 3m，工作能力一般在 120～180m³/h。

（4）挖掘式装渣机。这种装渣机（如 ITC312H4）是近几年发展起来的较为先进的隧道装渣机。其扒渣机构为自由臂式挖掘反铲，其他同蟹爪式装渣机，并采用电力驱动和全液压控制系统，配备有轨道走行和履带走行两套走行机构。工作宽度可达 3.5m，工作长度可达轨道前方 7.11m，且可以下挖 2.8m 和兼作高 8.34m 范围内的清理工作面及找顶工作，生产能力为 250m³/h，如图 7-25 所示。

（5）铲斗式装渣机。这种装渣机多采用轮胎走行，也有采用履带式走行或轨道走行的。轮胎走行的铲斗式装渣机多采用铰接车身，燃油发动机驱动和液压控制系统（见图 7-26）。

图 7-25　挖掘式装渣机

轮胎走行铲斗式装渣机转弯半径小，移动灵活；铲取力强，铲斗容量大，达 0.76～

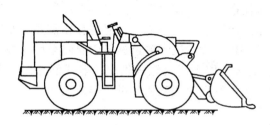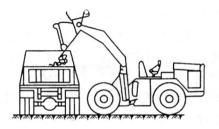

图 7-26　轮胎式走行铲斗式装渣机

$3.8m^3$，工作能力强；可侧卸也可前卸，卸渣准确，但燃油废气会污染洞内空气，须配备净化器或加强隧道通风，常用于较大断面的隧道装渣作业。

　　轨道走行及履带走行的铲斗式装渣机，多采用电力驱动。轨道走行装渣机一般只适用于断面较小的隧道中，履带走行的大型电铲则适用于特大断面的隧道中。

7.3.2　运　输

　　隧道施工的洞内运输分为有轨运输和无轨运输。有轨运输铺设轻轨线路，用轨道式运输车出渣，小型机车牵引，适用于各种隧道开挖方法，尤其是适用于较长的隧道运输（2km以上），是一种适应性较强和较为经济的运输方式。

　　无轨运输是采用各种无轨运输车出渣。其特点是机动灵活，不需要铺设轨道，能适应弃渣场离洞口较远和道路坡度较大的场合。缺点是由于采用内燃机驱动，在洞内排出废气，污染洞内空气，故一般适用于大断面开挖和短中等长度的隧道中，并应注意加强通风。

7.3.2.1　有轨运输

　　有轨运输基本上不排放有害气体（电瓶式机车不排放有害气体，内燃机因行车密度小排放的有害气体也少），对空气污染较轻；占用空间小而且固定。不足之处在于轨道铺设较复杂、维修工作量大、调车作业复杂、开挖面延伸轨道影响正常装渣作业等。

　　1．出渣车辆

　　有轨运输较普遍采用的出渣车辆有斗车、梭式矿车和槽式矿车等。

　　斗车是最简单的出渣工具。断面形状多为 V 形和 U 形，容积一般为 $0.5\sim1.1m^3$。小型斗车具有轻便、灵活、周转方便等特点，但单个斗车调车需占用较多的作业时间。为此，近年来现场已研制出大容积如 $6m^3$ 甚至 $30m^3$ 的大斗车，用压气装置卸渣或翻渣机卸渣。

　　梭式矿车由前后车体组成车厢，底部安装刮板式运输机，因其外形如梭而得名。使用时将车停在适宜位置，从一端装（卸）渣，适时开动刮动板运输机，即可将石渣装满或卸净。它可以单车运输，也可组成列车运输。梭式矿车是一种新型的高效率出渣运输设备，由机车牵引，一般与凿岩台车、高效率装渣机等配套使用组成机械化作业线。

　　槽式矿车是由一个接渣车、若干个仅有两侧侧板而没有前后挡板的斗车单元和一个卸渣车串联组成的长槽形列车，在其底板处安装有贯通整个列车的链板式输送带。使用时由装渣机向接渣车内装渣，装满接渣车后，开动链板传送带使石渣在列车内移动一个车位，如此反复装移石渣，即可装满整个列车。卸渣时采用类似的操作，由卸渣车将石渣卸去。

　　2．牵引机车与道路

　　常用的牵引机车分为电动和内燃两类。

隧道施工中较为常用的电动牵引车为蓄电池电机车俗称电平车。它具有体积小,占用空间小,不排放有害气体,不需要架设供电线路,使用较安全等特点,但也存在需要有专门的充电设备,充电工作比较麻烦,牵引力有限等不足。故在长大隧道施工中有时采用接触式或接触-蓄电池混合供电式电动机车牵引,即在成洞地段采用接触式供电,非成洞地段用蓄电池供电。这种方式可以延长蓄电池使用时间,但接触供电线路的架设和维修工作量大,且容易发生触电事故。

内燃机车具有较大的牵引动力,配合大型斗车可以加快出渣速度。

隧道内用于机车牵引的道路,宜采用 38kg/m 或以上的钢轨,轨距一般为 600mm、750mm 或 900mm。洞内轨道纵坡相同,洞外可不同,但最大不可超过 2 %。最小曲线半径,在洞内不小于 7 倍机车车辆轴距,洞外一般不小于 10 倍轴距。曲线轨道应有适当的加宽和外轨超高值。

调车设备和轨道延伸。在装渣时,为了减少调车占用的时间,应尽量缩短调车距离和采用适宜的调车设备。较常用的调车设备有简易道岔、平移调车器、水平移车器和浮放道岔等。

简易道岔由一根能活动的长度为 2.5～4.0m 的尖轨和一个岔心组成。它具有构造简单、铺设容易、使用方便等特点,但因无附带曲线,机车车辆容易掉道,故一般只适用于人推斗车而不能通过机车牵引。

平移调车器由底架、车轮和车架 3 个主要部分组成,种类很多。具有轻便、调车快、易拆移等优点。适用于双道(或单道设旁洞错车道)调车。

水平移车器由导轮轨、导轮、导链或气动水平移车装置组成。这是一种从上方将斗车提起离开钢轨,再水平横移至另一股道上的调车设备。移车速度快,但也易出故障。

浮放道岔是浮放在运输轨道上的调车设备,可用机车或装渣机牵引移位。它可以浮放在靠近开挖面的轨道上,供装渣时调车用,也可以浮放在区间轨道上,作调车渡线使用。根据不同的调车作业需要,尚可分为浮放渡线、浮放调车盘、菱形浮放道岔等。

3. 轨道延伸

轨道延伸是指轨道开挖面附近不足一节钢轨长度的部分和掘进进尺部分实施的临时性轨道延伸。常用的方法有扣轨,爬道,短轨节等。

扣轨是把钢轨轨头朝下反扣在正式轨道钢轨外侧,轨头紧贴正式钢轨轨腰,在扣轨外侧用轨块顶撑并用道钉固定,两股钢轨之间用短木撑支顶住,以保持轨距。为便于顶进渣堆,可将扣轨前端切割成尖行,使用时只需锤击扣轨尾部,即可将轨道向前延伸。扣轨延伸轨道,一般适用于人工及小型装渣机装渣。

爬道是由两根前端切割成尖形的 10 号槽钢和钢板条焊连而成的,如图 7-27 所示。使用时将爬道槽钢扣在正式轨道的钢轨上,用装渣机铲斗贴紧钢轨面顶撞爬道尾端,即可实现轨道的延伸。爬道适用于机械装渣。

短轨节与正式轨道相似,它是用 1.5～2.0m 的短钢轨与木枕钉制或与扁钢焊接而成的。当正式钢轨前端与开挖面渣堆之间清出一个适宜位置时,即可先铺上短轨节,并用夹板与正式轨道连接,随后继续出渣,也可在短轨节上安放爬道进行出渣。

4. 轨道布置与调车方法

轨道布置对于行车调度,车辆周转,出渣进料影响较大,应根据隧道长度,工期要求及

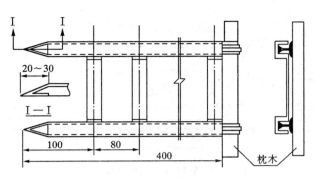

图 7-27　爬道构造（单位：mm）

开挖方法等选择合理的方案进行布置。调车方法是指结合洞内轨道布置，在开挖面附近为配合出渣所进行的调车作业。

常用的轨道布置形式有单车道和双车道。

单车道运输能力较低，一般用在地质较差的短隧道中。为解决错车问题，在成洞地段可铺设会车线，其有效长度应能容纳一个列车，一般为 50～60m，如图 7-28(a) 所示。在距离开挖面 20～30m 处应铺设 5～10m 长的简易道岔岔线或安装平移调车器供出渣调车之用。

但隧道地质条件较好，要求施工速度较快和运输能力较大时，应开挖双线导坑断面，布置双车道运输。双车道可使轨道随掘进延伸，一次铺成。进出隧道的列车各行一股道，具有互不影响，车辆周转快的特点，是提高隧道运输效率的主要方法之一。为满足调车需要，每隔 100～200m 设一渡线，每隔 2～3 个渡线铺设一反向渡线，如图 7-28(b) 所示。在距导坑开挖面 15～20m 处设置菱形浮放道岔，空斗车和装满石渣的斗车分别停在两股道上，用单机车或双机车进行作业。

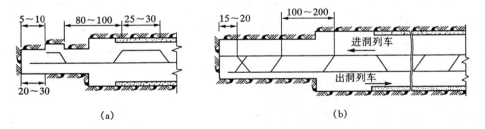

(a)　　　　　　　　　　　　　　　(b)

图 7-28　洞内轨道布置（单位：m）

当隧道施工采用导坑方案时，则平行导坑为施工出渣、进料运输提供了有利条件。通常采取在平行导坑中设单车道加错车道，正洞为单车道加局部双车道，两者共同构成了一个完整的双股道运输体系，如图 7-29 所示。利用平行导坑组成的运输系统具有运输能力大，相互干扰小等特点，适用于施工速度要求快的隧道。

隧道洞外应布置卸渣线，错车线和各种用途的专用线。

卸渣线应不少于两条，以便使重载列车尽快卸渣回空，避免因等待卸渣而延误时间。卸渣线长度还应具有随着卸渣的进行而向前延伸和横向拔移的功能。

为解决洞外错车问题，在洞外适当位置应设置错车线。要求道岔设置合理，并有足够的有效长度，以减少列车运行中的相互干扰。

洞外砂、石、木料堆放场，水泥库，木工棚，机车车辆修理停放场，充电房，混凝土搅

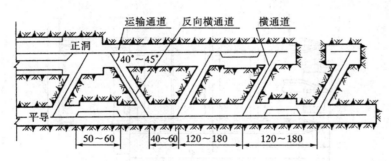

图 7-29　平行导坑运输（单位：m）

拌站等均应铺设专用线。专用线应力求紧凑，与运输线分开布置，以减少对出渣运输的干扰。

出渣运输道路是有轨运输的命脉，其质量优劣对隧道掘进速度影响很大。因此，必须设固定的专业小组进行铺设和维修，以保证运输道路畅通无阻，避免脱轨掉道事故的发生。

5. 机车、斗车数目的确定

（1）机车、斗车数目的确定。为了提高有轨运输能力，加快隧道施工速度，应备齐足够数量的牵引机车和出渣斗车。

① 机车牵引定数 Q_c

$$Q_c = \frac{F}{\omega + i_p} - W \qquad (7\text{-}12)$$

式中，F 为机车牵引力，见表 7-12；ω 为列车的单位阻力，考虑附加阻力，可近似取 80N/t；i_p 为坡度单位阻力，取运输道路的最大限制坡度，‰；W 为机车自重，t。

表 7-12　　　　　　　　　　　电瓶车主要规格、性能

型号	轨距/mm	牵引力/N	速度/(km/h)	最小回转半径/m	长×宽×高/mm	生产厂
8t 两用	750	13300	5.4	7	4570×1346×2144	沈阳桥梁厂
CXK-8/600	600	11600	6	7	4450×1053×1410	国产
XK8-7/132A	762	11400	7.5	7		湘潭电机厂
EL-8	750	7200	3.75	8	4060×1000×1400	进口（德国）
BL-10-M	762	17000	8		5230×1540×1370	进口（日本）

② 每列车牵引的斗车数目 n

$$n = \frac{Q_c}{Q + q} \qquad (7\text{-}13)$$

式中，Q_c 为机车牵引定数，t；Q 为斗车载重量，t；q 为石渣质量，t。

③ 出渣需要的斗车数量 y

$$y = \frac{N}{n_1} \qquad (7\text{-}14)$$

式中，N 为每班出渣总车数，即

$$N = \frac{V \cdot K}{m \cdot n_2}$$

其中，V 为开挖数量（实方），m^3；K 为土石松散系数，松软土石为 1.1～1.2，坚硬岩石为 1.15～1.6；m 为斗车容积，m^3；n_2 为斗车装满系数，一般取 0.7～0.9；n_1 为每工班车辆

循环次数，即

$$n_1 = \frac{T}{t} \tag{7-15}$$

其中，T 为每工班净出渣时间，min；t 为车辆循环一次所需要的时间，min。

④ 需要机车数量

$$N_c = \frac{N}{n \cdot m_1} \tag{7-16}$$

式中，m_1 为每工班车的循环次数，即 $m_1 = T/T_P$。其中 T_p 为机车循环一次需要的时间，min，由调车、编组、会车、卸渣等时间综合求得。N，n，T 同前。

上述计算数目为实际需用量。备用数目：斗车为需用量的 40% ~ 50%，机车为需用量的 50% ~ 100%。此外，还应考虑进料需要的斗车数。

（2）列车运行图。编制列车运行图，是为了统一指挥调度列车运行，加速车辆周转，充分发挥运输能力的有效作用，减少干扰，消除局部积压车辆、堵塞轨道等不良现象，确保隧道各工序都能正常施工。

列车运行图是根据隧道施工方法、轨道布置及机车车辆配备情况，各施工工序在隧道中所处的位置和进度安排，以及装渣、调车、编组、运行、错车、卸渣、列车解体等所需要的时间，综合考虑确定列车数量后编制而成的。

图 7-30 的列车运行图中，横坐标表示时间，纵坐标表示距离，列车的运行用斜线表示，装渣、卸渣、编组、解体、调车等用水平线表示。图 7-30 所示的是一个隧道的出渣列车运行图，共有三组列车，洞内设编组站一个，洞外设会让站一个。以第一组列车为例，重车运行 20min，卸渣 10min，空车返回到会让站 5min，在会让站停车待避 5min，再运行 10min 到编组站，在编组站停车待避 5min，再行车 5min 到终点，空车解体、装渣、重车编组 15min，全列车往返循环一次共 75min。

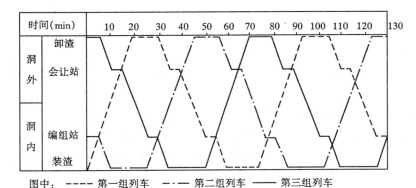

图中： ---- 第一组列车　 -·- 第二组列车　 —— 第三组列车

图 7-30　列车运行图

在实际的隧道施工中，运行途中所需要的时间应实测确定，随着隧道施工的不断向前推进和卸渣线的不断向前延伸，运输距离愈来愈长，因此运行图也需要定期修正。

当列车运行图编制完成，付诸实践之后，各项作业均应遵照执行，不得随意改动，以免打乱全局计划。

7.3.2.2　无轨运输

无轨运输主要是指汽车运输。随着大型装载机械及重载自卸汽车的研制和生产，近年来无轨运输在隧道掘进中取得了越来越广泛的应用。无轨运输不需要铺设复杂的运输轨道，具有运输速度快、管理工作简单、配套设备小等优点。但由于内燃机排放大量废气，对洞内空气污染较为严重，尤其长期在长大隧道中使用，需要有强大的通风设施。

(1) 自卸汽车，又称翻斗车。在隧道施工中，应选用车身较短、车斗容量大、转弯半径小、车体坚固、轮胎耐磨、配有废气净化装置并能双向驾驶的自卸汽车，以增加运输中的灵活性，避免洞内回车和减轻对洞内空气的污染。

(2) 由于无轨运输采用的装渣、运渣设备都自配动力，属自行式，其调车作业主要是解决回车、错车和装渣场地问题。根据不同的隧道开挖断面和洞内运输距离，常用的调车方式有：

① 有条件构成循环通路时，最好制定单向行驶的循环方案，以减少回车、错车需用场地及待避时间；

② 当开挖断面较小时，只能设置单车通道而装渣点距洞口又较近时，可考虑汽车倒行进洞至装渣点装渣，正向开行出洞，不设置错车、回车场地，以加快调车作业；

③ 当隧道开挖断面较大时，足够并行两辆汽车时，应布置成双车通道，在装渣点附近回车，空车、重车各行其道，可以提高出渣速度。

在采用装渣机装渣、汽车运输的情况下，要充分利用双方都有机动能力的特点，可以采取双方同时机动或一方机动，另一方固定的方式进行装渣。

7.4　初期支护

7.4.1　概　述

7.4.1.1　初期支护的基本概念

隧道是围岩和支护结构的综合体。隧道开挖破坏了地层的初始应力平衡，产生围岩应力释放和洞室变形，过量变形将导致围岩松动甚至坍塌，在开挖后的洞室周边，施作钢筋混凝土等支撑物，向洞室周边提供抗力，控制围岩变形，这种开挖后隧道内的支撑体系，称为隧道支护。为控制围岩应力适量释放和变形，增加结构安全度和方便施工，隧道开挖后应立即施作刚度较小并作为永久承载结构一部分的结构层，称为初期支护。

初期支护一般由锚杆、喷射混凝土、钢架、钢筋网等及其组合组成，它是现代隧道工程中最常用的支护形式和方法。

初期支护施作后即成为永久性承载结构的一部分，它与围岩共同构成了永久的隧道结构承载体系，在这一点上，初期支护不同于传统施工方法中采用的钢木构件支撑。构件支撑在模筑整体式衬砌时，通常予以拆除，即不作为永久承载构件，称为临时支撑。

7.4.1.2　锚喷支护的特点

锚喷支护较传统的构件支撑，无论施工工艺还是作用机理都有一些特点。

(1) 灵活性。锚喷支护是由喷射混凝土、锚杆、钢筋网、钢架等支护构件进行适当组合的支护形式，它们既可以单独使用，也可以组合使用。其组合形式和支护参数可以根据围岩的稳定状态、施工方法和进度、隧道形状和尺寸等加以选择和调整。它们既可以用于局部加固，也易于实施整体加固；既可一次完成，也可以分次完成，充分体现了"先柔后刚，按需提供"的原则。

（2）及时性。锚喷支护在施作后迅速发挥其对围岩的支护作用。这不仅表现在时间上，即喷射混凝土和锚杆都具有早强性能，需要它时，它就能起作用；而且表现在空间上，即喷射混凝土和锚杆可以最大限度地紧跟开挖面施工，甚至可以利用锚杆进行超前支护。构件支撑的最大优点是即时承载，而锚喷支护同样具有即时维护甚至超前维护作用，且能容纳必要的支撑构件（如格栅钢架）参与工作。

（3）密贴性。喷射混凝土能与坑道周边的围岩全面、紧密地黏结，因而可以抵抗岩块之间沿节理的剪切和张裂。

从整体结构来看，喷射混凝土填补了洞壁的凹穴，使洞壁变得圆顺，从而减少了应力集中。喷射混凝土尚能使锚杆和钢筋网的点约束作用得以分配和改善，使其发挥协同作用，从而增强了支护对围岩的有效约束，体现了"围岩-支护"一体化的力学分析和结构设计思想。

（4）深入性。锚杆能深入围岩体内部一定深度，对围岩起约束作用。这种作用尤其是以适当密度的径向锚杆群（称为系统锚杆）的效果最为明显。系统锚杆在围岩中形成一定厚度的锚固区，锚固区内的岩体强度和整体性得以提高和加强，应力分布状态也得以改善。其承载能力和稳定能力显著增强。此时隧道的稳定性实际上就是指锚固区的承载能力。在围岩中加入锚杆，相当于在混凝土中加入钢筋形成钢筋混凝土，可以称为加筋岩或加筋土。

（5）柔性。锚喷支护属于柔性支护，它可以较便利地调节围岩变形，允许围岩做有限的变形，即允许围岩在围岩塑性区有适度的发展，以发挥围岩的自承能力。

大量工程实践和理论实践分析表明，对绝大多数的一般松散岩体，在隧道开挖后，适度的变形有利于发挥围岩的自承能力，而过度的变形则会导致坍塌。因此就要求支护既能允许有限变形，又能限制过度变形且自身不被破坏。

锚喷支护就很好地满足了这一要求。这一方面是因为喷射混凝土工艺上的特点，使得它能与岩体密贴黏结，且能喷得很薄，故呈现柔性（尽管喷射混凝土是一种脆性材料），而且这种柔性还可以通过分层分次喷射和加钢纤维或钢筋网来进一步发挥；另一方面，锚杆也有一定的延性，它可以允许围岩有较大的变形，甚至同被加固岩体一起做小量整体位移后，仍能继续工作不失效。

（6）封闭性。喷射混凝土能全面及时地封闭围岩，这种封闭不仅阻止了洞内潮气和水对围岩的侵蚀作用，减少了膨胀性岩体的潮解软化和膨胀，而且能够及时有效地阻止围岩变形，使围岩较早进入变形收敛状态。

另外，沿隧道轴线方向有一定外插角的超前锚杆或钢管，同样具有深入岩层内部对围岩起预支护的作用。它们也经常与系统锚杆/喷射混凝土发挥协同作用。这对于处理一般的工作面不稳定问题颇有效果。

7.4.2　锚　杆

7.4.2.1　锚杆的支护效应

锚杆（索）是用金属或其他高抗拉性能的材料制作的一种杆状构件。使用某些机械装置和黏结介质，通过一定的施工操作，可将锚杆安设在地下工程的围岩或其他工程结构体中。

锚杆（索）支护作为一种新的支护手段，它在技术、经济方面的优越性和适应不同地质条件的性质，使其在建筑领域尤其是地下工程中得到广泛的应用和迅速的发展。

锚杆的支护效应一般认为有如下几种。

（1）支撑围岩。锚杆能约束围岩变形，并向围岩施加压力，从而使处于二轴应力状态的洞室内表面附近的围岩保持三轴应力状态，因而能制止围岩强度的恶化，如图 7-31 所示。

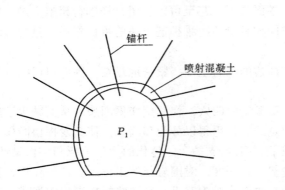

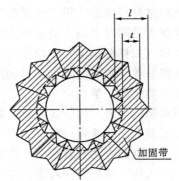

图 7-31　约束围岩变形　　　　　　　　　图 7-32　围岩"加固带"

（2）加固围岩。由于系统锚杆的加固作用，使围岩中尤其是松动区中的节理裂隙。破裂面得以连接，因而增大了锚固区围岩的强度（即 c，ϕ 值）；锚杆对加固节理发育的岩体和围岩松动区是十分有效的，有助于裂隙岩体和松动区形成整体，成为"加固带"（见图 7-32）。

（3）提高层间摩阻力，形成"组合梁"。对于水平或缓倾斜的层状围岩，用锚杆群能把数层岩层连在一起，增大层间摩阻力，从结构力学观点来看就是形成"组合梁"（见图 7-33）。

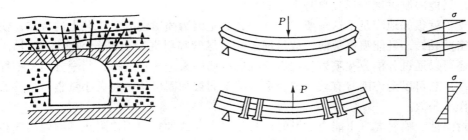

图 7-33　锚杆的作用原理

（4）"悬吊"作用。"悬吊"作用是指为防止个别危岩的掉落或滑落，用锚杆将其与稳定围岩联结起来，这种作用主要表现在加固局部失稳的岩体（见图 7-34）。

7.4.2.2　锚杆的种类及各自的设计施工要点

锚杆的种类很多，若按其与被支护体的锚固形式来分，大致可分为以下几种。

（1）端头锚固式。

其中又分为：①机械内锚头锚杆（索）：胀壳式锚杆（索），楔缝式锚杆，楔头式锚杆；②黏结式内锚头锚杆（索）：水泥砂浆内锚头锚杆（索）、快硬水泥卷内锚头锚杆、树脂内锚头锚杆。

（2）全长黏结式。

其中又分为：水泥浆全黏结式锚杆；水泥砂浆全黏结式锚杆（砂浆锚杆）；树脂全黏结式锚杆。

（3）摩擦式。

其中又分为：楔管式锚杆；缝管式锚杆。

（4）混合式。

其中又分为：先张拉后灌浆顶应力锚杆（索），先灌浆后张拉顶应力锚杆（索）。

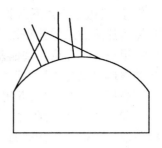

图 7-34　锚杆的悬吊作用

端头锚固式锚杆，利用内、外锚头的锚固来限制围岩变形松动。安装容易，工艺简单，安装后即可以起到支护作用，并能对围岩施加预应力。但杆体易腐蚀，锚头易松动，影响长期锚固力，一般用于硬岩地下工程中的临时加固。隧道工程中，常用做局部锚杆。

全长黏结式锚杆，采用水泥砂浆（或树脂）作为填充料，不仅有助于锚杆的抗剪和抗拉以及防腐蚀作用，而且具有较强的长期锚固能力，有利于约束围岩位移。安装简便，在无特殊要求的各类地下工程中，可大量用于初期支护和永久支护。隧道工程中，常用做系统锚杆和超前锚杆。

摩擦式锚杆是用一种沿纵向开缝（或预变形）的钢管，装入钢管直径小的钻孔，对孔壁施加摩擦力，从而约束孔周岩体变形。安装容易，安装后立即起作用，能及时控制围岩变形，又能与孔周变形相协调。但其管壁易锈蚀，故一般不适于做永久支护。隧道工程中，常由于端头机械锚固容易失效，或全长黏结不便施工（不能生效），而采用全长摩擦式锚杆。

混合式锚固锚杆是端头锚固方式与全长黏结锚固方式的结合，它既可以施加预应力，又具有全长锚杆的优点。但安装施工较复杂，一般用于大体积、大范围工程结构的加固，如高边坡、大坝、大型地下洞室等。

下面简要介绍隧道工程中几种常用锚杆的结构和设计、施工要点。

1．普通水泥砂浆锚杆

（1）构造组成。

普通水泥砂浆锚杆，是以普通水泥砂浆作为黏结剂的全长黏结式锚杆，其构造如图 7-35 所示。

（2）普通水泥砂浆锚杆设计施工要点。

①杆体材料宜用 20 MnSi 钢筋，直径为 14～22mm 为宜，长度 2～3.5m，为增加锚固力，杆体内端可劈口叉开，如图 7-35 所示。

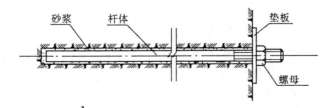

图 7-35　普通水泥砂浆全长黏结锚杆

② 水泥一般选用普通硅酸盐水泥，砂子粒径不大于 3mm，并过筛。

③ 沙浆强度不低于 M10，配合比一般为水泥:砂:水＝1:（1～ 4.5）:（0.45～ 0.5）。

④ 钻孔应符合下列要求。孔径应与杆径配合好，一般孔径比杆径大 15mm（采用先插杆体后注浆施工的孔径比先注浆后插杆体施工的孔径要大一些），这主要考虑注浆管和排气管占用空间。孔位允许偏差为 ±（15～50）mm；孔深允许偏差为 ±50mm。钻孔方向宜适当调整以尽量与岩层主要结构面垂直。孔钻好后用高压水将孔眼冲洗干净（若是向下钻孔还须用高压风吹净水），并用塞子塞紧孔口，防止石渣掉入。

⑤ 锚杆及黏结剂材料应符合设计要求，锚杆应按设计要求的尺寸截取，并整直、除锈和除油，外端不用垫板的锚杆应先弯制弯头。

⑥ 黏结砂浆应拌和均匀，并调整其和易性，随拌随用，一次拌和的砂浆应在初凝前用完。

⑦ 先注浆后插杆体时，注浆管应先插到钻孔底，开始注浆后，徐徐均匀地将注浆管往外抽出，并始终保持注浆管口埋在砂浆内，以免浆中出现空洞。

⑧ 注浆体积应略大于需要体积，将注浆管全部抽出后，应立即迅速插入杆体，可用锤击或通过套筒用风钻冲击，使杆体强行插入钻孔。

⑨ 杆体插入钻孔内的长度不得短于设计长度的 95%，实际黏结长度亦不得短于设计长度的 95%。注浆是否饱满，可根据孔口是否有砂浆挤出来判断。

⑩ 杆体到位后要用木楔或小石头子在孔口卡住，防止杆体滑出。砂浆未达到设计强度的 70% 时，不得随意碰撞，一般规定 3d 内不得悬挂重物。

（3）中空注浆锚杆施工要点。

① 钻完孔后，用高压风吹净孔内岩屑。

② 将锚头与锚杆端头组合，将组合杆体送入孔内，直达孔底，锚杆插入孔内的长度不得短于设计长度的 95%。

③ 将止浆塞穿入杆体末端，嵌入锚杆孔内。

④ 采用 NZ130A 砂浆锚杆专用注浆泵往中空锚杆压注水泥浆，注浆压力 0.2～0.5MPa，直到排气塑料软管漏浆为止。

⑤ 当锚杆锚固力达到 5MPa 时末端戴上垫板，然后拧紧螺母。

2．早强水泥砂浆锚杆

早强水泥砂浆锚杆的构造，设计和施工与普通锚杆水泥砂浆锚杆基本相同，所不同的是早强水泥砂浆锚杆的黏结剂是由硫铝酸盐早强水泥、砂、TI 型早强剂和水组成。因此，它具有早期强度高，承载快，不增加安装困难等优点，弥补了普通水泥砂浆锚杆早强低，承载慢的不足。尤其是在软弱、破碎、自稳时间短的围岩中显示出其一定的优越性。另外，以快硬水泥或树脂作为黏结剂的全长黏结式锚杆，也具有以上的优点，但费用较高。

3．早强药包内锚头锚杆

（1）构造组成。早强药包内锚头锚杆，是以快硬水泥卷或早强沙浆卷或树脂作为内锚固剂的内锚头锚杆，其构造如图 7-36 所示。不管

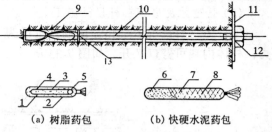

（a）树脂药包　　　（b）快硬水泥药包

图 7-36　早强药包内锚头锚杆

1—不饱和聚酯树脂＋加速剂＋填料；2—纤维低和塑料袋；3—固化剂＋填料；4—玻璃管；5—堵头（树脂胶泥封口）；6—快硬水泥；7—湿强度较大的滤纸筒；8—玻璃纤维网；9—树脂锚固剂；10—带麻花头杆体；11—垫板；12—螺母；13—挡圈

采用什么类型的药包，其设计、施工基本一致，下面以快硬水泥卷内锚头锚杆为例说明。

（2）设计要点。快硬水泥卷有 3 个主要参数：

d，快硬水泥卷直径，mm；

L，快硬水泥卷长度，mm；

G，快硬水泥卷的水泥质量，g。

① 快硬水泥卷直径要与钻眼直径配合好，若使用 D42 钻头，则可以采用 37mm 直径的水泥卷。

② L 要根据内锚固段长度和生产制作的要求来决定，其计算公式如下

$$L = \frac{(D^2 - \varphi^2)}{d^2} lk \tag{7-17}$$

式中，D 为钻眼直径，mm；φ 为锚杆直径，mm；l 为内锚固长度，mm；k 为富余系数，一般 $k = 1.05 \sim 1.10$。

③ 水泥质量主要由装填密度来确定，是控制水灰比的关键，当 $\gamma = 1.45 \text{g/cm}^3$ 时，水泥净浆的水灰比控制在 0.34 左右为好。每个快硬水泥卷的 G 值可按式（7-18）计算：

$$G = \frac{\pi d^2}{4} L \gamma \tag{7-18}$$

（3）施工要点。

① 钻眼的要求同前，但钻眼应比锚杆长度短 4～5cm。

② 用 2～3mm 直径，长 150cm 的锥子，在快硬水泥卷端头扎两个排气孔，然后将水泥卷竖立放于清洁水中，保持水面高出水泥卷 100mm。浸水时间以不冒泡为准，但不得超出水泥终凝时间，必要时要作浸水后的水灰比检查。

③ 将浸好水的水泥卷用锚杆送到眼底，并轻轻捣实。若中途受阻，应及时处理，若处理时间超过水泥终凝时间，则应换装新水泥卷或钻眼报废。

④ 将锚杆外端套上连接套筒（带有六方旋转头的短锚杆；断面打平，对中焊上锚杆螺母），装上搅拌机，然后开动搅拌机，带动锚杆旋转，搅拌水泥浆，并用人力推进锚杆至眼底，再保持 10s 的搅拌时间（总时间约 30～40s）。

⑤ 轻轻卸下搅拌机头，用木楔楔住杆体，使其位于钻眼中心。自进水后 20min，快硬水泥有足够强度时，才能使用扳手卸下连接套筒（可选择多个套筒周转使用）。

采用树脂药包时，还需要注意搅拌时间，应根据现场气温决定：20℃ 时固化时间为 5min，温度下降 5℃，固化时间大致会延长一倍，即 15℃ 时，为 10min；10℃ 时为 20min。因此隧道工程在正常温度下，搅拌时间约为 30s，温度在 10℃ 以下时，搅拌时间可适当延长为 45～60s。

4. 缝管式摩擦锚杆

（1）构造组成。缝管式锚杆由前端冠部制成锥体的开缝管杆体、挡环以及垫板组成（见图 7-37）。

（2）设计施工要点。

① 缝管式锚杆的锚固力与锚杆的材质、构造尺寸、围岩条件、钻孔与锚杆直径之差、锚杆长度等有直接关系，其中，钻孔与缝管直径之差是设计与施工要严格控制的主要因素。锚固力与孔、管径差的关系是：径差小，锚杆安装推进阻力小，锚固力亦小；径差大，锚杆

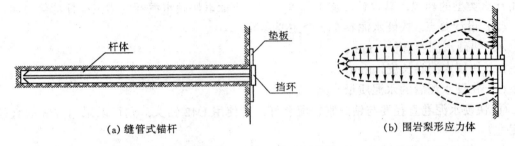

(a) 缝管式锚杆　　　　　　　　　　(b) 围岩梨形应力体

图 7-37　缝管式摩擦锚杆

安装推进阻力大，锚固力也大。

②可根据需要和机具能力，选择不同直径的钻头和管径，通过现场实验确定最佳值。另外施工中还应考虑到因钻头磨损导致孔径缩小等情况。

③缝管式锚杆的杆体一般要求材质有较高的弹性极限。

④安装时先将锚杆套上垫板，将带有挡环的冲击钎杆插入锚杆内（钎杆应在锚杆内自由转动），钎杆尾端套入凿岩机或风镐的卡套内，锚头倒入钻孔，调正方向，开动凿岩机，即可将锚杆打入钻孔内，至垫板压紧围岩为止。停机取出钎杆即告完成。2.5m 长的锚杆，一般 20 ～ 60s 即可安装完毕。

⑤若作为永久支护，则应作防锈处理，并灌注有膨胀性的砂浆。

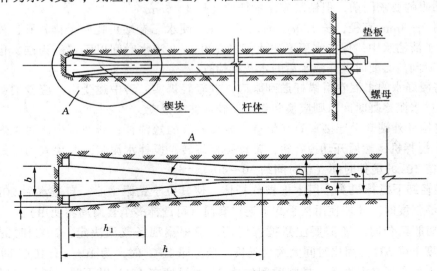

图 7-38　楔缝式内锚头锚杆

D—钻孔直径；ϕ—锚杆杆体直径；δ—锚杆杆体楔缝宽度；b—楔块端头厚度；a—楔块的楔角；h—楔块长度；h_1—楔头两翼嵌入钻孔壁长度；n—楔缝两翼嵌入钻孔壁深度

5. 楔缝式内锚头锚杆

(1) 构造组成。楔缝式内锚头锚杆由杆体、楔块、垫板和螺母组成。如图 7-38 所示。

(2) 设计要点。影响锚固力的主要因素有：岩体性质，锚杆有效直径 ϕ'，楔块端部厚度 b 和楔角 a。

①在其他条件相同时，围岩愈坚硬则锚固力愈大；嵌入锚孔围岩的深度与长度愈大，则锚固力愈大；或锚杆有效直径愈大则锚固力愈大。另外钻孔直径与锚杆直径的配合情况对

锚杆锚固力也有一定影响。

② 在一定的岩体和相同的安装冲击（或锤击）条件下，提高楔缝式锚固力的办法有：加大楔块长度，或加大楔块端头厚度，或减少钻孔直径与锚杆直径之差，或减少楔缝宽度。

一般而言，对于坚硬岩体，楔角在 8°以上为好。楔缝宽度一般为 3mm。其他尺寸可根据其对锚固力的影响关系适当选择。

③ 采用楔缝式锚杆，若对锚固力有明确要求，则应根据以上配合和影响关系，先行试验，以检测初选参数的合理性，不合理应修改参数，直到满足锚固力要求为止。

（3）施工要点。

① 楔缝式锚杆的安装是先将楔块插入楔缝，轻敲，使其固定在缝中，然后插入眼底；并以适当的冲击力冲击锚杆尾，至楔块全部楔入楔缝为止。有时为了防止杆尾受冲击发生变形，可以采用套筒保护。

② 一般均要求锚杆具有一定的预应力，此时可采用测力矩扳手或定力矩扳手来拧紧螺母，以控制锚固力。

若要求在楔缝式锚杆的基础上再作灌浆处理，则除按砂浆锚杆灌浆外，楔块预张力工作应在砂浆初凝前完成，并注意减小砂浆的收缩率。

另外，若只要求作为临时支护，则可以改楔缝式锚杆为楔头式锚杆或胀壳式锚杆。楔头式锚杆及胀壳式锚杆均可以回收，但锚头加工制作复杂，故一般在煤矿中应用较多。

另有一种楔管式锚杆，它是楔缝式锚杆与缝管式锚杆结合的一种锚杆。其施工与缝管式锚杆相同。

6．胀壳式内锚头预应力锚索

（1）构造组成。胀壳式锚头预应力锚索主要由机械胀壳式内锚头、锚索（钢绞线）外锚头以及灌注的黏结材料等组成，见图 7-39。

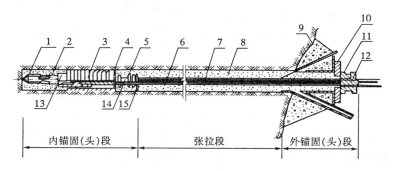

图 7-39　胀壳式内锚头钢绞线预应力锚索
1—导向帽；2—六棱锚塞；3—外夹片；4—挡圈；5—顶簧；6—套管；7—排气管；8—黏结砂浆；9—现浇混凝土支墩；10—垫板；11—锚环；12—锚塞；13—锥筒；14—顶簧套筒；15—托圈

（2）性能特点。胀壳式内锚头预应力锚索常用在中等以上的围岩中。它具有施工工序紧密简单，安装迅速方便的特点，是能立即起作用的大型预应力锚杆。可以在较小的施工现场中作业，常用于高边坡、大坝以及大形地下洞室的支护、抢修加固。目前的预应力值一般为600kN。内锚头采用机械加工，比较复杂，价格较高，在软弱围岩中不能使用。施工中还要及时注浆，以减少预应力损失。

（3）施工要点。

① 胀壳式内锚头预应力锚索的加工应符合设计质量要求，在运输、存放及安装过程中不能有损伤、变形。

② 钻孔一般采用冲击式潜孔钻，也可以选用各种旋转式地质钻。钻后应予以清洗，并作好钻口支墩。

③ 锚索安装要平直不紊乱，同时安装排气管。

④ 锚索推送就位后，立即进行张拉。一般先用 20%～30% 的预应力值预张拉 1～2 次，促使各相连部分接触紧密，纹线平直。最终张拉值应有 5%～10% 的超张量，以保证预应力损失后能达到设计预应力值要求。应注意：张拉时，千斤顶后严禁站人。

⑤ 预应力无明显衰减时，才最后锁定，且 48h 内再检查。

⑥ 注浆应饱满，注浆达到设计强度后，进行外锚头覆盖。

7.4.2.3　锚杆布置与密度

锚杆支护的布置一般采用局部和系统两种布置形式。在硬岩中，由于岩层倾斜或呈水平状或拱顶产生受拉区，常用锚杆进行局部加固。这种锚杆的布置是不规则的，需适应节理或裂隙的走向，以加固或悬吊松动围岩为主要目的。锚杆的方向按实际需要进行布置。

系统布置是指沿着隧道开挖周边纵横方向有规则的布置。其目的是将锚杆群有系统地深入到岩层内部，改善围岩的力学性能，限制变形，增强其稳定性，充分利用围岩本身的自承能力。系统锚杆多用于软弱或节理发育的岩层。

系统锚杆布置方式有两种，即矩形和梅花形，如图 7-40 所示。

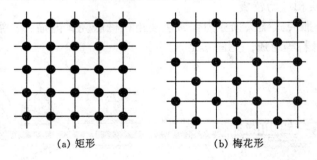

　　　　　　（a）矩形　　　　　　　　　　　（b）梅花形

图 7-40　系统锚杆布置方式

根据施工实践，矩形布置在围岩中所产生的压缩往往是不连续的，如要使其连续，必须加密锚杆，缩小间距，但很不经济。而梅花形布置在围岩中形成的压缩带效果很好，因此多以梅花形布置为主。

系统锚杆的密度，应根据岩层性质、裂隙情况等确定。一般沿隧道断面周边布置，纵横间距随地质条件不同约为 0.6~1.5m，其密度约为 0.6~3.6 根/m²。

根据隧道围岩分级，并参照有关资料，将单、双线隧道系统锚杆的长度、根数、间距及密度等参数列于表 7-13 中，仅供参考。

7.4.2.4　锚杆长度与直径

不论是起悬吊作用的锚杆或是靠摩擦阻力来达到支护目的的锚杆，都必须选定合适的锚杆长度。在设计阶段，可采用施工的经验数据或通过理论计算求得，然后根据实际量测的塑性区半径进行修正。

表 7-13　　　　　　　　　　　隧道系统锚杆参数

围岩 \ 部位	部位	单线隧道			双线隧道		
		密度/（根/m²）	长度（m）×根数	间距/m	密度/（根/m²）	长度（m）×根数	间距/m
Ⅰ							
Ⅱ	拱部	2×（0～6）	1.5	0.6	2×（0～6）	1.5	0.6
Ⅲ	拱与边墙	2×14	1.2	0.9	2×16	1.2	0.9
Ⅳ	拱与边墙	3×16	1.0	1.3	3×20	1.0	1.3
Ⅴ	拱与边墙	3×20	0.8～1.0	2.0	3×24	0.8～1.0	2.0
Ⅵ	拱与边墙	3×18	0.6～0.8	3.6	3×22	0.6～0.8	3.6

按施工经验确定锚杆长度时，应考虑以下几个方面。

（1）根据隧道开挖宽度选定：锚杆长度 L 应与隧道开挖宽度 B 及地质条件相适应，对于中等以上的硬岩及开挖后可以自稳的隧道，$L \geqslant （1/3～1/4）B$；软弱围岩 $L \geqslant （1/2～1/3）B$。

（2）根据锚杆限制围岩变形的经验选定：岩层的变形不应超过允许最大变形，在深埋情况下（覆盖层大于 50m 时）采用端部锚固式锚杆时，岩层的变形不超过锚杆长度的 2%，即 $u \leqslant 2\% L$（u 为岩层允许最大变形量）。采用全长黏结型锚杆时，岩层变形不超过锚杆长度的 5%，即 $u \leqslant 5\% L$。

（3）根据岩层稳定情况选定：如围岩稳定，仅为防止其表层断裂或松动时，锚杆长度通常为 1.5～2.5m。如为不稳定围岩，需用锚杆限制围岩变形或起到有效的支护作用时，锚杆长度不宜小于 2.5m，最长约为隧道开挖宽度的一半。

7.4.2.5　锚杆材质检验与控制

1．材料检验

锚杆打入岩体主要承受拉力，因此在材料进场前，实验室严格抽样进行材质检验，检测其抗拉强度，是否与设计相符，若发现锚杆有质量缺陷，则应弃之不用。

2．安装尺寸检查

为了使锚杆安装质量得到保证，施工钻孔前根据设计要求大致定位孔位，作出标记，根据围岩壁面岩层的情况，允许孔位偏差 ±15cm，重点要对锚杆之间排距进行控制，在施工时技术人员要负责检查。

钻孔时要查清围岩壁面和岩层结构面，尽量使钻孔与围岩壁面和岩层主要结构面垂直。钻孔一般在边墙和拱脚容易控制，在拱顶部位则不易控制，所以在检查锚杆质量时，要重点检查顶部锚杆的孔位情况。对于围岩是近水平岩层时，拱顶易出现掉块，因此在拱顶部位应多设置锚杆，加强岩体锚固；边墙岩体稳定性较好，可适当少设置锚杆。

适宜的钻孔深度是保证锚杆锚固质量的前提，尤其是对于药卷锚杆来说，孔深影响特别严重。深度不够时，锚杆出现悬空，难以发挥作用。

3．锚杆的抗拔力测试

锚杆抗拔力是指锚杆能够承受的最大的拉力。它是锚杆材料、加工和施工安装质量的综合反映。根据有关规范要求，每 300 根锚杆中取 3 根锚杆进行抗拔试验，其抗拔力值均应达到设计要求。

7.4.3 喷射混凝土

将水泥、砂子、碎石按一定比例干料拌和后（掺入速凝剂）送入混凝土喷射机，再由高压风经输料管压送至喷枪嘴处与水混合，高速喷向岩面，凝结硬化而形成的衬砌结构称为喷射混凝土支护。

将钢筋制作的杆件以机械锚固或者黏结锚固方式锚固于围岩中，用以加固并支护围岩的方法称为锚杆支护。

在隧道工程中一般都将喷射混凝土与钢拱支撑、锚杆、金属网等联合使用，作为初期支护或二次支护（永久支护），通常将喷射混凝土锚杆或与加挂钢筋网一起（临时支护）组成的联合支护称为喷锚支护。

7.4.3.1 喷射混凝土的作用

1．支撑围岩

由于喷层能与围岩密贴和粘贴，并施予围岩表面以抗力和剪力，从而使围岩处于三向受力的有利状态，防止围岩强度恶化。此外，喷层本身的抗冲切能力可阻止不稳定块体的滑塌（见图 7-41）。

2．"卸载"作用

由于喷层属柔性，能使围岩在不出现有害变形的前提下，发生一定程度的变形，从而使围岩"卸载"一定应力，同时喷层中的弯曲应力减小，有利于混凝土承载力的发挥（见图 7-42）。

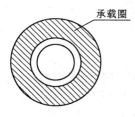

图 7-41 支撑作用

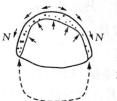

图 7-42 抗弯作用

3．填平补强围岩

喷射混凝土可射入围岩张开的裂隙，填平表面凹穴，使那些分割的岩层面粘连在一起，保护岩块间的咬合、镶嵌作用，提高其间的黏结力、摩阻力，并避免或缓解围岩应力集中（见图 7-43）。

4．覆盖围岩表面

喷层直接粘贴岩面，形成风化和止水的保护层，并阻止节理裂隙中充填物流失（见图 7-44）。

5．阻止围岩松动

喷层能紧跟掘进进程并及时进行支护，早期强度较高，因而能及时向围岩提供抗力，阻止围岩松动（见图 7-45）。

6．分配外力

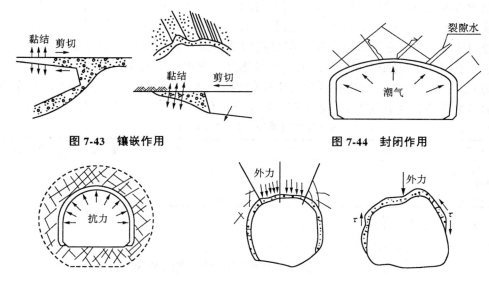

图 7-43　镶嵌作用　　　　　　　　　　图 7-44　封闭作用

图 7-45　加固作用　　　　　　　　　　图 7-46　分载传递作用

通过喷层把外力传给锚杆、钢拱架等，使支护结构受力均匀（见图 7-46）。

7.4.3.2　喷射混凝土的特点及力学性能

1．喷射混凝土的特点

（1）喷射混凝土具有强度增长快、黏结力强、密度大、抗渗性好的特点。它能较好地填充岩块间裂隙的凹穴，增加围岩的整体性，防止自由面的风化和松动，并与围岩共同工作。

（2）与普通模筑混凝土相比，喷射混凝土施工将输送、浇注、捣固几道工序合而为一，更不需模板，因而施工快速、简捷。

（3）喷射混凝土能及早发挥承载作用。它能在 10min 左右终凝，一般 2h 后即具有强度，8h 后可达 2MPa，16h 后达 5MPa，24h 后可达 7～8MPa，4d 达到 28d 强度的 70% 左右。

（4）试验表明，喷射混凝土与模筑混凝土相比，其密实性和稳定性要差一些。

2．喷层的力学性能

喷射混凝土的力学特性直接影响地下工程的加固效果，主要力学特性有强度和变形特性。

评价喷射混凝土质量的主要强度指标见表 7-14 和表 7-15。由于采用喷射法施工，拌和料高速喷到岩面上且反复冲击压密，故喷射混凝土一般具有良好的密实性和较高抗压强度。

表 7-14　　　　　　　　　　　　　　喷射混凝土的设计强度

强度种类	喷射混凝土强度等级		
	C20	C25	C30
轴心抗压	10	12.5	15
弯曲抗压	11	13.5	16
轴心抗拉	1.0	1.2	1.4

表 7-15　　　　　　　　　喷射混凝土的受压弹性模量 E_c　　　　　　　　　　　MPa

喷射混凝土强度等级	C20	C25	C30
受压弹性模量 E_c	2.1×10^4	2.3×10^4	2.5×10^4

喷射混凝土的黏结强度包括抗拉黏结强度和抗剪黏结强度。前者用于衡量喷射混凝土在受到垂直于界面方向拉应力作用时的黏结能力，后者则反映抵抗平行于界面作用力的能力。

喷射混凝土与岩石的黏结强度，与待喷岩石性质、岩面条件、节理充填物等有密切关系，表 7-16 为喷射混凝土与各种岩石的黏结强度。新喷射混凝土与原喷混凝土的黏结强度一般为 0.7～2.85MPa，与喷射混凝土界面的抗拉黏结强度是 1.47～3.49MPa。喷射混凝土层与岩石之间的黏结力取决于岩石表面的清洁度，所以喷射前应清洗岩石表面。

表 7-16　　　　　　　　岩石与喷射混凝土之间的黏结强度值

岩石种类	岩石单轴饱和抗压强度/MPa	岩石与喷射混凝土之间黏结强度值/MPa
硬　岩	>60	1.5～3.0
中硬岩	30～60	1.0～1.5
软　岩	5～30	0.3～1.0

7.4.3.3　喷层的变形机理

1. 喷层的变形破坏机理

喷层变形和承载力之间的关系试验表明喷层的受力变形分为 3 个阶段，如图 7-47 所示，第一阶段为黏结抵抗，第二阶段为梁效应，第三阶段为薄壳效应。

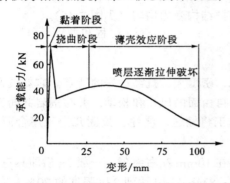

图 7-47　喷射混凝土变形曲线　　　　　图 7-48　喷层相对厚度与相对破坏荷载

在变形初期，喷层黏结抵抗作用、黏结破坏取决于围岩表面矿物成分厚度，黏结抵抗效应主要取决于围岩质量（围岩表面矿物成分）及其表面清洁程度，并在一定程度上随喷层厚度增加而加强。

2. 喷层厚度与柔性

厚度是喷射混凝土最重要的参数，喷层的柔性与厚度直接相关，图 7-48 为喷层相对厚度与相对破坏荷载的关系。

$h/r_0 > 1/5$ 时，喷层为柔性状态，其破坏形式为剪切破坏；当 $h/r_0 = 1/8 \sim 1/12$ 时，支护能力最大，喷层处于从剪切破坏到弯曲的过渡阶段。这表明喷层愈厚刚度愈大，约束了围岩变形，引起更大荷载，反而容易发生破坏。所以喷层要具有柔性，必须控制其厚度，柔性较好且具有足够抗力的喷层厚度应控制在

$$h = (0.025 \sim 0.033) r_0$$

式中，h 为喷层厚度；r_0 为隧道计算半径，非圆形隧道，近似取其外接圆半径或跨度半径。

喷层也不是越薄越好，否则支护抗力不足会引起压裂或压剪破坏，发生开裂剥落。当喷层厚度小于 50mm 时，由于材料的收缩会导致喷层的渗水和结构的破坏。

加入缓凝剂和定期速凝剂可以延长喷层的塑性时间，此外，还可采用在喷层中加入钢纤维或玻璃纤维及使用钢筋网等，可以增加混凝土喷层的柔性。混凝土喷层，允许变形量为20mm 左右；钢筋网或金属网喷层，允许变形量可达 50mm 左右；钢纤维喷层，可达 50～80mm；试验表明，喷层厚度的增加与喷层强度的增加并不呈线性关系，喷层厚度每增加50％，喷层强度只增加 10％～20％。

7.4.3.4　喷射工艺种类

喷射混凝土的工艺流程有干喷、潮喷、湿喷和混合喷 4 种。主要区别是各种工艺的投料程序不同，尤其是加水和速凝剂的时机不同。

1．干喷和潮喷

干喷是将骨料、水泥和速凝剂按一定的比例干拌均匀，然后装入喷射机，用压缩空气的方法使干集料在软管内呈悬浮状态送到喷枪，再在喷嘴处与高压水混合，以较高速度喷射到岩面上。干喷的缺点是产生的粉尘量大，回弹量大。干喷加水是由喷嘴处的阀门控制的，水灰比的控制程序与喷射手操作的熟练程度有关。但使用的机械较简单，机械清洗和故障处理容易。

潮喷是将骨料预加少量水，使之呈潮湿状，再加水泥拌和，从而降低上料、拌和与喷射时的粉尘。但最大量的水仍是在喷头处加入和喷出的，其喷射工艺流程和使用机械同干喷工艺，如图 7-49 所示。目前施工现场较多使用的是潮喷工艺。

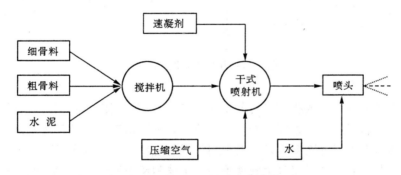

图 7-49　干喷、潮喷工艺流程

2．湿　喷

湿喷是将骨料、水泥和水按比例拌和均匀、用湿式喷射机压送到喷头处，再在喷头上填加速凝剂喷出，其工艺流程如图 7-50 所示。

湿喷混凝土质量容易控制，喷射过程中的粉尘和回弹量很少，是应当发展应用的喷射工艺。但对喷射机械要求较高，机械清洗和故障处理较麻烦。对于喷层较厚的软岩和渗水隧道，则不宜使用湿喷。

3．混合喷射

混合喷射又称水泥裹砂造壳喷射法，是将一部分砂加第一次水拌湿，再投入全部水泥强制搅拌造壳；然后加第二次水和减水剂拌和成 SEC 砂浆；将一部分砂和石、速凝剂强制搅拌均匀。然后分别用砂浆泵和干式喷射机压送到混合管混合后喷出。其工艺流程如图 7-51所示。

混合喷射是分次投料搅拌工艺与喷射工艺的结合，关键是水泥裹砂（或砂、石）造壳技

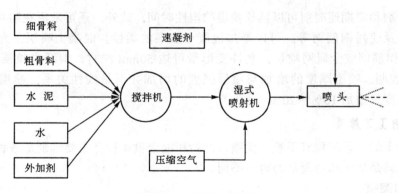

图 7-50　湿喷工艺流程

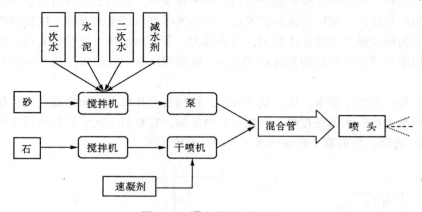

图 7-51　混合喷射工艺流程

术。

混合喷射工艺使用的主要机械设备与干喷工艺基本相同，但混凝土的质量较干喷混凝土质量更好，且粉尘和回弹率有大幅度降低。但使用机械数量较多，工艺较复杂，机械清洗和故障处理很麻烦。因此混合喷射工艺一般只用于混射混凝土量大和大断面隧道工程中。

由于喷射工艺不同，喷射混凝土强度不同，干喷和潮喷混凝土强度较低，一般只能达到C20，而混合喷射则可达到 C30～C35。

7.4.3.5　喷射混凝土设计

设计要点如下。

（1）为使混凝土有一定的力学性能和耐久性能以及早期强度，喷射混凝土设计的最低强度不应低于 15MPa，一般设计为 20MPa，1d 龄期抗压强度不应低于 5MPa。

对于Ⅰ～Ⅱ级围岩，喷射混凝土与岩面的黏结强度不应低于 0.8MPa，对Ⅳ级围岩，喷射混凝土与岩面的黏结强度不应低于 0.5MPa。

（2）喷射混凝土支护的设计厚度。若为防止围岩风化/侵蚀，厚度不得小于 30mm，若作为支护结构，厚度不得小于 50mm；若围岩含水，不得小于 80mm；为防止混凝土由于收缩裂纹而剥落并妨碍喷射混凝土的柔性特点的发挥，以及减少在围岩中产生较大的变形压力，喷射混凝土厚度不宜超过 200mm。

（3）在级围岩中，易出现局部不稳定岩块，喷射混凝土的设计厚度应按下式验算

$$d \geqslant \frac{k_s G}{0.75 F_{ct} U_r} \tag{7-19}$$

式中，d 为设计的混凝土厚度；F_{ct} 为喷射混凝土设计抗拉强度；U_r 为局部不稳定块体露出的周边长度；G 为不稳定岩块重量；K_s 为安全系数，一般取 2.5。

（4）喷射混凝土中含有较多的大小适中、分布均匀、彼此不串通的气泡，故提高了抗渗性。一般若水灰比超过 0.55 时，可以达到 P8。当要求有较高的抗渗性时，水灰比最好不超过 0.45～0.50。

（5）采用水泥裹砂喷射工艺时，除应试验确定总的水灰比外，还应注意试验选定最佳造壳水灰比 W_1/C。

有试验表明，对普通中砂，当造壳水灰比 W_1/C 为 0.20～0.25 时，28d 强度及其他指标均最高，称为最佳造壳水灰比。造壳水灰比与砂子的细度模数关系很大，砂子越细，其表面需水量越大，则需要较大的造壳水灰比，否则用较小的 W_1/C 值，一般在 0.15～0.35 范围内。最佳造壳水灰比与水泥品种亦有很大关系，一般地，矿渣水泥、火山灰水泥较之硅酸盐（普通硅酸盐）水泥的最佳造壳水灰比大 0.05 以上。

（6）拌制 SEC 砂浆应采用强制式搅拌机，以缩短搅拌时间和改善造壳效果。尤其第二次加水后的搅拌时间不能太长，要加以严格控制。

7.4.3.6　喷射混凝土施工

1. 喷射混凝土的材料

（1）水泥。强度等级不低于 32.5 级（425 号）的普通硅酸盐水泥，或 42.5 级（525 号）矿渣硅酸盐水泥（有抗渗要求时不能使用）或 42.5 级（525 号）火山灰质硅酸盐水泥。

在围岩破碎及含侵蚀性水的地段，应采用双快（快凝、快结）水泥、膨胀水泥或耐酸水泥。

（2）砂石：砂的性能和规格应符合普通混凝土使用标准。以用坚固的中砂、中混合砂较好，细度模数为 2.4～2.7，砂的颗粒级配见表 7-17，不宜用细砂。砂的含水率一般应控制在 5%～7%（按质量分数计算）。

表 7-17　　　　　　　　　　　　混凝土用砂的颗粒级配

筛孔尺寸/mm	0.15	0.30	1.20	5.0
累计筛余（以质量分数计，%）	95～100	70～95	20～55	0～10

喷射混凝土用的石子，应采用坚硬耐久的碎石或卵石（如表 7-18），其粒径为 20mm 以下，最大粒径应不超过输送管直径的 1/3。

表 7-18　　　　　　　　　　　　石子的质量要求

颗粒级配	筛孔尺寸/mm	5	10	20
	累计筛余（以质量分数计，%）	90～100	30～60	0～5
石子		碎石		卵石
岩石饱和极限抗压强度与混凝土设计强度比，不小于/%		200		200
软弱颗粒质量分数，不大于/%				5
针状、片状颗粒质量分数，不大于/%		15		15
泥土、杂物质量分数（冲洗法实验），不大于/%				1
硫化物和硫酸盐质量分数（折算为 SO_3），不大于/%		1		1
石粉质量分数，不大于/%		2		2

使用卵石能减少堵管和对输料管的磨损。某些含有活性 SiO_2 的岩石，如流纹岩、安山岩等不能用做喷射混凝土的骨料，以避免发生碱骨料反应，而将混凝土胀裂。

（3）速凝剂：掺入速凝剂的目的在于使喷射混凝土速凝快硬，防止喷层因重力作用而坍落，提高喷射混凝土在潮湿岩面或轻微含水岩层中的使用性能，增加一次喷射厚度和缩短喷射层之间的喷射间隔时间。速凝剂有固体和液体两种，目前国内主要使用固体速凝剂，如红星 I 型等。

混凝土掺速凝剂后可提高早期强度但会降低后期强度。掺量愈多，早期强度增长愈快，而后期强度损失也愈大（掺量为 2% ~4% 时，28d 的强度降低达 30% ~40%），故必须根据结构对混凝土早期强度和后期强度要求，通过试验来确定其掺量，要严格控制掺量。

2. 喷射混凝土的配合比与水灰比

配合比的选择应满足混凝土强度和其他物理力学性能（抗剪、黏性、耐久性）的要求，同时还应满足施工工艺要求（减少回弹，不发生离析，分层，和易性好），并且要求水泥用量最小。

为了保证喷射混凝土有足够强度（抗压强度 20MPa 以上），减少回弹量，必须通过试验来选择最合适的配合比，一般可参考表 7-19。

表 7-19　　　　　　　　　　　　　　　混凝土的配合比

喷射部位	配合比	
	水泥:中砂:石子	水泥:细砂:石子
侧墙	1:(2.0~2.5):(2.0~2.5)	1:2.0:(2.0~2.5)
拱顶	1:2.0:(1.5~2.0)	1:(1.5~2.0):(1.5~2.0)

喷射混凝土与普通混凝土相比，其石子用量要少，相应砂子的用量要增多，一般含砂率为 50% 左右。水灰比也是影响喷射混凝土强度和其他物理力学性能的重要因素，一般取 0.4 ~0.5 为宜。

3. 喷射混凝土的机械设备

喷射混凝土作业的机械主要包括混凝土喷射机、上料机、搅拌机、机械手、混凝土运送搅拌车、压缩空气机及混凝土喷射三联机等。

（1）混凝土喷射机。混凝土喷射机是喷射混凝土的主要机械设备。目前我国使用的国产喷射机，根据其构造特点和使用物料的干湿程度不同，可分为双罐式混凝土喷射机，转子式混凝土喷射机和螺旋式混凝土喷射机等几种。

（2）搅拌机。因干混合料拌和时，易产生粉尘，所以要使用密封式的强制搅拌机，如 JW-375 型强制搅拌机。也可用搅拌车，它可起搅拌和运料（洞外搅拌时）双重作用。

（3）皮带运输机。自砂石场将配好的干混合料运送到搅拌机（搅拌车）或将干混合料装入喷射机，都需要用皮带运输机。最好采用长度不超过 5m，宽度为 400~500mm 的小型皮带运输机，它有使用灵活、供料均匀连续、有利于在干混合料中掺速凝剂等优点。

（4）油水分离器。因高压风中含有油气和水汽，高压风进入喷射机前，必须先通过油水分离器，把油和水过滤排掉，否则会产生混凝土结块、堵管或影响混凝土质量。

（5）震动筛。震动筛设在皮带运输机和喷射机的受料口处，能防止大于 20mm 的石子和杂物进入混合料或喷射机中。

（6）混凝土喷射三联机。混凝土喷射三联机是近几年从国外引进的混凝土喷射机械。所谓"三联机"即由料仓、搅拌和喷射 3 部分组成，它分为轨行式及轮胎式两类。

喷射混凝土施工的机具设备还有电瓶车、磅秤、熟料软管、照明设备、混凝土切割机、锚杆钻孔安装机等。条件允许时，最好能配套使用，以提高喷射混凝土的机械化施工水平。

4. 喷射混凝土的施工要点

（1）喷射混凝土的施工准备。

① 净空检查：开挖断面应符合设计要求，欠挖应补炮；

② 清除浮石及墙脚的岩渣，冲洗受喷面，如有滴漏水现象，应采取措施，加以处理；

③ 利用锚杆的外露长度或选择凸出岩石，用快凝灰浆粘住铁钉等，作为喷射厚度的标志；

④ 做好回弹物料的回收和利用工作；

⑤ 根据喷射混凝土的施工部位，做好机械设备就位和场地布置，保证运输线路畅通。

（2）喷射作业。喷射作业是喷射混凝土整个施工过程中最关键而紧张的工作。要求喷射手有熟练的喷射技术，各施工环节如备料、拌和、运输、上料、风水供应、照明、喷射等能紧密配合，这些是关系到喷射混凝土质量好坏、回弹量多少的关键。应该注意以下几个问题。

① 试运转。在喷射机未上料前，应先开启高压风、水，若喷嘴风压正常，则喷出的风水呈雾状；若喷嘴风压不足或不出气，则可能输料管被堵塞，应及时排除。然后再开动电动机，进行空转，待喷射机运转正常后才开始进料喷射。

② 掌握好风压、水压及水灰比。风源风压应稳定在 392～637kPa 范围，以保证喷射质量（回弹量小，粉尘少，一次喷射厚度大）。若风压小，则喷射动能小，粗骨料将冲不进砂浆层内而脱落；若风压太大，则喷射动能太大，粗骨料会碰撞到岩石而弹回。

喷嘴处水压应较风压至少高出 49～98kPa，才能使水泥充分水化。水压低于风压，不但水泥不能充分水化，反而会造成水环孔堵塞。

水灰比应控制在 0.4～0.5 之间，水灰比过小时，则喷层表面颜色灰暗，出现干斑且粉尘飞扬，回弹量增大；水灰比大时，则喷层表面起皱、拉毛或滑动流淌；水灰比正好时，则喷层表面黏性好，表面平整，粗骨料分布均匀且回弹量减少。

③ 喷嘴与岩面的距离和夹角。通常在喷头上接一直径为 100mm、长为 0.8～1.0m 的拢料管，可使水泥与水充分拌和，使混凝土束集中且回弹石子不致伤及射手。喷嘴与岩面间的距离一般为 0.6～1.2m，太近或太远都会增加回弹量。

喷射方向应与岩面垂直，或成不大于 10°的倾斜角（如图 7-52），以使回弹物受到喷射束的约束，抵消部分弹回的能量而使回弹量减小，喷射拱部时应沿径向喷射。

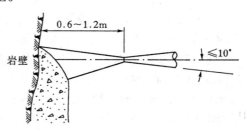

图 7-52　喷射方向

④ 一次喷射厚度与喷射间隔时间。一次喷射厚度与喷射效率、回弹损失、颗粒间凝聚力及喷层与岩面的黏结力有关。一次喷射厚度太大，则颗粒间凝聚力减弱而使混凝土因自重大而大片塌落，或使拱顶混凝土与岩面间形成空隙。一次喷射厚度太小，则粗骨料容易溅回，只有当附于基岩底层的喷射物形成塑性层后，粗骨料才能楔入其中。

一次喷射厚度一般不小于最大骨料粒径的 1.5 倍，否则会使回弹物增多。

两层喷射层的间隔时间与水泥品种、施工温度和速凝剂有关。一般间隔时间为 15～30min。第一次喷射厚度拱部为 3～5cm，边墙为 8～10cm；第二次喷射至设计厚度，拱部为 8～12cm，边墙为 12～17cm。不同的喷射角度，其喷射厚度有所不同。

⑤ 喷射混凝土工艺流程。喷射作业应有条不紊地进行，以提高功效及保证质量。根据混凝土凝结时间及工作面情况，应采取分区喷射方法，如图 7-53 所示（以 6m 为一基本段，其中又分成 2m 长的 3 个小段，每段高 1.5m）。喷射原则是：要分段、分部、分块，由下而上，先边墙，后拱脚，最后喷拱顶。这样可以防止掉落的回弹物附在未喷的岩面上，而影响喷射混凝土与围岩的黏结力。

喷射时喷头应缓慢呈螺旋形均匀移动，一圈压半圈，绕圈直径为 30cm 左右，如图 7-54 所示，以保证喷射均匀和表面光滑平整。

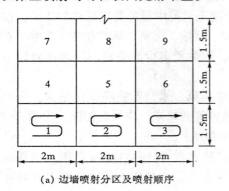

(a) 边墙喷射分区及喷射顺序

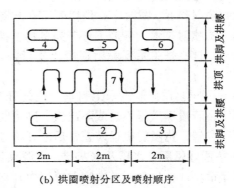

(b) 拱圈喷射分区及喷射顺序

图 7-53　分区喷射

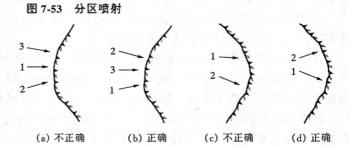

(a) 不正确　　(b) 正确　　(c) 不正确　　(d) 正确

图 7-54　喷头螺旋形均匀移动　　　　　　图 7-55　喷射次序

对凹凸悬殊的岩面，喷射时应注意喷射次序，应先下后上，先两头后中间，这样可以减少回弹量，如图 7-55 所示。喷射混凝土流程如图 7-56 所示。

⑥ 堵管故障及排除。喷射中发生堵管的原因是多方面的，如粗骨料过大（粒径大于 2.5cm）或其他杂物引起的堵管，混合料（砂为主）湿度过大（大于 6%），摩擦力增大，水泥水化结块，输料软管弯角过小（小于 90°）及风压偏小，均可能引起堵管。此外，若操作不对时，如：先开电动机后给风，混合料未吹完而停风，误开放气阀而停风等，都会引起堵管。

发生堵管应及时处理。处理堵管时，一定要关闭总进气阀。注意喷头或出料口处严禁站人，防止堵管突然通畅而发生事故。

⑦ 喷射混凝土的养护。由于喷射混凝土的收缩率比普通混凝土大，为了保证水泥能充

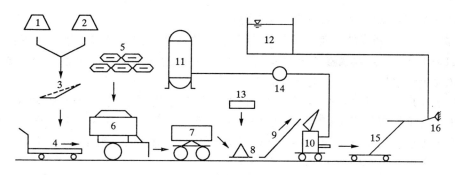

图 7-56　喷射混凝土流程

1—石子；2—砂子；3—筛子；4—磅秤；5—水泥；6—搅拌机；7—混凝土输送车；8—料盘；9—胶带上料机；10—喷射机；11—储风筒；12—高压水池；13—速凝剂；14—油水分离器；15—机械手；16—喷嘴

分水化及喷射混凝土强度均匀增长，减少或防止喷射混凝土发生开裂，做好养护是十分必要的。

喷射混凝土终凝后 2h 开始浇水养护，特别是初期应加强浇水。养护时必须有专人负责做好记录，并坚持交接班制度。喷射混凝土养护时间见表 7-20。

表 7-20　　　　　　　　　　　喷射混凝土养护时间

空气湿度	水泥品种	养护时间/d	说　明
60%以下	普通硅酸盐	≥21	每 2～3h 喷水一次
	火山灰或矿渣硅酸盐	≥28	每 2～3h 喷水一次
80%左右	普通硅酸盐	≥14	每 3～4h 喷水一次
	火山灰或矿渣硅酸盐	≥21	每 3～4h 喷水一次
90%以上	普通硅酸盐	≥7	每 8h 喷水一次
	火山灰或矿渣硅酸盐	≥14	每 8h 喷水一次

5. 喷射混凝土的质量检验

(1) 喷射混凝土的物理力学性质。喷射混凝土是一种具有足够力学强度和耐久性的材料，与岩石、混凝土、钢材以及其他材料有很高的黏结力。和普通混凝土一样，它的组织也不完全是均匀的。

喷射混凝土常有较大的空隙，故其重度较低，这是由其工艺所决定的。但试验资料证明，喷射混凝土仍具有较高的防水和抗渗性能（达 1MPa）以及较好的抗冻性。

由于上述原因，特别是由于速凝剂的有害影响，其抗压、抗拉、抗剪以及抗耐磨强度均低于普通混凝土。

根据试验资料，当胶骨料比为 1:4，速凝剂掺量为 2.5%～4% 时，喷射混凝土的 28d 抗压强度一般为 20～30MPa（要求不低于 20MPa），抗拉强度在 2.0MPa 左右（要求不低于 1MPa），与钢筋的黏结力约为 1.5～4.0MPa，与岩石的黏结力约为 1MPa（要求不低于 0.5MPa），弹性模量一般在 20GPa 左右（要求不低于 18GPa），其收缩变形略大于普通混凝土。

(2) 质量检查。

① 各种材料进库时，应进行质量检查与验收。施工中，对喷射混凝土和水泥砂浆的原

材料配合比及拌和均匀性，每班至少检查两次。

② 喷射混凝土强度的检查。喷射混凝土强度的检查，主要是检查抗压强度。要求单线隧道每 20m 延长 1m，双线隧道每 10m 延长 1m，至少应在拱部及边墙各取一组试样，材料或配合比变更时另取一组，每组至少取 3 个试样。

合格条件是：同批（指同一配合比）试块的抗压强度平均值不低于 20MPa；任意一组试块抗压强度平均值不低于设计强度的 85％；同批试块为 3～5 组时，低于设计强度的试块组数不多于 1 组；同批试块为 6～16 组时不多于 2 组；同批试块为 17 组以上时，低于设计强度的组数不多于总组数的 15％。

试件的制作一般采用喷射大板切割法。在对强度有怀疑时，则用凿方切割法。

喷射大板切割法是在施工的同时，把混凝土喷射在 45cm×35cm×12cm（可制成 6 块）或 45cm×20cm×12cm（可制成 3 块）的模型内，在混凝土达到一定强度后，切割加工成 10cm×10cm×10cm 的立方体试块，在标准条件下养护至 28d 进行试验，试验精度要求为 0.1MPa。

凿方切割法是在具有一定强度的支护结构上，用凿岩机打密排钻孔，取出长约 35cm，宽约 15cm 的混凝土块，切割加工成 10cm×10cm×10cm 的立方体试块，在标准条件下养护 28d 进行试验，试验精度要求为 0.1MPa。强度不合格时，应查明原因，采取补强措施，如加厚喷层或增设锚杆。

③ 喷射混凝土厚度的检查。喷射时可插入长度比设计厚度大 5cm 的铁丝，纵横向每 1～2m 设一根，作为施工控制的标志。衬砌完成后，单线隧道每 20m 延长 1m，双线隧道每 10m 延长 1m，至少检查一个断面，从拱顶中线起每隔 2m 凿孔检查一个点。每个断面拱和墙分别统计，全部检查处的混凝土厚度应有 60％ 以上不小于其设计厚度，其余不小于设计厚度的 1/2。钢筋网喷混凝土的厚度应不小于 6cm。

④ 喷射混凝土的其他检查。

喷射混凝土与围岩黏结情况的检查：一般采用锤击法，如锤击有空响时应清除已喷混凝土，洗净岩壁重喷，必要时进行黏结力检查。

当发现喷射混凝土表面有干斑、裂缝、露筋、渗漏水等情况时，应予以修补、凿除重喷或进行整治。

6. 钢纤维喷射混凝土

喷射混凝土和普通混凝土一样，其弱点是抗拉伸和弯曲的能力较低，抗裂性和延性较差。因此，最近瑞典、日本、美国等开始采用钢纤维喷射混凝土，并收到了良好的效果，我国目前也在逐渐推广应用。

钢纤维喷射混凝土是指在喷射混凝土中加入一定数量的特制钢纤维，以提高其抗拉、抗剪、抗折强度，改善其韧性和其他性能。

据有关资料介绍，钢纤维喷射混凝土与混凝土相比，抗压强度可提高 30％，抗拉强度可提高 30％～50％，抗弯强度可提高 100％～120％，抗折强度可提高 180％，抗冲击强度、抗收缩性等均有较大的改善。

钢纤维喷射混凝土所使用的钢纤维，其直径为 0.25～0.4mm，长度为 2～30mm，长径比以 60～100 为佳。掺量为 4％～6％（以混凝土的质量计）。钢纤维一般采用碳素钢制成。

钢纤维喷射混凝土目前主要用于干式喷射机，其主要缺点是没有专门的钢纤维分散投料设备，而使钢纤维在喷射设备及给水管中产生黏结抑制作用，在运动过程中出现"打团"现象，影响其正常工作。为解决此问题，英国研制了钢纤维喷射混凝土专用喷射机。喷射时采用钢纤维分散投料机，将钢纤维送入单独的软管中，进到喷嘴处与混凝土均匀混合后喷出。

7.SEC 法喷混凝土

（1）SEC 法的基本概念。所谓 SEC 法，即用水泥裹住砂粒法。该法为日本首创。其主要原理如下。

① 当砂表面无水分时，砂和水泥互不黏附，呈分散状态。

② 在砂表面稍有一点水分时，其表面就能黏附上一些水泥，而其他水泥颗粒仍呈散状态。

③ 砂表面水分增至一定程度时，砂粒被水泥颗粒包裹，牢固地黏附在一起。在砂子周围形成一个水泥外壳，这种作用称"造壳作用"（试验证明，将已经成壳的砂再加水拌和，水泥也不会流失）。

（2）SEC 法喷射混凝土工艺流程（见图 7-57）。整个工艺流程分为砂浆和骨料两个系统。具体做法是：将部分砂子用砂子水分调节器（表面水调匀机）调节，使砂粒表面含水率保持均匀，然后按最佳造壳水灰比加入第一次水（W_1）与水泥进行第一次拌和，使砂子造壳。再加剩余水（W_2）和减水剂（A_d）等进行第二次拌和，制成 SEC 砂浆，用泵压送至混合管。然后把剩余砂与石子干拌，加速凝剂后送入干式喷射机，两者在混合管混合后由喷嘴喷出。

（3）最佳含水量。该法的关键是掌握好最佳含水量，水少了呈干粉状，水多了与普通砂浆相同。最佳含水量与水泥用量和砂的细度模数有关，应通过试验确定。一般为总用水量的 30 %～40 %。在最佳含水量下，拌出的砂浆遇水基本不破坏，砂粒没有裸露现象，外壳圆滑，烘干后的外壳较硬，不易脱落。二次拌和时，水泥用量很少。用最佳含水量减去造壳用砂的天然含水量即为第一次搅拌用水量（W_1）。

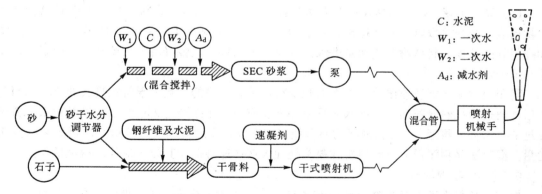

图 7-57　SEC 法喷射混凝土流程图

（4）造壳用砂量。当喷射混凝土配合比（与一般喷射法相同）确定后，应根据砂浆和喷射机的生产能力分配造壳的用砂量，实际配料情况应与设备输料能力相符。造壳用砂量一般为总用砂量的 50 %～60 %，SEC 砂浆的流动度控制在 23～28cm 为宜。

喷射过程中，应通过砂浆泵的调速电机调整砂浆泵的转速，使其输浆量与喷射机相匹配。

（5）SEC 法喷射混凝土的优点。

① 黏结性能良好，回弹量少；

② 粉尘量少（同湿喷相等或更少）；

③ 喷混凝土强度稳定性好；

④ 喷射能力大（6~12m³/h），约为干喷法的两倍左右；

⑤ 一次喷射厚度大（可达 10~40cm）；

⑥ 有涌水时也容易喷附。

8.喷射混凝土存在的问题

喷射混凝土技术从设计到施工还存在以下一些问题，有待进一步解决。

（1）回弹物及其处理。回弹物改变了理论配合比，降低了混凝土的密实度和抗渗性，并降低了混凝土与岩层的黏结力，因此，严重地影响了混凝土的质量，从而造成极大的浪费。目前，回弹物的产生是不可避免的，但应设法控制在最小范围（30%）内，并有效地加以回收利用。

回弹量的大小与开挖轮廓的平整程度、选料、配合比、砂率、水灰比、速凝剂掺量、喷射手操作技术、喷射方向、喷射距离、角度、风压及水压等均有关。因此，要特别注意对混凝土配合比、水灰比、速凝剂掺量及喷射手的选用。

另外，在喷头上增加拢料管，或使用液态速凝剂并在其中掺加纤维填料（直径为 0.2~0.4mm，长 20~25mm 的尼龙丝、玻璃丝或钢丝），都是减少回弹量的有效办法。但这两种方法会影响喷混凝土的力学性能，如提高抗拉及抗弯强度，降低抗压强度。

回弹物是一种缺水泥、少砂子、多石子的松散潮湿混合物，其配合比约为 1:3:6。故回收后适当掺以水泥、砂及速凝剂并与新鲜混凝土料掺和后，仍可用于重新喷射，但掺量不能大于新鲜骨料总量的 30%，且不用于喷射拱顶。此外，也可用回弹物重新配料后灌注隧道仰拱、铺底、修筑水沟及电缆槽等。

（2）防尘问题。水泥和速凝剂对人体有害，尽管干喷法采用密封干拌，喷射时仍会产生大量粉尘，必须采取以下防尘措施：将混合料的湿度控制在 4%~6%，加强通风，适当增加拢料管的长度，将喷嘴改成两路进水式，喷嘴供水自动调整（由风压控制）及控制工作风压（低于水压）等。

将干喷改为半湿喷或湿喷，可大大减少粉尘量。干喷的特点是干料在喷头处与水瞬间混合后，通过短拢料管喷出，因此水泥颗粒并未能充分水化而产生大量粉尘。半湿喷系干料先经过一个水环，再通过 8m 长的湿输料管使水泥充分水化后再到喷嘴喷射，故可大大减少粉尘量。湿喷法是用湿混凝土喷射机在喷头处加入液体速凝剂，其效果最佳，粉尘最少。

9.钢筋网喷射混凝土

钢筋网喷射混凝土是在喷射混凝土之前，在岩面上挂设钢筋网，然后再喷射混凝土。其物理力学性能基本上同钢纤维喷射混凝土，只是其配筋均匀性较钢纤维差。目前，我国在各类隧道工程中应用钢筋网喷射混凝土支护的比较多，主要用于软弱破碎围岩，而更多的是与锚杆或者钢拱架构成联合支护。

（1）构造组成。钢筋网通常作环向和纵向布置。环向筋一般为受力筋，由设计确定，直径 12mm 左右；纵向筋一般为构造筋，直径 6~10mm；网格尺寸一般为 20cm×20cm，20cm×25cm，25cm×25cm，25cm×30cm 或 30cm×30cm。围岩松散破碎严重，或土质和砂土质隧道的，可采用细一些的钢丝，直径一般小于 6mm，网格尺寸亦应小一些，一般为 10cm×10cm，10cm×15cm，15cm×15cm，15cm×20cm 或 20cm×20cm。

（2）施工要点。

① 钢筋网应根据被支护围岩面上的实际起伏形状铺设，且应在喷射一层混凝土后再进行铺设。钢筋与岩面或与初喷混凝土面的间隙应不小于 3mm，钢筋网保护层厚度不小于 3cm，有水部位不小于 4cm。

② 为便于挂网安装，常将钢筋网先加工成网片，长宽可为 100～200cm。

③ 钢筋网应与锚杆或锚钉头连接牢固，并应尽可能多点连接，以减少喷射混凝土时钢筋发生"弦振"的现象。锚钉的锚固深度不得小于 20cm。

④ 开始喷射时，应缩短喷头至受喷面之间的距离，并适当调整喷射角度，使钢筋网背面混凝土密实。对于干燥土质隧道，第一次喷射不能太厚，以防止起鼓剥落。

7.4.4　钢拱架

无论是采用喷射混凝土还是锚杆（抑或是加长、加密锚杆）或是在混凝土中加入钢筋网、钢纤维，主要都是利用其柔性和韧性，而对整体刚度并未过多要求。这对支护不太破碎的围岩并使其稳定是可行的。但当围岩软弱破碎严重且自稳性差时，开挖后就要求早期支护具有较大的刚度，以阻止围岩的过度变形和承受部分松弛荷载。钢拱架就具有这样的力学性能。

1. 构造组成

钢拱架可以采用型钢、工字钢、钢管或钢筋制成。现场采用以钢筋制作的格栅钢架较多，如图 7-58 所示。

2. 性能特点

（1）钢拱架的整体刚度较大，可以提供较大的早期支护刚度；型钢拱架较格栅钢架能更早承载。

（2）钢拱架可以很好地与锚杆、钢筋网、喷射混凝土相结合，构成联合支护，增强支护的有效性，且受力条件较好。尤以格栅钢架结合最好。

（3）格栅钢架采用钢筋现场加工制作，技术难度和要求并不高；对隧道断面变化适应性好。

（4）钢拱架的安装架设方便。

3. 设计要点

（1）从理论上讲，钢拱架应按其与锚杆、喷射混凝土共同工作状态来设计，即按 $P = Ku$（P 为支护阻力；K 为支护刚度；u 为位移）来确定初期支护的最大阻力。但由于在软弱破碎围岩中，围岩变形与支护阻力之间的极限平衡状态随着支护变形程度而变化，难以确定。另一方面由于软弱破碎围岩早期变形快，有可能造成较大变形和一定范围的松弛荷载，因此，钢拱架的设计可按其单独承受早期松弛荷载来设计。根据设计、施工经验，早期松弛荷载的量值一般按全部松弛荷载的 10%～40% 来考虑，用下式表示

$$q' = uq \tag{7-20}$$

式中，q' 为钢拱承受的早期松弛荷载；q 为围岩松弛荷载，按松弛荷载统计公式计算；u 为钢拱架的荷载系数，一般取 0.1～0.4。

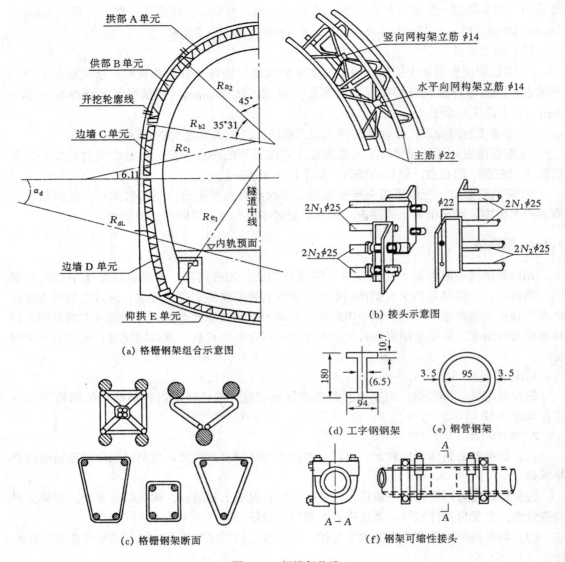

拱部 A 单元

供部 B 单元

开挖轮廓线

边墙 C 单元

边墙 D 单元

仰拱 E 单元

(a) 格栅钢架组合示意图

竖向网构架立筋 $\phi14$

水平向网构架立筋 $\phi14$

主筋 $\phi22$

$2N_1\phi25$　　$2N_2\phi25$

$2N_2\phi25$

(b) 接头示意图

(c) 格栅钢架断面

(d) 工字钢钢架　　(e) 钢管钢架

(f) 钢架可缩性接头

图 7-58　钢拱架构造

（2）钢拱架的截面高度应与喷射混凝土厚度相适应，一般为 16～20cm，且要有一定保护层。钢供架通常是在初喷封面混凝土后架设的，初喷混凝土厚度约 4cm。

（3）为架设方便，每榀钢拱架一般应分为 2～6 节，并保证接头刚度，应与断面大小及开挖方法相适应。每榀钢拱架之间设置不小于 $\phi22mm$ 的纵向钢拉杆。

（4）当围岩变形量较小或只允许围岩有小量变形时，钢拱架可以设计为固定型。当围岩流动性强、变形量大，且允许围岩有较大变形时，宜将钢拱架设计为可缩性，其可缩节点位置宜设置在拱顶节点处。

表 7-21　　　　　　　　　　　　常用钢拱架支护参数

围岩级别	荷载系数 μ	钢拱架类型	每榀轴线间距/m
IV	0.25	三肢格栅钢架	1.0
	0.4	三肢格栅钢架 + 喷射混凝土	
	0.3	工字钢架	
	0.35	工字钢架 + 喷射混凝土	
V	0.2	四肢格栅钢架	0.8
	0.6	四肢格栅钢架 + 喷射混凝土	
	0.4	工字钢架	
	0.45	工字钢架 + 喷射混凝土	
VI	0.1	四肢格栅钢架	0.6
	0.15	四肢格栅钢架 + 喷射混凝土	
	0.1	工字钢架	
	0.1	工字钢架 + 喷射混凝土	

4. 施工要点

(1) 钢拱架应架设在隧道横向竖直平面内，其垂直度允许误差为 ±2°。

(2) 钢拱架的拱脚应稳定，一般设有垫板、纵向托梁、锁脚锚杆等。

(3) 钢拱架的安设应在开挖后 2h 内完成。

(4) 钢拱架应尽可能多地与锚杆露头及钢筋网焊接，以增强其联合支护效应。

(5) 可缩性钢拱架的可缩性节点不宜过早喷射混凝土，应待其收缩合拢后，再补喷射混凝土。

(6) 喷射混凝土时，应注意将钢拱架与岩面之间的间隙喷射密实。

(7) 喷射混凝土应分层分次喷射完成，初喷混凝土应尽早进行，复喷混凝土应在量测指导下进行，以保证其适时、有效。

5. 工程应用实例

某隧道钢拱架施工要点：开挖面初喷后，测量放线，人工安装钢架，用纵向钢筋连接，拱脚置于牢固的基础上。钢架与围岩间隙用喷混凝土喷填，间隙过大时用混凝土楔块顶紧，必要时加大拱脚或设置锁脚锚杆。钢拱架施工工艺如图 7-59 所示。

施工顺序：初喷→拱架制作→安装→纵向连接筋加固→锁脚系统锚杆→喷混凝土。

① 钢拱架制作：钢拱架在洞外加工房按设计加工，每节两端焊上连接板，工字钢和钢板之间采用角焊方式加强，用螺栓连接。保证边接点焊接符合规范要求。

② 安装：隧道采用短台阶法开挖施工，根据开挖方法先安装拱部，为了使拱部拱架便于与下部连接，上部拱脚开挖高度应低于上部开挖底线 15～20cm，安装拱部时在拱脚处垫上垫板和砂垫层并用锁脚锚杆锁固。下部开挖后及时安装边墙拱架。安装好的拱架用纵向连接筋连成一体。

③ 安装好的拱架在拱肩、拱腰、拱脚处按设计打好锁脚锚杆。

④ 横向和高程误差为 ±5cm，垂直度 ±2°，左右纵向误差 ±5cm。

⑤ 拱架安装好后，在岩壁与拱架之间用混凝土预制块填塞作为传力点，间距视现场实际情况控制在 0.8～1.0m。

⑥ 钢拱与围岩之间的超挖用喷混凝土回填，保护层厚度不小于 4cm。

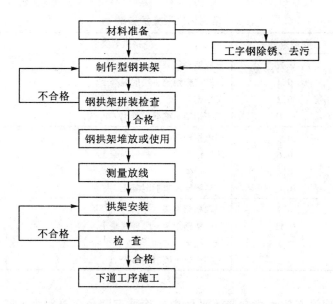

图 7-59　钢拱架施工工艺框图

7.4.5　联合支护

前面分别介绍了锚杆（系统锚杆或局部锚杆）、喷射混凝土、钢筋网喷射混凝土或纤维喷射混凝土、钢拱架（型钢拱架和格栅钢架）等。在隧道工程中，为适应地质条件和结构条件的变化，常将各种单一支护方法进行恰当组合，共同构成较为合理的、有效的和经济的支护结构体系。但不论何种组合形式，都将其通称为联合支护。

目前在隧道工程中，作为初期支护，使用最多的组合形式是锚杆（主要指系统锚杆）加喷射混凝土（素喷或网喷）。因此，初期支护可以称为锚喷支护，它是一种最基本的组合形式（见图 7-60）。

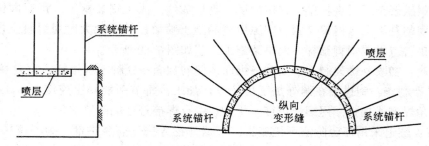

图 7-60　系统锚杆加喷射混凝土联合支护

联合支护的施工不仅应满足各部件安设施工的技术要求，还应该注意以下事项：

（1）联合支护宜联不宜散，彼此要直接地牢固相连，以充分发挥联合支护效应；

（2）钢筋网及钢拱架要尽可能多地与锚杆头焊接，锚杆要有适当的露头；

（3）钢筋网及钢拱架要被喷射混凝土所包裹，覆盖，即喷射混凝土要将钢筋网和钢拱架包裹密实；

（4）分次施作的联合支护，应尽快将其相连，如超前锚杆与系统锚杆及钢拱架的联结；

（5）分次施作的联合支护，应在量测指导下进行设计和施作，以做到及时、有效，并作适当调整。

7.4.6　施工中可能发生的问题及对策

在设计、施工过程中，若对围岩性质判断不准或情况不明，或喷射混凝土、打锚杆、立钢支撑时间和方法有误，围岩松动就会超过预计。此时，应根据观察和量测结果找出原因，进行改正。但是，很多场合不能明确原因，因此只能针对所发生的现象采取措施。根据实践经验，将新奥法中经常出现的一些异常现象及应采取的措施列于表 7-22 中，其中措施 A 指进行比较简单的改变就可解决问题的措施，措施 B 指需要做改变支护方法等比较大的变动才能解决问题的措施。当然，表中只列出大致的对策标准，优先用哪种措施，要视各个隧道的围岩条件、施工方法、变形状态综合判断。

表 7-22　　　　　　　　施工中的异常现象及其处理措施

	施工中的现象	措施 A	措施 B
开挖面及其附近	正面变得不稳定	①缩短一次掘进长度；②开挖时保留核心土；③向正面喷射混凝土；④用插板或并排钢管打入地层进行预支护	①缩小开挖断面；②在正面打锚杆；③采取辅助施工措施对地层进行预加固
	开挖面顶部掉块增大	①缩短开挖时间及提前喷射混凝土；②采用插板或并排钢管；③缩短一次开挖长度；④开挖面暂时分部施工	①加钢支撑；②预加固地层
	开挖面出现涌水或者涌水量增大	①加速混凝土硬化（增加速凝剂等）；②喷射混凝土前做好排水；③加挂网格密的钢筋网；④设排水片	①采取排水方法（如排水钻孔、井点降水等）；②预加固地层
	地基承载力不足，下沉增大	①注意开挖；②要损坏地基围岩；③加厚底脚处喷混凝土；④增加支撑面积	①增加锚杆；②缩短台阶长度；③及早闭合支护环；④用喷混凝土作临时底拱；⑤预加固地层
	产生底鼓	及早喷射底拱混凝土	①在底拱处打锚杆；②缩短台阶长度；③及早闭合支护环
喷混凝土	喷混凝土层脱离甚至塌落	①开挖后尽快喷射混凝土；②加钢筋网；③解除涌水压力；④加厚喷层	打锚杆或增加锚杆
	喷混凝土层中应力增大，产生裂缝和剪切破坏	①加钢筋网；②在喷混凝土层中增设纵向伸缩缝	①增加锚杆（用比原来长的锚杆）；②加入钢支撑
锚杆	锚杆轴力增大，垫板松弛或锚杆断裂		①增强锚杆（加长）；②采用承载力大的锚杆；③增大锚杆的变形能力；④在垫锚板间加入弹簧等
钢支撑	钢支撑中应力增大，产生屈服	松开接头处螺栓，凿开喷混凝土层，使之可自由伸缩	①增强锚杆；②采用可伸缩的钢支撑；③在喷混凝土层中设纵向伸缩缝
	净空位移增大，位移速度变快	①缩短从开挖到支护的时间；②提前打锚杆；③缩短台阶、底拱一次开挖的长度；④当喷混凝土开裂时；⑤设纵向伸缩缝	①增强锚杆；②缩短台阶长度；③提前闭合支护环；④在锚杆垫板间夹入弹簧垫圈等；⑤采用超短台阶法；⑥在上半端面建造临时底拱

7.5　监控量测与数据分析

7.5.1　量测概述

量测是对围岩动态监控的重要手段，是新奥法施工的重要组成部分。

量测可分为施工前和施工中两个阶段。

7.5.1.1　量测的目的

(1) 掌握围岩在施工中的动态，控制围岩变形；

(2) 了解支护结构的效果，及时采取措施，安全施工；

(3) 修正设计，指导施工，保证隧道既安全又经济。

7.5.1.2　量测项目

量测项目名称、量测方法、量测项目及方法见表 7-23。

表 7-23　　　　　　　　　　隧道现场监控量测项目及量测方法

项目名称	方法及工具	布　置	量测间隔时间			
			1~15d	16d~1月	1~3月	3月以后
地质和支护状况观察	岩性、结构面、产状及支护裂缝观察或描述，地质罗盘等	开挖后及初期支护后进行	每次爆破后进行			
周边收敛位移	各种类型收敛计	每 5~100m 一个断面，每断面 2~3 对测点	1~2 次/d	1 次/2d	1~2 次/周	1~3 次/月
拱顶下沉	水平仪、水准尺、钢尺或测钎	每 5~100m 一个断面	1~2 次/d	1 次/2d	1~2 次/周	1~3 次/月
地表下沉	水平仪、水准尺	每 5~100m 一个断面，每断面至少 11 个测点，每隧道至少 2 个断面，中线每 5~20m 一个测点	开挖面距量测断面前后<2B 时 1~2 次/d 开挖面距量测断面前后<5B 时 1 次/d 开挖面距量测断面前后>5B 时 1 次/周 注：B 为隧道开挖宽度			
钢支撑、锚杆应力及喷层表面应力	各种类型压力盒支柱压力计或其他测力计	每代表性地段 1 个断面，每断面宜为 15~20 个测点每 10 榀钢拱支撑 1 对测力计	1 次/d	1 次/2d	1~2 次/周	1~3 次/月
二次衬砌应力、表面应力及裂缝量测	各类混凝土内应变计、应力计、测缝计及地点力解除法	有代表性地段 1 个断面，每断面宜为 11 个测点	1 次/d	1 次/2d	1~2 次/周	1~2 次/月

7.5.2　监控量测作业

1. 工程地质及支护情况观察

观测内容：隧道开挖后，掘进面及附近周边的自稳性；地质及岩质情况，校核围岩分类；初期支护（锚杆、喷射混凝土、钢支撑）结构状况有无破坏。

每次爆破后都进行观测，地质无明显变化时可一天进行一次。观测后做好记录，并整理保存。

2. 拱顶下沉量与周边位移量量测

拱顶下沉量与周边位移量量测也称收敛量量测，是隧道内各种量测中最重要的项目。根据量测结果判定拱顶及周边围岩的稳定性、初期支护及施工的合理性、灌注二次衬砌的时间。

拱顶下沉量测与周边位移量测原则上设在同一断面上进行，量测的间距一般为：Ⅱ级围岩 150m。Ⅲ级围岩 100m，Ⅳ级围岩 50m，Ⅴ～Ⅵ级围岩 20m。洞口附近及施工初期的间距应当适当缩短，一般为 10～20m，逐渐增长至要求间距。施工进展到一定程度，地质良好变化不大时，间距也可增大。

拱顶下沉量测的测点，原则上应设在拱顶中心，如风管妨碍量测工作时，也可将测点设于拱顶中心之外。

拱顶下沉量测可测得拱顶的绝对下沉量。

周边位移量测的测线布置如图 7-61 所示，根据围岩情况及施工方法选定，即围岩越好测线越少；施工分部越多，测线越多。

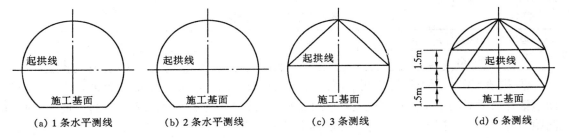

图 7-61　净空变形量测测线布置

采用两条测线时，在全断面法中一条设于起拱线，另一条低于起拱线 2.4m；在正台阶法中，一条高于起拱线 1m，另一条低于起拱线 2.4m。

周边位移量测可测得净空相对位移。

在量测断面设置量测元件应尽量靠近开挖面（距开挖面 2m 范围内），以便量取初始数值。一般要求在开挖后 12h 以内，尽早安好元件量得初始值，最迟也要在 24h 以内，且应在下一次爆破以前进行。

采用台阶法开挖时，当下部台阶开挖至接近上部的量测断面处，量测频率适当增加，以掌握变形情况。

7.5.3　地表下沉量测

Ⅳ～Ⅵ级围岩通常是软弱破碎地层，其稳定性差，如果覆盖层厚度又较小，那么开挖时地表下沉就大。因此有必要进行地表下沉量测，以了解其稳定性。

7.5.4　测试点布置

应根据围岩地质条件、量测项目和施工方法等，确定测点的布置。

7.5.4.1 量测部位布置安设

包括测试段、测试断面、测试线等的布设。

1. 测设段布置

测试段通常只在重要的、特长的或大断面隧道中设置，或者在有必要进一步检验支护参数和施工稳定性的隧道中设置。

2. 测试断面布置

（1）单项测试断面。把量测单项内容布设在同一个测试断面，了解围岩和支护在该断面的动态变化情况。

（2）综合多项目测试断面。把多项量测内容组合布设在同一个测试断面，使各项量测结果、各种量测手段互相校验、相互认证，对该断面的动态变化，进行综合的数值分析和理论解析，做出更为接近工程实际的判断，以此来修正支护参数并指导施工。

隧道工程现场量测的上述两种测试断面，一般均沿隧道纵向间隙布设。由于各量测项目的要求不同，则其测试断面的间距亦不相同。

隧道工程测试断面的间距，有以下 3 种情况。

① 隧道洞顶地表下沉量与隧道埋深关系很大，其测试断面间距，可参照表 7-24，其中 B 为隧道开挖宽度。

表 7-24　　　　　　　　　　地表下沉测试断面间距

埋深 h 与洞室跨度 B 关系	$2B < h$	$B < h < 2B$	$h < B$
断面间距/m	20～50	10～20	5～10

② 拱顶下沉、周边位置量测，测点一般应布设在同一断面，其测试断面间距，可按我国《锚杆喷射混凝土支护技术规范》（GB 50086—2001）规定布设，见表 7-25。量测断面的间距与隧道长度、围岩条件、施工方法等多种因素有关。

表 7-25　　　　　　　净空位移、拱顶下沉的测点间距　　　　　　　　　　　m

围岩 ＼ 条件	洞口附近	埋深小于 2B	施工进展 200m 前	施工进展 200m 后
硬岩地层（断层破碎带除外）	10	10	20	30
软岩地层（不产生很大塑性地压）	10	10	20	30
软岩地层（产生很大塑性地压）	10	10	20	30
土、砂	10	10	10～20	30

注　B 为隧道开挖宽度。

③ 测试断面与净空位移量测线数有关，见表 7-26。

表 7-26　　　　　　　　　　净空位移量测的测线数

开挖方法 ＼ 地段	一般地段	特殊地段			
		洞口附近	埋深小于 2B	有膨胀压力或偏压地段	选测项目量测位置
全断面开挖	1 条水平测线		3 条或 6 条		3 条或 6 条
短台阶法	2 条水平测线	4 条或 6 条	4 条或 6 条	4 条或 6 条	4 条或 6 条
多台阶法	每台阶 1 条水平测线	每台阶 3 条	每台阶 3 条	每台阶 3 条	每台阶 3 条

7.5.4.2　量测孔、测点布置

1.围岩内位移测孔布置

围岩内部相对位移的量测孔，一般与周边位移量测线相应布置，以使两项测试结果互相验证，便于进行力学分析和应用。围岩内部位移量测孔布置方法如图 7-62 所示。

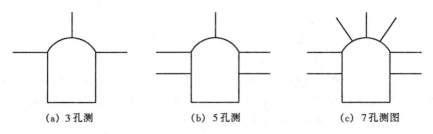

(a) 3孔测　　　　　(b) 5孔测　　　　　(c) 7孔测图

图 7-62　围岩内部位移测孔布置

2.地表和地中沉降测点布置

地表和地中沉降测点，主要应布置在坑道中轴线上方的地表或地中（指钻孔中），在主点的横向上也应布置必要数量的测点。另外，在沉降区以外还应设置测点作为参照及协同分析和应用，如图 7-63 所示。

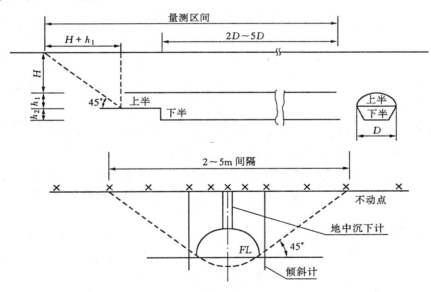

图 7-63　地表下沉测量范围及地中沉降测点布置

3.轴力量测锚杆布置

轴力量测锚杆在断面上的布置位置，要根据隧道工程设计的支护锚杆位置来确定，一般可参照围岩内位移测孔布置。

4.内应力与接触应力测点布置

初期支护及二次衬砌的内应力及其与围岩的接触应力量测的测点布置，一般应力量测应在有代表性部位，如拱顶、拱腰、拱脚（墙顶）、边墙腰、墙脚等布置测点，并应考虑与锚杆应力量测作对应布置，如图 7-64 所示。另外，在有偏压、底鼓等特殊情况下，则应视具体情形调整测点位置和数量。

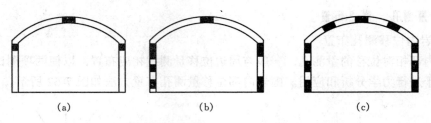

图 7-64　隧道衬砌应力量测点布置

上述按设置测点要求，应能保证爆破后 24h 内和下一次爆破之前测读。

离开挖工作面 2m 的范围内布置测点，其主要目的是获取围岩开挖初始阶段的变形动态数据，这部分量测数据在全部变形过程中占十分重要的地位。因此，各种项目量测点的布设，必须严格执行设计要求和施工技术规范的有关规定。

7.5.4.3　量测频率和量测时间

1.量测频率

净空变化量测和拱顶下沉量测的测试频率，主要根据位移速率和测点距开挖面的距离而定，一般按表 7-27 选定。即元件埋设初期测试频率为每天 1～2 次观测，随着围岩渐趋稳定，量测次数可以减少；当出现围岩不稳定征兆时，应增加量测次数。

表 7-27　　　　　　　　　　　净空位移和拱顶下沉的量测频率

位移速度	距工作面距离	量测频率	备　注
10mm/d 以上	0～1B	1～2 次/1d	
10～5mm/d	1B～2B	1 次/1d	B 为隧道开挖宽度
5～1mm/d	2B～5B	1 次/2d	
1mm/d 以下	5B 以上	1 次/1 周	

由位移速度决定的量测频率和由测点距开挖面的距离决定的量测频率之中，原则上采用两次频率之中较高者。当位移趋向一定值时，亦可不采用表 7-27 的数值。

由于测线和测点不同，位移速度也不同，因此应以产生最大位移速度来决定量测频率。

在塑性流变岩体中，位移长期（开挖后 2 个月以上）不能收敛时，量测频率基本与应测项目相同。

在整个量测期间，量测频率并不是均匀的。变形速度快，则量测频率要高；变形速度慢，则量测频率可低。例如，在隧道坑道开挖后，围岩的早期变形速度快，量测频率要高，应每天观测 1～2 次；后期变形速度减缓，量测频率可低，每天量测 1～2 次。

2.结束量测时间

当围岩达到基本稳定后，以 3d 一次的频率量测 2 周，若无明显变形，可以结束量测。

对于膨胀性围岩，位移长期不能收敛时，量测至变形速率小于每月 1mm 时，即可结束量测。

不同的围岩地质条件，从开挖至变形收敛所需时间各不相同，因此量测时间就各有长短。在稳定性好的围岩中，其变形收敛快，一般量测约一周时间就可以判断围岩稳定状态；而在塑性流变岩体中，其变形收敛时间长达二个月以上，则需进行较长时间的观测。

变形量大，持续时间长的，其量测时间就要长一些；量测开始时间应尽量提早。一般要求应能保证在开挖后 24h 内和下一循环开挖之前测读初次数，以获取围岩开挖初始阶段的变形动态数据。

7.5.5　量测仪器及量测方法

7.5.5.1　现场量测仪器

1. 现场量测仪器选择原则

（1）单点或多点锚头和传递杆，配以机械式百分表或电测位移计（如滑阻式、电感式、差动变压器式等形式的位移计）；

（2）单点或多点锚头和传递钢丝，配以机械式百分表、挠度计或电测位移计；

（3）各种类型的收敛计，应考虑到既简易可靠，又具有规定的精度，便于掌握使用和具有长期稳定的性能；

（4）水平仪配以水准尺和挂钩式钢尺使用。

2. 现场量测仪器种类

现场量测项目，有的可以直接量测，有的则需要通过物理量的转换量测。现场量测手段，按所用仪器和转换的物理效应的不同，可分为下列几种类型（或称为几种方式）：

（1）机械式：如百分表、千分表、挠度表、测力计等；

（2）电测式：电阻型、电感型、电空型、差动型、振弛型、压电型、压磁型等；

（3）光弹式：光弹压力计、光弹压变计。

7.5.5.2　量测内容

主要有以下几个方面。

（1）洞内观察内容：

① 对开挖后没有支护围岩的观测；

② 对开挖后已支护地段围岩动态的观测；

③ 观察围岩破坏形态及校核围岩级别等。

（2）岩体力学参数测试内容：

① 测试岩石的抗压强度和黏聚力；

② 测试岩石的变形模量和内摩擦角；

③ 测试岩石的泊松比。

（3）围岩应力应变测试内容：

① 岩体原始应力及围岩应力、应变量测；

② 复合式衬砌支护结构应力、应变量测；

③ 围岩与支护界面之间接触应力量测；

（4）围岩压力测试内容：

① 支撑上的围岩压力测试；

② 围岩与支护界面及各种支护之间接触压力测试；

③ 地下水的渗透压力（包括涌水量、水质）的测试。

（5）位移量测内容：

① 围岩位移及地表沉降量测；

② 净空变化、拱顶下沉量测；

③ 支护结构位移及变形量测。

7.5.5.3　隧道主要量测项目量测方法

1. 洞内观察与地质素描

（1）洞内观察。隧道坑道开挖工作面的观察，在每个开挖面进行，特别是在软弱破碎围岩条件下，应立即进行地质调查，并绘出地质素描图，（如图 7-65 所示）。若遇特殊不稳定情况时，应进行不间断的观察。

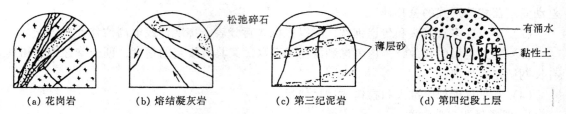

(a) 花岗岩　　　(b) 熔结凝灰岩　　　(c) 第三纪泥岩　　　(d) 第四纪段上层

图 7-65　开挖工作面地质素描示意图

① 对开挖后没有支护的围岩的观测：

(a) 节理裂隙发育程度及其方向；

(b) 开挖工作面的稳定状态，顶板有无坍塌；

(c) 涌水情况：位置、水量、水压等；

(d) 底板是否有隆起现象。

② 对开挖后已支护地段围岩动态的观测：

(a) 有无锚杆被拉断或垫板脱离围岩现象；

(b) 喷混凝土有无裂隙和剥离或剪切破坏；

(c) 钢拱架有无被压变形情况；

(d) 锚杆注浆和喷射混凝土施工质量是否符合规定的要求。

③ 观察围岩破坏形态并分析：

(a) 危险性不大，不会发生急剧破坏，如加临时支护之后即可稳定的情况；

(b) 应当引起注意的破坏，如拱顶混凝土喷层因受弯曲压缩的影响而出现的裂隙；

(c) 危险征兆的破坏，如拱顶混凝土喷层出现有对称性局部的崩落、侧墙内移等。

（2）地质素描。与隧道施工进展同步进行的洞内围岩地质和支护状况的观察和描述，这里称为地质素描。在隧道设计和施工过程中，它是不可缺少的一项重要的现场地质详勘工作，是围岩工作地质特性和支护措施的合理性、有效性的最直观、最简便、最经济的描述和评价。

配合量测对综合测试断面的地质素描，应详细、准确、如实反映情况。一般除前述洞内观察内容的观测外，还应包括以下内容的描述：

① 综合测试断面的位置、形状、尺寸及编号；

② 岩石名称、结构、颜色；

③ 岩体层理、片理、节理、裂隙、断层等各种软弱面的产状、宽度、延伸情况、连续性、间距等；

④ 岩石各结构面的成因类型、力学属性、充填物成分及泥化、软化情况；

⑤ 岩脉穿插情况及其与围岩接触关系、软硬及破碎程度、围岩的自稳时间与自稳性能；

⑥ 岩体风化程度、特征、抗风化能力；

⑦ 地下水的类型、出露位置、水量及对喷锚支护的影响；

⑧ 施工开挖方法、支护参数及循环时间；

⑨ 围岩内鼓、弯折、变形、岩爆、掉块、坍塌的位置、规模、数量和分布情况，溶洞、黄土、流沙、膨胀性围岩、瓦斯地层等特殊地质条件的描述，喷层开裂、起鼓、剥落情况的描述，地质断面展示图，或纵横剖面图，必要时应附彩色照片及录像带等。

2. 采用水准仪测拱顶下沉或地表下沉

由已知高程的 BM，水准点（通常借用隧道高程控制点），使用较高精度的水准仪，可测出隧道拱顶或浅埋隧道上方地表各测点的下沉量及其随时间的变化情况。隧道底隆鼓也可用此法观测，通常这个数值是绝对位移值。另外也可以用收敛计量测拱顶相对于隧道底的相对位移。以下几点值得注意。

（1）为什么必须量测拱顶点呢？因为拱顶是坑道周边上的一个特殊点，挠度最大，其位移情况（绝大多数下沉、极少数抬高）具有较强的代表性和显示"窗口"作用等。

（2）浅埋隧道洞顶地表下沉量测，应在隧道尚未开挖前就开始进行，借以获得开挖过程中的全部位移曲线。

（3）拱顶下沉量测点，一般布置在拱跨中处和两侧拱腰，每断面 3 个测点；当受通风管或其他障碍时，可适当移动位置，详见图 7-66。

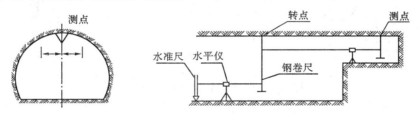

图 7-66　拱顶下沉测试方法示意图

3. 采用收敛计量测坑道净空相对位移

隧道开挖后，围岩向坑道方向的位移是围岩动态的显著表现，最能反映出围岩或围岩与支护的稳定性。坑道周边净空变化，一般采用收敛计或净空变位仪量测其中两点之间的相对位移值，来反映围岩位移动态。

（1）收敛计量测。收敛计量测如下：

① 收敛计一般由带孔钢尺，测微百分表、张力调节器、测点连接器所组成；

② 测点连接器有单向连接销式及球式两种，其中，销式连接的测头预埋安装有方向要求；

③ 测点是将带销孔或圆球测头的长度为 20～30cm 的钢筋锚固于岩壁内，锚固方向同早强水泥砂浆锚杆，测头的位移即可代表岩壁表面该测点的位移；

④ 国产收敛计名称为张拉方式，其精度详见表 7-28。

表 7-28　　　　　　　　　　　　国产收敛计性能

名　　称	张拉方式	基线方向	精度/mm
SWJI 型隧道周边位移计	重锤	水平	0.1
SWJII 型隧道周边位移计	重锤	0～70°	0.1

续表 7-28

名　　称	张拉方式	基线方向	精度/mm
SLJ80 型洞室收敛计	弹簧	任意	0.06
收敛计	弹簧	任意	
收敛计	应力环	任意	
铟钢丝式收敛计	弹簧	0~70°	
钢带式收敛计	弹簧	任意	
铟钢比式收敛计	电动张拉	任意	0.01

图 7-67 所示是 QJ-81 型球铰连接弹簧式收敛计。

(2) 净空变位仪量测。净空变位仪的构造如图 7-68 所示。这种仪器的量测范围为 15~30m，量测精度为量测长度的 10^{-5} 倍。

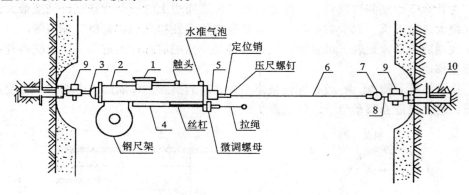

图 7-67　型球铰连接弹簧式收敛计

1—百分表；2—收敛计架；3—钢球；4—弹簧秤；5—内滑管；6—带孔钢尺；7—连接挂钩；
8—羊眼螺栓；9—连接销；10—预埋件

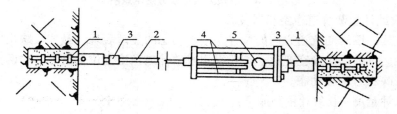

图 7-68　净空变位仪

1—净空变位仪短锚杆；2—带孔钢尺；3—有球铰的连接杆；4—维持张拉钢尺拉力
的装置；5—百分表

净空变化量测如下。

① 净空变位仪的短杆，固定在施测的两点的岩体内。

② 根据围岩条件确定量测距离和量测频率（间隔时间），量测仪器布置如图 7-69 所示。

③ 净空变位仪量测方法步骤如下：将净空变位仪装好，初次量测（测始读数）在钢尺上选择一个适当的孔位，将钢尺套在钢尺支架上固定螺杆上，孔位应选择钢尺拉紧时滑块能与百分表顶端接触，且读数 0~25mm 的范围内，拧紧钢尺，压紧螺帽，并记下钢尺位读数，挂上重锤，记下百分数，然后将重锤提起重复测试 3 次，取平均值作为初始观测值 R。

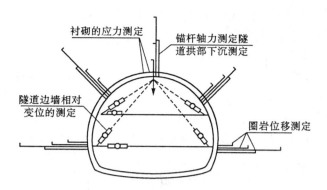

图 7-69　量测仪器布置示意图

注：对以下情况要调整量测距离、时间、频率

① 对膨胀性地层长期不稳定时；② 早或迟缓开挖时；③ 隧道总长，长或短时；④ 地质不良，且同样连续时；

⑤ 地质变化显著时；⑥ 能很快取得测定值；等等

（3）收敛计和净空变位仪量测数据整理。量测数据整理包括数据计算、列表或绘制关系曲线图。

① 坑道周边净空相对位移计算式为

$$u_n = R_n - R_0$$

式中，u_n 为第 n 次量测时的周边净空变化值，即两测点之间的相对位移值；R_n 为第 n 次量测时的观测值；R_0 为初始观测值。

② 读数的温度修正（温差对钢尺影响）

$$R_{nt} = \alpha L \left(t_n - t_0 \right)$$

式中，R_{nt} 为第 n 次量测的温度修正；t_n 为第 n 次量测时的温度；t_0 为初始量测时的温度；L 为测线长（量测基线长）；α 为钢尺的线膨胀系数，$\alpha = 12 \times 10^{-6}/\text{℃}$（或用钢盘检验资料）。

③ 收敛量测记录格式，参考表 7-29。

表 7-29　　　　　　　　　　　××工程收敛量测记录表

共_____张
第_____张

测点编号n＝1　　埋设里程KX＋X　　　位置拱腰　　埋设日期：

观测日期	温度修正/mm			初始读数		钢尺孔位读数 A/mm	百分表读数				修正后 R	差值 /mm	总上敛值/mm
	$t/\text{℃}$	差值$\triangle t$ /℃	修正值 R_t	表读数 R_0	u		1	2	3	平均			
...	...	...	...	...	...	...	...	...	...	...	...	...	

注　① 为换孔前后能同时测读情况，不计换孔差；

② 为换孔前后不能同时测读情况，应计算换孔差。

④ 量测中应及时计算出各测线的相对位移速率，及时与时间和开挖断面距离之间建立关系，并列表或绘图，可达到直观表示。

4．位移计量测围岩内部位移

围岩内部各点的位移是围岩动态表现，它能反映围岩内部的松弛程度和范围的大小，这也是判断围岩稳定性的一个重要参数指标。在实际测量中，先量测围岩测位钻孔相对位移，然后用位移计量测围岩钻孔内部各点相对于岩壁孔口一点的相对位移。

(1) 位移计是一种常用量测设备，位移计有机械式和电测式两种类型。分别有单点、两点、三点、四点、多点锚头位移计，其主要技术性能和主要特点，详见表 7-30。

表 7-30　　　　　　　　　　现场监控量测设备

名　　称	主要技术性能	主要特点
QJ-85 型坑道周边收敛计	球铰弹簧式，最小读数 0.01mm，量测精度 ±0.06mm	可靠、方便、精度高
GY-85 型收敛计	柱销弹簧式，最小读数 0.01mm，量测精度 ±0.05mm	可靠、方便、精度高
SWJ 型隧道周边收敛计	重锤式，最小读数 0.01mm，量测精度 ±(0.30～0.47)mm	可靠、简易、经济
单点锚头位移计	最小读数 0.01mm，传递杆式	可靠、简易、经济
两点锚头位移计	传递钢丝式，弹簧式锚头	可靠、钻孔深度大
三点锚头位移计	最小读数 0.01mm，砂浆胶结	可靠、简易、经济
四点锚头位移计	最小读数 0.01mm，倒齿式锚头，可加砂浆胶结	可靠、方便、稳定
多点锚头位移计	最小读数 1mm，压缩木锚头	安装简易，适应性强
WY-40 型位移传感器	系统灵敏度 0.01mm，量程不小于 35mm	抗干扰，防水性好
HW 型滑阻式位移传感器	系统灵敏度 0.01mm，量程不小于 100mm	可靠、方便、稳定
DW-3 型多点位移计	量测精度 ±0.06mm，压缩木锚头	可靠、方便
SS-82 型隧道拱部位移计	精度 ±0.45mm，钢尺挂钩式、配合水平仪	简易、经济
SGY-135 型应变传感器	系统灵敏度 3～5Hz，钢弦式	灵敏、稳定
JXY-H 型应力传感器	量程 0.1～6.0MPa，钢弦式	稳定、防水

(2) 位移计的构造是由定位装置、位移传递装置、孔口固定装置、百分表或读数仪等部分组成。定位装置是将位移传递装置固定于钻孔中的某一点，其位移代表围岩内部该点位移。位移传递装置是将锚固点的位移传递至孔口外，以便量测时读数。传递方式有机械式和电测式两类。其中机械式位移传递装置有直杆式（如图 7-70 所示）、钢带式、钢丝式；电测式位移传感器有电磁感应式、差动电阻式、电阻式（如图 7-71 所示）。孔口固定装置，一般

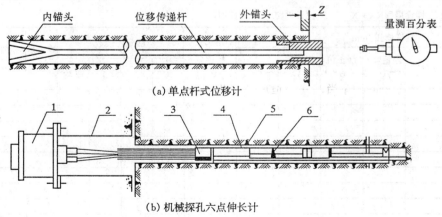

(a) 单点杆式位移计

(b) 机械探孔六点伸长计

图 7-70　机械式位移计

1—位移测定器；2—图形支架；3—锚固器；4—保护套管；5—砂浆；6—定位器

测试的是孔内各点相对于孔口一点的相对位移，故须在孔口设固定点或基准面。

（3）围岩内部位移量测数据整理，其方法基本同前，可整理出如下数据：

① 孔内各测点（L_1，L_2，…）位移（u）-时间（t）关系曲线；

② 不同时间（t_1，t_2，…）位移（u）-深度（L_1，L_2，…）关系曲线。

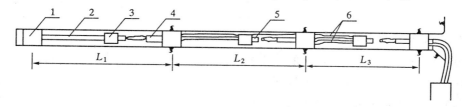

图 7-71　电阻式位移计

1—锚固压缩木；2—位移传递杆；3—硬杂木定位器；4—WY-40位传感器；5—位移测点；6—测试导线

7.5.6　监测数据分析

7.5.6.1　地质预报

隧道施工中的地质预报，是在探测或预测开挖工作面前方几米至几十米，甚至几百米的围岩工程地质和水文地质条件的基础上，结合掘进中地质条件的变化情况，根据监控量测、地质素描、岩石结构面调查和涌水观测等及时提出预测预报。

1. 隧道施工中地质预报具体内容

预报具体内容如下：

（1）对照勘测阶段的地质资料，预报地质条件的变化情况及对施工的影响程度；

（2）可能出现坍方、滑动影响施工时，预报其部位、形式、规模、发展趋势，并提出处理措施；

（3）隧道将要穿越不稳定岩层、断层，需施工单位改变施工方法或应急措施时的预报；

（4）预报可能出现突然涌水的地点、涌水量大小、地下水的泥砂含量及对施工的影响；

（5）软岩出现内鼓、片帮掉块地段应预报其对施工的影响程度；

（6）岩体突然开裂或原有裂缝逐渐加宽时，应预报其危害程度；

（7）在位移量测中发现围岩变形速率加快时，应预报其对隧道稳定和施工的影响程度；

（8）洞口可能出现滑坡、坠石的，应及时预报；

（9）浅埋隧道地面出现下沉或裂缝时，应预报其对隧道稳定和施工的影响程度；

（10）预报由于施工不当，可能造成围岩失稳及其改进措施；

（11）隧道附近或穿过瓦斯地段的煤（岩）层中，预报瓦斯的影响范围等。

2. 根据地质预报指导施工

根据地质素描预测开挖面前方围岩地质状况，以便考虑选择施工方案、调整施工措施，其内容包括：

（1）在洞内直观评价当前已暴露围岩的稳定状态，检验和修正初步的围岩分类；

（2）根据修正的围岩分类，检验初步设计的支护参数是否合理，如不合理应予以修正；

（3）直观检验初期支护的实际工作状态；

（4）根据当前的围岩地质特征，推断前方一定范围地段的地质特征，进行地质预报，防范不良地质突然出现或产生地质突变；

（5）根据地质预报，并结合对已作初期支护的实际工作状态的评价，预先确定下一循环的支护参数和施工措施；

（6）配合量测工作进行测试位置选取和量测成果的分析与反馈，应用于修改设计和指导施工。

7.5.6.2　周边位移的分析

隧道围岩周边位移是围岩动态的显著表现，所以现场量测主要以围岩周边位移作为围岩稳定性评价及围岩稳定状态判断的标准。

一般而言，坑道开挖后，把围岩位移作为判断其稳定状态的标准，再赖于对实际隧道工程设计与施工经验的积累和总结及对位移量测数据的处理分析。数据分析的方法，可应用一元线性和非线性回归分析法。

围岩周边位移量测数据处理及分析或回归分析，用以推算围岩最终位移和掌握位移变化的规律。隧道周边任意一点的实测相对位移值，或用回归分析推算的最终位移值，均应小于表 7-31 所列数值。表 7-31 所列数值是在统计和分析了国内许多隧道的量测数据后得到的，我国《公路隧道施工技术规范》规定了可作为现场量测数据分析与应用的依据，同时可根据实测数据的分析进行修正。

表 7-31　　　　　　　　　　　　　隧道周边允许相对位移值

覆盖层厚度 / m 允许相对位移值 / % 围岩类别	< 50	50～300	> 300
Ⅳ	0.10～0.30	0.20～0.50	0.40～1.20
Ⅲ	0.15～0.50	0.40～1.20	0.80～2.00
Ⅱ	0.20～0.80	0.60～1.60	1.00～3.00

注　① 相对位移值是指实测位移值与两测点间距离之比，或拱顶位移实测值与隧道宽度之比；
　　② 脆性围岩取表中较小值，塑性围岩取表中较大值；
　　③ Ⅰ，Ⅴ，Ⅵ级围岩可按工程类比初步选定允许值范围；
　　④ 本表所列数值可在施工过程中通过实测和资料积累作适当修正。

当位移速度无明显下降，而此时实测相对位移值已接近隧道施工规范规定数值，或者支护混凝土表面已出现明显裂缝时，必须立即采用补强措施，并改变施工方法或设计参数。

如果实测围岩的松动区段，超过了允许的最大松动区（该允许松动区半径与允许位移量相对应），则表明围岩已出现松动破坏，此时必须加强支护或调整施工措施，以控制围岩松动范围。例如，加强锚杆长度、加密或加大直径等，一般要求锚杆长度大于松动层厚度，加固效果才能够达到安全和质量要求。

7.5.6.3　围岩压力分析

由量测数据所得围岩压力分布曲线，可了解围岩压力的大小及分布状况。而围岩压力大小与围岩位移量（即变形）及支护结构的刚度密切相关。

围岩压力（q_e）大，则作用于初期支护结构的压力也大。分析有两种情况：一是围岩压力很大并且变形量也很大，此时应加强支护，以限制围岩变形和控制围岩压力的增长；另一种情况是围岩压力较大，但变形量并不很大，这表明支护时机和支护的封底时间可能过早或支护尺寸及刚度太大，这时应作适当调整——修正支护设计参数。但是，当测得的围岩压力很小但其变形量却很大时，则围岩将会失去稳定，此时应立即停止开挖，加强围岩支护和采取辅助施工措施进行加固处理。

7.5.6.4　喷层应力分析

喷射混凝土层应力是指其切向应力（喷层的径向应力一般较小）。喷层应力值与围岩压力值及位移量大小有密切关系。喷层应力大的原因是围岩压力和位移量大且支护力度小。

在实际工程中，一般喷层不允许有明显的裂损、剥落、起鼓等现象。若喷层应力太大，或出现明显裂损或剥落、起鼓等现象，则应作处理，一般是适当增加初始喷层厚度。如果喷层厚度已较厚时，仍然出现明显裂损、起鼓等，则不一定再增加喷层厚度，而应增强锚杆（加长、加粗等）、改变封底时间、调整施工措施，选择二次支护衬砌的最佳时机等，并仍然要继续加强量测。

7.5.7　量测资料的应用

分析后的量测资料，是隧道开挖后围岩稳定的动态反映，称做施工信息。用以判断其正确性或修改设计参数与施工方法。

7.5.7.1　施工信息的应用

1. 施工信息的应用条件

施工信息的应用条件如下。

（1）根据一个断面的施工信息综合分析结果，进行设计参数修正，只适用于该断面前后不大于 5m 的同类型围岩地段。

（2）隧道较长地段同类围岩设计参数的修正，特别是降低设计参数，必须以不少于三个断面的施工信息综合分析为依据。按修正后的设计参数进行开挖的地段，其设计参数的正确性和合理性仍应根据施工信息综合分析予以验证。

2. 信息反馈修正设计的内容

修正设计的内容如下。

（1）施工方法变更的建议。当施工信息给出不稳定征兆时，考虑施工方法是否恰当，不能满足该围岩稳定性的要求时，应及时变更施工方法并选择对隧道稳定有利的断面形式或辅助施工措施。

（2）施工工序的更改。当施工信息给出不稳定征兆时，应检查是否由于工序不当造成的。改变施工工序，如暂停开挖、及时喷锚、二次喷射混凝土紧跟或提前施工仰拱等，都可能使围岩支护体系趋向稳定。

（3）预留变形量的修正。施工前预设计的预留变形量，采用工程类比或理论计算确定，因此，预留变形量可能与实际变形量不一致或不符，不符时应修正未开挖地段的预留变形量，以满足设计净空和二次衬砌厚度的要求，或减少开挖量及二次衬砌的回填量，以节省投资。

（4）设计参数的确认与修改。预设计的参数如锚杆长度、间距、喷射混凝土厚度等，能恰当满足围岩稳定要求时，则予以确认，否则加以修改。

（5）采用辅助施工措施的建议。预设计的施工方法或改变后的常规施工方法均不能满足围岩稳定要求时，则加以修改，否则予以确认。

3．增强初期支护设计参数的确定

遇到下列情况之一，应改变设计参数，增加初期支护：

（1）隧道开挖后，工程地质和水文地质条件、围岩类别比预计的差；

（2）喷射混凝土喷足设计厚度并距开挖面 1 倍洞跨后，观察发现喷混凝土层裂纹多，裂缝大或不断扩展时；

（3）观察发现位移量超出表的规定或类似条件下的隧道位移值时；

（4）位移量可能超出预留变形量时；

（5）当开挖面通过测点后，测点的位移速度没有明显减小，甚至增加时，围岩稳定出现异常情况。

4．增加初期支护的措施

增强初期支护可用降低围岩类别的办法，改变相应设计参数，具体操作如下：

（1）增设钢筋网或改用钢纤维喷射混凝土；

（2）加密或加强锚杆；

（3）增加喷射混凝土厚度；

（4）改用早强喷射混凝土或早强砂浆锚杆；

（5）采用加密钢架；

（6）增设临时仰拱及时形成支护封闭环。

5．降低初期支护设计参数的确定

遇下列情况之一时，应适当降低初期支护：

（1）确认围岩级别、工程地质条件、水文地质条件比预计的有明显好转，或有具体工程类比量；

（2）初期支护未全部完成，位移已收敛，达到施作二次衬砌的指标；

（3）初期支护全部施作完毕，位移量远远小于规定值时，可按施工信息的应用条件降低其他地段初期支护设计参数。

6．降低初期支护的措施

降低初期支护，可按提高围岩级别，改用相应设计参数或选用以下方法处理：

（1）减少锚杆数量、缩短锚杆长度、减薄喷射混凝土厚度或取消钢架等；

（2）取消或改用其他辅助措施，改变辅助施工措施的设计参数；

7．二次衬砌加强措施

（1）在满足隧道建筑限界的条件下根据断面实际情况，增加衬砌厚度；

（2）由于净空限制，不宜采用上述措施时，根据验算，采用钢筋混凝土衬砌；

（3）提高衬砌混凝土强度等级。

7.5.7.2 量测管理

1．隧道现场监控量测

由施工单位组成量测组（3～5 人），量测组在施工技术主管的领导下进行测点埋设、日常量测和数据的处理工作，并及时进行信息反馈。

2．应列入竣工文件的量测资料

列入的量测资料如下：

（1）实际测点布置图；

（2）量测记录汇总及围岩位移-时间曲线图；

（3）经量测变更设计和改变施工方法地段的信息反馈记录。

3．施工监测管理流程（见图 7-72）

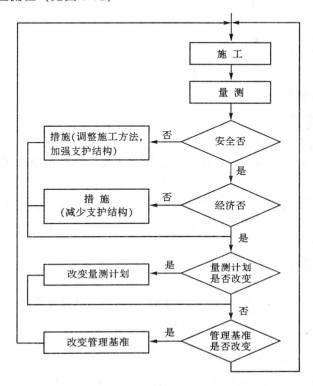

图 7-72　监测管理流程

（1）现阶段的现场量测工，应具有中专或以上的文化水平和一定现场施工经验；

（2）对量测工作应认真负责，并有吃苦耐劳、谦虚好学和敬业思想良好素质的；

（3）在技术人员的指导下，负责测点的埋设和日常的量测工作，并做好量测记录；

（4）负责量测元件的准备、工地零星加工和量测仪表的保养工作。

7.5.7.3　隧道施工现场测试工作注意事项

1．确保测试仪表具有良好的使用状态

施工监测采用的机械式仪表和电子仪表，必须确保有良好的使用状态。

2．现场测试前检查工作

现场测试前应做好如下工作：

（1）检查仪表、准备数据是否完好，如发现问题应及时修理、更换或补充；

（2）检查测点是否松动或人为损坏，确认测点状态良好时方可进行测试工作。

3．测试工作过程中的基本要求

基本要求如下：

（1）按各项量测的操作规程安装好仪器、仪表，每测点一般读三次，三次读数相差不大时，可取算术平均值作为观测值；若读数相差过大时，应检查仪器、仪表安装是否正确，测点是否松动，当确定无误时再进行测试；

（2）每次测试时都要做好记录，并记录环境温度、掘进里程以及施工情况等，并保持原始记录的准确性；

（3）在现场进行粗略计算，若发现围岩与支护变形较大时，应及时通知现场施工负责人。

4．测试收尾工作

现场测试完毕后应做好以下工作：

（1）检查仪器、仪表，做好保养、保管工作；

（2）及时进行资料整理。

7.5.7.4　量测资料整理

量测资料整理如下：

（1）首先对现场量测资料应认真检查、审核和计算，每次量测结束后，应在 2h 内进行资料整理工作；

（2）及时将量测资料填入有关图表，以便了解量测数据的变化规律，便于各量测断面与相同或不相同量测手段之间的对比、验证。

7.6　防水隔离层及施工

隧道在开挖时或在喷射混凝土施工后有渗漏水出现，或虽未发生渗漏水现象，但根据围岩的状况，将来仍有可能出现渗漏水的地段，都必须设置相应的衬砌防水工程。尤其是隧道洞口段，为保证安全，不管有无渗漏水发生都要设置防水工程。衬砌防水工程可采用浇注抗渗混凝土与铺设防水层相结合的办法进行。

抗渗混凝土是在混凝土中掺加防水剂，以提高防水抗渗效果。防水层一般采用外贴式防水层。对复合衬砌，宜设置夹层防水层。防水材料常用合成树脂与土工布聚合物制作的防水薄膜或防水板。防水板分橡胶防水板和塑料防水板。隧道施工多采用塑料防水板，所以本节主要介绍塑料板防水层施工。

7.6.1　塑料防水层铺设前的准备工作

（1）测量隧道开挖断面前，对欠挖部位进行补凿，对喷射混凝土表面凹凸显著部位应分层喷射找平。外露的锚杆头及钢筋网头应齐根切除，并用水泥砂浆抹平。

（2）检查塑料板有无断裂、变形、穿孔等缺陷，保证材料符合设计要求。

（3）检查施工机械设备、工具是否完好无缺，并检查施工组织计划是否科学合理等。

（4）铺设前应对初期支护采用简单易行的锤击声检查，必要时辅以其他物探手段。对初期支护的渗漏水情况进行检查，并采取有效措施进行处理。

（5）初期支护表面要平整，无空鼓、裂缝、松疏，并用喷混凝土（或砂浆）对基面进行找平处理，表面平整度应符合下面要求

$$D/L \leqslant 1/6$$

式中，D 为初期支护表面相邻两凸面间的距离；L 为初期支护表面相邻两凸面凹进去的深度。

7.6.2　铺设台车要求

防水板铺设应采用专用台车铺设，台车应具备以下要求：

（1）防水板专用台车应与模板台车的行走轨道为同一轨道，轨道的中线和轨面标高误差应小于 ±10mm。

（2）台车前端应设有初期支护内轮廓检查刚架，并有整体移动（上下、左右）的微调机构。

（3）台车上应配备能达到隧道周边任一部位的作业平台。

（4）台车上应配备辐射状的防水板支撑系统。

（5）台车上应配备提升（成卷）防水板的卷扬机和铺放防水板的设施。

（6）专用台车上应设有激光（点）接收靶。

7.6.3　塑料板应满足的要求

（1）塑料板的抗拉强度应大于 15MPa，伸长率大于 200%；

（2）塑料板面无变色、波纹（薄厚均匀）、斑点、撕裂、刀痕、小孔等缺陷；

（3）塑料板可采用厚 1.5～2.0mm，宽 1.0～1.24mm 的浅色聚氯乙烯软板。

7.6.4　塑料板防水层铺设的主要技术要求

（1）塑料板防水层的施作，应在初期支护变形基本稳定和二次衬砌灌注前进行。开挖和衬砌作业不得损坏已铺设的防水层。因此，防水层铺设施作点距爆破面应大于 150m，距二次衬砌灌注处应大于 20m；当发现层面有损坏时应及时修补；当喷层表面漏水时，应及时引排。

（2）铺设前进行精确放样，弹出标准线进行试铺后确定防水板一环的尺寸，尽量减少接头。防水板铺设应采用无钉铺设工艺，宜采用自下而上的顺序铺设，松紧应适度并留有余量（实铺长度与弧长的比值为 10:8），检查时要保证防水板全部面积均能抵到围岩。

（3）防水层可在拱部和边墙按环形安装铺设，并视材质采取相应结合方法。

用带热塑性圆垫圈的射钉将缓冲层平整顺直地固定在基层上（见图 7-73），缓冲层的搭接宽度 50mm，可用热风焊枪点焊，每幅防水板布置适当排数垫圈，每排垫圈距防水板边缘 40cm 左右。垫圈间距：侧壁 80cm，2～3 个/m²；顶部 40cm，4～6 个/m²。

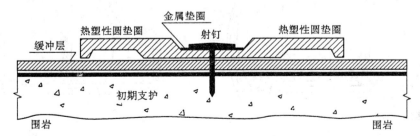

图 7-73　暗钉圈固定缓冲层

（4）防水层可在拱部和边墙按环形安装铺设，并视材质采取相应结合方法。塑料板宜用焊接，搭接宽度为 10cm，两侧焊缝宽度不小于 2.5cm（橡胶防水板粘接时，其搭接宽度为

10cm，黏缝宽不小于 5cm）。最佳焊接温度和速度应根据材质实验确定。采用聚氯乙烯时，可参考表 7-32。

表 7-32　　　　　　　　　　　　　PVC 和 PE 板最佳焊接温度和速度

	PVC 板	PE 板
焊接温度/℃	130～180	230～265
焊接速度/（m/min）	0.15	0.13～0.2

（5）防水层接头处应擦干净。防水层接头处不得有气泡、褶皱及空隙；接头处应牢固，强度应不小于防水层本身的强度。

（6）两幅防水板的搭接宽度不应小于 100mm。

（7）环向铺设时，先拱后墙，下部防水板应压住上部防水板。

（8）防水板之间搭接缝应采用双焊缝、调温、调速热楔式功能的自动爬行式热熔焊接，细部处理或修补采用手持式焊枪，单条焊缝的有效宽度不应小于 10mm，焊接严密，不得焊焦焊穿。

（9）防水板纵向搭接与环向搭接处，除按正常施工外，应再覆盖一层同类材料的防水板材，用热焊接。

（10）3 层以上塑料防水板的搭接形式必须是 T 形接头。

（11）分段铺设的卷材边缘部位预留至少 60cm 的搭接余量并且对预留部分边缘部位进行有效的保护。

（12）绑扎或焊接钢筋时，应采取措施避免对卷材造成破坏。

（13）混凝土振捣时，振捣棒不得接触防水板，以免防水板受到损伤。

7.6.5　塑料板防水层铺设范围

（1）全封闭铺设。在拱部、墙部衬砌及避车洞衬砌均设置塑料板防水层，隧底为防水混凝土，如图 7-74 所示。

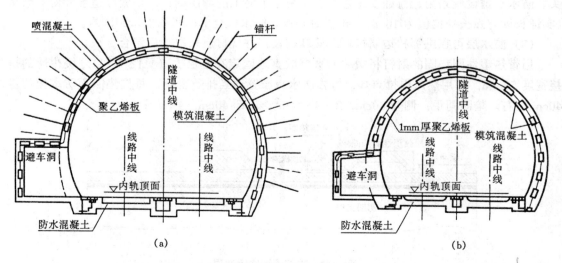

图 7-74　全封闭式拱墙部衬砌塑料板防水层

（2）半封闭铺设。仅在拱部设置塑料板防水层，墙部和拱底铺设防水混凝土，如图 7-75 所示。

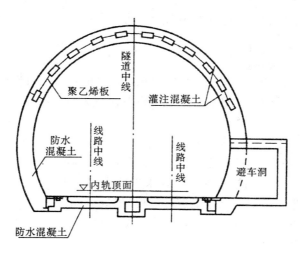

图 7-75　半封闭式拱部聚乙烯板防水层

7.6.6　塑料板防水层搭接方法

（1）环向搭接。即每卷塑料板材沿衬砌横断面环向进行设置。

（2）纵向搭接。板材沿隧道纵断面方向排列。要求铺设成鱼鳞状，以利于排水，如图 7-76 所示。止水带安装如图 7-77 所示。

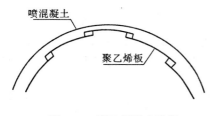

图 7-76　聚乙烯纵向搭接

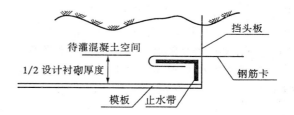

图 7-77　止水带安装位置

7.6.7　塑料板防水层质量检查

塑料板防水层施工，必须建立健全质量检验机制，并认真填写隐蔽工程核查验收证。塑料板防水层可按隧道工程的防水等级，采用不同的质量检查方法（见表 7-33 所列）。

表 7-33　　　　　　　　　　　塑料板防水层质量检查方法

检查方法	检查内容	适用范围
直观检查	①用手托起塑料板，看其是否与喷射混凝土层密贴； ②看塑料板是否有被划破、扯破、扎破等破损现象； ③看焊缝宽度是否符合要求，有无漏渗、假焊、烤焦等现象； ④外露的锚固点（钉子）是否有塑料片覆盖	一般防水要求的工程
焊缝检查	①②③④同上；⑤每铺设 20～30m，剪开焊缝 2～3 处，每处 0.5m，看其是否有假焊、漏焊等现象	有较高防水要求的工程
漏水检查	①②③④同上；⑤焊缝采用双焊缝，进行压水（风）实验，看其有无漏水（风）现象	有特殊防水要求的工程

质量检查中发现的问题，除应详细记录外，应立即进行修补，不合格者应坚决返工。

7.6.8　塑料板防水层的保护措施

（1）在二次衬砌前，严格禁止在铺设塑料板防水层的地段进行爆破作业；

（2）模筑混凝土施工时，严格注意，避免模板、堵头等损坏塑料板防水层。

7.6.9　防水混凝土施工

隧道衬砌混凝土既是外力的承载结构，也是防水的最后一道防线，因此要求衬砌既要有足够的强度，还要具有一定的抗渗性。衬砌采用防水混凝土。为了能够更好地满足设计要求，施工中要加强管理，对混凝土施工进行过程控制。

（1）防水混凝土施工尽量在围岩和初期支护基本稳定后进行，施工前要做好初期支护注浆堵水和结构防水的防水层铺设。

（2）为减少水化热的产生，施工时在混凝土中掺入部分粉煤灰，借以提高混凝土的和易性。粉煤灰采用Ⅰ级标准，掺量不大于 25%。

（3）防水混凝土的性能影响较大，为此混凝土搅拌除可使材料均匀混合外，还能起到一定的塑化、提高和易性作用，这对防水混凝土的性能影响较大，为此混凝土搅拌要达到色泽一致后方可出料，拌和时间不应小于 2min。混凝土采用混凝土拌和车运送，在运输过程中要避免出现离析、漏浆，并要求浇注时有良好的和易性，坍落度损失减至最小或者损失不至于影响混凝土的浇注质量与捣实。

（4）防水混凝土的灌注。

① 二次衬砌拟采用模板台车和组合钢模板，每次立模长度为 9～12m 为宜。

② 模板要架立牢固、严密，尤其是挡头板，不能出现距模现象。混凝土挡头板做到表面规则、平整，避免出现水泥浆漏失现象。

③ 防水混凝土采用高压输送泵送入模。施工前，用同等强度的水泥砂浆润管，并将水泥砂浆摊铺 20～25mm。

④ 混凝土振捣时，振捣棒应等距离地插入，均匀地捣实全部混凝土，插入点间距应小于振捣半径，前后两次振捣棒的作用范围应相互重叠，避免漏振和过捣，振捣时严禁触及钢筋和模板。顶部浇注混凝土时，采用附壁式振捣器捣固，混凝土的振捣时间宜为 10～30s，以混凝土开始出浆和不冒气泡为准。

⑤ 隧道拱顶混凝土灌注采用泵送挤压混凝土工艺，拱顶宜设计 3 个灌注孔，由后向前灌注。为便于拱顶浇注，可在衬砌台车顶部加一方便纵向移动的浇注平台车。由于客观原因，拱顶混凝土往往会产生不密实、灌不满等现象，根据工程经验，可在拱顶最高位置贴近防水板面预埋注浆管。其目的一是作为排气孔，排除拱部附近空气，减小泵送压力；二是通过灌注过程观察情况，检查混凝土饱满程度；三是作为注浆管，对二次衬砌实施回填注浆，以弥补混凝土因收渣或未灌注造成的拱顶空隙。

⑥ 混凝土灌注完毕，待终凝后应及时采用喷、洒水养护。由于模板台车和组合钢模板不能及时拆除，初期养护洒水至模板表面和挡头板进行降温，待拆模后，对结构表面及时进行洒水养护，保持混凝土表面湿润，养护期不短于 14d，以防止在硬化期间产生干裂，形成渗水通道。

7.6.10　施工缝和沉降缝防水

1. 施工缝变形缝的防水施工要求

(1) 墙体纵向施工缝不宜留设在剪力与弯矩最大处或底板与侧墙的交接处，应留在高出底板板顶不小于 30cm 的墙体上。

(2) 墙体有预留孔洞时，施工缝距孔洞边缘不应小于 30cm。

(3) 纵向施工缝浇灌混凝土前，应将其表面凿毛，清除浮粒和杂物，用水冲洗干净，保持湿润，可铺上一层厚 25～30mm 的 1:1 水泥砂浆或涂刷混凝土界面处理剂并及时浇注混凝土。

(4) 设止水条的环向施工缝施工时，在端面应预留浅槽，槽内应平直，槽宽比止水条宽1～2mm，槽深为止水条厚度的 1/2。

(5) 施工缝内采用中埋式止水条时，应确保位置准确、固定牢靠。

(6) 施工中应采取措施保证待贴止水条或预设止水带的混凝土界面洁净。

2. 变形缝施工应符合下列要求

(1) 变形缝的位置、宽度、构造形式应符合设计要求。

(2) 缝内两侧应平整、清洁、无渗水。

(3) 缝内两侧应先设置与嵌缝材料无黏力的背衬材料或遇水膨胀止水条。

(4) 嵌缝应密实。

3. 止水带材料

止水带宜选用橡胶止水带或钢边止水带。对水压力大、变形大的施工缝、变形缝应选用钢边止水带，地下水有腐蚀性介质的应选用氯丁橡胶、三元乙丙胶材质的止水带。当设计选用其他新型、成熟、可靠的材料时，其物理性能应符合国家相关标准的要求。

4. 施工缝防水

混凝土衬砌的纵向和环向施工缝（含仰拱）均设置膨胀橡胶止水条。混凝土浇注时应按止水条形状预留凹槽。环向止水条数量应根据模板台车长度确定，设计中一般按间距 9m计。

5. 沉降缝防水

(1) 沉降缝按设计指定位置设置，采用止水带止水（见图 7-78）。

(2) 止水带固定方法。以 $\phi 10$ 钢筋能固定止水带为原则，在拱部间距可采用 1.0m，边墙间距可适当加大。

(3) 止水带安装要点。

① 止水带埋设位置应准确，其中间空心圆环应与变形缝重合。

② 止水带应固定在挡头模板上，先安装一端，浇注混凝土时另一端应用箱形模板保护，固定时只能在止水带的允许部位上穿孔打洞，不得损坏止水带本体部分。固定止水带时，应防止止水带偏移，以免单侧缩短，影响止水效果。

③ 止水带定位时，应使其在界面部位保持平展，不得使橡胶止水带翻滚、扭结，如发现有扭结不展现象应及时调正。

(4) 沉降缝施工工序。

① 立模，挡头板穿入固定钢筋；

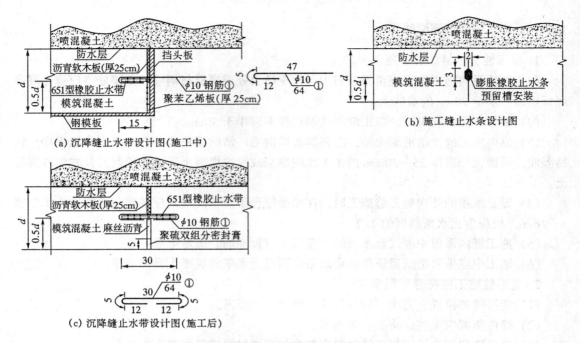

图 7-78　沉降缝止水带施工图

② 安置橡胶止水带（一侧折弯）及沥青浸制软木板和聚苯乙烯板；

③ 浇注一侧混凝土；

④ 拆模；

⑤ 拉直一侧混凝土；

⑥ 拆模；

⑦ 凿除内侧聚苯乙烯板；

⑧ 填塞石棉麻丝沥青；

⑨ 用挤注枪压入聚硫双组分密封膏（压实抹平）。

（5）止水带安装完成后应对止水带的埋设位置进行检查。

① 检查止水带安装的横向位置，用钢卷尺量测内模到止水带的距离，与设计位置相比，偏差不应超过 5cm。

② 检查止水带安装的纵向位置，通常止水带以施工缝或伸缩缝为中心两边对称，用钢卷尺检查，要求止水带偏离中心不能超过 3cm。

③ 用角尺检查止水带与二次衬砌端头模板是否正交，如不正交会降低止水带的有效长度。

6. 遇水膨胀止水条的施工应符合以下规定。

（1）拆除混凝土模板后，凿毛施工缝，用钢丝刷清除界面上的浮渣，并涂 2～5mm 厚的水泥浆，待其表面干燥后，用配套的胶黏剂或水泥钉固定止水条，再浇注下一环混凝土。

（2）遇水膨胀止水条接头处应重叠搭接后再黏结固定，沿施工缝形成闭合环路，其间不得留断点。

（3）止水条定位后至浇注下一环混凝土前，应该尽量避免被水浸泡，必要时加涂缓膨胀剂，防止其提前膨胀。

（4）振捣混凝土时，振捣棒不得接触止水条。

（5）挡头板制作时应考虑预留安装止水条的浅槽。

7.7　二次衬砌

在永久性的隧道及地下工程中常用的衬砌形式有以下 3 种：整体式衬砌、复合式衬砌及锚喷衬砌。本节的二次衬砌施工主要指复合式二次衬砌。

7.7.1　二次衬砌的施作应符合以下要求

（1）深埋隧道二次衬砌施作一般情况下应在围岩和初期支护变形基本稳定后进行，变形基本稳定应符合：隧道周边变形速率明显下降并趋于缓和；或水平基本稳定应符合：隧道周边变形速率明显下降并趋于缓和；或水平收敛（拱脚附近 7d 平均值）小于 0.2mm/d，拱部下沉速度小于 0.15mm/d；或施作二次衬砌前的累计位移值，已达到极限相对位移值的 80％以上；或初期支护表面裂隙（观察）不再继续发展。

（2）浅埋隧道应及早施作二次衬砌，且二次衬砌应予以加强。

（3）围岩及初期支护变形过大或变形不收敛，又难以时进衬砌时，可提前施作二次衬砌，以改善施工阶段结构的受力状态，此时二次衬砌应予以加强。

7.7.2　二次衬砌施工方法及模板

7.7.2.1　施工方法

按照现代支护理论和新奥法施工原则，二次衬砌是在围岩与支护基本稳定后施作的，此时隧道已成形，为保证衬砌质量，衬砌施工按先仰拱、后墙拱，即由下到上的顺序连续浇注。在隧道纵向，则需分段进行，分段长度一般为 9～12m。

7.7.2.2　模板类型

常用的模板有整体移动式模板台车、穿越式（分体移动）模板台车、拼装式拱架模板。

1. 整体移动式模板台车

整体移动式模板台车主要由大块曲模板、机械或液压脱模装置、背附式振捣设备等组成，并在轨道上走行。有的还设有自行设备，从而缩短立模时间，墙拱连续灌注，加快衬砌施工速度（见图 7-79）。

模板台车的长度即一次模筑段长度，应根据施工进度要求、混凝土生产能力和灌注技术要求以及曲线隧道的曲线半径等条件来确定。

整体移动式模板台车的生产能力大，可配合混凝土输送泵联合作业，是较先进的模板设备，但其尺寸大小比较固定，可调范围较小，影响其适用性，其一次性设备投资较大。我国有些施工单位自制较为简单的模板台车，效果也很好。

2. 穿越式分体移动模板台车

穿越式分体移动模板台车是将走行机构与整体模板分离，一次一套走行机构可以解决几套模板的移动问题，既提高了走行机构的利用率，又可以多段衬砌同时施作。

3. 拼装式拱架模板

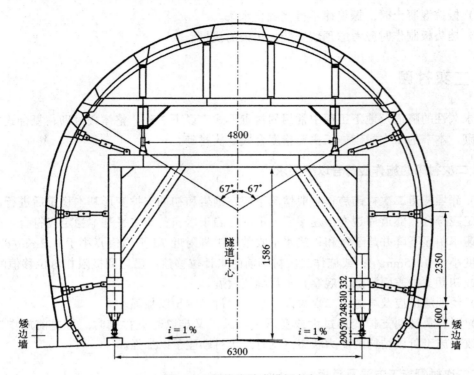

图 7-79　整体移动式模板台车

拼装式拱架模板的拱架可采用型钢制作或现场用钢筋加工成桁架式拱架。为方便安装和运输，常将整榀拱架分解为 2～4 节，进行现场组装，其组装连接方式有夹板连接和端板连接两种形式。为减少安装和拆卸工作量，可以作成简易移动式拱架，即将几榀拱架连成整体，并安设简易滑移轨道。

拼装式模板多采用厂制型组合钢模板，其厚度均为 5.5cm，宽度有 10，15，20，25，30cm，长度有 90，120，150cm 等。局部异性及挡头板可采用木板加工。

拼装式拱架模板的一次模筑长度，应与围岩地质条件、施工进度要求、混凝土生产能力以及开挖后围岩的动态等情况相适应。一般分段长度为 2～9m。松散地段最长不超过 6m。拱架间距应视未凝混凝土荷载大小及隧道断面大小而定，一般可采用 90，120 及 150cm。

拼装式拱架模板的灵活性大、适应性强，尤其适用于曲线地段。因其安装架设较费时费力，故生产能力较模板台车低。在中小型隧道及分部开挖时，使用较多。在传统的施工方法中，因受开挖方法及支护条件的限制，其衬砌施作多采用拼装式拱架模板。

7.7.2.3　衬砌施工准备工作

在灌注衬砌混凝土之前，要进行隧道中线和水平的测量，检查开挖断面或放线定位，准备混凝土制备和运输等工作。

这些准备工作，除应按模筑混凝土工程的一般要求进行外，还应注意以下几点。

1. 断面检查

根据隧道中线和水平测量，检查开挖断面是否符合设计要求，欠挖部分按规范要求进行修凿。并做好断面检查记录。

墙脚地基应挖至设计标高，并在灌注前清除虚渣、排除积水、找平支承面。

2. 放线定位

根据隧道中线和标高及断面设计尺寸，测量确定衬砌立模位置，并放线定位。

采用整体移动式模板台车时，实际是确定轨道的铺设位置。轨道铺设应稳固，其位移和沉降量均应符合施工误差要求。轨道铺设和台车就位后，都应进行位置、尺寸检查。放线定位时，为了保证衬砌不侵入建筑限界，须预留误差量和沉落量，并注意曲线加宽。

预留误差量是考虑到放线测量误差和拱架模板就位误差，为保证衬砌净空尺寸，一般将衬砌内轮廓尺寸扩大 5cm。

预留沉落量是考虑到未凝混凝土的荷载作用会使拱架模板变形和下沉；后期围岩压力作用和衬砌自重作用（尤其是先拱后墙法施工时的拱部衬砌）会使衬砌变形和下沉。故须预留沉落量。这部分预留沉落量根据实测数据确定或参照经验确定。

预留误差量和预留沉落量应在拱架模板定位放线时一并考虑确定，并按此架设拱架模板和确定模板架的加工尺寸。

3. 拱架模板整备

使用拼装式拱架模板时，立模前应在洞外样台上将拱架和模板进行试拼，检查其尺寸、形状，不符合要求的应予修整。配齐配件，模板表面要涂抹防锈剂。洞内重复使用时亦应注意检查修整。拱架模板尺寸应按计算的施工尺寸放样到放样台上，并注意曲线加宽后的衬砌及模板尺寸。

使用整体移动式模板台车时，应在洞外组装调试好各机构的工作状态，检查好各部尺寸，保证进洞后投入正常使用。每次脱模后应予检修。

4. 立　模

根据防线位置，架设安装拱架模板或模板台车就位。安装就位后，应做好各项检查，包括位置、尺寸、方向、标高、坡度、稳定性等，并注意处理好以下几个问题。

（1）每排拱架应架设在垂直于隧道中线的竖直平面内，不得倾斜；对于曲线隧道，因曲线外弧长、内弧短，则应分段调整拱架方向和模板长度。

（2）拱架应立于稳固的地基上。拱架下端一般应焊接端头板，以增大支撑面，减少下沉；当地基较软弱时，应先用碎石垫平，再用短枕木支垫，此垫木不得伸入衬砌混凝土中。

当采用整体移动式模板台车时，其走行轨道应铺设稳定，轨枕间距要适当，道床要振捣密实，必要时可先施作隧道底板，防止过量下沉。

（3）拱架的架设要牢固稳定，保证其不产生过量位移。拱架立好后还应对其稳定性进行检查。固定的方法：横向有横撑（断面较小时采用）、斜撑（断面较大时采用）；纵向有带木、拱架间撑木、拉杆及斜撑。

拱架模板的架设和加强，均应考虑其腹部的通行空间，以保证洞内运输的畅通。

（4）挡头模板应同样安装稳固，挡头板常用模板加工，现场拼铺，以便于与岩壁之间的缝隙嵌堵严密，也可以采用气囊式堵头。

（5）设有各种防水卷材、止水带时，应先行安装好，并注意挡头板不得损伤防水材料，以免影响防水效果。

5. 混凝土制备与运输

由于洞内空间狭小，混凝土多在洞外拌制好后，用运输工具运送到工作面再灌注。其实际待用时间中主要部分是运输时间，尤其是长大隧道和运距较长时。因此运输工具的选择应注意装卸方便，运输快速，保证拌好的混凝土在运输过程中不发生漏浆、离析泌水、坍落度损失和初凝等现象。

可结合工程情况，选用各种斗车、罐式混凝土运输车或输送泵等机械。

7.7.2.4 混凝土的灌注、养护与拆模

在做好上述准备工作后，即可进行混凝土灌注（见图 7-80～图 7-82）。隧道衬砌混凝土的灌注应注意以下几点。

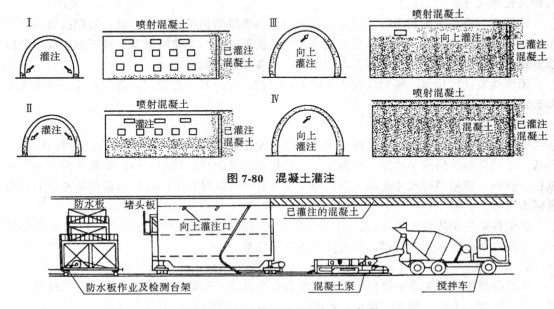

图 7-80 混凝土灌注

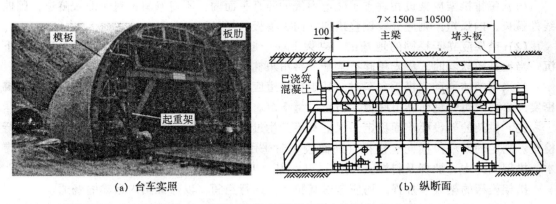

图 7-81 整体式全液压台车作业方式

（a）台车实照　　　　　　　　　（b）纵断面

图 7-82 整体式全液压衬砌台车（单位：mm）

（1）保证捣固密实，使衬砌具有良好的抗渗防水性能，尤其应处理好施工缝。

（2）整体模筑时，应注意对称灌注，两侧同时或交替进行，以防止未凝混凝土对拱架模板产生偏压而使衬砌尺寸不合要求。

（3）若因故不能连续灌注，则应按规定进行接茬处理。衬砌接茬应为半径方向。

（4）边墙基底以上 1m 范围内的超挖，宜用同级混凝土同时灌注。其余部分的超、欠挖应按设计要求及有关规定处理。

（5）衬砌的分段施工缝应与设计沉降缝、伸缩缝及设备洞位置统一考虑，合理确定位置。

（6）封口方法。当衬砌混凝土灌注到拱部时，需改为沿隧道纵向进行灌注，边灌注边铺封口模板，并进行人工捣固，最后堵头，这种封口称为"活封口"。当两段衬砌相接时，纵向活封口受到限制，此时只能在拱顶中央留出一个 50cm×50cm 的缺口，最后进行"死封口"（见图 7-83）。采用整体式模板台车配以混凝土输送泵时，可以简化封口。

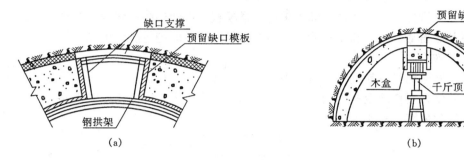

图 7-83　拱部衬砌封口（死封口）

多数情况下隧道施工过程中，洞内的湿度能够满足混凝土的养护条件。但在干燥无水的地下条件下，则应注意进行洒水养护。

采用普通硅酸盐水泥拌制的混凝土，其养护时间一般不少于 7d；掺有外加剂或有抗渗要求的混凝土，一般不少于 14d。养护用水的温度应与环境温度基本相同。

二次衬砌的拆模时间，应根据混凝土强度增长情况来确定。一般应在混凝土达到施工规范要求强度时方可拆模。有承载要求时，应根据具体受力条件来确定。

7.7.2.5　压浆、仰拱和底板

1. 压　浆

在灌注衬砌混凝土时，虽然要求将超挖部分回填，但由于操作方法的原因，其中有些部分并不可能回填得很密实。这种情况在拱顶背后一定范围内较为明显。因此，要求在衬砌混凝土达到设计强度后，向这些部位进行压浆处理，以使衬砌与围岩密贴（全面紧密接触），达到限制围岩后期变形，改善衬砌受力工作状态的目的。压浆浆液材料多采用单液水泥浆。

2. 仰拱和底板

若设计无仰拱，则铺底通常是在拱墙修筑好后进行，以避免与拱墙衬砌和开挖作业的互相干扰。若设计有仰拱，说明侧压和底压较大，则应及时修筑仰拱使衬砌环向封闭，避免边墙挤入造成开裂甚至失稳。但仰拱和底板施工占用洞内运输道路，对前方开挖和衬砌作业的出渣、进料造成干扰。因此，应对仰拱和底板的施作时间、分块施工顺序和运输的干扰问题进行合理安排。

为施工方便，仰拱和底板可以合并灌注，但应保证仰拱混凝土符合设计要求。

待仰拱和底板纵向贯通，且混凝土达到一定强度后，方可允许车辆通行。其墙头可以采用石渣土填成顺坡通过。

灌注仰拱和底板时，必须把隧道底部的虚渣、杂物及淤泥清除干净，排除积水，超挖应用同级混凝土成片或片石混凝土灌注密实。

7.7.2.6　隧道二次衬砌工程实例

某隧道洞内采用以新奥法理论为基础的柔性支护体系复合式衬砌结构。在围岩和初期支护变形基本稳定后进行二次衬砌,施作时间符合规范规定要求。

隧道采用 12m 长液压整体钢模衬砌台车,衬砌混凝土由洞外自动计量站生产,保证达到设计标准,混凝土输送车运到工作面,由混凝土输送泵泵送入模。

1．边墙基础、仰拱及回填

边墙基础、仰拱先于衬砌浇注,仰拱采用大样模板,由仰拱中心向两侧对称一次浇注成形,浇注前将基底石渣、淤泥和积水清除干净。仰拱拆模后即进行隧底填充。

2．拱墙衬砌施工

施工顺序:断面测量→初期支护面处理→纵向、环向弹簧透水管安装→铺挂防水板→钢模台车定位→管线预埋件固定→混凝土生产、运输→混凝土灌注、振捣→脱模养护。

施工工艺流程如图 7-84 所示。

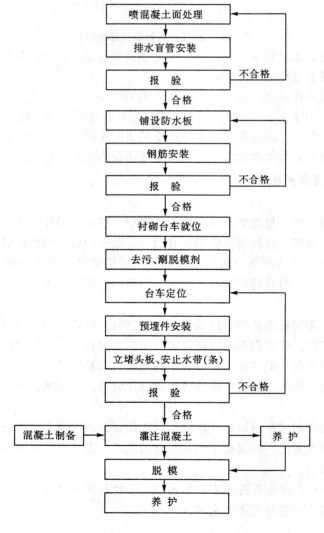

图 7-84　隧道二次衬砌施工工艺框图

（1）测量放线，模板台车就位。

（2）混凝土入模：混凝土由输送泵泵送入模。

（3）混凝土振捣：在模板台车上开工作窗，内侧面安设附着式振捣器，浇注过程中利用插入式振捣器和附着振捣器及输送泵压力使混凝土密实。

（4）混凝土脱模：脱模时间由工地中心实验室根据强度要求现场确定。

（5）混凝土养护：脱模后混凝土表面采用洒水养护，养护期不小于 14d。

（6）灌注混凝土时严格按规范操作，特别是封顶混凝土，从内向端模方向灌注，排除空气，保证拱顶灌注密实。拱顶部位预留注浆管，间距 5m，在二次衬砌强度达到设计后，进行压浆回填，以保证拱顶混凝土灌注密实。

3．主要技术措施

① 当隧道二次衬砌应在围岩变形基本稳定后开始，即隧道周边位移速率小于 0.1～0.2mm/d 或拱顶下沉速率小于 0.07～0.15mm/d，此时可进行二次衬砌工作；当发现净空位移量过大或收敛速度无稳定趋势等特殊情况需提前施作二次衬砌时，应征得监理和设计的同意。

② 隧道衬砌前必须对中线、标高、断面尺寸和净空大小进行检查，满足设计要求。

③ 为防止衬砌背后脱空，采取以下方案：

· 根据施工方法、灌注部位、结构尺寸等因素，选用合理、适用的混凝土配合比；

· 严格控制混凝土搅拌、运输、浇注时间，确保浇注过程中混凝土的和易性；

· 对衬砌背后脱空部位压注与衬砌同标号水泥砂浆充填密实，为防止后期处理时打孔注浆损伤防水层，衬砌时间隔 4m 预埋两排 ϕ25 钢管作为注浆管和排气管。

④ 认真做好自动计量拌和过程控制，确证混凝土的质量符合设计要求，混凝土质量的关键在于计量准确，所以在生产前和生产中必须检查调试计量部分和自动控制部分，使其处于正常范围。

⑤ 自动计量拌和的料仓上加罩格筛，控制碎石的最大粒径，以防混凝土输送管堵塞和损坏输送泵，造成质量和机械事故。

⑥ 衬砌台车定位要准确，锁定牢固，接头密贴上一次衬砌面，保证每环之间的搭接错台控制在 3mm 内，保持衔接和衬砌轮廓的正确。

⑦ 灌注混凝土时严格按规范和操作细则施工，浇注拱顶混凝土时，根据现场情况预埋一定数量的钢管，混凝土强度达到 70% 后进行回填注浆，保证拱顶部混凝土密实。

⑧ 洞内围岩有明显的软硬变化处，可能引起衬砌沉降变形，因此在软硬变化处以及设计要求处，均设置沉降缝。

⑨ 依设计预留好紧急电话箱、消火栓箱、灭火器箱等，要十分注意预埋件和相关洞室的里程和高度，使其准确无误，洞室立模要稳固，在混凝土灌注过程中不能出现跑模现象。

7.8　辅助坑道

当隧道较长时，可选择设置适当的辅助坑道，如横洞、斜井、平行坑道等，用以增加施工工作面，加快施工速度，改善施工条件（通风、排水）。

设置辅助坑道可能使隧道工程造价提高，辅助坑道选择适当与否，会影响其作用的发挥。因此，在选择辅助坑道时应根据是否将其作为永久通风通道、工期要求、施工组织、地形条件、地质及水文地质情况，弃渣现场、施工机具、经济性等各个方面综合考虑，其断面尺寸又根据地质及施工需要、机具情况而定，一般不宜过大。在无特殊要求时，辅助坑道的支护一般只要求能够保证施工期间的稳定和安全即可。

7.8.1 横洞

横洞是在隧道侧面修筑的与之相交的坑道。当隧道傍山沿河、侧向覆盖层较薄时，就可以考虑设置横洞。

横洞布置如图 7-85 所示。为便于车辆运输，相交处可用半径不小于 7 倍轴距的圆曲线相连。运输方式可采用无轨运输或有轨运输。但应注意，横洞纵坡因考虑到便于排水及重车下坡运输方便，有轨运输时应向外设不小于 3‰的下坡，无轨运输时可视车辆情况而定。

一般情况下横洞不长，故较经济，因此在地形条件允许时，宜优先考虑采用横洞来增辟工作面。

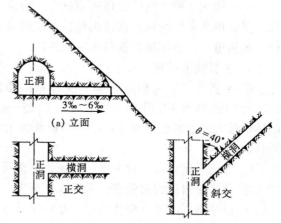

图 7-85　横洞布置示意图

选择横洞与隧道的交角一般不小于 60°，地形条件限制时不宜小于 40°，交角太小则锐角段围岩较易坍塌，斜交时最好朝向隧道主攻方向。横洞与隧道的连线形式有双联式和单联式，相交处用半径不小于 12m 的曲线连接，见表 7-34。

表 7-34 横洞与隧道的连接形式

连接形式		图　示	说　明	连接形式		图　示	说　明
单联式	正交		横洞与隧道中线的平面交角宜为 40°～45°；R 不小于 7 倍机车车辆轴距	双联式	正交		R 不小于机车车辆轴距；L 为 13～25m
	斜交				斜交		

在考虑横洞作为运营时的通风口的情况下，横洞断面大小应按通风要求及施工需要一并考虑，并宜修筑（至少在两端适当长度范围内）永久衬砌。

有时在隧道洞口处桥隧相连，影响施工，或地质条件差，地形条件不利，路堑因开挖量大尚未完工而需进洞等情况下，并且又有条件在洞口附近设置横洞时，则可利用横洞进入正洞以避免施工干扰和提前进洞加快速度。

7.8.2　平行导坑

平行导坑是与隧道平行修筑的坑道。对于长大越岭隧道，由于地形限制，或因机具设备条件、运输道路等条件的限制，无法选用横洞、竖井、斜井等辅助坑道时，为加快施工速度，及超前地质勘察，可采用平行导坑方案。但由于多开挖一个导坑将导致工程造价提高，因此在 3000m 以上的隧道，无其他辅助导坑可设计时才考虑平行导坑方案。大断面开挖的隧道，采用大型机具施工，干扰小，施工条件也好（如通风、排水、运输等），因此一般不采用平行导坑。

7.8.2.1　平行坑道在隧道施工中的作用

平行导坑超前掘进，可进行地质勘察，充分掌握前方地质状况；平行导坑通过横通道与正洞联络，可以增加正洞工作面，加快施工速度，并且构成巷道式通风系统、排水系统、进料出渣运输系统，可以将洞内作业分区段进行，减少互相干扰；此外还可以构成洞内测量导线网，提高测量精度。

7.8.2.2　平行导坑设计及施工要点

（1）平行导坑的平面布置一般设于地下水流向隧道的一侧，以利用平行导坑排水，使正洞干燥，但同时也应结合地质情况及弃渣场地等条件综合确定。平行导坑与正洞之间最小净距离，应视地质条件、施工方法、导坑跨度等因素确定，并考虑由于导洞开挖而形成的两个"自然拱"不相接触为好，否则容易造成塌方。一般平行导坑距正洞约为 20m。平行导坑底面标高应低于隧道底面标高 0.2~0.6m，以有利于正洞的排水和运输。平行导坑纵坡原则上与隧道纵坡一致，或向出洞方向设 3‰ 的下坡。

（2）初进洞时可在适当长度（500m 左右）不设横通道，以后，每隔 120~180m 设一个横通道，以便于运输，为方便运输调车作业，每隔 3~4 个横通道设置一个反向横通道。

从维持围岩稳定和运输顺畅考虑，横洞与正洞中线的平面交角一般以 4°~5° 为宜，夹角过小则夹角中围岩易坍，并且增加了横通道的长度；夹角过大则运输线路的运行条件差。横通道坡度则由正洞与平行导坑的高差而定。

（3）平行导坑衬砌与否，视地质情况而定，一般可不修筑。当考虑作为永久通风道或泄水洞时应作衬砌。

（4）为更好地发挥平行导坑增辟工作面的作用，以及利用平行导坑超前预测正洞经过地带的地质情况，平行导坑应超前正洞导坑两个横通道以上间距，不过也不宜过大，以减少平行导坑施工通风等的困难。

（5）平行导坑与正洞的各项作业应分区分段进行，以减少干扰。分区分段长度应结合横通道及运输组织来选择。

有轨运输时，在平行导坑中一般都采用单道运输，为满足运输调车的需要，可每隔 2~3 个横通道铺设一个双道的会车站。其有效长度一般为 50~60m。

7.8.3　斜　井

斜井是在隧道侧面上方开挖的与之相连的倾斜坑道。当隧道洞身一侧有较开阔的山谷且覆盖不太厚时，可考虑设置斜井。

斜井设计施工应注意以下事项。

（1）当隧道埋深不大，地质条件较好，隧道侧面有沟谷等低洼地形时，可采用斜井作为辅助坑道。斜井的平、剖面如图 7-86 所示。

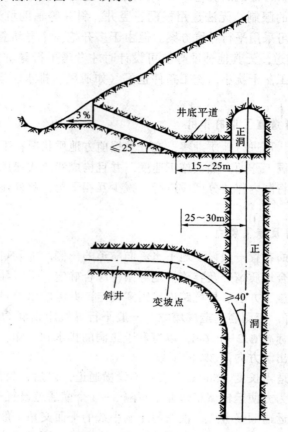

图 7-86　斜井布置示意图

（2）斜井一般不超过 200m，以降低工程造价及保证运输效能，因此，在选用较长斜井方案时，应作经济比较。

（3）井口位置不应设在洪水淹没处。洞口场地最小宽度一般不应小于 20m，以利井口场地布置及卸料出渣，井身避免穿越含水量大或不良地质区段。设置位置应能使增辟工作面充分发挥作用。斜井仰角 α 的大小，主要考虑斜井长度及施工方便，一般以不大于 25° 为宜，且井身不宜设变坡。斜井与隧道中线的夹角不宜小于 40°，并在与隧道连接处宜用 15～25m 的水平道相连，以便于运输作业和保证运输安全。进口场地通常设有向洞外的不小于 3‰ 的下坡，以防车辆溜向洞内造成事故，且有利于排水。

（4）斜井与隧道正洞的平面连接形式有单联式、斜双联式和正交双联式 3 种。采用单联式时，斜井与正洞中线的平面交角不宜小于 40°，此连接方式施工比较简单，多在皮带运输机或梭式矿车出渣时采用。图 7-87 为斜交双联式，特点是在对着斜井的井底车站前方，有一段安全岔线。一旦斜井中发生溜车事故时，不会影响正洞施工的安全，其技术数据为：斜井井底变坡点与正洞中线的距离应不小于 25m；车站长度不小于 8m；安全岔线长度不小于 80m；连接曲线半径为 7～10 倍的车辆轴距；双通道与正洞平面交角为 30°～35°。正交双联式的特点及基本数据与斜交双联式相同，不同的是安全岔线设于两通道中间的岩体之中，开挖爆破时容易引起坍塌，故必须加强支护。

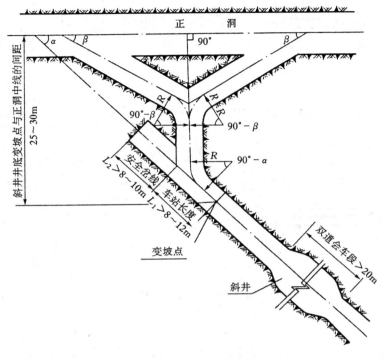

图 7-87　斜交双联式示意图

（5）提升机械一般用卷扬机牵斗车，坡度很小时亦可采用皮带输送或无轨运输，斜井内的轨道数视出渣量而定。坑道大小在单线行车道时，一般底宽为 2.6m；三轨双线行车道时，底宽为 3.4m；双线行车道时，底宽为 4.1m（以上包括单侧设宽 70cm 的人行道），高度通常不小于 2.6m。其中，以单线或三轨双线较为常用，并在斜井中部设有 20～30m 的四轨双线作错车道，这样可减少断面及节约运输器材。以斜井是否需作为通风道等条件决定是否修筑永久衬砌。

（6）井口段应修筑衬砌，其他部分视地质条件及是否作为永久通风道等条件决定是否修筑永久衬砌。

（7）施工期间应做好井口防排水工程，严防洪水淹没。卷扬机牵引斗车时需防止钢丝绳中断或脱钩等事故。为此应严格控制牵引速度，斜井长小于 200m 时，车速不大于 3.5m/s；斜井长超过 200m 时，可适当提高车速。井口应设置安全阀（见图 7-88），在斗车出洞后及时安好安全阀以防止溜车，为防止斗车在坡道上因脱钩或钢丝绳断裂而下滑，可在斗车上或坡道上设置止溜沟，以阻止斗车继续下滑。也可以在斜井坡道终点或坡道中间适当位置设置安全缆绳（见图 7-88），由专人负责看守，在斗车经过后，即在坑道的两侧岩壁间缆以钢丝绳，万一斗车脱钩，也不致冲入井底车场而发生严重事故。此外，在井底调车及井身每隔30～50m 宜设避险洞以保证作业人员安全。

（8）为保证施工安全，还应注意井底车场需加支撑，或修筑衬砌。为提高运输效率，可在井底调车场加设除渣仓，并尽量不在斜井口处进行摘挂作业。

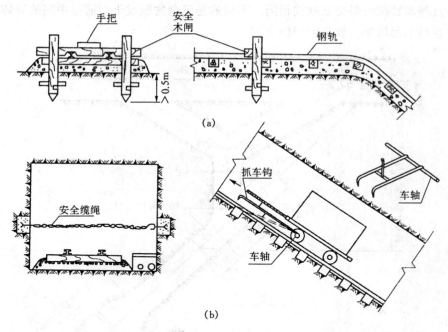

图 7-88　斜井安全措施

7.8.4　竖　井

　　竖井是在隧道上方开挖的长隧道或在中间适当位置覆盖层不厚，具备提升设备，施工中又需增加工作面时，则可采用竖井增加工作面。竖井深度一般不超过 150m。

　　竖井的位置可设在隧道一侧，与隧道的距离一般情况下为 15～25m，或设置在正上方，如图 7-89 所示。竖井设置在隧道一侧时，施工安全、干扰小，但通风效果差；竖井设在隧道正上方时效果好，不需另设水平通道，但施工干扰大，不太安全。圆形断面的竖井利用率低，但施工较方便，且受力条件好，故常于压力较大的围岩中修筑临时性竖井和简易竖井。

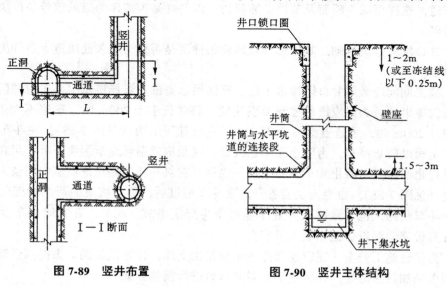

图 7-89　竖井布置　　　　　　**图 7-90　竖井主体结构**

竖井的位置、断面形状，应根据施工要求、通风、是否作为永久通风道、造价等因素综合考虑确定（见图 7-90）。

当隧道设两个以上竖井时，应作经济性分析，以保证工程造价不致过高。

竖井断面尺寸根据提升能力，机具设备、通风排水等铺设的管道，安全梯等设备的布置以及安全间隙等因素确定，直径约为 4～6m。竖井构造包括井口圈、井筒、壁座、井筒与隧道间的连接段、井下积水坑等部分。

井口段常处于松软土壤中，从地面向下 1～2m（严寒地区至冻结线以下 0.25m）应设置钢筋混凝土锁口圈，以承受土压和经土壤传来的井口建筑物、机具设备所产生的荷重，并承受施工时挂钩所悬吊的荷重。围岩较破碎时需修筑永久衬砌，开挖面与衬砌之间的距离不宜超过 30m，衬砌厚度由设计计算确定，并且不小于 20cm。壁座是为防止井壁下滑而设置的，视地质情况及衬砌结构而定，一般为 30～40m。

施工中，在井口、井底需有必要的安全措施，以防施工时发生事故。井口要注意防洪，加强排水设施。井口与井底间应设置联系用的通讯信号设备。

根据地质及水文条件，竖井可采用人工开挖或下沉井的方法进行施工。此外，在有条件和必要时，可设置投料孔（即一种小断面简易竖井），用于向洞内投放砂、石材料甚至混凝土等。此外投料孔常用钻井的方法施作，并与斜井或竖井配合使用，以减少进料对斜井或竖井运输的要求，从而提高斜井的生产能力。

第8章　浅埋隧道施工

浅埋隧道是一种特定条件下的隧道工程，其施工不仅受覆盖层地质因素的制约，而且还受地面环境的影响。

浅埋隧道由整座隧道浅埋和部分地段隧道浅埋两种情况。常用的施工方法有明挖法、地下连续墙法、盖挖法、浅埋暗挖法及盾构法等。

明挖法指挖开地面，由上向下开挖土石方至设计标高后，自基地由下向上顺作施工，完成隧道主体结构，最后恢填基坑或恢复地面的施工方法。盖挖法是由地面向下开挖至一定深度后，将顶部封闭，其余的下部工程在封闭的顶盖下进行施工，主体结构可以顺作，也可逆作。浅埋暗挖法则是在特定条件下，不挖开地面，在地下进行开挖和修筑衬砌结构的隧道施工方法。在软弱地质条件下进行暗挖法施工已很普遍，当然也可应用于浅埋隧道的施工。本章重点介绍明挖法、盖挖法与浅埋暗挖法施工的要点。

8.1　明挖法施工

明挖法施工的隧道（有时成为明洞），其主体结构的施工与地面上工程相似，故不再叙述。本节仅对常见的基坑开挖与支护方法作一介绍。

8.1.1　放坡开挖

隧道埋深较浅，施工对周围环境影响较小，基坑开挖仅仅依靠适当坡率的边坡即可保持土体稳定时，可采用放坡开挖。此法虽然开挖方量大，但机械化程度高，施工速度快，质量也易得到保证，受地下水影响的工程，可采用井点降水的方法，以便提高边坡的稳定性及改善基坑内施工环境。

放坡开挖是明挖法施工的首选方案。

8.1.2　悬臂支护开挖法

悬臂支护开挖法是将基坑围护结构插入基坑底部以下，然后直接开挖基坑内土体。结构处于悬臂状态，靠本身刚度和插入开挖面下的深度来平衡土压力，开挖到设计标高后，再进行主体结构施工（见图 8-1）。由于基坑内无支撑，便于基础开挖和主体结构施工的机械化，也易保证工程质量。缺点是围护结构较复杂，增加了造价及施工难度，此法有时也用在有支撑开挖基坑的上部。

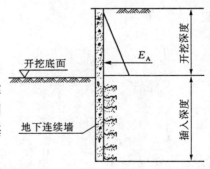

图 8-1　悬臂支护开挖

围护结构常由木桩、钢桩、挖孔桩、灌注桩、钢筋混凝土预制桩或连续墙等组成。为加强围护结构的强度与刚度，减少其变形与位移，常采用下列工程措施：

（1）围护结构设计成刚度较大的截面形式；

（2）在围护结构顶部设圈梁等，以改善其整体受力状况，提高整体刚度；

（3）基坑外一定范围内挖去表层覆盖土，以减少侧压力；

（4）基坑外进行井点降水，采用压密注浆、搅拌桩或粉喷桩等方法加固；

（5）土体，以减少侧压力；

（6）基坑内用井点降水和加固土体方法，使坑底土体固结，增加土体抗力；

（7）基坑内设置护脚，即预留一定高度和宽度的原状土台，以减少开挖时围护结构的暴露高度。支撑坑中间部分土体挖至设计标高，将中间底板灌完后，用跳槽方法开挖护脚土台，逐块浇灌这部分底板。

以上各种措施也可以联合采用。

当基坑深度较大，开挖时除采用围护结构外，还常采用支撑加强围护结构以抵抗较大的侧压力。支撑分为水平支撑、斜支撑，也可采用锚杆加固围护结构。支撑的设置应考虑施工工艺的要求，支撑的强度、刚度、间距、层数及层位等应根据力学分析计算确定。施工中应经常检查支撑状态，必要时对其应力进行监控。

8.1.2.1 水平支撑

水平支撑（见图 8-2）常用的形式有横撑和角撑，在基坑拐角或断面变化处用角撑，其他一般用横撑。除环形围护结构采用环梁支撑外，其余是受轴向压力的直线形支撑。在基层可用木材、钢筋混凝土构件、钢管、型钢及型钢组合构件等。使用钢管、型钢及型钢组合构件作为支撑时，拆装方便，占据空间较小，回收率高，还可以做成工具式支撑，故在实际工程中应用较多。

围护结构施工完毕后，一般情况下可开挖至第一道支撑所需的标高，及时安装支撑并施加预应力。再采用挖槽法，先开挖支撑设计位置处土体（保留其两侧土体），挖至第二道支撑标高时，安装第二道支撑并施加预应力，然后由上向下开挖土体至适当高度，继续用挖槽法安装下道支撑。

重复以上方法，最后开挖至基底标高，再依次浇注板底—下层侧墙—中板—上层侧墙—顶板。按要求的时序拆除支撑，完成结构体系转换。

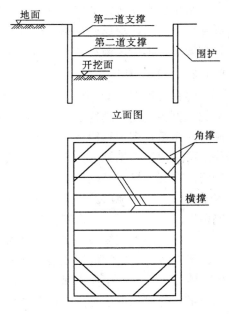

图 8-2 水平支撑开挖支护简图

采用水平支撑的优点是：墙体水平位移小；安全可靠，开挖深度不受限制。但要求围护结构的平面形状比较规则，以矩形为最佳。开挖基坑宽度较大时，支撑应加设中间支柱来保持其稳定性。中间支柱应在开挖前按设计位置做好。

8.1.2.2 斜支撑

斜支撑（见图 8-3）的施工常采用中心挖槽法开挖基坑内土体至斜支撑基础底部标高，浇注基础，及时安装支撑，使支撑一端支撑在围护结构上，另一端支撑在已浇注的基础上，并施加预应力，然后开挖其余土体。设有两道或多道斜支撑时，先安装外侧的长支撑，后安装内侧的支撑，并把所有斜支撑基础连为整体，形成结构板底。最后依次浇注下层侧墙—中板—上层侧墙—顶板，并按要求的时序拆除支撑，完成结构体系转换。

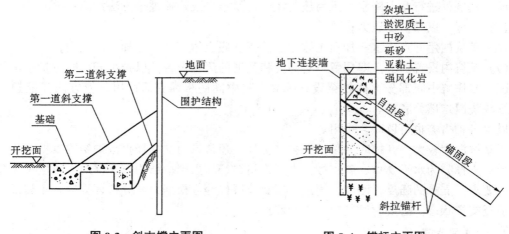

图 8-3　斜支撑立面图　　　　　图 8-4　锚杆立面图

采用斜支撑时，围护结构上部水平位移比较大，易引起基坑外地面及附近建筑下沉，对沉降要求严格的地段应慎重使用，基坑开挖深度也受到一定限制。斜支撑基础及结构底板需分批施工，工序交错复杂，施工难度大。

8.1.2.3　锚　杆

锚杆（见图 8-4）是一种设在基坑外的支撑。一般由锚头、拉杆和锚固体 3 个基本部分组成。锚头在围护结构上。锚固体在岩石中的为岩石锚杆，在图层中的为土层锚杆。基坑开挖时，作用在围护结构上的侧应力可由锚杆与岩土之间产生的作用力来平衡。锚杆是受拉杆件，可采用高强度钢索，充分发挥其抗拉性能。由于锚杆设置在基坑外，可提供宽敞的施工空间，有利于机械开挖和组织结构主体施工。锚杆易于施加预应力，更好地控制围护结构的水平位移，减少地面及建筑物的沉降量，并能适用于各种形状的围护结构。锚杆可设成单层或多层，开挖深度不受限制；在大面积的基坑中，应用锚杆的经济效益更为显著。

其缺点是工艺复杂，锚杆不易回收，造价较高。当围护结构四周建筑物有密集的深基础时，不宜采用。锚杆的蠕变会降低其承载力。在流砂底层中若锚头预留孔口与锚杆套筒之间的空隙过大，易发生涌水涌砂，引起坑外地面和建筑物沉降。

锚杆的施工方法是：开挖至锚杆的设计标高，钻孔插入钢索后注浆，7～10d 后对锚杆施加预应力。

8.2　地下连续墙法施工

地下连续墙也称为混凝土地下墙、连续地中墙。它是将分段施工的单元地下墙连接成连续的地下墙体，替代传统的木桩、钢桩、钢筋混凝土桩等，起挡土、承重、防水作用。

地下连续墙分为现浇地下连续墙、预制地下连续墙、排桩地下连续墙，目前广泛应用于地下工程并作为基坑开挖的围护结构，也可作为地下结构物的一部分。由于其墙体刚度大、防水性能好，能适应软土地质条件，工程施工对周围土体扰动小，对周围建筑物影响小，施工时振动小、噪声低，在狭窄场地也能安全施工。但须随地质条件选用不同的挖槽机械及采取相应措施稳定槽壁。

8.2.1　现浇地下连续墙

在地下开挖一段狭长的深槽，在槽内放入钢筋笼，浇注成一段钢筋混凝土墙体，把这些墙体逐一连起来形成一道连续的地下墙体，就是一般所称的地下连续墙。

8.2.1.1　施工准备

施工准备包括编制施工组织设计；审阅技术文件；测量放线，场地规划与拆迁；道路、供水、供电等临时设施的建设；机械设备、材料的落实及设立实验室等工作。

8.2.1.2　护壁泥浆

在地基中进行钻孔或挖槽时，可通过泥浆的静压力来防止槽孔坍塌或剥落，维持槽孔的形状。同时泥浆还具有悬浮土渣把土渣携出地面的功能。槽孔形成之后，浇注混凝土把泥浆由槽孔中置换出来。

1．泥浆的种类

有膨润土泥浆、聚合物泥浆、CMC 泥浆、盐水泥浆等。使用的外加剂有分散剂、CMC 增黏剂、加重剂、防漏剂、盐水泥浆剂等。

2．泥浆的使用方法

（1）静止方法：抓斗挖槽时不断注入新泥浆，直到浇注混凝土将泥浆置换出来为止。泥浆一直储存在槽内，仅起护壁作用，不用来排渣。

（2）循环方式：用泵使泥浆在槽底与地面之间进行循环，把土渣排出地面。有正、反循环两种。适用于钻头式挖槽机施工。

3．泥浆质量要求

搅拌和使用泥浆时，必须随时检验，对不合格的泥浆必须及时处理。泥浆性能指标分为：①新泥浆质量指标；②存放 24h 质量指标；③使用过程中的质量指标；④废弃泥浆指标。

当泥浆达到废弃指标时应予废弃。未达到废弃程度的泥浆可回收，使用振动筛、旋流器或沉淀池等进行除砂净化再生利用。

4．泥浆池容量

新鲜泥浆总需量约为每幅槽段挖方量的 70％～80％（钻抓法）或 80％～90％（回转切削法）。若地层为沙砾质土时，宜适当增大。泥浆池总容积包括拌浆池、优质泥浆池、沉淀池、净化池等。用一台抓斗挖槽时，大约需 3 倍单幅槽段挖方量的泥浆池；用回转式挖槽机时，需约 4 倍挖方量的泥浆池。

8.2.1.3　导　墙

导墙的作用是在挖槽孔时起导向作用，提高槽孔垂直精度；储存泥浆，保持泥浆液面高度，稳定槽壁；支挡表土，支撑施工设备及固定钢筋笼、接头管；防止泥浆渗漏及地表水流入。

导墙分为现浇或预制拼装钢筋混凝土、H 型钢等。常用现浇混凝土导墙。导墙深度一般为 1.2～2.0m，内净宽比地下连续墙宽 5～10cm，顶面应高出 15cm 以上，并高于地下水位 1.5m。导墙中心线定位，应考虑成槽垂直误差和地下连续墙变位，适当外移，防止侵限。

导墙形式根据地质及地表情况不同，可选用不同的形式，有矩形、槽形、L 形、倒 L 形。在拐角处，常将其平面形式设计成 L，T，十字形。

导墙面应垂直，精度要求 1/500（液压抓斗有纠偏装置者不受此限），且与连续墙轴线平行，内外导墙间距允许误差 5mm，内外侧墙顶允许高差 10mm。

导墙宜建在密实地基上，背后开挖回填部分需用黏性干土分层夯实。导墙应做成连续的。地下管线横穿导墙或地下连续墙底部有较大障碍物时，应探明其位置后予以妥善处理。导墙做完后，一般应及时在墙间加设支撑，防止导墙在外力作用下内挤。

8.2.1.4　挖槽机械

挖槽是地下连续墙施工最主要的工序之一。目前还没有一种能够适用于各种地质条件的挖槽机。因此，应根据不同功能的要求，不同的地质条件来选择不同的挖槽方法和挖槽机械。按挖槽机理来分，挖槽机可分为两大类：挖斗式挖槽机和钻头式挖槽机。

1. 挖斗式挖槽机

这类机械的特点是既对图层进行破碎，又将土渣运出槽外，构造简单耐用、故障少，广泛用于软弱土层施工。挖斗式挖槽机的构成包括土斗，使土斗开闭、旋转、上下运行的原动机，传动及动力结构，专用机架（或履带式起重机）。挖斗式挖槽机有蚌式挖槽机、铲斗式挖槽机、回转式挖槽机、螺旋钻等。

蚌式抓斗挖槽机最为常用，如图 8-5 所示，它利用斗齿切削土层并将土渣收容在斗内提出地面卸渣，然后又返回到挖土位置，进行新的循环。此类挖槽机分为三种：钢索式抓斗挖槽机、液压式抓斗挖槽机、导杆式抓斗挖槽机。上部设导板以提高挖槽垂直的抓斗称为导板抓斗。

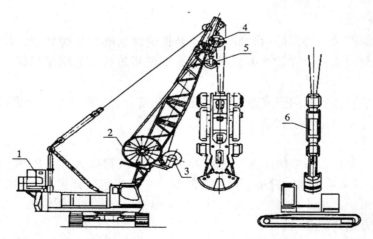

图 8-5　MHL 液压式抓斗与履带吊车起重机配套图

1—液压装置配电盘；2—软管卷筒；3—电缆卷筒；4—软管导向轮；5—电缆导向轮；6—MHL，抓斗

（1）钢索式抓斗挖槽机：抓斗可装备在普通的双卷筒的起重机上火卷扬机上，依靠斗体本身自重进行切削土体。操作简便，斗体损耗小，但挖槽较慢，垂直精度低。

（2）液压式抓斗挖槽机：抓斗工作时切削力不依靠自重而主要是由液压缸的推进来完

成，吃土深、挖土多，并能克服启闭时钢索磨损、更换不便等缺陷，提高了挖掘能力和速度，但斗体损耗较大。备有测斜纠偏装置，挖槽精度高。此类挖槽机使用较多。

（3）导杆式抓斗挖槽机：将抓斗固定在一根刚性杆上，抓斗与导杆由起重机控制上下起落。由于晃动小，每个循环的工效高，精度高，但机构多，所需施工场地净空高。

2．钻头式挖槽机

这类机械是用钻头对底层进行破碎，借助泥浆循环将土渣排出槽外。依据钻头对底层的破坏方式可分为冲击式、回转式、凿刨式挖槽机，双轮铣槽机，其载运机械是专用机架或履。

（1）冲击式挖槽机就是冲击钻机。它通过钻头上下运动，冲击破碎地基土，借助泥浆循环把土渣携带出槽外。叠合钻孔可成槽。适用于大卵石、大孤石等较大障碍物和软硬不均的复杂的底层。挖槽精度较高，但速度较慢，多用于钻导孔和结合面的防渗构造施工。

（2）回转式挖槽机就是回转钻机。它是将钻头压入土层并使之回转来破碎土层。在松软的底层中速度快、精度高，但在砾石等硬地层中施工较困难。它又分为独头回转钻机和多头钻机。

独头回转钻机只有一个钻头，其开挖形状是圆形，叠合钻孔能成槽，成槽速度慢，主要用于钻导孔。

多头钻机由数个钻头组合成一体，其工作原理如图8-6所示。回转钻头切削土层利用边刀上下滑动刮平槽壁，钻头边挖边下降。多头钻配有偏差纠正器，可以从垂直和水平两方向测定钻头偏差，通过可调导件进行纠偏，保证开挖精度。通常多头钻机由便准支架悬吊，也可将其吊在履带式起重机上。多头钻机挖槽精度高，但维修保养要求高，辅助设备较多，地质不均匀时，部分钻头易超负荷运转造成损坏。

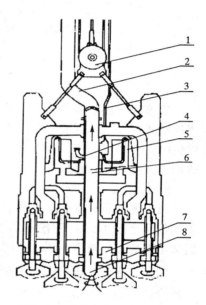

图 8-6 多头钻机工作原理
1—滑轮组；2—反循环软管；3—电缆；4—压缩空气喷嘴；5—潜电机；6—反循环轴；7—边刀；8—反循环钻头

（3）双轮铣槽机。它是国内外新近采用的一种成槽机，其下端装有能旋转的多刃刀具切削破碎地层，通过反循环泵将碎渣排出槽孔。一次能完成槽形孔，效率高，设有纠偏装置，因此精度高，适合坚硬岩土地层施工，由于反循环泵吸力较大，在软土地层易塌孔，不宜采用。

8.2.1.5 挖　槽

1．导孔施工

蚌式抓斗挖槽机施工前，常先以一定间距钻出垂直导孔，其作用是提高挖槽效率和垂直精度，也便于接头施工。导孔的直径为地下连续墙的厚度，导孔间距为挖斗宽度。导孔视具体情况可用回转式挖斗机、螺旋钻机、冲击式钻机、独头回转钻机。

2．槽段的划分和施工机械

槽段长度选择应根据地质、地下水位、有无地下管线等因素来决定。考虑槽壁稳定性和钢筋笼重量，槽段一般长 4～6m，不良地层、附加荷载大时为 2～3m，条件好时，可用至 7

～8m，拐角处应短些。槽段有一段式和多段式，多段式应跳挖，如图 8-7 所示。

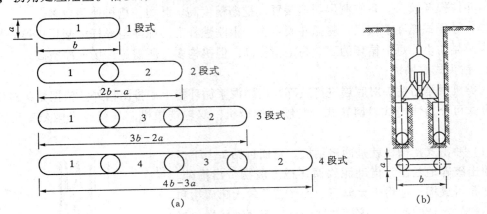

图 8-7　槽段划分及开挖

挖槽机采用最多的是蚌式抓斗挖槽机和钻机。采用回转式挖斗机、螺旋钻机、冲击式钻机和独头回转钻机时应沿槽段先打一排钻孔，然后用叠合钻孔的形式削掉两孔之间的尖凸角，使之成槽，如图 8-8 所示。

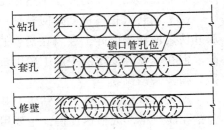

图 8-8　叠合钻孔成槽工艺图

3．挖槽要领

（1）泥浆面一般应高于地下水位 1m，开挖过程中不低于导墙顶 0.5m，随挖随加泥浆。停止时应把泥浆面加至不低于导墙顶 0.2m，以保证槽段稳定性。

（2）挖槽机的载运机械（履带式起重机）距槽边部小于 3m，履带宜垂直导墙。挖槽机不要碰撞导墙。其他机械不要在槽边停留。

（3）暂时不挖的槽段，导墙应用对口撑撑好。

（4）用抓斗挖土，挖完后应进行一次扫孔，以挖除欠挖部分，清除槽底的大块泥土。为避免超挖，清底前不宜挖至设计标高。

（5）两槽段接头处任何深度的偏差值不得大于墙厚的 1/3，以防止槽壁修直后，浇注混凝土绕管，造成拔管困难、浪费混凝土和影响下段开挖。挖槽时要随时检测槽壁垂直精度，随时纠正。

4．挖槽过程中的事故及处理措施

（1）槽壁坍塌。漏浆或施工不慎引起液面太低造成槽壁坍塌时，可调整泥浆配合比或加防漏剂，并恢复液面高度；泥浆质量不合格时应进行再生处理；因降雨等造成地下水位急剧上升时，应随时确保液面高出地下水位 1m 以上；因地下障碍物引起坍塌时，浅部的障碍物可挖除并用优质土回填后再挖槽，也可以用地质套筒钻排除障碍物；存在极软弱和松砂层时，应缩短槽段长度。因上部荷载大、受到偏压，引起坍塌时，应移走机械设备等附加荷载，进行减载和加固地基。

（2）挖槽机卡在槽内。挖槽机卡在槽内的主要原因是挖槽机停放在槽内被沉渣堆埋；槽壁偏斜过大或大块石落入槽内等。

处理措施：停止挖槽时，禁止把挖槽机放在槽内；清除泥浆中的土渣，不合格的泥浆不得使用，在黏土内挖槽时，泥浆应保持低黏度；修壁保持垂直精度；机具卡在槽内时不能强行提拉，可先排出泥渣石块，然后提拉。

8.2.1.6　调入接头构件

接头构件可采用钢管、接头箱、型钢、预制钢筋混凝土等。前两种可以拔出，重复利用。常用钢管做接头管，又成锁口管。吊入时表面涂油，尽量使其紧靠原土层，垂直缓慢插入。

8.2.1.7　刷壁、清底

刷壁、清底的目的是清除接头部位的凝聚物、槽底已松动的泥块、沉淀物、不合格的泥浆。这些不利因素，将使混凝土上部不良部分增加；影响混凝土的强度和流动性及接头部位的防渗性；降低混凝土的浇注速度；促使钢筋笼上浮；加速泥浆变质；沉渣在槽底很难被混凝土置换，会使地下连续墙承载力降低，沉降量加大；沉渣过多影响钢筋笼插到预定位置，影响结构的标高。具体做法如下。

(1) 刷壁时用吊车或钻机将刷壁器下到槽底，向已灌侧靠拢贴紧，提起刷壁器，反复数次把泥土除净为止。刷壁器应经常清理干净，以提高刷壁效果。刷壁不彻底，接头夹泥过厚，开挖后将造成严重渗漏，很难处理。

(2) 清底可用抓斗抓泥和置换泥浆两种办法。抓斗挖槽时，不要挖到设计标高，留出0.5m 以上土体，待清除浮土沉渣后再挖至设计标高。置换泥浆排泥时可采用吸泥泵排泥、压缩空气升液排泥或潜水泥浆泵排泥。应由底部抽吸，顶部补浆，保持液面高度。刷壁、清底后应使槽内泥浆达到规定要求，一般相对密度小于 1.15，黏度小于 30Pa·s，含砂量小于10%。

8.2.1.8　钢筋笼制作及吊装

1. 钢筋笼制作

钢筋笼在现场模型台架上制作，其大小视槽段长宽、起吊能力、净空而定，可制成整幅式或分段式。钢筋笼应按设计设置保护层垫块、连接钢筋、支撑预埋件等。钢筋笼起吊点附近两竖排向主筋间应焊成 W 形抗弯钢筋片，以减小起吊时钢筋笼变形。在浇注混凝土导管处的竖向筋应设在导管侧，以利于导管上下活动。钢筋笼制作误差应在允许范围内，并注明上下、里外侧，及槽段编号。

2. 钢筋笼的吊装

起吊前应验算起吊能力。钢筋笼的下端不得在地上拖拉、碰撞，应系上托绳防止其摆动，运至槽口对准后慢速下降到位。需在槽口上对接的钢筋笼，将先吊入槽的下段临时固定在导墙上，再吊上段对准后焊成一体，继续吊装入槽就位。钢筋笼吊装就位应保证上下前后左右位置的正确性。就位后，应将钢筋笼固定，防止浇注混凝土时上浮。钢筋笼在水中的浸泡时间不应大于 24h，避免降低钢筋的握裹力。

3. 事故处理措施

为防止钢筋笼变形和破坏，吊装应采用主副吊钩，并用起吊架均衡起吊。吊点处钢筋笼设 W 形抗弯钢筋片，笼内吊点设横穿钢管，以便钢筋能均匀受力，局部拉脱处应及时补强。

钢筋笼入槽困难，主要是因为槽壁偏斜、壁面不平内鼓、槽底有沉渣、钢筋笼不平直。应通过修壁扫孔保持槽壁垂直精度；缩短槽段开挖宽度；增加泥浆相对密度，增大泥浆面与地下水位高差，保持槽壁稳定性；通过清底保证槽底设计标高；保证钢筋笼加工精度，增加钢筋笼的抗弯刚度以减少其变形。

8.2.1.9　浇注混凝土

水下浇注混凝土应比设计等级提高一级。水灰比在 0.5～0.6，水泥用量宜大于 400kg/m³，坍落度为（20±2）cm，流动保持率每 1～2h 为 20cm，具有良好的和易性和黏聚性。混凝土的骨料宜采用中砂及粒径不大于 40mm 的碎石。水泥宜采用普通硅酸盐水泥。

浇注水下混凝土应采用导管法。导墙上槽口应铺盖板，防止混凝土掉入槽内。导管事先应检查并进行水压试验。导管与漏斗相接，在漏斗内放置铁格栅以截留大块石，导管内塞入底塞，导管下端放在槽底。每幅槽段一般用两根导管，其间距不大于 3m，浇注混凝土时交叉使用两导管，尽量使混凝土表面平整上升，导管埋入深度为 2～6m。边浇注边抽出槽内泥浆，以保持液面高度。

在浇注混凝土过程中，应经常测量导管底与混凝土面高差，根据测量结果决定提升及拆除导管长度。在浇至顶部时，由于落差小，混凝土流动困难，导管埋深可控制在 1m 左右。必须确保混凝土的供应能力，使浇注能连续进行，中断时间不宜超过半个小时。偶有中断时，应经常活动导管，防止导管被凝结、堵死。浇注混凝土时应防止脱管、返浆、漏浆、导管破裂、堵管等事故。发生堵管时，应分段拆下导管，将管内混凝土清出槽外，不允许吊升整根导管，以免混凝土散落入槽。安装好导管后按重新浇注办理。

8.2.1.10　拔出接头构件

提拔接头构件宜采用顶升架。根据混凝土开始凝结的时间，依次适当地拔动，最后全部拔出。若拔管过早会影响接头的强度和形状，拔管过迟可能拔不出来。一般是浇注后 2～3h 开始，每次拔 10cm 左右，已拔 0.5～1.0m 后，每隔 0.5h 拔 0.5m 左右。

接头构件拔不出的主要原因是：被钢筋笼卡死；提拔过晚则可能会被混凝土凝结；土层阻力较大。

使用吊车提拔时不能强行提拔，以免翻车，拔不动时应改用顶升架提拔，如仍拔不动，则继续浇注槽段混凝土，待邻幅槽段开挖后再将其取出。

8.2.2　预制地下连续墙

预制地下连续墙是指挖槽后用墙板组拼并经水泥浆固化后形成的地下连续墙。预制地下连续墙有板-梁法和板-板法。板-梁法中，板的作用是将土压力传递到梁上，梁比板长，梁设有锚杆，锚固于根深的地层。常用的为板-板法，它又可分为板榫槽和板槽体系。平面简图如图 8-9 所示。

预制地下连续墙施工的主要工序有：①导墙施工；②制备护壁泥浆；③挖槽；④清底和刷壁；⑤用锚固水泥浆；⑥吊装预制墙板；⑦接缝处理。①～④道工序做法与现浇地下连续墙基本一样，导墙要求比地下连续墙宽 15cm 左右。

锚固水泥浆是用水、起缓凝作用的膨润土、砂子以及抗腐蚀作用的水泥、黏结掺和料调制成的。其相对密度约为 1.25，水灰比约为 0.3。清底和刷壁完成后，把锚固水泥浆注入基坑底部，吊放预制墙板，置换全部护壁泥浆。为了使墙板顺利压入槽内，并将其嵌住，应采用流动性较大的水泥浆。水泥浆的强度等级随墙的高度而变化，在底部采用强度等级较高的

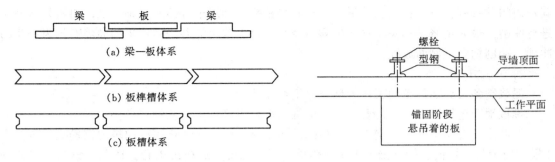

图 8-9　预制地下连续墙平面简图　　　图 8-10　锚固阶段简图

以承受较大的竖向荷载，靠土侧采用防水水泥浆。

吊放预制墙板时，通过预埋在墙板里的导杆用吊车悬吊墙板入槽，墙板又通过钢构件支承在导墙上，浸渍于锚固水泥浆中。墙板的位置可由导杆上螺栓调整。相邻墙板间可采用锚杆或张拉设备相互扣住，保持整体稳定。水泥浆凝固起锚固作用后，地下连续墙也形成了，如图 8-10 所示。

板间接缝处理如图 8-11 所示：①简单缝，可向两板间的缝隙灌入水泥浆；②为了提高接缝抗剪强度，可在缝中放置钢筋混凝土楔；③在水泥浆中放止水带。

图 8-11　板间接缝处理

与地下连续墙相比其优点为：墙板生产效率高，施工速度快；墙的防水性能好，表面平整；墙的位置较准确，工程精度高，后续表面处理也较简单。其缺点为：为预制和储存墙板，应有较大的场地；每块墙板较重，安装需要较大吨位的起重机。为了减轻板的重量，目前正研究采用空心板、轻骨料混凝土、预应力墙板等技术。

8.2.3　排桩地下连续墙

排桩地下连续墙是指把各个独立施工的桩连成一体的地下连续墙。

8.2.3.1　钻冲孔排桩地下连续墙

采用两钻一冲，即按一定桩距钻孔并浇注钢筋混凝土成桩，然后在两桩间冲孔再浇注钢筋混凝土，形成排桩地下连续墙。比较适合在狭窄、净空高度受限制、大卵石等障碍物较多的地段和无大型挖槽机情况下使用，如图 8-12 所示。

1. 钻冲孔排桩地下连续墙施工机械

钻孔可用旋转钻或冲击钻。冲孔用冲击钻，

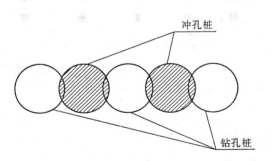

图 8-12　钻冲孔排桩地下连续墙平面简图

其作用的钻头有：平行钻头、鼓形钻头和修平钻头。选用平行钻头粗钻一遍，再用鼓形钻头进行冲削，最后用修平钻头将钻孔桩侧面修平。目前常用的办法是使用四周焊有锤齿特制的冲锤，冲削钻孔桩侧面成孔。

2．施工方法

泥浆制备及导墙施工两工序与现浇地下连续墙相似。

排桩地下连续墙成孔时，要求每一根桩孔都要满足垂直精度的要求。

浇注水下混凝土时，为确保钻孔桩的混凝土保护层，在连续墙纵向桩的钢筋笼两侧挂上2根定位钢管，横向在钢筋笼上焊定位钢块，浇注混凝土后拔出钢管。冲孔桩钢筋笼纵向均设定位钢块。

3．排桩地下连续墙的特点

(1) 桩径小，有效搭接面小，防渗效果较差；桩径大，搭接面大，但会造成冲孔难度。

(2) 排装钢筋笼的位置准确度有严格要求，偏斜过大，冲孔时就会碰上钢筋造成卡锤。

(3) 冲孔时，冲锤对钻孔桩两边的混凝土进行切割，冲程过大，容易造成卡锤，冲程应由小到大试冲而定。

(4) 锤齿磨损较大，应勤修冲锤。

(5) 墙顶宜设压顶梁，从形成整体，增加稳定性。

(6) 与现浇地下连续墙相比，不但具有防水挡土承重功能，而且施工简便，成本较低；不需设置笨重的接头管，省去吊放和拔出接头管的大型设备；孔壁稳定性好，不需大型挖槽机；钻孔与冲孔的时间差要求不高；便于流水作业，可多工作面作业。其缺点是结合面多，整体性和抗渗性较差，工艺要求较严，施工速度较慢。

8.2.3.2　挖孔排桩地下连续墙

在地下水影响不大、适合人工挖孔的地下工程中可采用挖孔排桩地下连续墙作为围护结构或主体结构的一部分。其优点为：可多工作面同时作业施工，速度快；不需大型提拔、吊装、挖槽设备；地下连续墙的尺寸精度、防水、混凝土的质量都能得到很好的保证；施工简便，材料消耗少，造价低。挖孔桩多采用带护壁的方桩。

施工方法和步骤为：根据地质条件间隔挖孔，并及时施作护壁，保持土体稳定；挖到桩底标高后，吊装桩身钢筋笼就位，并浇注混凝土，完成挖孔桩；然后在已作好的挖孔桩相邻桩位挖土，凿除已成桩护壁的混凝土，将钢筋与新桩护壁钢筋相接，浇注护壁混凝土，挖到新桩底标高，吊装钢筋笼就位，浇注混凝土，新旧桩连为一体。这样就形成了地下连续墙，如图 8-13 所示。

8.3　盖挖法施工

8.3.1　概　述

盖挖法是先盖后挖，即先以临时路面或结构顶板维持地面畅通再向下施工。早期多使用盖挖顺作法，即在支护基坑的钢桩上架设钢梁，铺设临时路面维持地面交通，开挖到基坑底后，先浇注底板，然后浇注侧墙，最后浇注顶板。后来多使用盖挖逆作法，即用刚度更大的围护结构取代了钢桩，用结构顶板作为路面系统和支撑，结构施作顺序是自上而下，挖土后

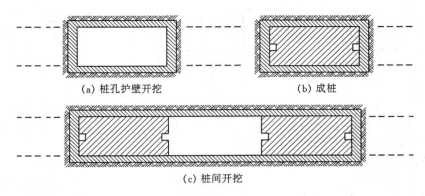

(a) 桩孔护壁开挖　　　　　　　　(b) 成桩

(c) 桩间开挖

图 8-13　挖孔排桩地下连续墙施工平面图

先浇注顶板然后浇注侧墙，最后浇注底板。也有采用盖挖半逆作法的，施工顺序如下：围护结构—浇注顶板—挖土到基坑底—浇注底板及其侧墙—浇注中板及其侧墙。

盖挖法施工的优点是：结构的水平位移小；结构板作为基坑开挖的支撑，节省了临时支撑；缩短占道时间，减少对地面干扰；受外界气候影响小。其缺点是：出土不方便；板墙柱施工接头需进行防水处理；功效低，速度慢；结构框架形成之前，中间立柱能够支撑的上部荷载有限。

盖挖法的施工方法主要有：盖挖顺作法、盖挖逆作法（见图 8-14）、盖挖半逆作法、盖挖顺作法与盖挖逆作法的组合（见图 8-15）、盖挖法与暗挖法的组合（见图 8-16）以及盖挖法与盾构法的组合（见图 8-17）。

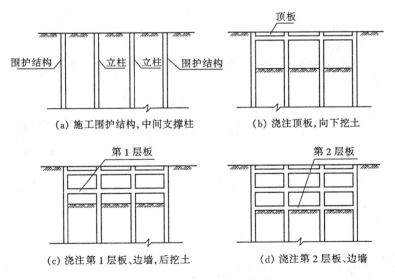

(a) 施工围护结构,中间支撑柱　　　　　　(b) 浇注顶板,向下挖土

(c) 浇注第 1 层板、边墙,后挖土　　　　　(d) 浇注第 2 层板、边墙

图 8-14　盖挖逆作法施工程序图

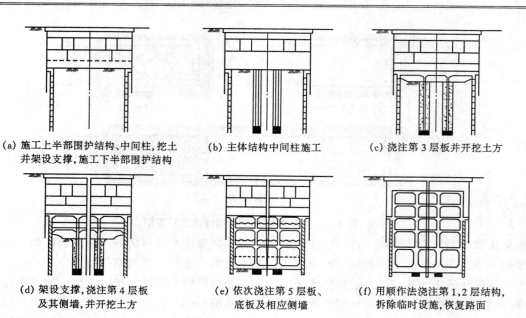

(a) 施工上半部围护结构、中间柱,挖土并架设支撑,施工下半部围护结构

(b) 主体结构中间柱施工

(c) 浇注第 3 层板并开挖土方

(d) 架设支撑,浇注第 4 层板及其侧墙,并开挖土方

(e) 依次浇注第 5 层板、底板及相应侧墙

(f) 用顺作法浇注第 1,2 层结构,拆除临时设施,恢复路面

图 8-15　盖挖顺作法与盖挖逆作法组合施工程序图

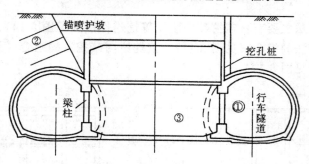

图 8-16　盖挖法与暗挖法组合施工程序图

①用暗挖法修建行车隧道及梁柱；②锚喷护坡,挖孔桩；③用盖挖法完成其余部分

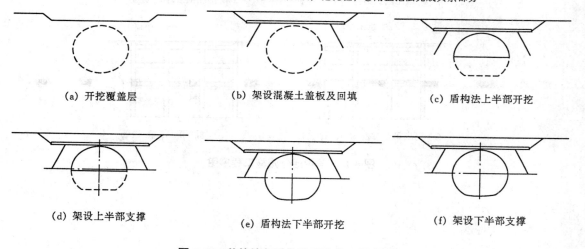

(a) 开挖覆盖层

(b) 架设混凝土盖板及回填

(c) 盾构法上半部开挖

(d) 架设上半部支撑

(e) 盾构法下半部开挖

(f) 架设下半部支撑

图 8-17　盖挖法与盾构法组合施工程序图

8.3.2　盖挖法施工措施

1. 施工期间地面的处理

（1）部分或全部占用地面；

（2）分条施工临时路面和结构顶板，维持部分交通；

（3）夜间施工，白天恢复交通。

2. 围护结构

（1）盖挖法施工的地下工程围护结构形式基本可分为两大类；

（2）由地下连续墙或地下连续墙与内衬墙组合的结构。在软弱土层中，多采用刚度和防水性较好的地下连续墙。

围护结构与内衬墙之间的构造视传力方式不同可分为以下两种。

① 分离式结构：当围护结构与内衬墙之间需设防水层时，为保证防水效果，在围护结构与内衬墙（板）之间一般不用钢筋拉结。施工中为保证板的强度和刚度，有时需在上下板之间设置拉杆或临时立柱。软弱土层中，分离式内衬墙往往较厚，但由于防水性能好，采用较多。

② 复合式结构：在围护结构与内衬墙之间设置拉结钢筋，使二者结合为整体，共同受力，但防水效果差。

从减少墙体水平位移和对附近建筑物影响来看，盖挖逆作法效果最好。在软弱土层开挖时，侧压力较大，除以板作为墙体的支撑外，还需设置一定数量的临时支撑，必要时施加预应力。

3. 中间临时支柱

中间临时支柱在结构框架形成前是承受竖向荷载的主要受力构件，能减少板内应力。盖挖顺作法大多在永久柱两侧单独设置临时柱。而盖挖法逆作法多使临时柱与永久柱合二为一。临时柱通常采用钢管柱或 H 型钢柱，柱下基础可采用桩基或条基，桩基多采用灌注桩；条基用于地质条件较好的地段，可通过暗挖小隧道来完成。

4. 土方挖运

土方挖运是控制逆作法施工进度的关键工序，开挖方案还直接影响模板形式及侧墙水平位移的大小，根据基坑的空间和地质条件，可选择人工挖运或小型挖掘机挖运。

盖挖法施工的土方，由明、暗挖两部分组成。条件许可时，从改善施工条件和缩短工期考虑应尽可能增加明挖土方量。一般是以顶板底部面作为明、暗挖土方的分界线。这样可利用土模浇注顶板。而在软弱土层，难以利用土模时，明挖土方可延续到顶板下，按要求架设支撑，立模浇注顶板。

暗挖土方时应充分利用土台护脚支撑效应，采用中心挖槽法，即先挖出支撑设计位置土体，架设支撑，再挖两侧土体。

暗挖时，材料机具运送、挖运的土方均通过临时出口。临时出口可单独设置或利用隧道的出入口和风道。

5. 混凝土施工缝处理

逆作法施工时，结构的内衬墙及立柱是由上而下分段施作的，施工缝一般多在立柱上设V 形接头、在内衬墙上设 L 形接头进行处理，如图 8-18 所示。施工缝根据结构对强度及防水的要求，有 3 种处理的方法可供选择。

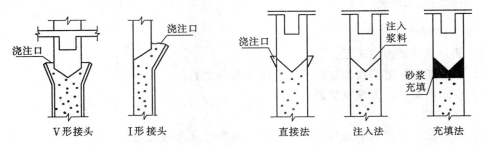

图 8-18　施工缝的接头形式　　　　　图 8-19　施工缝处理方法

（1）直接法。在先浇混凝土的上面继续浇注，浇注口高出施工缝，利用混凝土的自重使其密实，对接缝处实行二次振捣，尽可能排除混凝土中的气体，增加其密实性。

（2）注入法。在先浇和后浇混凝土之间的缝隙压入水泥浆或环氧树脂使其密实，如图 8-19 所示。

（3）充填法。在先浇和后浇混凝土之间留一个充填接头带，清除浮浆后再用膨胀的混凝土或砂浆填充。

8.4　浅埋暗挖法施工

8.4.1　概　述

浅埋暗挖法是参考新奥法的基本原理，在开挖中采用多种辅助施工措施加固围岩，充分调动围岩的自承能力，开挖后及时支护，封闭成环，使其与围岩共同作用形成联合支护体系，有效地抑制围岩过大变形的一种综合施工技术。

采用浅埋暗挖法应与明挖法、盖挖法、盾构法等施工方法，进行经济、技术及环境因素等方面的分析比较。

浅埋地下工程施工方法主要有明挖法（盖挖法）和暗挖法两大类。早期多采用明挖法施工。明挖法也称基坑法，包括敞口明挖法、基坑支护开挖法等。其施工方法为：首先从地面向下挖出基坑，在基坑内进行结构施工，然后回填恢复地面。这种方法简单易行，施工作业面宽敞，施工速度快，在覆盖层薄、人口稀少、车辆不多的地区采用是最经济的。我国最初的几条地下铁道就是应用此法修建的。该法的最大缺点是破坏地面、中断交通、拆迁工作量大。同时，施工产生的噪声、震动等公害极大地干扰附近居民的生活和工作。

为了最大限度地减少施工对地面交通和附近居民的干扰，产生了盖挖法。盖挖法是一种先做钻孔灌注桩（挖孔桩）或连续墙作为维护结构和支撑结构（如钢横撑、长锚索等组成支挡结构），在该结构保护下再做桩顶纵梁、盖顶板，恢复路面，然后，在桩及盖板的支护下再从上往下施工主体结构的方法。根据开挖及结构施工顺序的不同，盖挖法可分为盖挖顺作及盖挖逆作两种。为了减少对路面交通的干扰，盖板前可采用夜间施工、白天恢复路面交通等措施，是一种较快速、经济、安全的施工方法。但在主要交通干道上修建地下工程时，不能彻底解决问题。

随着人们对环境保护的要求越来越高，加之地面交通运输的繁忙，暗挖法已逐步取代明挖法，广泛用于城市地下工程施工中。浅埋地下工程暗挖施工方法主要有盾构法、浅埋暗挖法等。

　　所谓盾构是指在有水地层、软弱不稳定围岩中修建地铁区间隧道和其他地下工程时，进行开挖支护和衬砌的一种专用机械设备，盾构的种类很多。目前，广泛采用的最先进的盾构有泥水加压盾构和土压平衡盾构。盾构法施工具有不拆迁地面建筑物和地下管网，施工期间无噪声、无振动、不影响地面交通等优点。但是盾构法也存在随地层的变化会产生不适应、断面不允许改变，制造盾构的成本较高、造价昂贵等缺点。因此，在满足条件时应尽量用浅埋暗挖法取代盾构法施工。

　　浅埋暗挖法是由铁道部隧道局王梦恕院士等我国地下工程技术人员在借鉴国外成功经验及我国山岭隧道新奥法施工经验的基础上提出的隧道施工方法，于 20 世纪 80 年代中期首先在大秦线军都山铁路隧道进口黄土试验段和北京地铁复兴门车站折返线工程建设中使用。浅埋暗挖法是在软弱围岩浅埋地层中修建山岭隧道洞口段、城区地下铁道及其他用途浅埋结构物的施工方法。其特点是沿用新奥法基本原理，即通过建量测信息、用于反馈设计和施工的

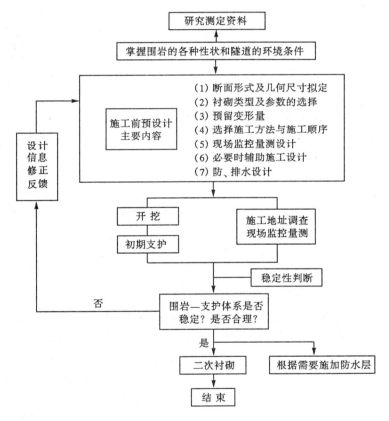

图 8-20　浅埋暗挖法设计程序

程序，具体设计流程如图 8-20 所示。并采用"先柔后刚"复合式衬砌新型支护体系，考虑初次支护承担全部基本荷载，二次模筑衬砌作为安全储备，初次支护和二次衬砌共同承担特殊荷载的方法。该方法多用于第四纪软弱地层中，主要使用于城市地铁、市政地下管网及其他浅埋地下管网及其他浅埋地下结构物等工程。开挖方法有正台阶法、单侧壁导坑法、中隔壁

法（也称 CD 法和 CRD 法）、双侧壁导坑法（眼睛工法）等。该法具有灵活多变、对地面建筑、道路及地下管网影响小、拆迁占地少、不扰民、不污染城市环境等优点，是目前较先进的施工方法。

北京地铁首次采用浅埋暗挖法设计，施工建成了复兴门车站折返线工程，并用浅埋暗挖法在复兴门、西单区间做了三拱两柱、跨度达 21.7m 的车站设计和施工，得出浅埋暗挖法不仅能应用于区间隧道，也适用于暗挖多跨地下铁道车站的结论。

经过多年来不断的总结、完善，这一方法已在城市地铁、市政管道、城市地下过车道、地下停车场等工程中推广应用，并形成一套完整的配套技术。

明（盖）挖法、盾构法、浅埋暗挖法各有优缺点，详细比较见表 8-1。应根据工程实际情况，优先选择合适的施工方法。

表 8-1   几种施工方法比较

标准方法 对比指标	明（盖）挖	盾构	浅埋暗挖（NATM）
地质	各种底层均可	各种地面均可	有水地层需要做特殊处理
场所	占用街道路面较大	占用街道路面较小	不占用街道路面
断面变化	使用不同断面	不行	使用不同断面
深度	浅埋	需要一定深度	需要一定深度，可比盾构浅
防水	较易	较难	有一定难度
地面下沉	不存在	较大	较小
交通障碍	影响较大	影响不大	不影响
地下管路	需拆迁和防护	不需要拆迁、防护	不需拆迁、防护
震动噪声	大	小	小
地面拆迁	大	较大	小
水处理	降水、疏干	堵、降结合	堵、降或堵排结合
进度	受拆迁干扰大、总工期较快	前期工程复杂、总工期一般	开工快、总工期一般偏慢
造价	43～85 亿日元/km	45 亿日元/km	25 亿日元/km
注：造价仅是区间对比，是日本 1988 年工程总结			是其他方法的 1/4～1/2 倍

目前，根据有关设计规范和工程实际情况，浅埋暗挖法支护结构设计仍然是一种以工程类比法为主、量测为辅的现场监控设计法和以计算为依据的理论分析设计法。

最近几年来，由于量测技术和计算技术的互相渗透，现场监控设计方法有了很大改进，现场监控量测是将施工前和施工过程中测得的数据反馈到设计和施工中，以期获得最佳的设计和施工方法，因此，应当指出，地下工程设计的含义应包含施工方法和施工参数的选择。

现场监控设计既有测试的科学依据，又能适应多变的地质和各种不同的施工方法，同时，它能以现场测试数据反算出比较准确的计算参数，或者直接以测试数据为计算参数。对围岩与支护的受力状态做出分析，这就克服了理论计算参数的障碍，由此可见，它比理论设计法更能体现地下支护结构的特点，比工程类比法具有更强的科学依据，这正是当前监控设计法迅速发展的原因。当然，监控设计法也存在一些问题，除了需要较完备的测试仪器和做较多的量测工作外，量测数据的分析和反馈计算结果的判断仍然依赖于人们的经验。另外目前还缺少比较完善的反馈理论和反馈方法，所以，现场监控设计法还有待于不断发展和完善。

　　工程类比是浅埋暗挖技术设计的主要依据，工程设计前，首先要把本段的地质条件和类似的工程地质条件进行充分分析对比，以便确定本工程的预算设计方案，也称预设计。由于浅埋隧道地质条件比较明显，预设计应尽量准确。

　　按荷载结构模式进行结构计算，其计算结果和结构实际受力情况比较接近。

　　控制围岩变形是浅埋暗挖法设计施工的核心问题。

　　设计和施工应紧密结合，设计应充分考虑施工措施。

　　在工程实践中应用浅埋暗挖法应遵循下述原则：

　　(1) 应结合工程环境条件和隧道本身的安全要求，综合制定地面沉降控制基准点，而不是统一的如 10mm，30mm 的最严格值。

　　(2) 综合考虑地面沉降、施工安全、工期、造价等因素，选定开挖工法。

　　(3) 强调采用预加固措施（超前管棚、锚杆、注浆等）。

　　(4) 隧道支护应考虑时空效应。

　　(5) 隧道开挖后应尽早提供具有足够刚度和早强的初期支护，以控制围岩变形，而不是最大限度地选择围岩的自身承载能力。因此，只有基本维持围岩原始状态，才能最大限度地发挥围岩本身原有的支承能力，符合新奥法理念（国外新奥法设计思想的核心是：要保证围岩与支护共同作用，最大限度地发挥围岩本身原有的支承能力）。

　　(6) 尽早施作仰拱封闭成环，仰拱距工作面的距离越近越好，最大不宜大于 1 倍洞径。

　　(7) 一般情况下，二次衬砌施作应在围岩及初期支护变形基本稳定之后进行。但在采取辅助措施后，尚未满足稳定性要求的，也可提前施作二次衬砌（由于浅埋隧道荷载较明确，提前施作二次衬砌是可能的）。

　　(8) 加强监控量测，及时反馈信息，及时调整支护参数。

　　(9) 应采用复合式衬砌形式，两层之间设防水隔离层，其作用一是防水，二是防裂，只有做到两层之间剪力为 0 时，二次衬砌才不会开裂。由于该法多在松软第四纪地层中应用，所以，围岩自身承载能力很差。为避免对地表建筑物和地中构筑物造成破坏，地表沉降量需严格控制，因此，要求初期支护刚度要大、支护要及时。这种设计思想的施工要点概括为"管超前、严注浆、短进尺、强支护、早封闭、勤量测、速反馈"的二十一字方针。

8.4.2　浅埋暗挖法施工技术特点

　　1. 围岩变形波及地表

　　浅埋隧道施工中开挖的影响将波及地表。为了避免对地面建筑物及地层内埋设的线路管网等的破坏，保护地面自然景观，克服对地上交通的影响，更好地适应周围环境的要求，必须严格控制地中及地表的沉降变形。

　　在变形量方面，不仅计算由于开挖直接引起围岩的沉降变形，还应计入由于围岩的作用引起支护体系的柔性变形及施工各阶段中基础下沉变位而引起的结构整体位移。

　　与变形量相对应而存在的地层塑性区的发展，除了对周围环境的影响外，还削弱了围岩的稳定能力，使施工更加困难。

　　2. 要求刚性支护或地层改良

　　与深埋隧道允许支护有适量变形不同。浅埋隧道施工时，其支护时间要尽可能提前。支护的刚度也要适度地加大，以便抑制地中及地表的变形沉陷。除必须选用适当的开挖方法、支护方式及施工工艺外，还经常采用对前方围岩条件进行改良及超前支护等措施，以便控制地层沉降变形。

3. 通过试验段来指导设计及施工

由于周围环境及隧道所处地段地质的复杂性，往往需要选取地质条件和结构情况有代表性的一段工程作为试验段，在做出包括结构设计、施工方案、试验及量测计划的设计后，先期开工。对施工过程中引起地中及地表沉陷变形、支护结构及围岩应力状态、对地面环境的影响程度等情况进行观察、量测、分析和研究。试验阶段施工中所取得的数据，还可以用分析法获得更符合实际的围岩力学参数，并在此基础上进行力学分析计算。

通过对试验段施工的研究分析，除优化设计及施工方案外，还对量测数据管理标准进行验证。

8.4.3　浅埋暗挖法预支护结构设计

8.4.3.1　计算机模拟开挖分析

根据工程类比法，按拟定的净空尺寸的基本要求，进行 3 种开挖类型（台阶法、中隔壁墙法、侧壁导坑法）计算机模拟开挖分析，目的在于对大断面隧道开挖过程中的应力分布和围岩松弛范围做定性分析，以指导结构断面尺寸、形状和施工方法的选择。

基本研究思路：在应力释放及应力重分布过程中，当洞室开挖后，初始应力得到释放，将释放的应力作为等效荷载加在开挖后的洞室结构上，以研究开挖后洞室的力学行为。计算中不但注意了初期支护对围岩的加固作用和不同部分开挖过程中各部分之间的相互作用，同时也考虑了分部开挖步数及开挖的顺序对应力-应变过程状态、最终的应力和位移的影响。开挖模拟方法如下。

（1）按工法要求划分开挖顺序。

（2）开挖前进行应力分析，求出初始应力，此时应变状态在初始应力作用下早已完成，其值为零。

（3）根据第 i 次的开挖，进行形状的改变，除去被挖掉部分的单元，根据除去单元的累积应力状态，求出在自由表面的节点处由这些单元作用于周围的节点力，将与这些节点大小相等、方向相反的力作用于自由表面的节点，这些力就是开挖等效外力，按此方法直到开挖完毕。塑性判断采用 Mohr-Coulomb 屈服准则。

计算分析表明：

① 底脚和侧壁应力集中，弯矩和轴力较大，产生了较大的松弛底压，这和开挖跨度有很大关联；

② 底脚和侧壁松弛范围较大，要求底脚有较大的承载力；

③ 在拱脚处加长的锚杆起到了重要作用，有效地控制了塑性区的发展，而拱顶减短的锚杆能完全满足要求；

④ 剪应力产生的大小和方向与开挖顺序有关；

⑤ 设置仰拱后，底脚处的塑性区得到较好的控制，说明先修仰拱、及时封闭结构很重要；

⑥ 从快速施工的角度考虑，上台阶法优于中隔墙法和侧壁导坑法，但在围岩条件较差，

需控制沉降和变形等情况下，宜采用中隔墙法和侧壁导坑法，考虑工序转换时，上台阶法和中隔墙法可以交换。

8.4.3.2 经验类比法分析

表 8-2 所列为国内外大断面隧道施工实例统计分析。为了便于归纳分析，将跨度划分为 10，15，20m，开挖面积分为小于 $100m^2$，约 $140m^2$ 和大于 $170m^2$ 3 种近似情况，以开挖面为划分标准，第一种为大断面，后两种为超大断面，计算出的扁平率列于表 8-2 中。通过分析表明以下几点。

表 8-2　　国内外大断面地下工程支护参数及开挖方法统计分析

围岩级别	Ⅱ～Ⅲ					
统计跨度/m	10		15		20	
开挖面积/m²	小于100		约140		大于170	
扁平率	0.6～0.72		0.49～0.68		0.52～0.64	
项目	已使用方案	推荐方案	已使用方案	推荐方案	已使用方案	推荐方案
施工方法	①上台阶法 ②上台阶临时闭合法 ③CD，CRD法	深埋： ①上台阶法 ②CD，CRD法 浅埋： ①CD，CRD法 ②上台阶临时闭合法	①上台阶法 ②侧壁导坑法 ③CD，CRD法	深埋： ①上台阶短台阶法 ②CD，CRD法 浅埋： ①CD，CRD法 ②侧壁导坑法	①上台阶短台阶法 ②CD，CRD法 ③侧壁导坑法	深埋： ①CD，CRD法 ②侧壁导坑法 ③上台阶法（短、超短台阶法） 浅埋： ①CD，CRD法 ②侧壁导坑法
喷混凝土/cm	5～20	10～15	10～25	10～15	15～25	15～20
锚杆/(m)/(环×纵)	2.5～3.0/ (1.5×1.2)	2.5/ (1.2×1.2)	2.5～3.5/ (1.0×1.0)	2.5/ (1.0×1.0)	3.0～4.05/ (1.0×1.0)	3.0/ (1.0×1.0)
钢支撑型号/间距/m	H150/1.5		H200/1.5		H200/1.0	
预支护					小导管注浆	小导管注浆
衬砌厚度/m（拱部/仰拱）	(0.25～0.5)/ (0～0.5)	(0.25～0.3)/ (0.25～0.3)	(0.25～0.3)/ (0～0.5)	(0.25～0.35)/ (0.25～0.35)	(0.3～0.6)/ (0.3～0.6)	(0.4～0.5)/ (0.4～0.5)

续表 8-2

围岩级别	IV～V					
统计跨度/m	10		15		20	
开挖面积/m²	小于 10		约 140		大于 170	
扁平率	0.69～0.89		0.62～0.76		0.60～0.72	
项目	已使用方案	推荐方案	已使用方案	推荐方案	已使用方案	推荐方案
施工方法	①上台阶法(短、超短台阶法) ②侧壁导坑法 ③CD,CRD法	深埋: ①短台阶法 ②CD,CRD法 ③侧壁导坑法 浅埋: ①CD,CRD法 ②上台阶临时闭合法	①上台阶法(短、超短台阶法) ②侧壁导坑法 ③CD,CRD法 ④上台阶临时闭合法	深埋: ①上台阶临时闭合法 ②CD,CRD法 ③侧壁导坑法 浅埋: ①CD,CRD法 ②侧壁导坑法	①上台阶临时闭合法,短、超短台阶法 ②CD,CRD法 ③侧壁导坑法	深埋: ①CD,CRD法 ②侧壁导坑法 ③超短台阶临时闭合法 浅埋: ①CD,CRD法 ②侧壁导坑法
喷混凝土/cm	10～25	15～20	15～30	20	15～35	25
锚杆/m /(环×纵)	2.5～3.5/ (1.0)	3.0/ (1.0×1.0)	3～6/ (0.8×1)	3.5/ (0.8×0.8)	4.5～6.5/ (1.0×0.8)	4.5/ (1.0×1.0)
钢支撑型号/间距/m	H250/1.5	用格栅替换	H250/1.0	用格栅替换	H250/0.8	用格栅替换
预支护	小导管注浆,管棚	小导管注浆,管棚	小导管注浆,管棚,基脚注浆,旋喷导管	小导管注浆,管棚,基脚注浆,旋喷导管	小导管注浆,管棚,基脚注浆,旋喷导管,顶衬砌	小导管注浆,管棚,基脚注浆,旋喷导管,顶衬砌
衬砌厚度/m (拱部/仰拱)	(0.3～0.5)/ (0.3～0.6)	0.4～0.4	(0.4～1)/ (0.4～1)	0.4/0.5	(0.4～2)/ (0.4～2)	0.6/0.7

(1) 扁平率随跨度增加而减少, 说明设计者在设计时要兼顾净空高度和经济合理性要求, 在跨度加大时, 若以加强初期支护和衬砌厚度来减少开挖面积比较经济时, 说明是合理的, 这也说明研究扁平率是个经济问题。

(2) 由于在施工中, 软弱岩相对硬岩拱顶稳定性较差, 两侧松弛压力和底鼓较大, 所以, 在设计时应考虑采取相对较小的曲率半径。

(3) 隧道扁平率越小, 衬砌轴力越小, 而衬砌两侧的负弯矩越大, 拱顶的正弯矩几乎不变, 这说明衬砌两侧的应力也增大了, 因此, 加大衬砌两侧的厚度有利于控制隧道衬砌应力。

(4) 使用长锚杆、基脚和拱脚注浆锚杆等加强初期支护的措施, 有利于加固围岩、防止围岩松弛变形，保证施工安全。

（5）在工序上对于Ⅱ级及其以下围岩均先设仰拱，以便及时封闭和稳定整个结构。

另外超前锚杆设计、小导管注浆管棚设计等可参考王梦恕院士著作《地下工程浅埋暗挖通论》相关内容。

8.4.4　浅埋暗挖法施工

8.4.4.1　施工方案

在浅埋地段修建隧道时，往往受到周围环境等因素制约，必须采用暗挖法施工。浅埋暗挖法是一种综合施工技术，其特点是在开挖过程中采用多种支护施工措施加固围岩，合理调动围岩的自承能力，开挖后及时支护，封闭成环，使其与围岩共同作用形成联合支护体系，有效地抑制围岩过大变形。

采用浅埋暗挖法施工时，常见的典型施工方法是正台阶法以及适用于特殊地层条件的其他施工方法，如全断面法、单侧壁导坑法、超前正台阶法、双侧壁导坑正台阶法（眼睛工法）、中隔墙法等。施工方法详见表8-3。

表 8-3　　　　　　　　　　　　浅埋暗挖方案比较

施工方法	示意图	重要指标比较					
		适用条件	沉降	工期	防水	一次支护拆除	造价
全断面法	1	地层好，跨度≤8m	一般	最短	好	无	低
正台阶法	1 2	地层较差，跨度≤12m	一般	短	好	无	低
上半断面临时封闭正台阶法	1 2	地层差，跨度≤12m	一般	短	好	小	低
正台阶环形开挖法	1 2 3	地层差，跨度≤14m	一般	短	好	无	低
单侧壁导坑正台阶法	1 2 3	地层差，跨度≤18m	较大	较短	好	小	低

隧道工程施工技术

施工方法	示意图	重要指标比较					
		适用条件	沉降	工期	防水	一次支护拆除	造价
中隔墙法（CD 法）		地层差，跨度≤20m	较大	较短	好	小	偏高
交叉中隔墙法（CRD 法）		中跨度，连续墙使用可扩大跨度	较小	长	好	大	高
双侧壁导坑法（眼睛法）		小跨度，连续使用可扩大跨度	大	长	差	大	高
中洞法		小跨度，连续使用可扩大跨度	小	长	差	大	较高
侧洞法		小跨度，连续使用可扩大跨度	大	长	差	大	高
柱洞法		多层多跨	大	长	差	大	高
盖挖逆筑法		多跨	小	短	好	小	低

应当引起注意的是，浅埋暗挖工程是在应力岩（土）体中开拓的地下空间施工，在选择施工方法时，应当根据具体地下工程的各方面条件综合考虑，选择最经济、最理想的设计和施工方案，甚至是多种方案的综合应用，因而，这个过程同时也是一个受多因素影响的动态的择优过程。

浅埋暗挖施工过程中，应根据不同的围岩工程地质条件、水文地质条件、工程建筑要求、机具设备、施工技术条件、施工技术水平、施工经验等多种因素，选择一种或多种行之有效的施工方法。当围岩较稳定且岩体较坚硬时，施工往往先开挖隧道坑道断面，然后修筑支护结构，并且在有条件时可以争取一次把全断面挖成。衬砌建筑也可以先修筑边墙，之后再修筑拱圈，即采用先墙后拱法施工；当围岩稳定性较差时，则需要随开挖随支撑，防止围岩变形及产生坍塌；开挖坑道后，及时修筑永久性结构，尤其坑道开挖的顶部，一般在上部断面挖成后先修筑拱圈，在拱圈的保护下再开挖坑道下部断面即称为先拱后墙法。总之，要根据各种因素并结合地质条件变化的实际情况，采取有效的施工方法。

8.4.4.2　施工方法

1．全断面施工方法

地下工程断面采取一次开挖成形（主要是爆破或机械开挖）的施工方法。该法的优点是：可以减少开挖对围岩的扰动次数，有利于围岩天然承载拱的形成；工序简单，便于组织大型机械化开工，施工速度快，防水处理简单。但对地址条件要求严格，围岩必须有足够的自稳能力，另外机械设备配套费用也较大。

（1）施工顺序。全断面开挖方法操作起来比较简单，主要工序是：使用移动式钻孔台车，首先全断面一次钻孔，并进行装药连线，然后将钻孔台车后退到 50m 以外的安全地点，再起爆，一次爆破成形，出渣后钻孔台车再推移至开挖面就位，开始下一个钻爆作业循环，同时，施作初期支护，铺设防水隔离层（或不铺设），进行二次模筑衬砌。

（2）适用范围。全断面法主要用于Ⅰ～Ⅲ级围岩；当断面在 50m² 以下，隧道又处于Ⅳ级围岩地层时，为了减少对地层的扰动次数，在进行局部注浆等辅助施工措施加固地层后，也可采用全断面法施工，但在第四纪地层中采用时，断面一般均在 20m² 以下，且施工中仍须特别注意；山岭隧道及小断面城市地下电力、热力、电信等管道工程多用此法。

2．台阶法施工法

台阶法开挖就是将结构断面分成两个或几个部分，即分成上下断面两个工作面（多台阶时有多个工作面），分步开挖。根据地层条件及配套情况可分为正台阶法、中隔墙台阶法等。该法在浅埋暗挖法中应用最广，可根据工程实际、地层条件及机械条件，选择适合的台阶方式，台阶法开挖顺序见图 8-21。

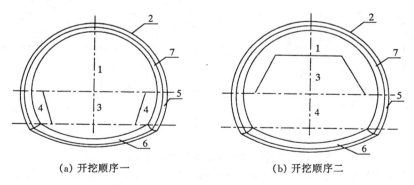

(a) 开挖顺序一　　　　　　　　　(b) 开挖顺序二

图 8-21　台阶法开挖顺序图

（a）1—上半部开挖；2—拱部喷锚支护；3—下半部中央部开挖；4—边墙部开挖；5—边墙锚喷支护；6—二次衬砌仰拱；7—二次衬砌

（b）1—上导坑开挖；2—拱部喷锚支护；3—中核开挖；4—下部开挖；5—边墙锚喷支护；6—灌注二次衬砌仰拱；7—二次衬砌

台阶法在前面已叙述。主要采用正台阶法、中隔墙台阶法开挖。

（1）正台阶法开挖。正台阶法开挖优点很多，能较早地使支护结构闭合，有利于控制结构变形及由此引起的地表沉陷。上台阶长度（L）一般控制在 1～1.5 倍洞径（D），根据地层情况，可选择两步或多步开挖法。

①上下两步台阶开挖法。使用此方法，若地层较好（Ⅱ～Ⅲ），将断面分成上下两个台阶开挖，上台阶长度一般控制在1～1.5倍洞径（D）以内，但必须在地层失去自稳能力之前尽快开挖下台阶，支护后形成封闭结构。若地层较差，为了稳定工作面，也可辅以小导管超前等措施，见图8-22。

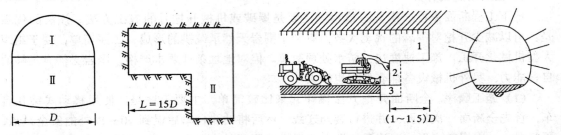

图 8-22　上下两步台阶法　　　　　图 8-23　超前锚杆、施作临时拱、铺底紧跟正台阶法

一般采用人工和机械混合开挖法，即上半断面采用人工开挖、机械出渣，下半断面采用机械开挖、机械出渣。有时为了解决上半断面出渣对下半断面的影响，可采用皮带运输机将上半断面的渣土送到下半断面的运输车中。

② 多步分部开挖留核心土。该法适用于较差的地层，围岩级别为Ⅴ～Ⅵ级。典型开挖方式见图8-24。这是在Ⅴ级黄土地层、双线铁路隧道施工的实例。上台阶长度取一倍洞径左右；采用环形开挖、留核心土施工方法；首次用系统小导管超前支护、预注浆稳定工作面；首次将研制成的蝴蝶结网构钢拱架用在初期支护中；在该次试验中，测试锚杆在软土中作用不大，改设拱脚、墙脚，设置注浆锁脚锚管；初期支护至仰拱封闭不能超过10d，以确保地表沉陷控制在50mm以内。

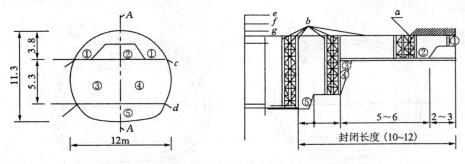

图 8-24　正台阶多步开挖施工流程图（单位：cm）

①②③④⑤为开挖顺序；a—第一次支护；b—网构钢拱架；c—拱脚注浆锁脚锚管；d—墙脚注浆锁脚锚管；e—初期支护；f—塑料薄楹隔离层；g—泵送粉煤灰防水混凝土模筑（永久衬砌）

当隧道断面较高时，可以分多层台阶开挖，但台阶长度不允许超过1.5D，图8-25为北京地铁复兴门折返线中双线断面的正台阶施工台阶开挖顺序。

台阶长度之所以定为一倍洞径，主要因为地面沉降不允许超过30mm。另外，隧道在施工中所产生承载拱，承载拱的跨度约为一倍洞径（图8-26），这样在一倍洞径区段周围地层产生横向和纵向两个承载拱的作用，这对于开挖是有利的，台阶长度超过一倍洞径长度将失去纵向承载拱受力结构，仅有横向平面承载拱受力结构。

而且，上台阶若选用大于1.5倍洞径的长台阶，在开挖时纵向变位大，上台阶断面形状

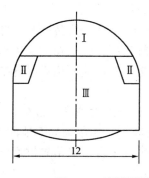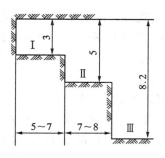

图 8-25　双线隧道开挖顺序图（单位：m）

对受力不利，是不合理断面，易引起周围地层松动，塑性区增大，造成拱脚附近受力大，而使其易失稳，见图 8-27；在下台阶开挖时，易产生变为叠加而丧失稳定，见图 8-28。上台阶若过短，小于一倍洞径，因洞内纵向破裂面超过工作面，引起工作面不稳定，不能采用微台阶施工。在硬岩爆破法施工时，为了方便风钻打眼也可以设置超短台阶。

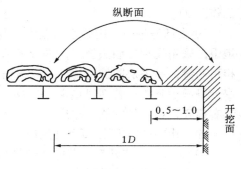

图 8-26　纵向承载拱的作用

所以，从安全角度考虑，台阶长度定为一倍洞径是合理的，施工机械的配置也应遵从这个原则。

需要说明的是，在Ⅴ级砂卵石地层中，进行大

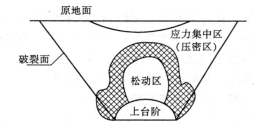

图 8-27　上台阶过长引起松动荷载

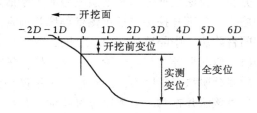

图 8-28　开挖过程纵向变位影响长度

断面正台阶开挖，必须同时实施深孔注浆和小导管超前支护、预注浆辅助工法。

（2）中隔墙台阶法开挖。当工作面地层自稳能力差，上台阶开挖后拱脚支撑在未开挖岩体上的自稳时间较短，且开挖面跨度较大时，可采用中隔墙台阶法（通常配合临时拱使用）。通过中隔墙的分载作用，减轻两侧拱脚的压力，降低地表沉陷值，以确保施工安全，一般大断面的城市地铁渡线段常用此法。

采用中隔墙台阶法开挖时，上台阶开挖长度一般控制在 1.5 倍洞径内，并辅之以超前小导管注浆加固地层，留核心土环形开挖等措施。由于中隔墙的限制，一般上台阶采用人工开挖、人工出渣（至下台阶），下台阶采用机械开挖，机械出渣。

（3）评价及注意事项。台阶法具有灵活多变，适用性强的特点，具有足够大的开挖作业空间和比较快的施工速度，有利于开挖面的稳定，尤其是上部开挖支护后，下部作业则较为安全；但台阶法开挖时上下部作业互相干扰，应注意下部作业时对上部稳定性的影响，台阶法开挖会增加对围岩的扰动次数等。在隧道施工时应注意下问题。

① 台阶数不宜过多，台阶长度要适当，一般以一个台阶垂直开挖到底，保持平台长2.5～3m；这样易于掌握炮眼深度和减少翻渣工程量。装渣机应紧跟开挖面，减少扒渣距离以提高装渣运输效率。应根据两个条件来确定台阶长度：一是初期支护形成闭合断面的时间要求，围岩稳定性愈差，闭合时间要求愈短；二是上半部断面施工时开挖、支护、出渣等机械设备所需的空间大小。

② 台阶法开挖宜采用轻型凿岩机打眼，而不宜采用大型凿岩台车。

③ 个别破碎地段可配合喷锚支护和挂钢丝网施工。如遇到局部地段围岩稳定性较差时，应及时架设临时支护或考虑变换施工方法，留好拱脚平台，采用先拱后墙法施工，以防止落石和崩塌。

④ 要解决好上下断面作业的相互干扰问题。做好作业施工组织、质量监控及安全管理工作。

⑤ 上部开挖时，因临空面较大，易使爆破面渣块过大，不利于装运，应适当密布中小炮眼，采用先拱后墙法施工，进行下部开挖时，应注意上部的稳定，必须控制下部开挖厚度和用药量，并采取防护措施，避免损伤拱圈，确保施工安全。若围岩稳定性较好，则可以采取分段顺序开挖；若围岩稳定性较差，则应缩短下部掘进循环进尺；若稳定性更差，则可以左右错开，或先挖中槽后挖边旁。

⑥ 采用钻爆法开挖石质隧道时，应采用光面爆破或预裂爆破技术，尽量减少扰动围岩。

⑦ 采用台阶法开挖，关键问题是台阶的划分形式，台阶划分要做到爆破后扒渣量较少，钻眼作业与出渣运输干扰少。

3．分部开挖法

分布开挖法主要适用于地层较差的大断面地下工程，尤其是限制地表下沉的城市地下工程的施工。分部开挖法包括单侧壁导坑超前台阶法，双侧壁导坑超前台阶法，双侧壁导坑超前中间台阶法，中隔墙法（CD工法），交叉中壁加横隔墙法（CRD工法）等多种形式。

（1）单侧壁导坑超前台阶法开挖。单侧壁导坑超前台阶法主要适用于地层较差，断面较大，采用台阶法开挖困难大的地层。采用该法变大跨断面为小跨断面。

采用该法开挖时，单侧壁导坑超前的距离一般在2倍洞径以上，为稳定工作面，经常和超前小导管预注浆等预支护施工措施配合使用，一般采用人工开挖，人工和机械混合出渣，开挖方式如图8-29所示。

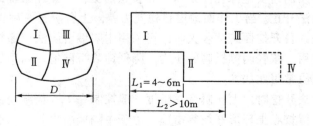

图 8-29　单侧壁导坑超前台阶法开挖方式

侧壁导坑尺寸，一般根据机械设备和施工条件确定，而侧壁导坑的正台阶高度，一般规定为台阶底部至拱线的位置，这主要是为施工方便而确定的，范围在2.5～3.5m。

（2）中隔墙法（CD工法）和交叉中隔墙法（CRD工法）开挖。中隔墙法也称为CD法，主要适用于地层较差的和不稳定的岩体，且地表下沉要求严格的地下工程施工，当CD工法不能满足要求时，可在 CD 工法的基础上加设临时仰拱，即所谓的 CRD 工法（交叉中隔墙法）。

CD 工法是 20 世纪 80 年代以来，随着运用新奥法原理修建城市地下工程实例的日益增多，尤其是在运用非掘进机的方法处理软弱、松散的地层中浅埋暗挖的隧道工程后，在原来的正台阶法的基础上发展起来的一种工法。它更为有效地解决了把大、中跨的洞室开挖转变成中、小跨开挖的问题。

CRD 工法是日本吸取了欧洲 CD 工法的经验，在真米隧道的建设中取得成功后，于东叶高速线习志野台隧道施工中，将原 CD 工法先挖中壁一侧改为两侧交叉开挖、步步封闭成环改进发展而成的一种工法。其最大特点是将大断面改为小断面施工，各个局部封闭成环的时间短，控制早期沉降好，每个步骤受力体系完整。因此，结构受力均匀，形变小，施工时整体下沉微弱，地层沉降量不大，而且容易控制。

中隔墙法以台阶法为基础，将隧道断面从中间分成 4～6 部分，使上、下台阶左右分成 2～3 部分，每一部分开挖并支护形成独立的闭合单元。各部分开挖时，纵向间隔的距离根据具体情况，可按台阶法确定。

大量施工实例资料的统计结果表明，CRD 工法比 CD 工法减少地表下沉将近 50%，而 CD 工法又优于眼睛工法。但 CRD 工法施工工序复杂、隔墙拆除困难、成本较高、进度较慢。一般在第四纪地层中修建大断面地下结构物（如停车场），且地表下沉严重时使用。

采用中隔壁法施工时，每步的台阶长度都应控制，一般为 5～7m。为稳定工作面，一般与长期预注浆等预支护施工同时使用，一般采用人工开挖、人工出渣开挖方式。CD 法的开挖方法见图 8-30，CRD 法的开挖方法和施工流程见图 8-31 和图 8-32。

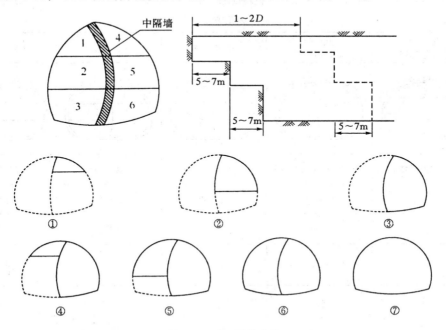

图 8-30 CD 开挖方法

通过上述论证，得出了各施工方法的比较结果，见表 8-4。

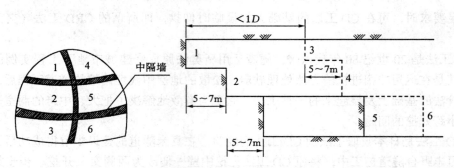

图 8-31　CRD 法开挖方法

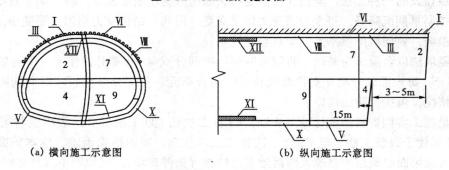

（a）横向施工示意图　　　　　　　　（b）纵向施工示意图

图 8-32　CRD 工法施工方法示意图

Ⅰ左侧小导管超前预注浆→Ⅱ左侧上导坑开挖→Ⅲ左侧上导坑支护→Ⅳ左侧下导坑开挖→Ⅴ左侧下导坑支护→
Ⅵ右侧小导管超前预注浆→Ⅶ右侧上导坑开挖→Ⅷ右侧上导坑支护→Ⅸ右侧下导坑开挖→Ⅹ右侧下导坑支护→
Ⅺ拆除中心隔墙、铺设防水层、浇注仰拱→Ⅻ铺设防水层、模筑二衬混凝土

表 8-4　　　　　　　　　　　　　　　　　施工方法

工法名称	正台阶小导管超前	上台阶临时仰拱法	眼睛工法	CD 工法	CRD 工法
示意图					
工法特点	环形开挖预留核心土	留核心土跳设仰拱	变大跨为小跨	变中跨为小跨	步步封闭
施工难度	不复杂	较复杂	最复杂	一般	复杂
技术条件	低	一般	高	较高	最高
预测地表沉降	大	较大	较小	小	最小
施工速度	快	快	最慢	一般	慢
工程造价	低	较低	最高	中等	高
适用范围	跨度≤10m 地质较好	跨度≤10m 地质较差	跨度>10m 超浅埋	跨度>10m 沉降要求高	跨度>10m 沉降要求很高

由表 8-4 可知，在市区松散、软弱的地层中，单从控制地层的角度考虑，隧道浅埋暗挖施工方法择优的顺序为：CRD 工法→眼睛工法→CD 工法→上半断面临时闭合法→正台阶法。而从进度和经济角度考虑，由于各工法工序和临时工序不同，其顺序恰好相反。

相对其他施工方法，浅埋暗挖法应用于自稳性差的围岩中，具有许多优点，但今后应拓宽其应用范围、提高施工进度，进一步在稳定工程质量等方面下工夫。

浅埋暗挖法经过多年的完善，在工程中已经开发出一系列预支护施工措施，使其应用范围进一步扩大，但随着我国基建规模的扩大，地下工程建设项目将进一步增多，因此，仍须进一步研究新的预支护工法和施工工艺，以适应各种地层条件。

应以信息化设计法补充和丰富传统的经验类比设计法。在同一工程中，针对各区段的工程地质条件、地面环境等，采用不同的支护结构形式。同时，在设计验算的前提下，根据施工全过程的现场监控量测取得的资料，及时调整、优化支护参数。

应选择适宜的支护施工措施。预支护施工措施的选择直接影响工程施工速度和造价，在安全条件得到保证的前提下，应优先选择简单的方法或同时采用几种方法综合处理。

应注意选择合理的支护参数和施工方法，以降低工程风险。支护要求及时，早支护不仅能减少支护结构的荷载，还能避免地层过分变形；对于浅埋软弱地层，采用短而密布的超前小导管支护是一种行而有效的超前支护形式；同时，在实施过程中应根据地质条件、断面大小、地面环境条件等因素，综合考虑采用正确的施工方法，一般情况下，当开挖断面宽度大于 10m 时，应优先采用 CRD 工法或 CD 工法；当开挖断面宽度小于 10m 时，应优先采用正台阶法。

8.4.4.3　控制沉陷变形及防坍

1. 现场监控量测

在浅埋暗挖法施工中应将现场监控量测作为一道重要的工序来进行，使施工现场每时每刻均处于监控之中，以确保工程安全及控制沉陷变形。

现场量测数据应及时绘制成位移-时间曲线（或散点图）。曲线的时间横坐标下注明施工工序和开挖工作面距量测断面的距离。当曲线趋于平缓时，应进行数据处理或回归分析，以推算基本稳定时间、最终位移值，掌握位移变化规律。根据量测管理基准及隧道施工各阶段沉陷变形控制标准进行施工管理。

当量测值超过标准时，应研究超标原因。必要时对已作支护体系进行补强及改进施工工艺。当曲线出现反弯点，即位移数据出现反常的急剧增长现象时，表明围岩与支护呈不稳定状态，应加强量测并立即对支护体系补强，必要时应立即停止向前开挖及采取稳定工作面的措施以确保施工安全。经妥善处理后，才能继续向前施工。

2. 量测管理基准及施工各阶段沉陷变形控制标准的建立

施工中主要采用位移量测数据作为信息化管理目标。管理基准值应根据现场的特定条件来制定。控制变形总量可参考表 8-5。

当地面建筑对底层沉陷敏感，采用控制沉陷的多种措施（包括改善围岩条件等）不易达到要求或极不经济时，可以同时采取结构加固的措施，并建立相应的基准值。

隧道施工量测数据管理基准值应细化为各施工阶段控制标准。控制标准数值一般应分为三个控制水平。Ⅰ级为安全值（相应安全系数为 2.0 以上），Ⅱ级为警戒值（安全系数为 1.2~1.5），Ⅲ级为危险值（安全系数 1.1 左右）。施工中量测数值处于Ⅲ级时，一般应立即停止向前掘进，补强已有支护体系使已施工地段迅速稳定，并研究改进向前施工的方案。

表 8-5　　　　　　　　　　　　　　　量测数据管理基准值

指标内容	日本、法国、德国规范综合值	推荐基准值	
		城市地铁	山岭隧道
地面最大沉陷/mm	50	30	60
地面沉陷槽拐点曲率	1/300	1/500	1/300
地层损失系数/%	5	5	5
洞内边墙水平收敛/mm	20~40	20	(0.1~0.2) D%
洞内拱顶下沉/mm	75~229	50	(0.3~0.4) D%

8.5　洞口段及明洞施工

8.5.1　洞口施工

在山岭隧道中，由于每座隧道所处的地形、地质及线路位置不同，要很明确规定洞口的范围是比较困难的。一般是将由于隧道开挖可能给上坡地表造成不良影响的洞口范围称为"洞口段"。洞口段的范围应根据各自的围岩条件来确定。一般可参照图 8-33 确定。

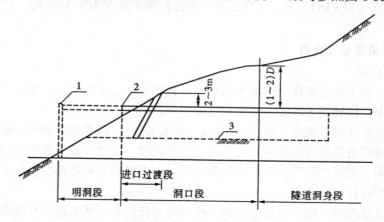

图 8-33　洞口段的一般范围

1—洞门位置；2—洞口位置；3—上、下部开挖分界线；D—隧道开挖最大洞跨（m）

隧道洞口地段，一般地质条件差，且地表水汇集，施工难度较大。施工时要结合洞外场地和相邻工程的情况，全面考虑、妥善安排、及早施工，为隧道洞身施工创造条件。

隧道洞口工程主要包括边、仰坡土石方；边、仰坡防护；端墙头、翼墙等洞门坞工；洞口排水系统；洞口检查系统；洞口检查设备安装；洞口段洞身衬砌。

洞口工程中的洞门施工，一般可在进洞后做，并应做好边仰坡防护，以减少洞门施工对洞身施工的干扰。

1. 洞口段施工时应注意的事项

（1）在场地清理作施工准备时，应先清理洞口上方及侧方有可能滑塌的表土、灌木及山坡危石等。平整洞顶地表，排除积水，整理隧道周围流水沟渠。之后施作洞口边、仰坡顶处的天沟。

（2）洞口施工宜避开雨季和融雪期。在进行洞口土石方工程时，不得采用深眼大爆破或集中药包爆破，以免影响边坡、仰坡的稳定。应按设计要求进行边、仰坡放线自上而下逐段开挖，不得掏底开挖或上下重叠开挖。

（3）洞口部分圬工基础必须置于稳固的地基上。必须将虚渣杂物、泥化软层和积水清除干净。对于地基强度不够时，可结合具体条件采取扩大基础、桩基、压浆加固地基等措施。

（4）洞门拱墙应与洞内相邻的拱墙衬砌同时施工连接成整体，确保拱墙连接良好。洞门端墙的砌筑与回填应两侧同时进行，防止对衬砌产生偏压。

（5）洞口段洞身施工时，应根据地质条件、地表沉陷控制以及保障施工安全等因素选择开挖方式和支护方式。洞口段洞身衬砌应根据工程地质、水文地质及地形条件，至少设置长度不小于 5 米的模筑混凝土加强段，以提高圬工的整体性。

（6）洞门完成后，洞门以上仰拱坡脚受破坏处，应及时处理。如仰坡地层松软破碎，宜用浆砌片石或铺种草皮防护。

2．进洞开挖方法

洞口段施工中最关键的工序就是进洞开挖。隧道进洞前应对边、仰坡进行妥善防护或加固，做好排水系统。洞口段施工方法的确定取决于诸多因素。如施工机具设备情况、工程地质、水文地质和地形条件、洞外相邻建筑的影响、隧道自身构造特点等。根据地层情况，可分为以下几种方法：

（1）洞口段围岩为Ⅰ～Ⅱ级，地层条件良好时，一般可采用全断面直接开挖进洞，初始 10～20m 区段的开挖，爆破进尺应控制在 2～3m。施工支护，在拱部可做局部锚杆；墙、拱采用素喷混凝土支护。洞口 3～5m 区段可以挂网喷射混凝土及设钢拱架予以加强。

（2）洞口段围岩为Ⅲ～Ⅳ级，地层条件较好时，宜采用正台阶法进洞（不短于 20m 区段）。爆破进尺控制在 1.5～2.5m。施工支护采用拱、墙系统锚杆和钢筋网喷射混凝土。必要时设钢拱架加强施工支护。

（3）洞口段围岩为Ⅳ～Ⅴ级围岩，地层条件较差时，宜采用上半断面长台阶法进洞施工。上半断面先进 50m 左右后，拉中槽落底，在保证岩体稳定条件下，再进行边墙扩大及底部开挖。上部开挖进尺一般控制在 1.5m 以下，并严格控制爆破药量。施工支护采用超前锚杆与系统锚杆相结合，挂网喷射混凝土。拱部安设间距为 0.5～1.0m 的钢拱架支护，及早施作混凝土衬砌，确保稳定和安全。

（4）洞口段围岩为Ⅴ级以下，地层条件极差时，可采用分部开挖法和其他特殊方法进洞施工。具体方法有：①预留核心土环形开挖法；②插板法或管棚法；③侧壁导坑法；④下导坑先进再挑顶扩大，由里向外施工法；⑤预切槽法等。开挖进尺控制在 1m 以下，宜采用人工开挖，必要时才采用弱爆破。开挖前应对围岩进行预加固措施，如采用超前预注浆锚杆或采用管棚注浆法加固岩层后，用钢架紧贴洞口开挖面进行支护，再进行开挖作业。在洞身开挖中，支撑应紧跟开挖工序，随挖随支。施工支护采用网喷混凝土，系统锚杆支护；架立钢拱架间距为 0.5m，必要时可在开挖底面施作临时仰拱。开挖完毕后及早施作混凝土内层衬砌。当衬砌采用先拱后墙法施工时，下部断面开挖时应符合下列要求：①拱圈混凝土达到设计强度 70% 之后方可进行下部断面的开挖；②可采用扩大拱脚，打设拱脚锚杆，加强纵向连接等措施加固拱脚；③下部边墙部位开挖后，应及早、及时做好支护，确保上部混凝土拱的稳定。

施工前，在工艺设计中，应对施工的各工序进行必要的力学分析。施工过程中应建立健全量测体系，收集量测数据及时分析，用以指导施工。

8.5.2　明洞施工

明洞是用明挖法修筑的隧道。其结构形式分为独立式明洞和接长式明洞。它的结构形式，常因地形、地质条件的不同而有许多种。采用最多的是拱式明洞和棚式明洞。明洞大多数设置在坍方、落石、泥石流等地质不良地段。公路隧道有时需在洞口外设置遮光棚，亦属明洞类结构。

明洞施工方法的选择，应根据地形、地质条件、结构形式等因素确定。独立式明洞可采用明挖法和盖挖法施工；接长式明洞可采用开挖与衬砌的施工顺序，分为全部明挖先墙后拱和部分明挖墙拱交错法两种。

8.5.2.1　全部明挖先墙后拱法

适用于埋置深度较浅，边、仰坡开挖后能暂时稳定，或已成路堑中增建明洞地段。开挖程序如图 8-34 所示。

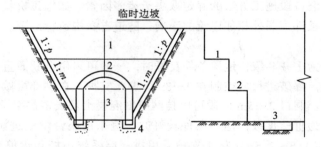

图 8-34　全部明挖先墙后拱法

施工程序：从上向下分台开挖，先做好两侧边墙，再作拱圈，最后做防水层及洞顶回填。

开挖程序：起拱线以上部分，采用拉槽法，开挖临时边坡、仰坡。当临时边坡、仰坡不够稳定时，采用喷锚网加固坡面。先做好拱圈，然后开挖下部断面，再作边墙，拱脚应设连续的纵钢筋混凝土托梁，并使混凝土与两侧岩石密贴。

8.5.2.2　部分明挖墙拱交错法

适用于半路堑，原地面边坡陡峻，由于地形限制不能先做拱圈，或由于外侧地层松软先做拱圈可能发生较大沉陷，先墙后拱亦有困难时。

（1）先做外侧边墙法。程序如图 8-35 所示。

① 先挖出外侧墙基坑 1，然后外侧墙Ⅱ砌筑（或模筑）至设计高程。

② 开挖内侧起拱线以上部分 3，挖除后立即架立拱架灌注拱圈Ⅳ，如有耳墙时，同时做好耳墙。

③ 在拱内落底 5，应随落随加支护，以保持内侧边坡的稳定。

④ 开挖内边墙马口，逐段施作内边墙Ⅳ，然后进行拱顶回填，并做防水层。

（2）挖开灌注边墙法。当路堑边坡明挖过深可能引起边坡坍塌等不安全情况时，则可采

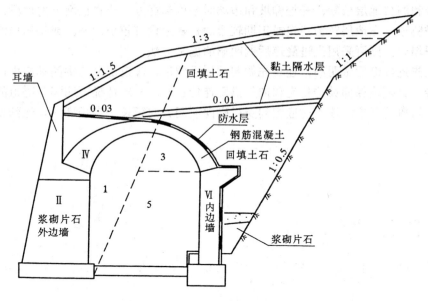

图 8-35　先做外侧边墙法

用挖开法或拉槽法灌注边墙。

施工步骤：一般开挖到起拱线后，先间隔挖开或横向与中线垂直间隔拉槽，灌注部分边墙，再作拱圈，拱脚应加纵向钢筋混凝土托梁，最后挖马口作其余边墙。

明洞大多数修筑于地质较差、地形陡峻的地段，受力条件复杂。施工中应特别注意安全和结构的稳定，做到符合下列各项要求。

① 开挖前要做好全部临时排水系统，适当选择施工方法，要按设计要求正确测定中线和高程，放好边桩和内、外墙的位置。

② 认真处理基础。明洞边墙基础承载力必须保证达到设计要求；有地下水流时，要采用相应措施。如夯填厚度不小于 10cm 的碎石层或扩大基础以提高其承载力；若为岩石地基则应挖至表面风化层以下 0.25m。

③ 明洞衬砌其拱圈要按断面要求，制作定形挡头板，内、外模及骨架，加强各部内、外模支撑，防止变形及位移。采用墙拱交错法施工时，要有保证拱脚稳定，防止拱圈沉落的措施。

④ 明洞顶回填土石主要是起缓和边、仰坡上的落石、坍塌和支挡边坡稳定的作用，应按设计厚度和坡度进行施工。

回填土石应在做好防水层，衬砌达到设计强度的 70% 时，才能开始施工。路堑式明洞拱背回填应对称分层夯实，每层厚度不宜超过 0.3m；其两侧回填土的土面高差不得大于 0.5m；回填至拱顶后需满铺分层填筑；拱顶填土高达 0.7m 以上才能拆除拱架。采用推土机等大型机械回填时，应先用人工夯填一定的厚度后，方可使用机械在顶部进行作业，并于机械回填全部完成后才能拆除拱架。

回填土石与边坡接触处，要挖成台阶，并用粗糙透水材料填塞，防止回填土石沿边坡滑动。

⑤ 明洞与隧道衔接的施工方法，有先做明洞后进隧道和先进隧道后做明洞 2 种。在明

洞长度不大和洞口地层松软，开挖仰坡和边坡时易引起坍方，或在已坍方的地段，一般是先做明洞后进隧道；在地层较为稳定或工期较紧的长隧道设有较长明洞，或是洞口路堑开挖后可能发生坍塌时，则可采用先进隧道后做明洞的施工方法。

　　不论是先进隧道后做明洞，还是先做明洞后进隧道，隧道部分的拱圈都应由内向外和明洞拱圈衔接。必须确保仰坡的稳定和内外拱圈连接良好。一般情况下明洞与隧道的衔接部位是结构防水的薄弱部位，施工时应把洞身衬砌向明洞方向延长一定长度，以达到整体防水效果。

第9章 隧道其他施工方法

9.1 全断面掘进法施工

9.1.1 概　述

隧道掘进机法是用掘进机切削破岩，开凿岩石的施工方法，始于 20 世纪 30 年代。随着掘进机技术的迅速发展和机械性能的日益完善，隧道掘进机法得到了很快发展。掘进机施工有着钻爆法施工不可比拟的优点。虽然钻爆法仍是当前山岭隧道施工的最普遍的方法，而且掘进机也不能取代钻爆法施工，但用掘进机施工的隧道数量却在不断上升。

9.1.1.1　施工特点

与钻爆开挖隧道施工过程相比，使用掘进机开挖隧道的特点在于施工过程是连续的，具有隧道工程"工厂化"的特点。

经过近一个世纪的努力，随着现代技术的发展，特别是近几十年来，掘进机不仅能在岩石整体性及磨蚀性强的条件下工作，也能在稳定条件差的地层中施工，从而被许多隧道作为主要施工方案进行比选。

钻爆法施工与掘进机法施工有着不同的适用范围和优劣。钻爆法施工适用范围广，不受隧道断面尺寸和形状的限制。对各类围岩均能适用，当地质条件变化时，施工工艺可机动灵活地随之变化；施工设备的组装和工地之间的转移简单方便，重复利用率高；多年来已积累了丰富宝贵的施工经验，形成了科学完整的工艺，这些是人们普遍认同的优势。但它同时也存在施工工序多，施工过程中各工序干扰大，开挖速度低，超（欠）挖严重，爆破时对地层扰动大，施工安全性差，作业场所环境恶劣，工人劳动强度大等难以克服的缺点。此外由于开挖速度低，在较长隧道施工时，往往需要采用辅助坑道来增加开挖工作面，从而增加了工程造价。

采用掘进机施工具有快速，连续作业，机械化程度高，安全，劳动强度小，对地层扰动小，衬砌支护质量好，通风条件好，能减少辅助工程等优点。但它有对地质条件的依赖性大，设备的型号一旦决定，开挖断面尺寸不可改变，一次性投资大等劣势。

9.1.1.2　掘进机类型

山岭隧道掘进机分为全断面和悬臂式两大类。全断面掘进机（Tunnel Boring Machine, TBM）又分为开敞式和护盾式两类。目前使用的主要是全断面掘进机，悬臂式掘进机尚处在发展的初级阶段。

开敞式和护盾式掘进机的区别在于，开敞式掘进机在开挖中依靠撑于岩壁上的水平支撑提供设备推力和扭矩的支撑反力，开挖后的围岩暴露于机械四周；而护盾掘进机则可在掘进中利用尾部已安装的衬砌管片作为推进的支撑，由于有护盾防护，在护盾长度的范围内，围岩不会暴露。

一般而言，开敞式掘进机适合于硬岩隧道的开挖。开敞式掘进机有两种类型：单水平支撑掘进机和双水平支撑掘进机。

单水平支撑掘进机如图 9-1 所示。它的主梁和大刀盘支架是掘进机的构架，为所有的其他构件提供安装支点。大刀盘支架的前部安装主轴承和大齿圈，其四周安装了刀盘护盾，利用可调式顶盾、侧盾和下支撑保持对开挖洞面的浮动支撑，从而保证了大刀盘的稳定。主梁上安装推力千斤顶和支撑系统。由于采用了一对水平支撑，因此它在掘进过程中，方向的调整是随时进行的，掘进的轨迹是曲线。单支撑式掘进机主轴承多为三轴承组合，驱动装置直接安装在刀盘的后部，故机头较重，刀盘护盾较长。

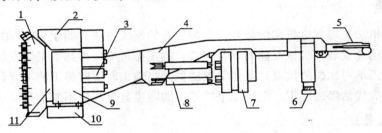

图 9-1　单支撑掘进机

1—刀盘；2—拱顶护盾；3—驱动组件；4—主梁；5—出渣输送机；6—后下
支撑；7—撑靴；8—推进千斤顶；9—侧护盾；10—下支撑；11—刀盘支撑

双水平支撑掘进机如图 9-2 所示。在主机架中间有两对水平支撑，它可以沿着镶着铜滑板的主机架前后移动。主机架的前端与大刀盘、轴承、大内齿圈相连接，后端与后下支撑连接，推进千斤顶借助水平支撑推动主机架及大刀盘向前，布置在水平支撑后部的驱动装置通过传动轴将扭矩传到大刀盘。在掘进中由两对水平支撑撑紧洞壁，因此掘进方向一经定位，只能沿着直线掘进，只有再重新定位时，才能调整方向，所以掘进机轨迹是折线。

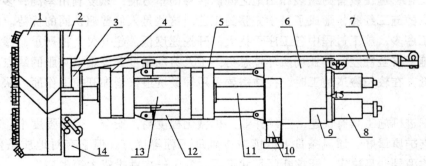

图 9-2　双水平支撑掘进机

1—刀盘；2—顶护盾；3—轴承外壳；4，5—水平支撑（前、后）；6—齿轮箱；7—出渣
输送机；8—驱动电机；9—星形变速箱；10—后下支撑；11—扭矩筒；12—推进千斤顶；
13—主机架；14—仰拱刮板（前下支撑）

护盾式掘进机适用于软岩。护盾式掘进机也有两种类型：单护盾掘进机和双护盾掘进机。

单护盾掘进机适用于软岩地层以及自稳时间相对较短、地质条件较差的地层，如图 9-3 所示。

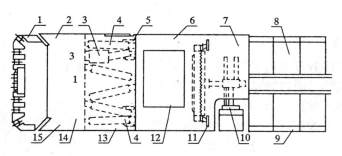

图 9-3　单护盾掘进机

1—刀盘；2—前护盾；3—驱动组件；4—推进油缸；5—铰接油缸；6—撑靴护盾；7—尾护盾；8—出渣输送机；
9—拼装好的管片；10—管片安装机；11—辅助推进靴；12—撑靴；13—伸缩护盾；14—主轴承大齿圈；15—刀
盘支撑

例如瑞士的巴塞尔市 ADLER 隧道，使用一台直径 12.58m 的单护盾掘进机完成了 5km 的软岩开挖。单护盾掘进机在掘进和安装衬砌管片时，是依次顺序进行的，即不能同时作业。掘进中，它依靠后部的推进千斤顶顶推已安装好的衬砌管片（如图 9-4 所示）得以向前掘进，掘进停止后，利用管片安装机将分成若干块的一环管片安装到隧道上。

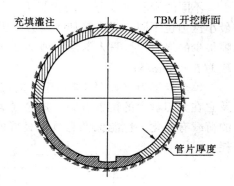

图 9-4　全周预制钢筋混凝土衬砌管片

双护盾掘进机（如图 9-5 所示）在软岩及硬岩中都可以使用。当它在自稳条件不良的地层施工时，其优越性更突出，它与单护盾掘进机的区别在于增加了一个护盾。在硬岩中施工时利用护盾作为水平支撑，所以双护盾既可利用尾部的推力千斤顶顶推尾部安装好的衬砌管片推进，也可以利用水平支撑进行开挖时，同时安装衬砌管片，因此双护盾掘进机使开挖和安装衬砌管片的停机换步时间大大缩短。在我国甘肃引大入秦工程中 30A 号水工隧道使用一台直径 5.5m 双护盾掘进机完成了 11.6km 的开挖，最高月开挖量突破了 1000m。

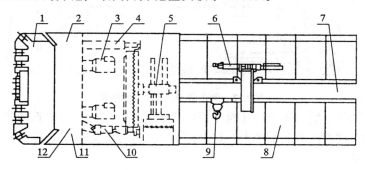

图 9-5　双护盾掘进机

1—刀盘；2—护盾；3—驱动组件；4—推进千斤顶；5—管片安装器；6—超前钻机；7—出渣输送机；8—拼装好的管片；9—提升机；10—铰接千斤顶；11—主轴承；12—刀盘支撑

9.1.2　掘　进

9.1.2.1　破岩机理

掘进机切削破碎岩石的机理是：掘进时盘形刀沿岩石开挖面滚动，同时通过大刀盘均匀地在每个盘形刀上对岩面施加压力，形成滚动挤压切削而实现破岩。大刀盘每转动一圈，将贯入岩面一定深度，在盘形刀刀刃与岩面接触处，岩石被挤压成粉末，从这个区域开始，裂缝向相邻的切割槽扩展，进而形成片状石渣。图 9-6 显示了掘进机切削岩石的机理。

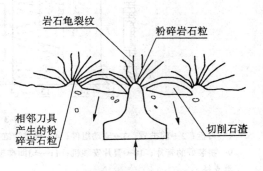

图 9-6　掘进机切削岩石机理

不同的岩石需要不同的盘形刀，压入岩石的最小压力也不同，只有施加的压力大于最小压力时才能达到较理想的贯入深度。在坚硬和裂隙很少的岩石中，贯入深度一般为 2.5～3.5mm/转，在中等坚硬和裂隙较多的岩石中，一般为 5～9mm/转。

单个盘形刀（如图 9-7 所示）的使用寿命，与轴承使用寿命、刀圈材质和加工质量，以及它在大刀盘上的位置有关。其优点是刀圈尖端宽度在磨损后仍保持不变，因此即使它承受的荷载有变化，也能保证它具有良好的贯入速度，从而提高了切割速度，并降低刀具的损耗。

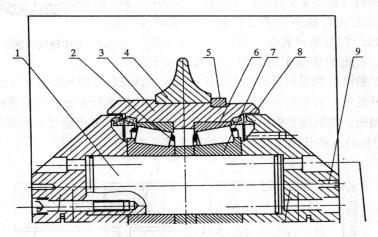

图 9-7　单个盘形刀结构示意图

应该指出，掘进机施工不仅要注意岩石的抗压强度，还应注意岩石的磨蚀性以及岩体的裂隙程度，岩体节理裂隙面间距越大，切割越困难。关于裂隙度与盘形刀的磨损规律，我国目前尚无研究成果。

9.1.2.2　施工管理

采用掘进机开挖隧道，实现了隧道施工的工厂化，这是一个大的管理系统工程。提高施工现场管理和设备管理水平，是提高掘进机施工效率和效益的基础。

从图 9-8 可知，使用同一型号的掘进机，在相同地质条件，由于管理的原因而造成不同的净掘进时间。例如材料供应不及时，就有可能造成仰拱块不能及时铺设，延误轨道的延伸，进而影响到掘进机下一个循环的进行；设备的任何故障都会直接影响到掘进机的运行。

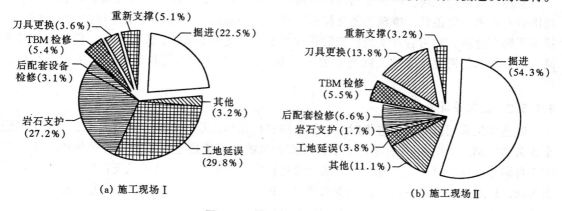

(a) 施工现场Ⅰ　　　　　　　　　　　　　(b) 施工现场Ⅱ

图 9-8　时间/利用率分析图

提高设备完好率是保证提高净掘进时间的基础。强化维修保养，每班、每日、每周都必须进行预防性维修和某些部位的修理，只有坚持做好预防性维修才能保证掘进机利用率。

加强掘进机的管理，必须注意对刀具的管理，这是因为刀具消耗占据隧道开挖成本的很大一部分。图 9-9 显示了刀具磨损及更换条件。

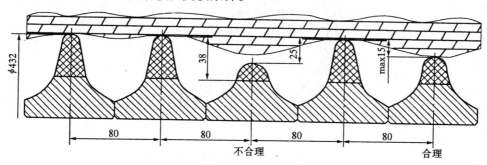

图 9-9　刀具磨耗更换示意图（单位：mm）

掘进法对电力供应的要求要比钻爆法多，因此必须建立专门的电力供应机构，确保供电质量。多次停电，电压不稳，电压降太大等，都会影响工作。

9.1.3　衬砌施工

用掘进机施工的隧道，其衬砌结构一般由临时或初期支护和二次衬砌组成。临时或初期支护是隧道开挖中保证掘进期围岩稳定和掘进机顺利掘进所不可缺少的。

采用掘进机施工，由于开挖工作面被掘进机主体充塞，对围岩很难进行直接观察和判断，而且造成进行支护的位置相对开挖面滞后一段距离。因此不同形式的掘进机，也要求采用不同的支护形式。一般在充分进行地质勘探后，在隧道设计时就应确定基本支护形式。例如引水隧道，为保证输水的可靠性，要求支护对围岩有密贴性，所以大都采用护盾式掘进机进行管片衬砌的结构形式；而对于一般公路、铁路隧道，除进行临时支护外，视地质情况采用二次喷射混凝土或二次模筑混凝土作为永久衬砌。

9.1.3.1　管片式衬砌

使用护盾掘进机时，一般采用圆形全周管片式衬砌。其特点是：适合软弱围岩，特别是当围岩允许承载力很低，撑靴不能支撑岩面时，双护盾掘进机可以使掘进和换步同时进行，提高了循环速度；利用管片安装机安装管片速度快、支护效果好、安全性强，但是它的造价高。为了防水的需要，每片之间要安装止水条，并需在管片外圆和洞壁间隙压入豆石和注浆。

9.1.3.2　二次模筑混凝土

隧道施工采用敞开式掘进机时，一般是随开挖先是做临时支护，然后施作二次模筑混凝土永久性衬砌，如图 9-10 所示。为了保证掘进机的高速度掘进，不能使开挖作业与模筑混凝土衬砌作业同时进行。此外，在机械上部进行衬砌作业，会给掘进机设备带来严重的混凝土污染，因此只在刀盘后部进行必要的临时支护，如锚杆、喷射混凝土和架钢拱架。

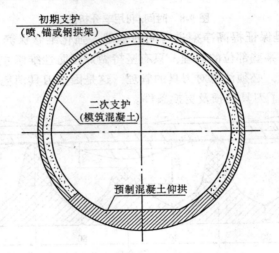

图 9-10　模筑混凝土衬砌

二次混凝土衬砌，根据地质条件也有用喷射混凝土作为永久衬砌的，如瑞士福尔艾那铁路单线隧道，就是采用二次喷射混凝土作为永久衬砌的，在喷射混凝土中设钢网，并加入了钢纤维。多数隧道采取二次模筑混凝土衬砌，使用穿行式模板台车进行永久衬砌的灌注。值得注意的是二次衬砌完成后，掘进机在完成掘进任务后，不可能从原路退出，只有在完成开挖位置处进行洞室扩大，在隧道内拆卸掘进机部分机件（如大刀盘的解体）后，才有可能退出。如果用一台掘进机从进口一直掘进到出口，则不会发生洞内拆卸问题。

9.1.4　不良地质地段施工

一般而言，掘进机特别是开敞式掘进机施工，最好用于地质条件较好的隧道。如果地质条件太差，需要过多的辅助作业来保证掘进机施工时，就不能发挥掘进机速度快、效率高的优势。同时，辅助作业的施作也受掘进机的充塞影响，造成费用过高，延长工期，因而也就没有必要使用掘进机施工了。

但任何一座隧道，都不可能不出现一些局部地质较差地段，因此掘进机必须具备通过不良地质的能力。为了满足不良地质的要求，掘进机可以安装一些辅助设备进行特殊功能作业。

加装的地质超前钻机安装在主机顶部大刀盘后部的平台上。它在主机停机时进行掌子面前 30m 的超前钻孔，以预报前方地质情况，为掘进提供可靠信息。超前钻机还具备注浆和安装管棚的功能，以对围岩进行预先加固，使掘进机具备自我加固前方不良地质地段的能力和自我通过能力，如图 9-11 所示。

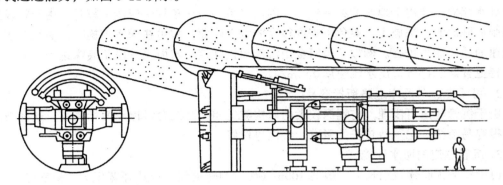

图 9-11　从 TBM 机内进行的超前支护示意图

紧刀盘的后部安装有钢拱环安装器，利用工字钢拱环形成支护结构，这种方法的优点是材料便宜，加工容易，安装速度快，支护效果及时。钢拱环的间距要与掘进机的行程距离一致或成倍数关系，在预制仰拱块上要留有安放拱环的沟槽。

掘进机上有前后两排共 4 台锚杆钻机，以满足对围岩进行锚杆支护作业的需要。在掘进的同时，锚杆作业应同时进行。

在掘进机施工中也会发生一些较大的意外事故。如开挖面大规模坍方造成机件被埋；洞壁围岩变形卡住机体；突发的大量涌水淹没机体和工作面挤出迫使机体后移等。造成这些事故的主要原因是事先地质勘察不明，施工地质预报不及时。因此停工处理的时间和费用都很高，要引起特别注意。处理方法主要是将掘进机后退，人工到掌子面用不同方法进行加固处理，以便让掘进机顺利通过。最根本的解决方法，仍然是做好地质勘察和施工地质超前预报工作。

在国外，曾有掘进机通过堆积大块砂卵石地层时施工失败的报道。在国内，贵州天生桥电站水工隧洞因突然发现大型溶洞而使掘进机无法工作。因此相当一部分人认为，在大块卵石层和溶洞群这种特殊地质情况下，不宜用掘进机进行施工。遇有膨胀性很高的膨胀岩土时，由于围岩变形值很大，必须采取有效措施，才能保证顺利施工。在瓦斯地层中修建隧道，钻爆法已有了一套较为安全成熟的规则，但采用掘进法施工的报道不多。

9.2　沉管法施工

9.2.1　概　述

沉管法又称沉埋法，是修筑水底隧道的主要方法。沉管法施工时，先在隧址附近修建的临时干坞内（或利用船长的船台）预制管段，预制的管段采用临时隔墙封闭，然后将此管段浮运到隧址的设计位置，此时已在隧址处预先挖好了一个水底基槽。待管段定位后，向管段内灌水、压载，使其下沉到设计位置，将此管段与相邻管段在水下连接，并经基础处理，最后回填覆土，即成为水底隧道。

沉管法修筑隧道的施工特点如下。

1. 对地质水文条件适应能力强

由于沉埋法在隧址的基槽开挖较浅，基槽开挖和基础处理的施工技术比较简单，而且沉管受到水浮力，作用于地基的荷载较小，因而对各种地质条件适应能力较强。由于管段采用先预制后陈放的方法施工，避免了难度很大的水下作业，故可在深水中施工，而且对于潮差和流速的适应能力也强。例如美国旧金山海湾地铁隧道的水面至管段基底深达 40.5m，比利时安特卫普斯尔德隧道出水流速度达 3m/s。

2. 可浅埋、与两岸道路衔接容易

由于沉管隧道可浅埋，与埋深较大的盾构隧道相比，沉管隧道路面标高高，这样与岸上道路很容易衔接，无须做较长的引道，线性也较好。

3. 沉管隧道的防水性能好

由于每节预制管段很长，一般约100m（而盾构隧道预制管片环宽仅为 1m 左右），因而沉管隧道的管段接缝数量很少，与盾构管片相比管段漏水的机会明显减少。而且沉管接头采用水力压接法后，可达到滴水不露的程度，这一点对水底隧道的营运至关重要。

4. 沉埋法施工工期短

由于每节预制管段很长，一条沉管隧道只用几节预制管段就可完成（广州珠江隧道只用 5 节预制管段，每节长 22～120m 不等），而且管段预制和基槽开挖可同时进行，管段浮运沉放也较快，这就使沉管隧道的施工工期与其他施工方法相比要短得多，特别是管段预制不在隧址，使隧址受到施工干扰的时间相对较短，这对于在运输繁忙的航道上建设水底隧道十分重要。

5. 沉管隧道造价低

由于沉管隧道水底挖基槽的土方数量少，而且比地下挖土单价低，管段预制整体制作与盾构隧道管片预制相比所需费用也低。因此沉管隧道与盾构隧道相比，每延米的单价低。而且由于沉管隧道可浅埋，隧道相对埋深大的盾构隧道要短的多，这样工程总造价可大幅度降低，能节省大量建设资金。

6. 施工条件好

沉管隧道施工时，不论预制管段还是浮运沉放管段等主要工序大部分都在水上进行，水下作业极少，除了少数潜水工作外，工人们都在水上操作，因此施工条件好，施工较为安全。

7. 沉管隧道可做成大断面多车道结构

由于采用先预制后浮运的沉放施工方法，故隧道横断面可同时容纳 4～8 个车道，而盾构隧道施工时受盾构尺寸的影响不可能将隧道横断面做得很大，一般为双车道。

沉管隧道一般由敞开段、暗埋段、岸边竖井及沉埋段等部分组成，如图 9-12 所示。在沉埋段两端，通常设置竖井作为沉埋段的起点，竖井是沉埋隧道的重要组成部分，它可作为通风、供电、排水、运料及监控等的通道。

根据两岸的地形、地物及地质条件，也可将沉埋段直接连接而不设竖井。

深埋管段按断面形式可分为圆形和矩形两大类。一般来讲，采用矩形管段比圆形管段经

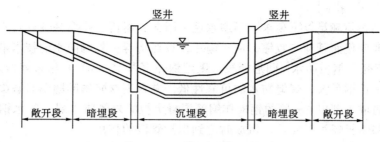

图 9-12　沉管隧道纵断面

济，且适合于多车道的公路隧道，故成为最常用的断面形式。

9.2.2　预制管段

9.2.2.1　钢筋混凝土管段制作

在钢筋混凝土管段制作中，最重要的是保证管段预制完成后在水中浮运时能有合适的干舷浮运，沉埋于江底基槽中使用时，不产生管壁渗漏。因此，在灌注管段混凝土时，要求保证管段混凝土的匀质性和水密性。

管段混凝土的匀质性是指管段板、壁的厚度均匀、混凝土的密实度均匀。由于矩形管段在浮运时的干舷露出水面的高度只有 10～15cm，仅占管段全高的 1.2%～2%，如果管段重度变化幅度稍大，超过 1% 以上，管段常会浮不起来。此外，如果管段各部位板厚的局部偏差较大，或管段各部位混凝土密度不均匀，管段就会侧倾，干舷的浮运就无法保证了。因此，在管段制作时必须经常检查管段尺寸，严格控制混凝土密实度与均匀性。为使管段尺寸准确无误，外表平整，可选用刚度大、精度高、可微动高速的大型滑动内外模板台车灌注管段混凝土。在灌注混凝土全过程中，一定要严格控制模板的变形与走动，模板制作与安装要达到以毫米计的精度。另外必须实行严格的密实度管理，每班 8h 内应取一定数量的混凝土试件，通过测试试件来控制混凝土的密实度变化，以达到

$$(\rho - \rho_m) / \rho \leqslant 0.6\%$$

式中，ρ 为混凝土试件密实度；ρ_m 为混凝土试件的平均密实度。

为确保管段的水密性，混凝土的防裂问题也非常突出。混凝土开裂是"通病"，但人为可以采取特殊的技术措施控制裂缝的宽度。钢筋混凝土管段的防裂、防水措施有 4 种：管段自身防水，管段外侧防水和施工接缝防水及采用预应力提高抗裂性能。

1. 管段结构物自身防水能力的提高

一方面采用防水混凝土灌注管段，其抗渗强度应根据最大水深与管段边墙厚度所决定的水压力梯度值来选用；另一方面要防止管段混凝土由于温差和干缩造成的裂缝。

施工中采用以下措施防止管段裂缝。

（1）控制节段长度。将每片预制管段分成几个节段施工，每个节段长度以 15～20m 为宜。

（2）控制混凝土内外温差。采用地水化热的矿渣水泥等品种，降低水灰比，减少水泥用量（如掺用粉煤灰）；夏天掺冰水拌和混凝土，选择气温较低的夜间或阴天灌注混凝土，使得温差减小。

2．管段结构外侧防水

外侧防水层必须满足以下要求：不透水性、耐久、耐压、耐腐蚀性好，不必修补，并能适应管段的温度变化而延伸与收缩，便于施工，较经济等。外侧防水的技术措施如下：

（1）采用钢壳、钢板防水。圆形管段，采用钢壳（厚 12mm）作模板兼做永久性防水层，但采用钢壳防水耗钢量大，焊缝防水的可靠性低，并且钢材防锈问题不易解决。矩形管段采用在管底与侧边墙下部以 6m 厚的钢板作钢筋混凝土板的外侧防水层。防水钢板的拼接一般采用焊接。底部钢板还可以浮运、沉放时起到保护管段的作用。

（2）采用卷材、保护层防水。管段边墙及顶板，可采用柔性防水层和保护层防水。柔性防水层常选用沥青类卷材或合成橡胶卷材。

沥青类卷材一般用浇油摊铺法粘贴，顶板要从中间向两边摊铺，边墙则自下而上摊铺，搭接宽度 10～15cm，要求搭口不翘。异丁合成橡胶卷材的层厚 2mm，采用层数视水头大小而定。例如：当水深 20m 左右时，可用 3～5 层。（卷材防水一般不需在外面再设一层保护层，而是将顶板的保护层延伸到边墙上，已形成护舷。）管段顶上一般设 10～15cm 厚的保护层，可以起到防护作用。

异丁合成橡胶卷材的主要缺点是：施工工艺较复杂，施工中稍有不慎就会"起壳"，返工时非常费事，坏了几乎无法修补。

（3）涂料防水。可直接将化学涂料涂刷于管段边墙和顶部防水，其优点是施工工艺简单，而且在平整度较差的混凝土表面上，可直接施工使用，但缺点是延伸率小。目前涂料防水尚未普遍采用。

3．管段施工接缝防水

管段预制时，一般先灌注底板混凝土，后灌注边墙（竖墙）和顶板混凝土，在边墙下端（在高出底板 30～50cm）会产生纵向施工接缝（见图 9-13）。管段沿长度方向分成几个节段施工时，节段之间设有横向施工缝为垂直变形缝。其水密性很难保证，一般要采取有针对性的防水措施。

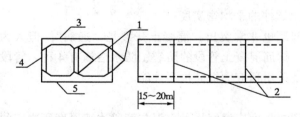

图 9-13　管段纵向接缝与变形缝
1—纵向施工接缝；2—变形缝；3—顶板；4—边墙；5—底板

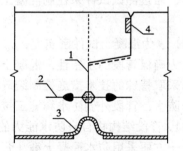

图 9-14　变形缝构造
1—变形缝；2—钢板橡胶止水带；
3—"Ω"密封带；4—止水填料

通常将横向施工缝做成变形缝，其间隔长（即节段长）为 15～20m，如图 9-14 所示。

管段变形缝的构造应满足以下 3 个要求：

（1）能适应一定幅度的线变形与角变形；

（2）施工阶段能传递变矩，使用阶段能传递剪力；

(3) 变形前后均能防水。

在管段浮运时，为了保持管段的整体性，变形缝一定要能传送由波浪及施工荷载引起的纵向弯矩。通常采用如下两种措施：

(1) 把变形缝处所有管壁内、外纵向（水平）钢筋全部切断，另设临时纵向预应力筋承受浮运时的纵向弯矩；

(2) 将变形缝处所有的管壁外排纵向钢筋切断，内排纵向钢筋则保持连续并通过变形缝，待沉没完毕后，再予切断，使之成为完全的变形缝。

在变形缝中，一般设置 1～2 道止水带，以保证变形前后均能防止漏水。止水带必须既能适应变形，又能有效防止渗漏水。

9.2.2.2　封端墙

在管段灌注完成，拆除模板之后，为了使管段能在水中浮起，必须在管段里离端面 50～100cm 处设置封端墙（或称端封墙）。封端墙可采用钢板或钢筋混凝土制成。钢筋混凝土封端墙的优点是变形较小，易于确保不漏水，但缺点是拆除封端墙时较麻烦。钢板封端墙是由端面钢板、主梁及横肋组成的正交异性板，可用防水涂料封缝，或采用多环橡胶密封环，其防漏效果相当可靠，密封性能良好，并且装拆方便。

封端墙的水力压接设施有：人字孔钢门（密封防水）、给气阀（设于上部）、鼻式托盘（左右对称设置）。人字孔钢门应向外开启。沿门的周边应设密封性能良好的密封条止水带。

9.2.2.3　压载设施

沉管隧道的预制段是自浮的，浮运拖拉就位后要沉放到水底，在沉放时不加压就沉不下去。加压下沉时，可用石渣、矿渣、沙砾等的压载方式，但用水箱压载更简单方便，采用较多。在封端墙安设前，须先设置防水密封门供人员出入，在管段内要对称设置容纳压载水的容器，使管段保持平衡，平稳下沉。压载水箱宜采用拼装或木板水箱，便于装拆，也可重复使用。

9.2.3　沉管基槽开挖

9.2.3.1　沉管基槽开挖

1. 沉管基槽开挖的基本要求

在沉管隧道施工中，在隧址处的水底沉埋管段范围，需开挖沉管基槽，沉管基槽开挖的基本要求如下：

(1) 槽底纵坡应与管段设计纵坡相同；

(2) 沉管基槽的断面尺寸，应根据管断面尺寸和地质条件确定，如图 9-15 所示。

① 沉管基槽的底宽，一般比管段底每边宽 2～5m。这个宽余量应视土质情况及基槽搁置时间及河道水流情况而定，一般不要太小，以免边坡坍塌，影响管段沉入。

② 开挖基槽的深度，应为管顶覆土厚度、管段高度和基础所需超挖深度三者之和。

③ 沉管基槽开挖边坡坡度与土层地质条件有关，对不同的土层采用不同的边坡，表 9-1 所列为不同土层推荐用的边坡参考值。此外，基槽留置时间的长短、水流情况等因素均对基槽的稳定边坡有很大影响，切勿忽视。

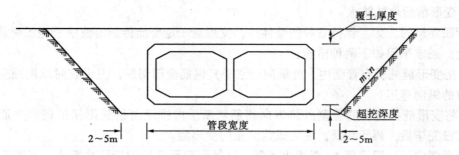

图 9-15　沉管基槽

表 9-1　　　　　　　　　　　　　　基槽开挖坡度

土层种类	推荐坡度	土层种类	推荐坡度
硬土层	1:0.5~1:1	紧密的细砂、软弱的砂夹黏土	1:2~1:3
砂砾、紧密砂夹黏土	1:1~1:1.5	软黏土、淤泥	1:3~1:5
砂、砾夹黏土，较硬黏土	1:1.5~1:2	极稠软的淤泥、粉砂	1:8~1:10

2．沉管基槽开挖方法

（1）水中基槽开挖方法。一般采用吸扬式挖泥船疏浚，用船泥驳运泥。当土层较坚硬，水深超过 25m 时，可用抓斗式挖泥船（亦称抓扬式挖泥船）配合小型吸泥船清槽及爆破。粗挖时亦可采用链斗室挖泥船，其挖泥深度可达 19m。对硬质土层可采用单斗挖泥船。

（2）泥质基槽开挖方法。一般分两个阶段（粗挖和精挖）进行挖泥。粗挖时挖到离管底标高 1m 处；精挖时应在邻近管段沉放开挖，以避免淤泥沉积（精挖层的长度只需超前 2~3 节管段长度）挖到基槽底设计标高后，应将槽底浮土和淤泥渣清理掉。

（3）岩石基槽开挖方法。首先清除岩面以上的覆盖层，然后采用水下爆破方法挖槽，最后清礁。一般水底炸礁采用钻孔爆破法，可依据岩性和产状确定炮眼直径、孔距与排距（排距相互错开）。炮眼深度一般超过开挖面以下 0.5m，采用电爆网络连接起爆。水底爆破要注意冲击波对来往船只和水中作业人员安全的影响，其安全距离应符合规定，并加强水上交通管理，设置各种临时航标以指引船只通过。

9.2.3.2　航道疏浚

航道疏浚包括临时航道改线的疏浚和浮运管段航道的疏浚。

1．临时航道改线的疏浚

临时航道改线的疏浚必须在沉管基槽开挖以前完成，以保证施工期间河道上正常的安全运输。

2．浮运航道管段的疏浚

浮运航道专门为管段从干坞到隧址浮运而设置，在管段出坞之前，航道要疏浚好，管段浮运航道的中线应沿着河道深水河槽航行，以减少疏浚挖泥工作量。管段浮运航道必须有足够的水深，根据河床地质情况，应考虑具有 0.5m 左右的富余水深，并使管段在低水位（平潮水位）时能安全拖运，防止管段搁浅。

9.2.4　沉管预制管段浮运与沉放

9.2.4.1　预制管段浮运作业

1. 管段拖运出坞

在干坞内预制管段完成后，可向干坞内灌水，使预制管节逐渐浮起。在浮起过程中，利用在干坞四周预先为管段浮运布设的锚位，用地锚绳索固定在浮起的管段上，然后通过布置在干坞坞顶的绞车将管段逐节牵引出坞，如图 9-16 所示。

2. 管段向隧址浮运

一般可采用拖轮拖运，或用岸边岩石上的绞车拖运管段。当拖运距离较长，水面较宽时，一般采用拖轮拖运管段。拖轮的大小和数量可根据管段的长、宽、高、拖拉航速及航运条件（航道形状、水深、流速等），通过力学计算分析选定。

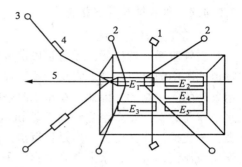

图 9-16　管段拖出坞

1—绞车；2—地锚；3—沉埋锚；
4—工作驳；5—出坞牵引缆

3. 拖轮布置形式

（1）四船拖运。一种形式是将两艘拖轮并排在管段的前面领拖，另两艘拖轮并排在管段的后面反拖，并控制转向，如图 9-17（a）所示。另一种形式是前一艘主拖轮作为领拖，管段两边各用一艘拖轮帮助，后面一艘拖轮进行反拖并控制管段转向。

（2）三船托运。一种形式是用两艘拖轮在前领拖，一艘拖轮在后反拖并控制转向，如图 9-17（b）所示。另一种形式是用一艘主拖轮在前拖拉，两艘动力较小的拖轮系靠在管段后面两侧控制转向。

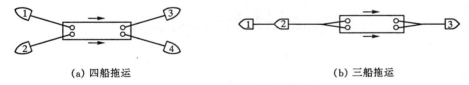

（a）四船拖运　　　　　　　　　　　　　　（b）三船拖运

图 9-17　管段拖运

4. 岸上绞车拖运和拖轮顶推管段浮运

当水面较窄时，可在岸上设置绞车拖运。例如浙江某水底沉管隧道的预制沉管浮运过江时，根据江面窄水流急，并受潮水影响的特点，采用绞车拖运"骑吊组合"浮运过江，如图 9-18所示。又例如广州某水底沉管隧道施工，采用绞车拖运与拖轮顶推方式（图 9-18 所示），即在沉放管段接头处位置的前方，抛锚布置一艘方驳，在方驳上安置一台液压绞车作为管段出坞及浮运主拖力，在干坞岸上设置两台液压绞车作为管段的制动力，浮运时三艘拖轮顶推

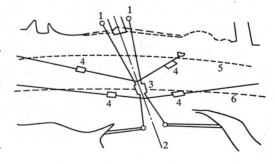

图 9-18　绞车拖运管段与浮箱组合体

1—绞车；2—干坞；3—管段与浮箱起吊组合体；4—工作方驳；5—主航道线；6—副航道南边线

协助浮运，一般拖轮在上游做备用。施工实践证明这种方法方便可行，且施工中淤泥不会卷入已开挖好的基槽。

采用绞车拖运与拖轮顶推管段浮运时，应在临时航道设置导航系统，选择良好的天气条件，一般要晴天、风力小于 5 级，能见度大于 500m，并要加强水上交通管理，以确保安全。

9.2.4.4 预置管段沉放就位

1. 管段沉放的方法

当管段浮运就位后，需将管段沉放到水底基槽中与相邻管段对接。管段沉放作业是沉管隧道施工中的重要环节。它受到管段尺寸、气象、水流、地形等条件的直接影响，还受到航运条件的一定制约。因此，在施工时需根据这些具体条件选择合适的沉放方法，并制定实施水中作业方案，安全稳定地将管段沉放就位。目前，沉管隧道管段的沉放方法主要有两大类：一类是吊沉法，另一类是拉沉法。采用吊沉法的居多。吊沉法又分为：起重船吊沉法、浮箱或浮筒吊沉法、水上自升式作业平台吊沉法和船组或浮箱组吊沉法。

（1）起重船吊沉法。起重船吊沉法亦称浮吊法。采用浮吊法进行管段的沉放作业时，一般采用 2～4 艘起重能力为 1000～2000kN 的起重船吊着管段顶板预埋吊环，吊环位置应能保证各吊力的合力通过管段重心，同时逐渐给管段压载，使管段慢慢沉放到规定位置上，如图 9-19 所示。这种方法的最大缺点是占用水面较宽，对航道交通干扰大。

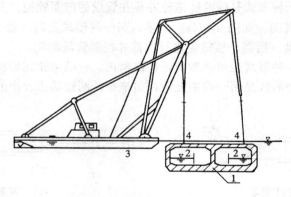

图 9-19 起重船吊沉法

1—沉管；2—压载水箱；3—起重船；4—吊点

（2）浮箱吊沉法。通常在管段顶板上方采用 4 只浮力为 1000～1500kN 的方形浮箱（体积 10m×10m×4m），直接将管段吊起（吊索起吊力要作用在各浮箱中心），四只浮箱分前后两组，每两只浮箱用钢桁架连接起来，并用 4 根锚索抛锚定位。起吊的卷扬机和浮箱定位卷扬机均安放在浮箱顶部。也可以不采用浮箱组的定位锚索，只用管段本身上的 6 根定位索进行坐标控制，使水上沉放作业进一步简化。浮箱吊沉的全过程见图 9-20 所示。

上海金山沉管隧道施工中，把控制管段定位的卷扬机全部移到河岸上，采用所谓"全案控"作业，使指挥、操作均很便利，大大减少了水上作业，又能使管段沉放时对航道影响减少。

（3）自升式平台吊沉法。自升式平台一般由 4 根柱脚与船体平台两部分组成。移位时靠船体浮移，就位后柱脚靠液压千斤顶下压至河床以下，平台沿柱脚升出水面，利用平台上的起吊设备吊起沉放管段，如图 9-21 所示。自升式平台吊沉法，适用于水深或流速较大的河

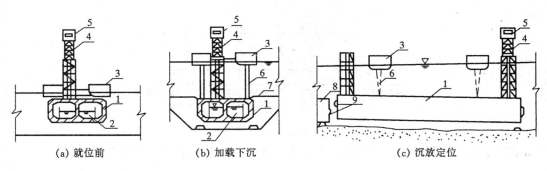

（a）就位前　　　　　　（b）加载下沉　　　　　　　（c）沉放定位

图 9-20　浮箱吊沉法

1—管段；2—压载水箱；3—浮箱；4—定位塔；5—指挥室；6—吊索；7—定位索；8—既设管段；9—鼻式托座

流或海湾沉放管段，施工时不受洪水、潮水、波浪
的影响，不需要锚锭，对航道干扰小。但这种方法的
缺点是设备费用较大。

（4）船组杠吊法。它是指采用两副"杠棒"搭在
两组船体上组成的船组，完成管段吊沉作业。所谓
"杠棒"即钢梁（钢桁架梁或钢板梁）。每组船体可采
用两组浮箱或两只铁驳船构成，将每组钢架（杠棒）
两头搭在两只船体上，构成一个船组，再将先后两个
船组用钢桁架梁连接起来形成一个整体船组。船组和
管段各用 6 根锚索定位（四边锚及前后锚），所有定

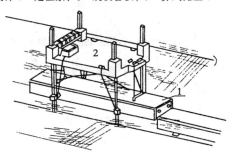

图 9-21　自升式平台吊沉法

1—沉管；2—自升式平台

位卷烟机均安设在船体上，起吊卷扬机则安设在"杠棒"上，吊索的吊力通过"杠棒"传到
船体上，如图 9-22 所示。

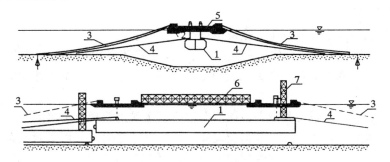

图 9-22　船组杠吊法

1—沉管；2—铁驳船；3—船组定位索；4—沉管定位索；5—模棒；6—连接梁；7—定位塔

在船组杠吊法中，需要四只铁驳（驳体长 60～85m、宽 6～8m、深 2.5～3m）代替 4 只
小铁驳进行管段沉放作业，称为双驳杠吊法，如图 9-23 所示。这种方法的主要特点是：船
组整体稳定性好，操作较方便。

（5）拉沉法（见图 9-24）。拉沉法特点是：既不用起重船，也不用铁驳或浮箱。管段沉
放时，也不靠灌注压载水来取得沉力，而是利用预先置在基槽底面的水下桩墩当做地垄，
依靠安设在管顶钢桁架上的卷扬机，通过扣在地垄桩墩上的钢索，将具有 2000～3000kN 浮
力的管段慢慢拉下水去，使管段沉放在桩墩上。在进行管端接头水下连接时，也用此法以斜

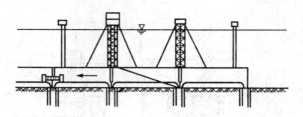

图 9-23 双驳杠吊法

拉方式使管段街头靠拢。使用此法必须设置水底桩墩，费用较高，因此未得到推广。

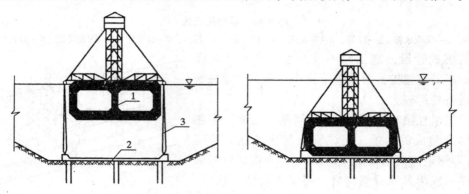

图 9-24 拉沉法

1—沉管；2—桩墩；3—拉索

以上各种沉放管段的方法中，最常采用且最方便的方法是浮箱吊沉法和船组杠沉法。一般顶宽在 20m 以上的大、中型管段，使用浮箱吊沉法较为合适，而小型管段则以采用船组杠沉法最佳。

2. 管段沉放作业

管段沉放作业全过程可按以下 3 个阶段进行。

（1）沉放准备工作。沉放前的 1~2d，须把管段基槽范围内和附近的淤泥清除掉，保证管段能顺利地沉放到规定位置，避免沉放中途发生搁浅，临时延长沉放作业时间，打乱港务计划。

在管段沉放之前，应事先和港务，岗监等部门商定航道管理有关事宜，并及早通知有关方面。同时，水上交通管制（临时改道及局部封锁）开始之后，须抓紧时间布置好封锁线标志，包括浮标、灯号、球号等。短暂封锁的范围：上下方向各 100~200m，沿隧道中线方向的锁距离视定位锚索的布置方式而定。为防止误入封锁区的船只紧急抛锚后仍刹不住，有时还沿着封锁线在河底敷设锚链，以保证安全。同时应事先埋设好管段与作业船组定位用的水下地锚，地锚上需设置浮标。

（2）管段就位。在管段浮运到距离规定沉放位置的纵向 10~20m 处时，挂好地锚，较正方向，使管段中线与隧道中线基本重合，误差不应大于 10cm，管段纵坡调整到设计纵坡。调整完毕后即可开始灌水压载，至消除管段全部浮力为止。

（3）管段下沉。管段下沉的全过程，一般需要 2~4h，因此应在潮位退到低潮或平潮之前 1~2h 开始下沉。开始下沉时，水流速度若小于 0.15m/s，就要另行采取措施，如加设水下锚锭，使管段安全就位。

管段下沉作业，一般分为 3 个步骤进行，即初步下沉、靠拢下沉和着地下沉，如图 9-25 所示。

① 初步下沉。将灌注压载水至下沉力达到规定值的 50%（用缆索测力计测定），随即进行位置校正，待前后左右位置校正完毕后，再继续灌注压载水至下沉力规定值的 100%，然后使管段按不大于 30cm/min 的速度下沉，直到管段底部离设计高程 4～5m 为止。下沉过程中要随时校正管段位置。

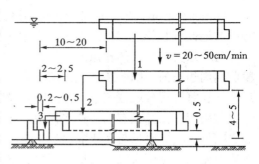

图 9-25　管段下沉作业步骤（单位：cm）
1—初步下沉；2—靠拢下沉；3—着地下沉

② 靠拢下沉。将管段沿既设管段方向平移至前节管段 2.0～2.5m 处，再将管段下沉到管段底部离设计高程 0.5～1.0m，并再次校正管段位置。

③ 着地下沉。先将管段降至距设计高程 10～20cm 处（用超声波测距仪控制），再将管段继续前移至既设管段 20～50cm 处（用超声波测距仪控制），校正位置后，即开始着地下沉。在到最后 10～20cm 时，下沉速度要很慢，并应随时校正管段位置。着地时，先将管段前锚置于鼻式托坐上，然后将管段后端轻轻地搁置到临时支座上（其位置可以用管段内操纵千金顶进行调整）。搁好后，管段上各吊点同时卸载，先卸去 1/3 吊力，校正管段位置后再卸 1/2 吊力，待再次校正管段位置后，卸去全部吊力，使管段下沉力全部作用在临时支座上。在有些工程实例中，此时再灌压载水加压，使临时支座下的石渣堆得到进一步压实，石渣压实后再将压载水排掉。此时，就可以准备进行管段接头水下连接的拉合作业。开始拉合前，需先有潜水员下去检查管端连接头端面，胶垫以及对位情况，然后再收紧各吊索，使管段前端的鼻式托坐反力减到 1/2，后端临时支座的反力减到 1/2 以下，甚至接近零，这时各支座摩阻力很小，可用设在既设管段后端的封端墙上的"探棒"（直径约 10mm，带有封闭圈可前后伸缩）进行触探。待校正管段位置后，即可进行拉合。拉合之后，须再进行管段位置校正，此时即可正式"着地"。水下连接作业全部结束后就可撤去吊索上的荷载，并撤除管段顶部的临时设备和附件，以便重复利用。

9.2.5　管段水下连接及基础处理

9.2.5.1　管段水下连接

管段沉放完毕后，须与已沉放好的管段或竖井连接成一个整体。这项连接工作在水下进行，故称管段水下连接。水下连接技术的关键是保证管端接头不渗、漏水。水下连接的方法有两种：一种是用水下混凝土连接，另一种是水压连接。

1. 水下混凝土连接法

早期的沉管隧道，都采用水下混凝土连接。采用水下混凝土连接时，应先在接头两侧管段的端部安设平堰板（与管段同时制作），待管段沉放完毕后，在前后两块平堰板左右两侧水中安设一个圆弧形堰板，围成一个圆形钢围堰，同时在隧道衬砌的外边，用钢堰板把隧道内外隔开，最后往围堰内灌注水下混凝土，形成管段水下连接。

目前，水下混凝土连接法仅在管段的最终管段接头时采用。

2. 水力压接法

　　20世纪50年代末，加拿大的迪斯隧道首创水力压接法。接着60年代初开工的荷兰鹿特丹市地铁沉管隧道工程，也采用了这种水力压接法，并加以改进，使其更加完善。

　　（1）水力压接法的作用原理。水力压接法是利用作用在管段上的巨大水压力使安装在管段前端周边上的一圈胶垫发生压缩变形，形成一个水密性相当可靠的管段接头。具体施工方法是：在管段沉放就位完毕后，先将新设管段拉向既设管段并紧靠，这时接头胶垫产生了第一次压缩变形，并且有初步止水作用。随即将既设管段后端的封端墙与新设管段前端的封端墙之间的水（此时已与河水隔离）排走。排水之前，作用在新设管段前、后两端封端墙上的水压力变成了1个大气压的空气压力，于是作用在后封端墙上的巨大水压力就将管段推向前方，使接头胶垫产生第二次压缩变形，如图9-26所示。经二次压缩变形后的胶垫，使管段接头具有非常可靠的水密性。水力压接法具有工艺简单，施工方便，水密性好，基本上不用潜水作业，施工速度快，供料费较节省等优点，因此得到迅速推广应用。

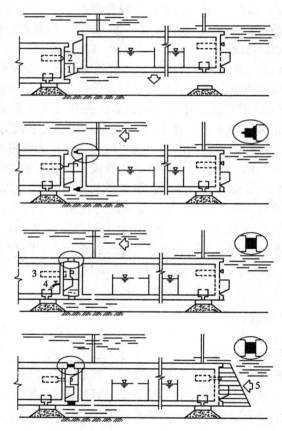

图9-26　水力压接法
1—鼻式托座；2—接头胶垫；3—拉合千斤顶；4—排水阀；5—水压力

　　（2）水力压接法所用的接头胶垫。目前水力压接法所使用管段接头胶垫有两种类型：一种是荷兰经试验研制的尖肋形橡胶垫，如图9-27所示，安装在管段接头的竖直面，作为管段接头第一道防水线承受压力；第二种是"W"或"Ω"形橡胶板，安装（用扣板和螺栓连接）在管段接头的水平方向，作为管段接头第二道防水线（并且具有抗震性能），可以承受拉力等。

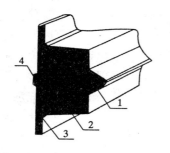

图 9-27　尖肋形接头胶垫

1—尖肋；2—胶垫本体；3—底翼缘；4—底肋

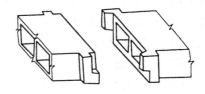

图 9-28　卡式托座

（3）水力压接施工程序。采用水力压接法进行管段水下连接的主要工序是：对位、拉合、压接、拆除封端墙。

① 对位。管段沉放作业是按初步下沉、靠拢下沉和着地下沉三步进行的。着地下沉时须结合管段连接工作进行对位，对位精度应符合以下规定：管段前端的水平方向为 ±2cm、垂直方向为 ±0.5cm；管段后端水平方向 ±5cm，垂直方向为 ±1cm。为确保对位精度，管段接头一般应采用如图 9-28 所示的"卡式托座"，它是对鼻式托座的改良，更便于确保管段接头定位的精度要求。

② 拉合。拉合工序是：利用安装在既设管段竖壁上带有锤形拉钩的千斤顶，将刚对好位的管段拉向前节既设管段，使胶垫的尖肋产生初压变形和初步止水作用。拉合工序为：先推出拉杆，将锤形拉钩插入刚沉放管段中临时支架内的连接部，再旋转 90°固定，即完成拉合作业。拉合作业也可用定位卷扬机完成。拉合作业完成后，应再次按设计要求进行量测与调整。

③ 压接。拉合作业完成后，即可打开既设管段后封端墙下部的排水阀，排出前后两节沉降管封端墙之间被胶垫所封闭的水。排水阀用管道与既设管段的水箱相连接。排水开始后不久，应打开安设在既设管段后封端墙顶部的进气阀，以防封端墙受到反向真空压力（一般设计封端墙时只考虑单向水压力）。当封端墙间水位降低到接近水箱水位时，应开动排水泵助排，否则水位不能继续下降。

排水完毕后，作用到整个胶垫上的压力，便等于作用在新设管段后封端墙和管段墙面上的全部水压力。在全部水压力作用到胶垫上后，胶垫必然进一步压缩，从而达到完全密封。这个阶段胶垫的压缩量约为胶垫高度的 1/3 左右。胶垫的尺寸和硬度，即按此压力和压缩变形量进行设计与施工。

④ 拆除封端墙。压接工序完成后，即可拆除封端墙，安装"W"或"Ω"形橡胶板，使管段向岸边连通。因没有像盾构施工那样的出土和管片运输的频繁行车，这时便可开始进行内装工作（包括浇注压载混凝土、铺设路面、安装壁面、平顶，永久性照明灯具等）。这也是沉管隧道工期较短的一个重要因素。

9.2.5.2　沉管基础处理

沉管基础处理是水底沉管隧道水下施工的最后工序。因沉管隧道在基槽开挖、管段沉放、基础处理和回填覆土后，其抗浮系数（管段总重与管段排水量之比）仅为 1.1～1.2，因此作用在地基上的荷载一般比开挖前小，故沉管隧道地基一般不会产生由土质固结或剪切破坏引起的沉降。沉管隧道施工时是在水下开挖基槽，一般不会产生流沙现象，因而对地质条件的适应性很强。然而在沉管隧道中，仍需进行沉管的基础处理。其原因是：在开挖基槽作业后的槽底表面与沉管地面之间存在着很多不规则的空隙，会导致地基受力不均匀而产生局部破坏，从而引起地基不均匀沉降，使沉管结构受到较大的局部应力而开裂。因此，在沉管隧道中必须进行基础处理，其目的是将管段底面与地基之间的空隙垫平、充填密实，以消除对沉管结构有危害的空隙。

沉管隧道的基础处理主要是垫平基槽底部。其处理方法较多，主要有两大类 8 种方法：一类是先铺法（有称刮铺法），包括刮沙法、刮石法两种；另一类是后铺法，包括灌砂法、喷砂法、灌囊法、压浆法、压砂法和桩基法。刮铺法在管段沉降前进行，故称先铺。喷砂法和压浆法等在管段沉放后进行，故称后填法。桩基法主要适用于软弱地基。

沉管隧道基础处理，早期曾采用过灌砂法和灌囊法。灌砂法是沿管段两侧向基底灌砂，因不能使底宽较大的矩形管段底面中间部位充填密实，只适用于圆形管段。灌囊法是在管段底面系上囊袋，管段沉放后向囊袋内灌注水泥砂浆充填，这种方法现已被压浆法取代。在此仅就目前应用最多的刮铺法、喷砂法、压浆法和桩基法 4 种基础处理方法介绍如下。

1．刮铺法

采用刮铺法处理基础时，基槽底应超挖 60～80cm，并在槽底两侧打数排短桩安设导轨，以便在刮铺时控制高程和坡度。安设导轨时要有较高的精度，否则影响基础处理的质量和效果。

刮铺法是在管段沉放前用专门船上的刮板在基槽底刮平铺垫材料，如图 9-29 所示。采用抓斗或通过刮铺机的喂料管投放铺垫材料，投放范围为一节管段长，宽度为管段底板宽加 1.5～2m。若铺垫材料为沙砾石或碎石，其最佳粒径分别为 2.6～3.8cm 和 15cm。刮板船利用沉到水底的锚块起稳定作用，刮板支撑在刮板船的导轨上，刮平后垫层表面平整度为：刮砂 ±5cm、刮石 20cm。

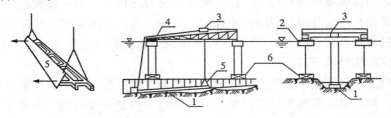

图 9-29　刮铺法

1—砂石垫层；2—驳船组；3—车架；4—桁架及轨道；5—刮板；6—锚架

为了保证基础密实，管段就位后可加过量的压载水，使其产生超载，以使垫层压紧密贴。若铺垫材料为碎石，可通过管段底面板上预埋的压浆孔向垫层压住水泥膨润土混合砂浆。

刮铺法的缺点：必须要有专门的刮铺设备；其作业时间长对航道有干扰；刮铺完后经常需清除淤泥或坍坡的泥土；在管段底宽较大时（超过 15cm 时）施工较困难。

2．喷砂法

在管段宽度较大时，用刮铺法施工很困难，1941 年荷兰玛斯（Mass）水底沉管隧道施工时首创了喷砂法。喷砂法主要是从水面上用砂泵将砂、水混合料通过伸入管段底下的喷管向管段底喷注，填充空隙。喷填的砂垫层厚度一般为 1m 左右。喷砂的平均粒径为 0.5mm 左右，混合料中含沙量一般为 10%，有时可达 20%，喷出的砂垫层较疏松，孔隙比为 40%~42%。

喷砂作业用一套专用的台架，台架顶部突出在水面上，可沿铺设在管段顶面上的轨道做纵向前后移动。在台架的外侧悬挂着一组（3 根）伸入管段底部的 L 形钢管，中间一根为喷管，直径为 100 mm，旁边两根直径为 80mm 的吸管。作业时将砂、水混合料经喷管喷入管段底下的空隙中，喷管作业时呈扇形移动前进，如图 9-30 所示。在喷砂作业的同时，经 2 根吸管抽吸回水，使管段底面形成一个规则有序的流动场，砂子便能沉淀。从回水含沙量中可测定砂垫层的密实程度。喷砂时从管段前段开始，喷到后端时，用浮吊将台架移到管段的另一侧，再从后端向前喷添，如图 9-31 所示。

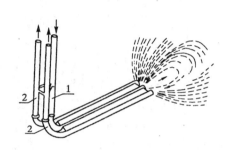

图 9-30　喷砂法原理

1—喷砂管；2—回吸管

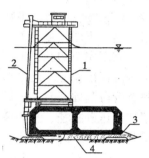

图 9-31　喷砂台架

1—叶砂台支架；2—喷砂及吸管；3—临时支座；4—喷入砂垫层

喷砂作业的施工速度约为 200m³/h。喷砂作业完成后，随即松卸临时支座上的定位千斤顶，使管段的全部重量（含压载物）压到砂垫层上去进行压密。这时产生的沉降量一般为 5~10mm。运营后的最终沉降量约在 15mm 以内，喷砂法适用于宽度较大的隧道。

喷砂法在清除基槽底的回淤土时十分方便，可以喷砂作业前，利用喷砂设备逆向作业即可清除淤土。

喷砂法存在的缺点：设备费用较昂贵；喷砂台架体积庞大，占用航道而影响通航；对砂子的粒径要求较严，因此增加了喷砂法的费用。

3．压注法

根据压注材料的不同压注法可分为压砂法和压浆法两种。

因压注法不需要专用设备，操作简单，施工费用低，还不受水深、流速、浪潮及气象条件影响，具有不干扰航运，也不需要潜水作业，便于日夜连续施工的显著优点，故此在今后的发展中将会取代其他沉管基础处理方法而得到普遍推广应用。

（1）压浆法。这是一种在管囊法的基础上进一步改进和发展而创造的处理方法。其优点是可省去大量的囊袋、繁复的安装工艺、水上作业和潜水作业等。

压浆法是在浚挖基槽时，先挖 1m 左右，然后摊铺一层厚 40~60cm 的碎石（但不必刮平，只要大致整平即可），再堆设临时支座所需的渣堆，完成后即可沉放管段。在管段沉放结束后，沿着管段两侧边及后端底边抛沙堆、石封闭栏，栏高至管底以上 1m 左右，以封闭管段周边；然后从隧道内部，用压浆设备通过预埋在管段底板上的 φ80mm 压注孔，向管段底的空隙混合砂浆，如图 9-32 所示。混合砂浆由水泥、膨润土、黄砂和缓凝剂配成，强度

应不低于原地基强度，但流动性要好。压浆材料也
可用低强度、高流动性的细石子混凝土。

国内外水底隧道采用压浆法，不但解决了地震
区液化问题，而且施工后的观测结果表明压浆基础
情况良好，说明在软弱地基采用压浆基础是合适
的。

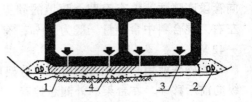

图 9-32 压浆法
1—碎石垫层；2—砂石封闭栏；
3—压浆孔；4—压入砂浆

（2）压砂法。此法与压浆法很相似，但压入的
材料不是砂浆，而是砂、水泥混合料。所用砂的粒
径为 0.15～0.27mm，注砂压力比净水压力大 50～140kPa。压浆法具体做法是：在管道内沿
轴线方向铺设输料钢管，接至岸边或水上砂源，通过砂浆装置及吸料管将砂水混合料泵送
（在管中流速可达 3m/s）到以接好的压砂孔，打开单项球阀，混合料压入管底孔隙。停止压
砂后，在水压作用下球阀自动关闭。每次只连接 3 个压砂孔，当一个压砂孔的灌注范围填满
砂子后，返回重压先前的孔，其目的是填满某些小的空隙。完成一段后在连接另外的压浆
孔，进行下一段压砂作业。压砂顺序是从岸边注向中间，这样可以避免淤泥聚积在管段隧道
两端。待整个管段基础压浆完成后，再向焊接钢板封闭沙孔。采用此法时应注意要先进行试
验，以合理选定压砂孔径、孔间距、砂水比、砂泵压力等参数。一般选用大流量低压砂泵，
压力稍大于管段底水压力即可行。此法设备简单，施工工艺容易掌握，施工方便。并对航道
干扰较小，受气候影响小。此外，砂基压载后会有少量沉降，应作相应的技术处理。

我国广州市珠江沉管隧道成功地采用了压砂基础，其砂积盘半径为 7.5m，压砂空出口
静压强为 0.25MPa。

4. 桩基法

当沉管下的地基软弱时，仅作垫平处理是不够的，需采用桩基础支撑沉管，以满足承载
和沉降的要求，提高抗震性能。

沉管隧道采用水底桩基础后，由于在施工中桩顶标高不可能达到齐平，为使基桩受力较
均匀，必须在桩顶采取一些措施，这些措施大体有以下 3 种。

（1）水下混凝土传力法。基础打好后，在桩群顶灌注水下混凝土，并在其上铺砂石垫层
及水下混凝土层，受力均匀传递到桩基础上，如图 9-33 所示。

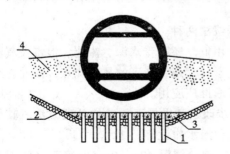

图 9-33 水下混凝土传力法
1—基桩；2—碎石；3—水下混凝土；4—砂石垫层

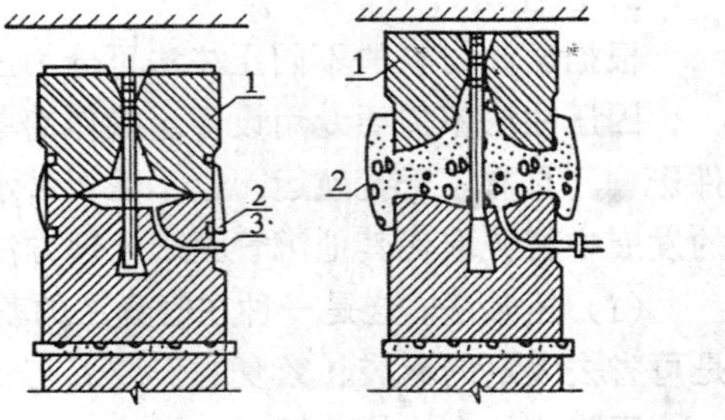

图 9-34 活动桩顶法
1—活动桩顶；2—尼龙布套；3—压浆孔

（2）砂浆裹袋传力法。在管段底部与桩顶之间，用大型化纤裹袋灌注水泥砂浆加以垫
实，使所有桩基同时受力。

（3）活动桩顶法。该法在所有基桩顶端设一小段预制混凝土活动桩顶。在管段沉放完成后，向活动桩顶与桩身之间的空腔中灌注水泥，将活动桩顶升高与管段密贴接触为止，如图9-34所示。可采用钢制活动桩顶，在基桩顶部与活动桩顶之间，用软垫层垫实，垫层厚度按预计沉降来确定，待管段沉放完毕后，在管段底部与活动桩顶之间灌注水泥砂浆填实。

5. 覆土回填

回填工作是沉管隧道施工的最终工序，回填工作包括：沉管侧面回填和管顶压实回填。沉管外侧下半段，一般采用砂砾、碎石、矿渣等材料回填，上半段可用普通砂土回填。覆土作业应注意以下几点。

（1）全面回填必须在相邻管段沉放完毕后才进行，用喷砂法作基础处理或用临时支座时，要待管段基础处理完，并落在基床上后再回填。

（2）用压注法作基础处理时，先回填管段两侧，但要防止过多的岩渣存落在管段的顶部。

（3）管段上下游（左右）两侧应对称回填，管段顶面和基槽施工范围内应均匀回填。回填过多处会造成航道障碍，回填不足处会形成漏洞。

9.3　盾构法施工

盾构是一种集施工开挖、支护、推进、衬砌、出土等多种作业于一体的大型暗挖隧道施工机械。在此，对其构造与分类、施工准备工作、盾构法开挖和推进、衬砌拼装、衬砌防水和向衬砌背后压浆等施工工艺，按照施工程序分别予以介绍。

9.3.1　盾构机械分类及其适用范围

盾构类型很多，可按开挖方式、构造类型、盾构的断面形状、盾构前部构造和排水与稳定开挖面方式等进行分类。

表 9-2　　　　　　　　　　　　盾构机分类

挖掘方式	构造类型	盾构名称	开挖面稳定措施	适用地层	附 注
半机械挖掘式	敞胸	反铲式盾构	手掘式盾构装上反铲式挖土机	土质坚硬，开挖面能自立	辅助措施
		旋转式盾构	手掘式盾构装上软岩掘进机	软岩	
全机械挖掘式	敛胸	旋转刀盘式盾构	单刀盘加面板，多刀盘加面板	软岩	辅助措施
		插刀式盾构	千斤顶支撑挡土板	硬土层	
	闭胸	局部气压盾构	面板与隔板间加气压	含水松软地层	不再另设辅助措施
		泥水加压盾构	面板与隔板间有压泥水	含水地层的冲积层、洪积层	辅助措施
		土压平衡盾构	面板与隔板间充满土砂产生的压力和开挖处的地层压力保持平衡	淤泥，淤泥夹砂	
		网格式挤压盾构	胸板为网格，土体通过网格孔挤入盾构	淤泥	

盾构按开挖方式不同可分为：手工挖掘式、半机械挖掘式和全机械挖掘式三种；按断面形状不同可分为：圆形、拱形、矩形和马蹄形四种；按前部构造不同可分为：敞开式和闭胸式两种；按排出地下水与稳定开挖面的方式不同可分为：人工井点降水、泥压平衡式的无气

压盾构、局部气压或全气压盾构等。随着科技发展，盾构机械的种类越来越多，适用性更加广泛。为进一步了解盾构机械性能和适用性，现将盾构的分类列入表 9-2。

9.3.2 盾构施工的准备工作

盾构施工准备工作主要有：盾构竖井的修建、盾构拼装和拆卸的检查、配合盾构施工附属设施的准备等。

9.3.2.1 盾构竖井的修建

盾构施工是在河床（或海底）面以下一定深度进行的，在盾构起始开挖位置上要修建一竖井进行盾构拼装，称为盾构拼装井；另在盾构施工的终点位置还需要拆卸盾构并将其吊出，也需要修建竖井，这一竖井称为盾构到达井或盾构拆卸井。若盾构推进长度很长，在隧道中段或隧道弯道半径较小的位置，还应修建盾构检修工作井，称为盾构法施工中间井，以便检查和维修盾构及便于盾构转向。竖井一般都建在隧道中线上；也可在偏离隧道中线的地方建竖井，然后用横向通道或斜向通道与竖井连接。盾构竖井工程的修建应结合隧道线路上的设施综合考虑，使其在隧道完工后成为隧道规划线路上的通风井、设备井、排水泵房或作综合使用井、地铁车站等永久性结构，否则是不经济的。

盾构拼装井的形状和尺寸应根据盾构拼装及施工要求来确定。盾构拼装井的形状多为矩形，也有圆形。矩形断面拼装井的结构和有关尺寸要求如图 9-35 所示，拼装的长度（盾构推进方向）应能满足盾构推进时初始阶段的出渣、运入衬砌材料、其他设备和盾构拼装检查所需的空间。拼装井长度 $a = L + (0.5 \sim 1.0) L$；拼装井的宽度 $b = D + (1.5 \sim 2)$ m，以满足拼装工人铆、焊等作业的要求。

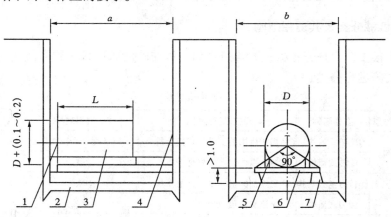

图 9-35 盾构拼装井（单位：m）

1—盾构进口；2—竖井；3—盾构；4—后背；5—导轨；6—横梁；7—拼装台基础；

D—盾构直径；L—盾构长度；a—拼装井长度；b—拼装井宽度

拼装井内设置盾构拼装台，盾构拼装台一般为钢结构或钢筋混凝土结构。拼装台上设有导轨，承受盾构自重和其他荷载。支承盾构的两根导轨，应能保证盾构推进时方向准确而不发生摆动。导轨半径取决于盾构直径的大小，两导轨的支撑夹角多选 60°～90°，一般由隧道设计和施工要求及支撑夹角的大小来确定。

在拼装台上拼装完盾构，且掘进工作完成后，盾构即可进洞。竖井井壁上预留的盾构进口应比盾构直径稍大，进口先用薄钢板和混凝土做成临时性洞口封板，临时封门应既方便又能满足承受土压力和水压力及止水要求。洞口封板拆除后就可以逐步推进盾构进洞，盾构从拼装到进洞是盾构法施工的主要环节，应妥善处理和确保安全。

盾构刚开始进洞推进时，其推进反力要靠竖井井壁承担，必须保证竖井井壁面和隧道中心线垂直，才能保证隧道初始推进时，不至因竖井井壁倾斜而引起轴心线偏斜。在盾构与后背之间通常采用衬砌管片作为后座传力设施，为保证后座传力管片刚度，管片之间要错峰，连接螺栓要拧紧，顶部开口部分（管片顶部预留孔，作为垂直运输进口）在不影响垂直运输的区段需架设支撑拉杆拉住。盾尾在脱离竖井后，要及时拼装台基座的导轨，以保证施工安全。一般在竖井到达下一个中间竖井后才拆除管片。若隧道较长，盾构推力已能由隧道衬砌于地层之间的摩阻力平衡（此时盾构至少要推进 200m）时，也可拆除管片。

盾构中间井与拆除井的结构尺寸，要与盾构的拼装管片基本相同，但应考虑盾构在进行工程中因出现蛇形而引起盾构起始轴心线与隧道中心线偏移，故应将盾构拼装井开口尺寸加上蛇形偏移量作为中间井和到达井的进出口的开口尺寸。

盾构法中竖井的施工取决于竖井规模、地层的水文地质条件和环境条件等，竖井常用的施工方法有：明挖法、沉井法、地下连续墙法等。

盾构竖井施工中应注意以下问题：

（1）须对盾构的出口区段地层、井口段地层和竖井周围地层采取注浆加固措施，以稳定底层，确保施工安全；

（2）当地下水较大时，应采取降水措施，防止井筒涌水、冒浆和底部隆起；

（3）施工中随着竖井沉入深度的增加，对井壁开挖要特别小心，以防地下水上涌，造成淹井事故等。

9.3.2.2 盾构拼装检查

盾构拼装一般在拼装井底部的拼装台上进行，小型盾构机可以在地面装好之后，整体吊装进入竖井内。盾构拼装必须遵循盾构拼装说明书进行，拼装完毕的盾构必须经过以下项目的技术检查，验收合格后方能投入应用。

1．外观检查

检查盾构外围有无与设计图不相符合的部件、错件；与内相通的孔演示否相通，检查盾构内部的所有零件是否齐全，位置是否正确，固定件是否牢固可靠；检查防锈涂层是否完好。

2．主要尺寸检查

盾构的圆度与直度误差大小，对推进中的蛇形量影响最大，圆度误差部位如图 9-36 所示，直度误差检查部位如图 9-37 所示。

3．液压设备检查

① 耐压试验。以液压设备允许的最大压力，在规定时间内，进行加压，检查各设备、管路、阀门、千斤顶等有无异常。

② 检查液压设备性能。在额定压力下，检查液压设备的动作性能是否良好。

4．无负荷运转试验检查

（1）盾构千斤顶的动作试验检查；

（2）拼装机构的动作试验检查；

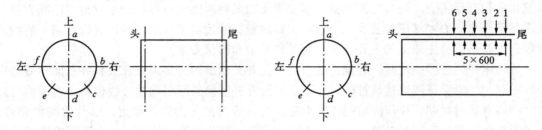

图 9-36　圆度误差检查部位　　　　　图 9-37　直度误差检查部位（单位：mm）

（3）螺旋输送机的运转试验检查；

（4）真圆保持器的运转试验检查；

（5）刀盘的回转试验检查；

（6）泵组和其他设备的运转试验检查。

5．焊接检查

检查盾构各焊接处的焊缝有否脱裂现象，必要时进行补焊。

6．电器绝缘性能检查

检查各用电设备的绝缘抗阻值是否在有关说明规定之内，对无明确规定的用电设备，应保证其绝缘抗阻值在 5MΩ 以上，以确保安全。

9.3.2.3　盾构施工附属设备

主要有供电照明设备、通风及空压机房、排水泵房、充电间、涂料棚、出土有轨运输系统及工作井垂直运输系统等。若为管道运输还有泥水处理系统等。根据盾构类型、地质水文条件等，盾构施工设备可分为洞内设备和洞外设备两部分。

1．洞内设备

应根据土质、水质条件、施工方式、开挖速度，及洞外设备进行平衡协调设置。

（1）排水设备。隧道内的施工排水设备主要用于排出开挖面的涌水、施工作业废水和洞内漏水等。常用的设备主要有水泵、水管、闸阀等。

（2）通风设备。长隧道除采用气压法施工外，一般均应设置通风设备。

（3）运输设备。盾构法施工洞内运输，大多采用有轨运输方式。一般有电瓶机车、平板车、轨道设备等。在进行配套时应考虑开挖土量、衬砌构件、压浆材料、临时设备、各类机械设备的运输情况和运送的循环时间等。

（4）装渣设备。人工挖掘盾构可人工装渣、半机械化盾构装渣、泥水加压盾构用排泥泵出渣，其他的装渣设备都与皮带运输机配合使用。

（5）电器设备。洞内电器设备由动力、照明、输电、控制等设备组成。

（6）衬砌设备。包括一次衬砌设备和二次衬砌设备。一次衬砌设备主要有管片组装设备，包括设置在盾尾的拼装机、真圆保持器及管片运输和提升机构等；二次衬砌设备有混凝土运输设备、衬砌模板台车、混凝土灌注设备、振捣器等。

（7）工作平台设备。工作平台紧跟盾构并与其相连接，是一次衬砌、背后注浆及排水设备、配电控制设备和盾构液压系统泵组的安装固定场所，随着盾构推进安放在后续台车上，为减少后续台车对盾构的影响，也可以设置自行式台车设备。

（8）背后压浆设备。背后压浆设备主要有：注浆泵、浆液搅拌设备、浆液运输设备、浆液输送管道和阀门等。

2．洞外设备

（1）电力设备。重点是设备自用电源。盾构施工时，采用双回路电源供电。排水、照明、送气等采用自备发电机组，自发电容量应足够施工生产和工地职工生活使用。

（2）通讯联络设备。包括正常工作时的联络设备与发生紧急情况的报警设备。要求这些通讯设备要具有良好的防潮性能、可靠性高，并且要安置备用通讯联络设备。

（3）低压空气设备。采用气压法施工时，需提供干净、适宜的湿度及温度、气压和气量符合要求的空气。其主要设备有：低压空气压缩机、鼓风机及相应的气体输送管道、阀门、消音除尘器、净化装置等辅助设备。

（4）高压空气设备。主要为开挖面的风动设备提供所需要的高压空气。其设备有：高压空气压缩机及相应的辅助设备。

（5）土渣运输设备。包括从洞内运至地面的设备和从地面运至弃渣场的设备。从洞内向地面运输应配置的设备由运输和提升方法确定，一般有土渣斗的提升起重设备、转运土渣的泥土舱或漏斗，皮带运输机及其他垂直运输设备。转运至弃渣场的设备，应根据土渣的物理性状与状态确定运输方法后再作合理选择。

9.3.3　盾构的开挖及推进

9.3.3.1　盾构的开挖

盾构的开挖分为挤压式开挖、敞胸式开挖和闭胸式开挖 3 种方式。无论采用哪种开挖方式，在盾构开挖之前，都必须确保竖井的盾构进口封门拆除后地层暴露面稳定，必要时可对竖井周围和进出口区域的地层进行预先加固。拆除封门的开挖工作要特别慎重，对于敞胸式开挖的盾构，要先从临时封门顶部开始拆除，每拆一块立即用盾构内的支护挡板进行支护，防止暴露面坍塌。对于挤压式开挖和闭胸式开挖的盾构，一般由上而下拆除临时封门，要求每拆除一块就立即用砂土填充，以抵抗土层压力。盾构通过封门后，应用混凝土将管片后座与竖井井壁四周的间隙填充密实，防止土砂流入，并使盾构推进时的推力均匀传给井壁。并且还要立即压浆防止土层松动、沉陷。

1．敞胸式盾构开挖

敞胸式开挖必须在开挖面能够自行稳定的条件下进行，属于敞胸式开挖方法的盾构有人工挖掘式、半机械化挖掘式盾构等。在进行敞胸开挖过程中，将盾构切口环与活动的前檐固定连接，伸缩工作台插入开挖面内，插入深度取决于土层的自稳性、软硬程度，使开挖工作自始至终都在切口环的保护下进行，然后从上而下分步开挖，每开挖一块便立即用开挖面支护千斤顶支护，支护力应能防止开挖面松动，这种支护一直到盾构推进完成进行到下一环开挖为止才能缓解与拆除。敞胸开挖时要避免开挖面暴露时间过长，所以及时支护是敞胸式开挖的关键。采用敞胸式开挖对处理障碍物、纠偏、超挖等均比其他开挖方式容易。

在较坚硬的土层中，开挖面不需采取其他措施就能自稳时，可直接采用人工或机械挖掘。但在松软的含水地层中采用敞胸式开挖，最适宜采用人工井点降水盾构施工法，或气压盾构施工法，以稳定开挖面和减少地面沉降等。

（1）人工井点降水盾构施工法。以人工井点降水来排除地下水稳定开挖面是一种较经济的方法，尤其适用于漏气量较大的砂性土。井点降水的要点是在盾构两侧土层中先打入井点管，通过井点汲水滤管把地下水抽出，使井点附近形成一个降水漏斗，从而达到降低地下水位，疏干开挖面地层，增加土质强度的目的，保证开挖面的稳定。这样可以使盾构在地下水位以上通过，并且施工人员能在干燥的工作条件下进行施工。

人工井点降水盾构法的最大优点是可以不用气压施工。但也有局限性，在水底隧道施工中就不能使用人工井点降水盾构法，它只能用在两岸的岸边段，且埋置深度不能太深，否则因降水效果不好有可能引起盾构突然下沉。在两岸建筑物密集地区也不宜采用人工井点降水盾构法，否则会出现因降水不均匀沉降而导致的工程事故。

（2）气压盾构施工法。盾构在地下水位以下的地层开挖时，由于地下水的压力，大量的水会在开挖面涌出，为防止土体的流动及开挖面的坍塌，在盾构掘进时，用压缩空气的压力来平衡水压力，从而疏干开挖面附近的地层，便于盾构掘进工作的正常进行，这种施工方法称为气压盾构施工法。

气压盾构施工作业如图 9-38 所示。气压盾构施工时，需在靠近开挖面一段长度的隧道内通入高压空气来平衡水压力，因此在隧道内要设置闸墙和气闸。

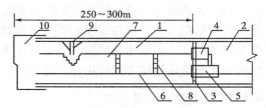

图 9-38　气压盾构施工作业

1—高压段；2—常压段；3—闸墙；4—人行闸；5—材料闸；6—水平运输轨道；7—人行安全通道；8—安全梯；9—安全隔板；10—盾构

2. 挤压式盾构开挖

挤压式开挖属于闭胸式盾构开挖方式之一。挤压式开挖适合于流动性大而又极软的黏土层或淤泥层。当闭胸式盾构的胸板不开口时称为全挤压式，当闭胸式盾构的胸板上开口时，称为部分挤压式。全挤压式开挖是依靠盾构千斤顶的推力将盾构切口环推入土层中，使切口环前方区域中的泥土被挤向盾构上方和周围，而不从盾构内出渣，这种全封闭状态进行的开挖工作取决于盾构千斤顶的推力，并依靠千斤顶推力的不同组合来调整并控制盾构的开挖作业。部分挤压式开挖与全挤压式开挖的区别在于，胸板上有开口的盾构向前推时，一部分土渣会从开口进入隧道坑道内，进入的土渣被运输机械运走，其余大部分的土渣被挤向盾构上方和四周。开挖作业是通过调整开口率与开口位置及千斤顶的推力来进行的。全挤压式开挖和部分挤压式开挖，都会造成地表隆起，但地表隆起程度随盾构埋深而异。盾构埋置深度越小，其地表隆起越大。尤其是砂质底层，随着推进阻力增大，地表隆起也随之增大，盾构方向较难控制。

根据上海在软黏土质中的盾构施工经验，当采用挤压式盾构时，其进土量控制在理论土方量的 80％～90％时，地表不会发生隆起现象。

3. 密封切削式开挖

密封切削式开挖也属于闭胸式开挖方式之一。这类盾构有泥水加压式盾构和土压平衡式盾构。

密封切削开挖是在开挖面全封闭状态下进行的，刀盘在不转动时，其正面起到支护开挖面而防止坍塌的作用。密封切削式开挖适用于自稳性较差的土层，但在弯道施工或纠偏时不如敞胸式盾构方便，清除障碍物也较困难。但密封切削式开挖施工速度较快，机械化程度高。

4. 网格式盾构开挖

　　采用这种方式开挖时，开挖面被网格梁与隔板分成许多格子。开挖面的支撑作用是由土的黏聚力和网格范围的阻力（与主动土压相等）而产生的，当盾构推进时（必须克服网格阻力），土体就从格子里呈条状挤压出来。要根据土的性质来调节网格的开孔面积，格子过大会丧失支撑作用，而格子过小又会引起对地层的挤压扰动增大。网格式盾构开挖一般不能超前开挖，全靠调整盾构千斤顶才能进行纠偏。

9.3.3.2　盾构推进操作与纠偏

　　盾构脱离工作井的导轨进入地层后，随着工作面的不断开挖，盾构也不断向前推进。盾构推进过程中应保证其中轴线与隧道设计中心线的偏差控制在规定范围内。导致盾构偏离隧道中心线的因素有很多：如土质不均匀；地层中有孤石等障碍物，造成开挖面四周阻力不一致，盾构千斤顶的顶力不一致，盾构重心偏于一侧；闭胸式盾构有明显上浮；盾构下部土体流失过多时易造成盾构下沉；还有因衬砌环缝的防水材料压密度不一致，累积起来会导致后座面不平衡等。这些因素会使盾构推进的轨迹产生左右偏差或上下起伏等。因此，在盾构推进过程中要随时精确测量，了解偏差量并及时纠偏。由于盾构是一个很笨重的机具，所以纠偏是一个较复杂的问题。目前盾构操作与纠偏主要采取以下几方面的措施来综合控制。

　　1. 正确调整盾构千斤顶工作组合

　　每个盾构的四周都均匀布置有几十个千斤顶承担盾构推进的动力，一般应对这些千斤顶给予分组编号，进行工作组合。在施工中每次推进后应测量盾构轴线在地下空间的位置（方位），再根据纠偏量的要求，决定下次推进时启动哪些编号的千斤顶和要停开哪些编号的千斤顶。如果盾构已右偏，则向左纠偏，即停开左边千斤顶，开启右边千斤顶。停开的千斤顶应尽量少，以利于提高推进的速度，减少液压设备因超负荷而损坏。由于常常是平面位置与高程须同时纠偏，因此重点要确定停开偏离方位处的几只千斤顶，如盾构有下沉就应先将盾构予以抬高，抬高的数量应是很有限的，一般抬高 2～3cm，以免引起衬砌拼装的困难和对地层过大的扰动。

　　2. 盾构推进纵坡和曲线控制

　　盾构推进时纵坡曲线段的施工，是靠调整千斤顶的组合来控制的。纵坡控制的目的是纠正其高程与隧道设计高程的偏差。一般要求每次推进结束时，盾构纵坡亦尽量接近隧道设计纵坡及设计高程。其中在稳坡推进时，能保证每环推进中盾构纵坡最好始终不变；边坡推进过程中，盾构每推进一环时，先压后抬和先抬后压分别适用于高程偏高和偏低的情况，但应尽量少采用为宜。

　　3. 调整开挖面阻力

　　调整开挖面阻力也能纠偏。调整方法与盾构开挖方式有关：敞胸式开挖可用超挖或欠挖来调整；挤压式开挖可用调整进土孔位置及胸板开口大小来实现；密闭切削式开挖通过切削刀盘上的开挖刀与伸出盾构外壳的翼状阻力板来改变推进阻力。

　　4. 控制盾构自转

　　盾构在施工过程中，由于受各种因素的影响，将会产生绕盾构本身轴线的自转（旋转）现象。严重时将会对液压系统的运转、盾构的操纵与推进及拼装衬砌、隧道施工测量及各种设备的正常运转带来严重的影响。盾构产生旋转的主要原因有：盾构重心不通过轴线；施工时对某一方位的超挖环数过多；大型旋转设备（如举重臂、切削大刀盘和转盘旋转等）的旋转。控制盾构自转的方法是：在盾构旋转方向一侧增加压重，可从十几吨到几十吨，乃至上百吨压重；在盾构两侧安装水平阻力板和稳定器、控制盾构自转；改变大设备的转向及调换拼装衬砌左右程序等。

盾构到达隧道终点进入竖井（拆卸井）时，应注意的问题与出发井（拼装井）相同。在盾构尚距终点一定距离处，检查盾构的方向、平面位置、纵向位置及高程等，并慎重加以修正后，再小心推进，直至拆卸竖井。否则会产生盾构中心线与隧道中心线偏差等现象。

另外，用挤压式盾构开挖时，会产生盾构后退现象而导致地表沉降，因此施工时务必采取有效措施防止盾构后退。根据实践经验，在每环推进结束后采取维持顶力（使盾构不前进）方法，屏压保持 5~10min，可以有效防止盾构发生后退。在盾构尾部拼装衬砌管片时，要使一定数量的千斤顶轴对称地轮流维持顶力，也可以获得防止盾构后退的效果。

9.3.4　衬砌防水

9.3.4.1　盾构衬砌施工

盾构法修建隧道常用的衬砌施工方法有：预制管片衬砌、挤压混凝土衬砌、现浇混凝土衬砌和先安装预制管片外衬后再现浇混凝土内衬，其中以管片衬砌最为常见。

1.预制管片衬砌施工

隧道管片衬砌是采用预制管片，随着盾构推进，在盾构尾部盾壳保护下的空间内进行管片衬砌拼装，即在盾尾依次拼装衬砌环，由衬砌环纵向依次连接而形成隧道的衬砌结构。

预制管片或砌块的种类很多。按预制材料分有：铸铁管片、钢管片、钢筋混凝土管片、钢与钢筋混凝土组合管片。按结构形式分有：平板形管片（见图 9-39）和箱形管片（见图 9-40）。

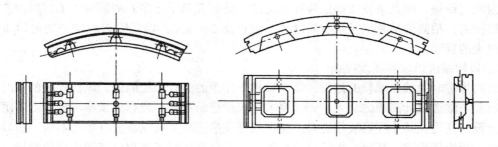

图 9-39　平板形管片（钢筋混凝土）　　　　图 9-40　箱形管片（钢筋混凝土）

管片拼装方法按其程序可分为"先纵后环"和"先环后纵"两种。"先纵后环"程序是：管片按先底部后两侧，再封顶的次序拼装，逐次安装成环，每装一块管片，对应千斤顶就伸缩一次。"先环后纵"程序是：管片依次安装成环后，盾构千斤顶一齐伸出，将衬砌环推向已完成的隧道衬砌进行纵向连接。先环后纵法较少采用，尤其在推进阻力较大，盾构易后退的情况下更不宜采用。管片拼装结束后，应拧紧每个连接螺栓，检查安装好的衬砌环是否保圆，必要时用真圆保持器进行调整，以保证下一拼装工序顺利进行。盾构推进时的推力反复作用在临近几个衬砌环上，容易引起已拧紧的螺栓松动，必须对因推力影响的衬砌环进行第二次螺栓拧紧工作，以保证管片紧密连接及防水要求。

2.现浇混凝土衬砌施工

采用现浇式混凝土方法进行盾构隧道衬砌施工，可改善衬砌受力状况，减少地表沉陷，节省预制管片的模板，省去管片预制和运输工作等。

目前，采用挤压式现浇混凝土衬砌施工（见图 9-41），是盾构隧道衬砌施工的发展趋势。这种方法采用自动化程度较高的泵送混凝土，用管道将其输送到盾尾衬砌施工作业面，经盾构后部专设的千斤顶对衬砌混凝土进行挤压施工，在施工中，必须恰当掌握好盾构的前进速度，并与盾尾内现浇混凝土的施工速度及衬砌混凝土凝固的快慢相适应。采用挤压混凝土衬砌施工时，要求保持围岩稳定而不致在挤压时变形。

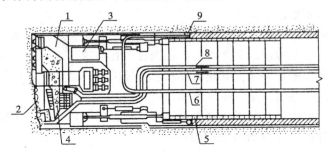

图 9-41　挤压式混凝土衬砌施工

1—护壁支撑面；2—空气缓冲器；3—气闸；4—碎石土渣；5—混凝土模板；6—混凝土输送管；7—土渣运输管；8—送料管；9—结束端模板

9.3.4.2　隧道衬砌防水

隧道衬砌结构满足强度、刚度和稳定性的要求之外，还应注意解决防水问题，以保证隧道在运营期间具有良好的环境，否则会因为衬砌漏水而导致结构破坏、设备锈蚀等，危害行车安全和影响外观等。此外，在盾构施工期间也应防止泥水从衬砌接缝中流入隧道，引起隧道不均匀沉降和横向变形而造成工程质量事故。

隧道衬砌防水施工，主要是解决管片本身的防水和管片之间接缝的防水问题。

1. 管片本身防水

管片本身防水是指管片混凝土必须满足的抗渗要求和管片预制作精度的要求。

（1）管片混凝土的抗渗要求。隧道在含水层内，由于地下水压力的作用，要求衬砌应具有一定的抗渗能力，以防止地下水的渗入。为此，在施工中应做好以下几个方面：根据隧道埋深和地下水压力，提出经济合理的抗渗指标；对预制管片混凝土级配采取密实级配，设计有规定时按设计要求办理，设计无明确规定时，一般按高密实标准施工；严格控制水灰比（一般不大于 0.4），且可适当地掺入减水剂来降低混凝土水灰比；在管片预制时要提出合理的生产工艺要求，如混凝土振捣方式、养护条件、脱模时间、裂缝等。对管片的质量要进行严格的检查，并减少管片堆放、运输和拼装过程的损坏率，尽量降低生产成本。

（2）管片制作精度要求。在制作管片时，要采用高精度钢模以减少制作误差，这是确保管片接头密贴而不产生较大初始缝隙的可靠措施。此外，若管片制作精度不够，容易造成盾构推进时衬砌的顶碎或崩落并导致漏水。

为保证钢筋混凝土管片制作精度，在制作钢模时要采用高精度机械加工。为了保证钢模具有足够的刚度，以保证在长期使用、周转使用过程中保持不变形，要求钢模比管片重。

2. 管片之间接缝的防水

前述确保管片制作精度的目的主要是使管片解封接头的接触面积密贴，使其不产生较大初始缝隙。但是若不采取接缝防水措施仍不能保证管片接缝不漏水。目前管片接缝防水措施主要有密封垫防水、嵌缝防水、螺栓孔防水和二次衬砌防水等。

(1) 密封垫防水。管片接缝分环缝和纵缝两种。采用密封垫防水是管片接缝防水的有效措施，还可以省去嵌缝防水工序或只需要进行部分嵌缝。密封垫要具有足够的承压能力（环缝密封垫比纵缝更高）、弹性复原力和黏着力，能使密封垫在盾构千斤顶顶力的往复作用下仍然保持良好的弹性变形性能。故此，密封垫一般采用弹性密封垫，它主要是利用接缝弹性材料的挤密来达到防水目的。弹性密封垫有未定型和定型品两种。未定型制品有现场浇涂的液状或膏状材料，如焦油聚氨酯弹性体；定型制品常用的材料有各种不同硬度的固体氯丁橡胶、泡沫氯丁橡胶、丁基橡胶或天然橡胶、乙丙胶改性的橡胶及遇水膨胀防水橡胶等，将其加工成各种不同断面的带形制品，其断面形式有：抓斗形、齿槽形（梳形）等。常用的弹性密封垫有：硫化橡胶弹性密封垫、复合形弹性密封垫。

(2) 嵌缝防水。嵌缝防水是以接缝密封垫防水作为主要防水措施的补充措施。即在管片环缝、纵缝中沿管片内侧设置嵌缝槽，如图 9-42 所示，用止水材料在槽内填嵌密实来达到防水目的，而不是完全单一依靠弹性压密防水。

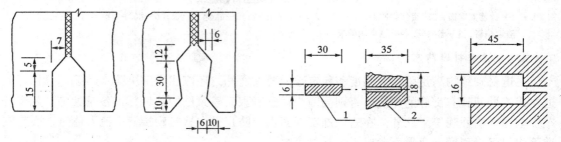

图 9-42　嵌缝槽形式（单位：mm）　　　　图 9-43　异形橡胶条嵌缝（单位：mm）
　　　　　　　　　　　　　　　　　　　　　1—橡胶皮，皮穿心楔；2—异形空心橡胶条

嵌缝材料应具有良好的不透水性、黏结性、耐久性、延伸性、耐药性、抗老化性等，尤其要求能于潮湿状态下也能够工作施工。目前国内外采用环氧树脂、聚硫橡胶、聚氨酯或聚硫改性的环氧焦油系及尿素系树脂材料较多。嵌缝作业应在盾构推进推力对管片无影响，且待衬砌变形相对稳定时，才能进行。

目前，国外发展了一种新的嵌缝方法，即先在嵌缝槽内涂上树脂胶浆，然后嵌填适当尺寸的异形橡胶条，如图 9-43 所示。这种嵌缝方法凭借橡胶的复原力，还可以吸收隧道竣工运营之后产生的振动力。

(3) 螺栓孔防水。管片安装完之后，若在管片接缝螺栓孔处设密封垫，则止水效果更好，一般就不会再从螺栓孔发生渗漏水。但在密封垫失效或在管片拼装精度较差部位上的螺栓孔处还会发生漏水，因此必须对螺栓孔进行专门防水处理。

目前，较普遍采用橡胶或聚乙烯及合成树脂等做成环形密封垫圈，靠拧紧螺栓时的挤压作用，使其充填到螺栓空隙中间，起到止水作用，如图 9-44 所示。在隧道曲线段，由于管片螺栓插入螺孔时常出现偏斜，螺栓紧固后使防水垫圈局部受压和变形，容易渗漏水，此时可采用如图 9-45 所示的防水法，即采用铝制杯形罩，将弹性嵌缝材料束紧到螺母部位，并依靠专门夹具夹紧，待材料硬化后，拆除夹具，该法止水效果良好。

日本采用如图 9-46 所示的塑料螺栓孔套管，在混凝土浇注时埋在螺栓孔之中，与密封

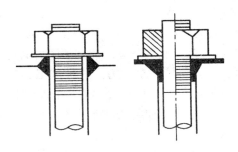

图 9-44　接头螺栓孔防水

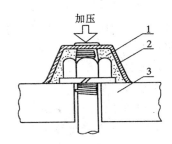

图 9-45　铝制罩螺栓孔防水

1—嵌缝材料；2—止水铝质罩壳；3—管片

圈结合起来防水，使用效果良好。

（4）二次衬砌防水。以拼装管片作为单层衬砌，其接缝防水措施仍不能完全满足止水要求时，可在管片内侧再浇注一层混凝土或钢筋混凝土二次衬砌，构成双层衬砌以使隧道衬砌符合防水要求。在二次衬砌施工前，应对外层管片衬砌内侧的渗漏水点进行修补堵漏，冲洗干净并凿毛，便于两层之间混凝土黏结。当外层管片衬砌已趋于基本稳定时，方可进行二次衬砌施工。二次衬砌施工方法如下。

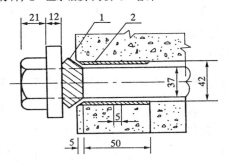

图 9-46　螺栓孔套管（单位：mm）

1—密封圈；2—塑料套管（厚度 4mm）

① 在外层管片衬砌内直接浇注混凝土内层衬砌。

② 在外层衬其内表面先喷注一层 15～20mm 厚的找平层后粘贴油毡或合成橡胶类的防水卷材，再在内贴式防水层上浇注混凝土内层衬砌。混凝土内衬砌的厚度，应根据防水和混凝土内层衬砌施工的需要决定，一般为 15～30cm。

二次衬砌混凝土一般在钢模台车配合下采用泵送混凝土浇注。每段浇注长度 8～10m，由于浇注拱部分的质量不易保证（易于外层管片形成空隙），故在顶部必须预留一定数量的压浆孔，以备压注水泥浆补强。另也有用喷射混凝土来进行内衬砌施工的。

由于采用了二次衬砌，内外两层衬砌成为整体结构，从而达到抵抗外荷载预防水的目的，但却导致了开挖断面增大，增加了开挖土石方量，施工工序较复杂，施工期延长，材料增多，增大隧道工程造价等。目前，许多国家都致力于研究单层衬砌防水技术，逐步以单层衬砌防水取代二层复合式衬砌防水，以提高隧道的经济效益。

9.3.4.3　向衬砌结构背后压浆

在盾构隧道施工过程中，为了防止隧道周围变形，防止地表沉降与地层压力增长等，应及时对盾尾和管片衬砌之间的建筑空隙进行充填压浆。压浆不仅可以改善隧道衬砌结构的受力状态，使衬砌与周围土层共同变形，还可减少衬砌结构在自重及拼装荷载作用下形成的椭圆率。此外，在隧道形成一种水泥连接起来的地层壳体，能增强衬砌的防水性能。

向衬砌背后压浆，可采用在盾壳外表上设置注浆管随盾构推进同步注浆，也可由管片上的预留注浆孔进行压浆。压浆方法分一次压浆和二次压浆两种。后者是指盾构推进一环后，立即用风动力压浆机（0.5～0.6MPa）通过管片压浆孔向衬砌背后压注粒径为 3～5mm 的石英砂或卵石，形成的孔隙率约为 69%，以防止地层坍塌。待推进 5～8 环后，再进行二次压注浆，注入以水泥为主要胶结材料的浆体（配合比为水泥：黄泥：细砂 = 1：2：2；水灰比为 0.5；坍落度为 15～18cm）充填到豆粒砂的孔隙内，使之固结。注浆压力为 0.6～0.8MPa。一次压注浆是在地层地质条件差，盾尾空隙一出现就会发生坍塌，故必须随着盾尾空隙的出现立即压注水泥砂浆（配合为水泥：砂子 = 1：3），并保持一定压力。这种施工工艺对盾尾密封装置的要求较高，盾尾密封装置极易损坏和造成漏浆。此外，相隔 30m 左右还需要进行一次额外的控制压浆，压力可达 1.0MPa，以强迫充填衬砌背后遗留下来的空隙。若发现有明显的地表沉降或隧道严重渗漏水时，局部还需进行补充注压浆。

向衬砌背后压浆要左右对称，从下向上逐步进行，并尽量避免单点超压注浆，而且在衬砌背后空隙未被完全充填饱满之前，不允许中途停止压浆工作。在压浆时，除将正在压浆的孔眼及其上方的压浆孔的塞子取掉外（用来将衬砌背后与地层之间的空气挤出），其余压浆孔的塞子均需拧紧。每一个孔眼的压注浆工作一直要进行到上方一个压浆孔中出现灰浆为止。

9.3.5　盾构法施工中的地表下沉和隧道沉降

在软土地层中，采用盾构法施工时，一般会引起隧道上方地表下沉，并且在隧道施工阶段和运营阶段还会产生隧道沉降。

9.3.5.1　盾构法地表下沉的原因与控制

在饱和软黏土地层中采用盾构法新建隧道时，在纵轴线上产生的地表变形，一般可分为 3 个阶段：盾构前方地表隆起或沉降、施工沉降和固结沉降。

1. 地表下沉的原因

盾构施工时，导致地表下沉的原因是多方面的，主要有以下几个方面。

（1）地层原始应力状态的变化。采用敞胸式盾构掘进，当开挖面土体受到的水平支护应力小于原始侧向应力时，则开挖面上方土体失去平衡向盾构内侧移动，引起盾构上方地面的沉降。在盾构推进时，如果作用于土体正面的推力大于原始侧向应力时，则正面土体受到盾构的挤压作用，使其向上向前移动，造成欠挖并引起盾构前方土体隆起。对于闭胸式挤压盾构，由于出土过多或过少，或工作面上土压力和泥浆压力不稳定时，都会对工作面土体造成松弛或挤压，使工作面土体原始应力状态改变而导致地面隆起或下沉。此外，盾构在曲线上推进而进行超挖，也会使周围土体松弛范围扩大，加剧了地面下沉的趋势。由于盾构千斤顶漏油回缩可能引起盾构后退，开挖面土体失去支撑造成土体塌落或松动，也会引起地面沉降。

（2）盾尾空隙充填压浆不足。盾尾空隙若充填压降不足时，或压注浆量不足，或压注浆压力不适当时，都会使盾尾后周边土体改变原始三维平衡状态，而向盾尾空隙中移动，造成底层下沉，特别是对含水不稳定底层，盾尾空隙充填压浆不足造成底层失稳很容易导致地面沉降。

（3）地下水位的变化。盾构法施工中往往采取降低地下水位的措施，而降低水位会产生固结沉降。采用井点降水引起的地面沉降涉及井点降水的漏斗曲面范围，其沉降量和沉降时间与土的孔隙比及渗透系数等因素有关。在渗透系数较小的黏性土中，固结时间较长，因而沉降速度较慢。

（4）受扰动土体的固结。隧道周围土体受到盾构施工的扰动后，便在隧道周围形成孔隙水压力区，在盾构离开后的地层中，由于土体表面的应力释放，隧道周围的孔隙水压力便会降低，孔隙水的排出引起了底层移动和地面沉降。此外，由于盾构推进中的挤压作用和盾尾后的压注浆作用等施工因素，是周围地层形成孔隙水压力区，孔隙水压力在盾构施工后的一段时间内消散复原，在此过程中地层发生排水固结变形，也会引起地面沉降。土体收到扰动后还会发生持续很长时间的压缩变形。土体蠕变过程中的地面沉降称为次固结沉降。在孔隙比和灵敏度较大的软塑和流塑性黏土中，次固结沉降往往要持续几年以上，它占总沉降量的比例可高达 35% 以上。

（5）衬砌结构变形。在隧道衬砌环脱离盾尾后，作用在衬砌结构上的土压力和水压力将使衬砌产生变形，也会导致地面少量的沉降。

2. 地表下沉的控制

（1）减少对开挖面底层的扰动。

① 施工中采取灵活合理的正面支撑或适当的气压值来防止土体坍塌，保持开挖面土体的稳定。条件许可时，尽可能采用先进的基本上不改变地下水位的施工方法，如泥水加压盾构，土压平衡盾构等施工，以减少由于地下水位变化而引起的土体扰动。

② 在盾构掘进时，严格控制开挖面的出土量，防止超挖，即使是对地层扰动较大的局部挤压盾构，只要严格控制进土量，仍有可能控制地表变形。

③ 控制盾构推进一环时的纠偏量，以减少盾构在地层中的摆动和对地层的扰动。同时尽量减少纠偏需要的开挖面局部超挖。

④ 提高施工速度和连续性。实践证明，盾构停止推进时，会因正面土压力的作用而产生后退。因此，提高隧道施工速度和连续性，避免盾构停工，对减少地表变形很有利。若盾构要中途检修或其他原因必须暂停推进时，务必作好防止后退的措施，正面及盾尾严密封闭，以尽量减少搁置期间对地表沉降的影响。

（2）向盾尾空隙处充填压浆。

① 确保压注工作的及时性，尽可能缩短衬砌脱出盾尾的暴露时间，以防地层塌陷。

② 确保压浆数量，控制注浆压力。注浆材料会产生收缩，因此压注量必须超过理论建筑空隙的体积，一般超过 10% 左右，但过量的压注会引起地表隆起及局部跑浆现象，对管片受力状态也有影响。由于盾构纠偏、局部超挖、地层存在空隙等原因，往往使实际的建筑空隙无法正确估计，为此，还应控制注浆压力作为充填程度的标准，当压力急骤升高时，说明已充填密实，此时应停止压注。

③ 改进压浆材料的性能。施工时，地面拌浆站要严格掌握压浆材料的配合比，对其凝结时间、强度、收缩量要通过试验不断改进，提高注浆材料的抗渗性，这样有利于隧道防水，相应也会减少地表沉降。

（3）隧道选线时，要充分考虑地面沉降可能对建筑群的影响。

选择盾构施工法的隧道段的线路要尽可能避开建筑群或使建筑物处于地表均匀沉陷区内。对双线盾构隧道还应预计先后掘进产生的二次沉降，最好在盾构出洞后的适当距离内，对地表沉降和隆起进行量测，以取得资料，作为后盾构控制地表变形的依据。

9.3.5.2　隧道沉降

在饱和软黏土层中采用盾构法施工时，会产生隧道沉降。其主要原因是盾构在掘进时对下卧层的扰动和隧道上方荷载的变化，如地下水位的变化、水底隧道上方河道的水位变化和隧道衬砌结构变形及渗漏水等。

工程实践表明盾构开挖方法不同，对下卧层扰动的大小也不一样，因而对隧道的沉降影响也不一样。而下卧土层分布的不均匀性还会导致隧道沉降的不均匀性等。

从理论上分析隧道衬砌环脱离盾尾后的沉降大致有 3 个发展阶段：

① 初始沉降；

② 下卧土层土压力超过孔隙水压力时，引起的主固结沉降；

③ 下卧土层长期压缩变形的次固结沉降。

一般在盾构法施工阶段已大体完成了初沉降和主固结沉降（即一、二阶段的沉降），在运营阶段则会缓慢地进行第三阶段的次固结沉降。

为了避免上述 3 个阶段的沉降，使工程竣工后的隧道轴线低于设计位置，通常按经验确定一个很接近实际的沉降值，预先抬高盾构施工轴线，使沉降后的隧道接近设计轴线，否则就要采用铺筑混凝土路面的厚度进行合理调坡了。

第10章 不良地质条件下隧道施工

10.1 概　述

在修建隧道中，常遇到一些不利于施工的特殊地质地段。如膨胀土围岩、黄土、溶洞、断层、松散地层、流沙、岩爆等。在开挖、支护和衬砌过程中，由于各种因素的影响都可能发生土石坍塌，坑道支撑变形，衬砌结构断裂，严重影响施工进度、安全和质量。隧道穿越含有瓦斯的地层时，更严重地威胁着施工安全。

隧道通过特殊地质地段施工时应注意以下几点。

（1）施工前应对设计所提供的工程地质和水文地质资料进行详细分析了解，深入细致地作施工调查，制订相应的施工方案和措施，备足有关机具及材料，认真编制和实施施工组织设计，使工程达到安全、优质、高效的目的。反之，即便地质并非不良，也会因准备不足，施工方法不当或措施不力导致施工事故，延误施工进度。

（2）特殊地质地段隧道施工，以"先治水、短开挖、弱爆破、强支护、早衬砌、勤检查、稳步前进"为指导原则。在选择和确定施工方案时，应以安全为前提，综合考虑隧道工程地质及水文地质条件、断面形式、尺寸、埋置深度、施工机械装备、工期和经济的可行性等因素而定。同时应考虑围岩变化时施工方法的适应性及其变更的可能性，以免造成工程失误和增加投资。

（3）隧道开挖方式，无论是采用钻爆开挖法、机械开挖法，还是采用人工和机械混合开挖法，应视地质、环境、安全等条件来确定。如用钻爆法施工时，光面爆破和预裂爆破技术，既能使开挖轮廓线符合设计要求，又能减少对围岩的扰动破坏。爆破应严格按照钻爆设计进行施工，如遇地质变化应及时修改完善设计。

（4）隧道通过自稳时间短的软弱破碎岩体、浅埋软岩和严重偏压、岩溶流泥地段、砂层、砂卵（砾）石层、断层破碎带以及大面积漏水或涌水地段时，为保证洞体稳定可采用超前锚杆、超前小钢管、管棚、地表预加固地层和围岩预注浆等辅助施工措施，对地层进行预加固、超前支护或止水。

（5）为了掌握施工中围岩和支护的力学动态及稳定程度，以及确定施工工序，保证施工安全，应实施现场监控量测，充分利用监控量测指导施工。对软岩浅埋隧道须进行地表下沉观测，这对及时预报洞体稳定状态，修正施工方案都十分重要。

（6）穿过未胶结松散地层和严寒地区的冻胀地层等，施工时应采取相应的措施外，均可采用锚喷支护施工。爆破后如开挖工作面有坍塌可能时，应在清除危石后及时喷射混凝土护面。如围岩自稳性很差，开挖难以成形，可沿设计开挖轮廓线预打设超前锚杆。锚喷支护后仍不能提供足够的支护能力时，应及早装设钢架支撑加强支护。

（7）当采用构件支撑作临时支护时，支撑要有足够的强度和刚度，能承受开挖后的围岩压力。围岩出现底部压力，产生底膨现象或可能产生沉陷时应加设底梁。当围岩极为松软破碎时，应采用先护后挖，暴露面应用支撑封闭严密。根据现场条件，可结合管棚或超前锚杆等支护，形成联合支撑。支撑作业应迅速、及时，以充分发挥构件支撑的作用。

（8）围岩压力过大，支撑受力下沉侵入衬砌设计断面，必须挑顶（即将隧道顶部提高）时，其处理方法是：拱部扩挖前发现顶部下沉，应先挑顶后扩挖。当扩挖后发现顶部下沉，应立好拱架和模板先灌注满足设计断面部分的拱圈，使混凝土达到所需强度并加强拱架支撑后，再行挑顶灌注其余部分。挑顶作业宜先护后挖。

（9）对于极松散的未固结围岩和自稳性极差的围岩，当采用先护后挖法仍不能开挖成形时，宜采用压注水泥砂浆或化学浆液的方法，以固结围岩，提高其自稳性。

（10）特殊地质地段隧道衬砌，为防止围岩松弛，地压力作用在衬砌结构上，致使衬砌出现开裂、下沉等不良现象。因此，采用模筑衬砌施工时，除遵守隧道施工技术规范的有关规定进行施工外，还应注意：当拱脚、墙基松软时，灌注混凝土前应采取措施加固基底。衬砌混凝土应采用高标号或早强水泥，提高混凝土等级，或采用掺速凝剂、早强剂等措施，提高衬砌的早期承载能力。仰拱施工，应在边墙完成后抓紧进行，或根据需要在初期支护完成后立即施作仰拱，使衬砌结构尽早封闭，构成环形改善受力状态，以确保衬砌结构的长期稳定坚固。

10.2　膨胀土围岩

膨胀土系指土中黏土矿物成分主要由亲水性矿物组成，同时具有吸水显著膨胀软化和失水收缩硬裂两种特性，且具有湿胀干缩往复变形的高塑性黏性土。决定膨胀性的亲水矿物主要是蒙脱石黏土矿物。

1．膨胀土围岩的特性

穿过膨胀土地层的隧道，常常可以见到开挖后不久围岩因开挖而产生变形，或者因浸水而膨胀，或因风化而开裂等现象。使坑道的顶部及两侧向内挤入，底部膨起，随着时间的增长导致围岩失稳，支撑、衬砌变形和破坏。这些现象说明膨胀土围岩性质是极其复杂的。它与一般土质的围岩性质有着根本的区别。

膨胀土围岩的基本特性，主要有以下3方面。

（1）膨胀土围岩大多具有原始地层的超固结特性，使土体中储存有较高的初始应力。当隧道开挖后，引起围岩应力释放，强度降低，产生卸荷膨胀，因此，膨胀土围岩常常具有明显的塑性流变特性，开挖后将产生较大的塑性变形。

（2）膨胀土中有各种形态发育的裂隙，形成土体的多裂隙性。膨胀土围岩实际上是土块与各种裂隙和结构面相互组合形成的膨胀土体。由于膨胀土体在天然原始状态下具有高强度特性，隧道开挖后洞壁土体失去边界支撑而产生胀缩，同时因风干脱水使原生隐裂隙张弛，使围岩强度急剧衰减。因此，隧道施工开挖过程中，常有初期围岩变形大，发展速度快等现象。

（3）膨胀土围岩因吸水而膨胀，失水而收缩，土体中干湿循环产生胀缩效应。一是使主体结构破坏，强度衰减或丧失，围岩压力增大。二是造成围岩应力变化，无论膨胀压力或收缩压力，都将破坏围岩的稳定性，特别是膨胀压力将对增大围岩压力起叠加作用。

2. 膨胀土围岩对隧道施工的危害

由于膨胀土围岩具有上述基本特征，施工中常见下列几种情况，简述如下。

(1) 围岩裂缝：隧道开挖后，由于开挖面上主体原始应力释放产生胀裂；另外，因为表层土体风干而脱水，产生收缩裂缝。同时，两种因素都可以使土中原生隐裂隙张开扩大。沿围岩周边产生裂缝，尤其在拱部围岩容易产生张拉裂缝与上述裂缝贯通，形成局部变形区。

(2) 坑道下沉：由于坑道下部膨胀土体的承载力较低，加之上部围岩压力过大，而产生坑道下沉变形。坑道的下沉，往往造成支撑变形、失效，进而引起主体坍塌等现象。

(3) 围岩膨胀突出和坍塌：膨胀土开挖过程中或开挖后。围岩产生膨胀土变形，周边土体向洞内膨胀突出，开挖断面缩小。在土体丧失支撑或支撑力不够的状态下，由于围岩压力和膨胀压力的综合作用，使土体产生局部破坏，由裂缝发展到出现溜塌，然后逐渐牵引周围土体连续破坏，形成坍塌。

(4) 底部隆起：隧道底部开挖后，洞底围岩的上部压力解除，又无支护体约束的条件下，由于应力释放，洞底围岩产生卸荷膨胀；加之坑道积水，使洞底围岩产生浸水膨胀，因而造成洞底围岩膨出变形。

(5) 衬砌变形和破坏：在先拱后墙法施工中，拱部衬砌完成后至开挖马口的这段时间，由于围岩和膨胀压力，常常产生拱脚内移，同时发生不均匀下沉，拱脚支撑受力大，发生扭曲、变形或折断。拱顶受挤压下沉，也有向上凸起。拱顶外缘经常出现纵向贯通拉裂缝，而拱顶内缘出现挤裂、脱皮、掉块现象。在拱腰部位出现纵向裂缝，这些裂缝有时可发展到张开、错台。当采用直墙时，边墙常受膨胀侧压而开裂，甚至张开、错台，少数曲墙也有出现水平裂缝的情况。当底部未做仰拱或仅做一般铺底时，有时会出现底部膨起，铺底被破坏。

3. 膨胀土围岩的隧道施工要点

(1) 加强调查、量测围岩的压力和流变。在膨胀土地层中开挖隧道，除了认真实施设计文件所提出的技术要求外，在施工过程中应对围岩压力及其流变情况进行充分的调查和量测，分析其变化规律。对地下水亦应探明分布范围及规律，了解水对施工的影响程度，以便根据围岩动态采取相应的施工措施。如原设计难以适应围岩动态情况，也可据此作适当修正。

(2) 合理选择施工方法。膨胀土隧道围岩压力的施工效应，是导致隧道变形病害的主要原因。采用合理的施工方法，对隧道的稳定性有着十分重要的作用。因此，在施工中应以尽量减少对围岩产生扰动和防止水的浸湿为原则，所以宜采用无爆破掘进法。如采用掘进机、风镐、液压镐等开挖。在开挖过程中尽可能缩短围岩暴露时间，并及时衬砌，以尽快恢复洞壁因土体开挖而解除的部分围岩应力，减少围岩膨胀变形。开挖方法宜不分部或少分部，多采用正台阶法、侧壁导坑法和"眼镜法"。正台阶法适用于跨度小的隧道，它分部少相互干扰小，且能较早地使支护（衬砌）闭合。侧壁导坑法和"眼镜法"较适用于跨度较大的隧道，具有防止上半断面支护（衬砌）下沉的优点，但全断面闭合时间较迟，必须注意防止边墙混凝土受压向隧道内挤。

(3) 防止围岩湿度变化。隧道开挖后，膨胀土围岩风干脱水或浸水，都将引起围岩体积变化，产生胀缩效应。因此，隧道开挖后及时喷射混凝土，封闭和支护围岩。在有地下水渗流的隧道，应采取切断水源并加强洞壁与坑道防、排水措施，防止施工积水对围岩的浸湿等。如局部渗流，可采用注浆堵水措施阻止地下水进入坑道或浸湿围岩。

（4）合理进行围岩支护。膨胀土围岩支护必须适应围岩的膨胀特性。在施工时应注意以下两点。

① 喷锚支护，稳定围岩。喷锚支护作为开挖膨胀土围岩的施工支护，可以加强围岩的自承能力，允许有一定的变形而又不失稳。采用喷锚支护，应紧跟开挖，必要时在喷射混凝土的同时采用钢筋网。也可采用钢纤维混凝土提高喷层的抗拉和抗剪能力。当膨胀压力很大时，可用锚喷及钢架或格栅联合支护，在隧道底部打设锚杆，也可以在隧道顶部打入超前锚杆或小导管支护。膨胀土围岩隧道的支护，尽可能使其在开挖面周壁上迅速闭合。如果是台阶法开挖，可在上半部开挖后尽快作出半部闭合，使围岩尽早受到约束。总之，不论采用哪一种类型的支护，都必须根据工程实际情况及围岩变形状态而定。

② 衬砌结构及早闭合。膨胀土围岩隧道开挖后，围岩向内挤压变形一般是在四周同时发生，所以施工时要求隧道衬砌及早封闭。从理论上讲，拱部、边墙及仰拱宜整体完成，衬砌受力条件最好。但受施工条件的限制往往难以实现。因此，在灌注拱圈部分时，应在上台阶的底部先设置临时混凝土仰拱或喷射混凝土作临时仰拱，以使拱圈在边墙、仰拱未完成前，自身形成临时封闭结构。然后当进行下部台阶施工时，再拆除临时仰拱，并尽快灌注永久性仰拱。

10.3　黄　土

黄土是在干燥气候条件下形成的一种具有褐黄、灰黄或黄褐等颜色，并有针状大孔、垂直节理发育的特殊性土。黄土在我国分布较广。黄河中游的河南西部、山西南部、陕西和甘肃的大部分地区为我国黄土和湿陷性黄土的主要分布区。这些地区的黄土分布厚度大、地层全而连续，发育亦较典型。

1．黄土对隧道施工的影响

（1）黄土节理：在红棕色或深褐色的古土壤黄土层，常具有各方向的构造节理，有的原生节理呈 X 形，成对出现，并有一定延续性。在隧道开挖时，土体容易顺着节理张松或剪断。如果这种地层位于坑道顶部，则极易产生"塌顶"。如果位于侧壁，则普遍出现侧壁掉土，若施工时处理不当，常会引起较大的坍塌。

（2）黄土冲沟地段：隧道在黄土冲沟或塘边地段施工时，当隧道在较长的范围内沿着冲沟或塬边平行走向，而覆盖较薄或偏压很大的情况下，容易发生较大的坍塌或滑坡现象。

（3）黄土溶洞与陷穴：黄土溶洞与陷穴，是黄土地区经常见到的不良地质现象，隧道若修建在其上方，则有基础下沉的危害。隧道若修建在其下方，常有发生冒顶的危险。隧道若修建在其邻侧，则有可能承受偏压。

（4）水对黄土隧道施工的影响：在含有地下水的黄土层中修建隧道，由于黄土在干燥时很坚固，承压力也较高，施工可顺利进行。当其受水浸湿后，呈不同程度的湿陷后，会突然发生下沉现象，使开挖后的围岩迅速丧失自稳能力，如果支护措施满足不了变化后的情况，极容易造成坍塌。

施工中洞内排水不良，洞内道路会形成泥泞难行，不论是无轨还是有轨运输都会给道路的维护、机械的使用与保养、隧道的铺底或仰拱施工作业等方面带来很大的困难。

2．黄土隧道的施工方法

（1）黄土隧道施工，应做好黄土中构造节理的产状与分布状况的调查。对因构造节理切割而形成的不稳定部位，在施工时加强支护措施，防止坍塌，以保证安全施工。

（2）施工中应遵循"短开挖、少扰动、强支护、实回填、严治水、勤量测"的施工原则，紧凑施工工序，精心组织施工。

（3）开挖方法直采用短台阶法或分部开挖法（留核心法），初期支护应紧跟开挖面施作。

（4）黄土围岩开挖后暴露时间过长，围岩周壁风化至内部，围岩体松弛加快，进而发生坍方。因此，宜采用复合式衬砌，开挖后以喷射混凝土、锚杆、钢筋网和钢支撑作初期支护，以形成严密的支护体系。必要时可采用超前锚杆、管棚支撑加固围岩。在初期支护基本稳定后，进行永久支护衬砌。衬砌背后回填要密实，尤其是拱顶回填。

（5）做好洞顶、洞门及洞口的防排水系统工程，并妥善处理好陷穴、裂缝，以免地面积水浸蚀洞体周围，造成土体坍塌。在含有地下水的黄土层中施工时，洞内应施作良好的排水设施。水量较大时，应采用井点降水等法将地下水位降至隧道衬砌底部以下，以改善施工条件加快施工速度。在干燥无水的黄土层中施工，应管理好施工用水，不使废水漫流。

3.黄土隧道施工的注意事项

（1）施工中如发现工作面有失稳现象，应及时用喷射混凝土封闭、加设锚杆、架立钢支撑等加强支护。

试验表明，在黄土隧道中喷射混凝土和砂浆锚杆作为施工临时支护效果良好。

（2）施工时特别注意拱脚与墙脚处断面，如超挖过大，应用浆砌片石回填。如发现该处土体承载力不够，应立即采取相应措施进行加固。

（3）黄土隧道施工，宜先作仰拱，如果不能先作仰拱时，可在开挖与灌注仰拱前，为防止边墙向内位移，应加设横撑。

（4）施工中如发现不安全因素时，应暂停开挖，加强临时支护，以便采取适应性的工序安排。

10.4　溶　洞

溶洞是以岩溶水的溶蚀作用为主，间有潜蚀和机械塌陷作用而造成的基本水平方向延伸的通道。溶洞是岩溶现象的一种。

岩溶是指可溶性岩层，如石灰岩、白云岩、白云质灰岩、石膏、岩盐等，受水的化学和机械作用产生沟槽、裂缝和空洞以及由于空洞的顶部塌落使地表产生陷穴、洼地等类现象和作用。我国石灰岩分布极广，常会遇到溶洞。因此，在这些地区修建隧道，必须予以注意。

1.溶洞的类型及对隧道施工的影响

溶洞一般有死、活、干、湿、大、小几种。死、干、小的溶洞比较容易处理，而对于活、湿、大的溶洞，处理方法则较为复杂。

当隧道穿过可溶性岩层时，有的溶洞岩质破碎，容易发生坍塌。有的溶洞位于隧道底部，充填物松软且深，使隧道基底难于处理。有时遇到填满饱含水份的充填物溶槽，当坑道掘进至其边缘时，含水充填物不断涌入坑道，难以遏止，甚至使地表开裂下沉，山体压力剧增。有时遇到大的水囊或暗河，岩溶水或泥砂夹水大量涌入隧道。有的溶洞、暗河迂回交错、分支错综复杂、范围宽广，处理十分困难。

2．隧道遇到溶洞的处理措施

（1）隧道通过岩溶区，应查明溶洞分布范围和类型，岩层的完整稳定程度、填充物和地下水情况，据以确定施工方法。对尚在发育或穿越暗河水囊等地质条件复杂的岩溶区，应查明情况审慎选定施工方案。对有可能发生突然大量涌水、流石流泥、崩坍落石等，必须事先制定措施，确保施工安全。

（2）隧道穿过岩溶区，如岩层比较完整、稳定，溶洞已停止发育，有比较坚实的填充，且地下水量小，可采用探孔或物探等方法，探明地质情况，如有变化便于采取相应的措施。如溶洞尚在发育或穿越暗河水囊等岩溶区时，则必须探明地下水量大小、水流方向等，先要解决施工中的排水问题，一般可采用平行导坑的施工方案，以超前钻探方法，向前掘进。当出现大量涌水、流石流泥、崩坍落石等情况时，平导可作为泄水通道，正洞堵塞时也可利用平导在前方开辟掘进工作面，不致正洞停工。

（3）岩溶地段隧道常用处理溶洞的方法，有"引、堵、越、绕"4种。

① 引。遇到暗河或溶洞有水流时，宜排不宜堵。应在查明水源流向及其与隧道位置的关系后，用暗管、涵洞、小桥等设施渲泄水流或开凿泄水洞将水排除洞外（见图10-1）。当岩溶水流的位置在隧道顶部或高于隧道顶部时，应在适当距离处，开凿引水斜洞（或引水槽）将水位降低到隧底标高以下，再行引排。当隧道设有平行导坑时，可将水引入平行导坑排出。

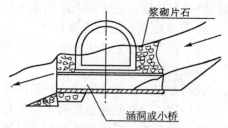

图 10-1　桥涵渲泄水流示意图

② 堵。对已停止发育、跨径较小、无水的溶洞，可根据其与隧道相交的位置及其充填情况，采用混凝土、浆砌片石或干砌片石予以回填封闭；或加深边墙基础，加固隧道底部（见图10-2）。当隧道拱顶部有空溶洞时，可视溶洞的岩石破碎程度在溶洞顶部采用锚杆或锚喷网加固，必要时可考虑注浆加固并加设隧道护拱及拱顶回填进行处理（见图10-3）。

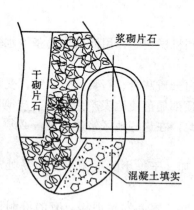

图 10-2　溶洞堵填示意图

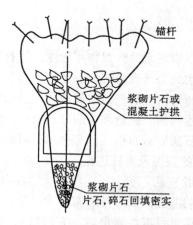

图 10-3　喷辅加固与护拱示意图

③ 越。当隧道一侧遇到狭长而较深的溶洞，可加深该侧的边墙基础通过（见图10-4）。隧道底部遇有较大溶洞并有流水时，可在隧道底部以下砌筑坞工支墙，支承隧道结构，并在支墙内套设涵管引排溶洞水（见图10-5）。隧道边墙部位遇到较大、较深的溶洞，不宜加深

边墙基础时，可在边墙部位或隧底以下筑拱跨过（见图 10-6）。当隧道中部及底部遇有深狭的溶洞时，可加强两边墙基础，并根据情况设置桥台架梁通过（见图 10-7）。隧道穿过大溶洞，情况较为复杂时，可根据情况，采用边墙梁、行车梁等，由设计单位负责特殊设计后施工。

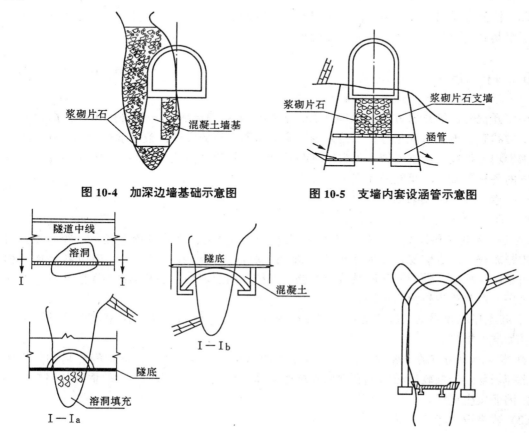

图 10-4　加深边墙基础示意图

图 10-5　支墙内套设涵管示意图

图 10-6　筑拱跨过示意图

图 10-7　架梁跨过示意图

④ 绕。在岩溶区施工，个别溶洞处理耗时且困难时，可采取迂回导坑绕过溶洞，继续进行隧道前方施工，并同时处理溶洞，以节省时间，加快施工进度。绕行开挖时，应防止洞壁失稳。

3. 溶洞地段隧道施工的注意事项

（1）当施工达到溶洞边缘，各工序应紧密衔接，支护和衬砌赶前。同时应利用探孔或物探作超前预报，设法探明溶洞的形状、范围、大小、充填物及地下水等情况，据以制定施工处理方案及安全措施。

（2）施工中注意检查溶洞顶部，及时处理危石。当溶洞较大较高且顶部破碎时，应先喷射混凝土加固，再在靠近溶洞顶部附近打入锚杆，并应设置施工防护架或钢筋防护网。

（3）在溶蚀地段的爆破作业应尽量做到多打眼、打浅眼，并控制爆破药量减少对围岩的扰动。防止在一次爆破后溶洞内的填充物突然大量涌入隧道，或溶洞水突然袭击隧道，造成严重损失。

（4）在溶洞充填体中掘进，如充填物松软，可用超前支护施工。如充填物为极松散的砾石、块石堆积或流塑状黏土及砂黏土等可于开挖前采用地表注浆、洞内注浆或地表和洞内注浆相结合加固。如遇颗粒细、含水量大的流塑状土壤，可采用劈裂注浆技术，注入水泥浆或水泥水玻璃双液浆进行加固。

（5）溶洞未做出处理方案前，不要将弃渣随意倾填于溶洞中。因弃渣覆盖了溶洞，不但不能了解其真实情况，反而会造成更多困难。

10.5　坍　方

隧道开挖时，导致坍方的原因有多种，概括起来可归结为：一是自然因素，即地质状态、受力状态、地下水变化等；二是人为因素，即不适当的设计，或不适当的施工作业方法等。由于坍方往往会给施工带来很大困难和很大经济损失。因此，需要尽量注意排除可能导致坍方的各种因素，尽可能避免坍方的发生。

1. 发生坍方的主要原因

（1）不良地质及水文地质条件。

① 隧道穿过断层及其破碎带，或在薄层岩体的小曲褶、错动发育地段，一经开挖，潜在应力释放快、围岩失稳，小则引起围岩掉块、坍落，大则引起坍方。当通过各种堆积体时，由于结构松散，颗粒间无胶结或胶结差，开挖后引起坍塌。在软弱结构面发育或泥质充填物过多，均易产生较大的坍塌。

② 隧道穿越地层覆盖过薄地段，如在沿河傍山、偏压地段、沟谷凹地浅埋和丘陵浅埋地段极易发生坍方。

③ 水是造成坍方的重要原因之一。地下水的软化、浸泡、冲蚀、溶解等作用加剧岩体的失稳和坍落。岩层软硬相间或有软弱夹层的岩体，在地下水的作用下，软弱面的强度大为降低，因而发生滑坍。

（2）隧道设计考虑不周。

① 隧道选定位置时，地质调查不细，未能作详细的分析，或未能查明可能坍方的因素。没有绕开可以绕避的不良地质地段。

② 缺乏较详细的隧道所处位置的地质及水文地质资料，引起施工指导或施工方案的失误。

（3）施工方法和措施不当。

① 施工方法与地质条件不相适应；地质条件发生变化，没有及时改变施工方法；工序间距安排不当；施工支护不及时，支撑架立不合要求，或抽换不当"先拆后支"；地层暴露过久，引起围岩松动、风化，导致坍方。

② 喷锚支护不及时，喷射混凝土的质量、厚度不符合要求。

③ 按新奥法施工的隧道，没有按规定进行量测，或信息反馈不及时，决策失误、措施不力。

④ 围岩爆破用药量过多，因震动引起坍塌。

⑤ 对危石检查不重视、不及时，处理危石措施不当，引起岩层坍塌。

2. 预防坍方的施工措施

（1）隧道施工预防坍方，选择安全合理的施工方法和措施至关重要。在掘进到地质不良围岩破碎地段，应采取"先排水、短开挖、弱爆破、强支护、早衬砌、勤量测"的施工方法，必须制订出切实可行的施工方案及安全措施。

（2）加强坍方的预测。为了保证施工作业安全，及时发现坍方的可能性及征兆，并根据不同情况采用不同的施工方法及控制坍方的措施，需要在施工阶段进行坍方预测。预测坍方常用的几种方法。

① 观察法。

（a）在掘进工作面采用探孔对地质情况或水文情况进行探察，同时对掘进工作面应进行地质素描，分析判断掘进前方有无可能发生坍方的超前预测。

（b）定期和不定期地观察洞内围岩的受力及变形状态；检查支护结构是否发生了较大的变形；观察岩层的层理、节理裂隙是否变大，坑顶或坑壁是否松动掉块；喷射混凝土是否发生脱落；以及地表是否下沉等。

② 一般量测法。按时量测观测点的位移、应力，测得数据进行分析研究，及时发现不正常的受力、位移状态及有可能导致坍方的情况。

③ 微地震学测量法和声学测量法。前者采用地震测量原理制成的灵敏的专用仪器；后者通过测量岩石的声波分析确定岩石的受力状态，并预测坍方。

（3）加强初期支护，控制坍方：当开挖出工作面后，应及时有效地完成喷锚支护或喷锚网联合支护，并应考虑采用早强喷射混凝土、早强锚杆和钢支撑支护措施等。这对防止局部坍塌，提高隧道整体稳定性具有重要的作用。

3．隧道坍方的处理措施

（1）隧道发生坍方，应及时迅速处理。处理时必须详细观测坍方范围、形状、坍穴的地质构造，查明坍方发生的原因和地下水活动情况，经认真分析，制定处理方案。

（2）处理坍方应先加固未坍塌地段，防止继续发展。并可按下列方法进行处理。

① 小坍方，纵向延伸不长、坍穴不高，首先加固坍体两端洞身，并抓紧喷射混凝土或采用锚喷联合支护封闭坍穴顶部和侧部，再进行清渣。在确保安全的前提下，也可在坍渣上架设临时支架，稳定顶部，然后清渣。临时支架待灌注衬砌混凝土达到要求强度后方可拆除。

② 大坍方，坍穴高、坍渣数量大，坍渣体完全堵住洞身时，宜采取先护后挖的方法。在查清坍穴规模大小和穴顶位置后，可采用管棚法和注浆固结法稳固围岩体和渣体，待其基本稳定后，按先上部后下部的顺序清除渣体，采取短进尺、弱爆破、早封闭的原则挖坍体，并尽快完成衬砌（见图 10-8）。

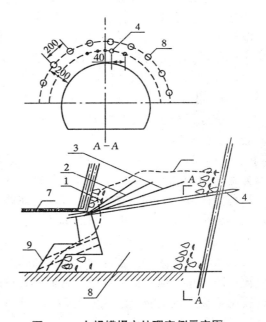

图 10-8　大规模坍方处理实例示意图
1—第一次注浆；2—第二次注浆；3—第三次注浆；4—管棚；5—坍线；6—坍体；7—初期支护；8—注浆孔；9—混凝土封堵墙

③ 坍方冒顶，在清渣前应支护陷穴口，地层极差时，在陷穴口附近地面打设地表锚杆，洞内可采用管棚支护和钢架支撑。

④ 洞口坍方，一般易坍至地表，可采取暗洞明作的办法。

（3）处理坍方的同时，应加强防排水工作。坍方往往与地下水活动有关，治坍应先治水。防止地表水渗入坍体或地下，引截地下水防止渗入坍方地段，以免坍方扩大。具体措施如下：

① 地表沉陷和裂缝，用不透水土壤夯填紧密，开挖截水沟，防止地表水渗入坍体。

② 坍方通顶时，应在陷穴口地表四周挖沟排水，并设雨棚遮盖穴顶。陷穴口回填应高出地面并用黏土或圬工封口，做好排水；

③ 坍体内有地下水活动时，应用管槽引至排水沟排出，防止坍方扩大。

（4）坍方地段的衬砌，应视坍穴大小和地质情况予以加强。衬砌背后与坍穴洞孔周壁间必须紧密支撑。当坍穴较小时，可用浆砌片石或干砌片石将坍穴填满；当坍穴较大时，可先用浆砌片石回填一定厚度，其以上空间应采用钢支撑等顶住稳定围岩；特大坍穴应作特殊处理。

（5）采用新奥法施工的隧道或有条件的隧道，坍方后要加设量测点，增加量测频率，根据量测信息及时研究对策。浅埋隧道，要进行地表下沉测量。

10.6　松散地层

松散地层结构松散，胶结性弱，稳定性差，在施工中极易发生坍塌。如极度风化破碎已失岩性的松散体；漂卵石地层、砂夹砾石和含有少量黏土的土壤以及无胶结松散的干沙等。隧道穿过这类地层，应减少对围岩的扰动，一般采取先护后挖，密闭支撑，边挖边封闭的施工原则，必要时可采用超前注浆改良地层和控制地下水等措施。下面简述几种主要施工方法：

1．超前支护

隧道开挖前，先向围岩内打入钎、管、板等构件，用以预先支护围岩，防止坑道掘进时岩体发生坍塌。

（1）超前锚杆或超前小钢管：采用这种方法是爆破前，将超前锚杆或小钢管打入掘进前方稳定的岩层内。末端支撑在拱部围岩内的悬吊锚杆或格栅拱支撑上，使其起到支护掘进进尺范围内拱部上方，有效地约束围岩在爆破后的一定时间内不发生松弛坍塌。超前锚杆宜采用早强形砂浆锚杆，以尽早发挥超前支护作用。

（2）超前管棚法：此法适用于围岩为砂黏土、黏砂土、亚黏土、粉砂、细砂、砂夹卵石夹黏土等非常散软、破碎的土壤，钻孔后极易塌孔的地层。在采用此法时，管棚长度应按地质情况选用，但应保证开挖后管棚有足够的超前长度。为增加管棚刚度，可在钢管内灌入混凝土或设置钢筋笼，注入水泥砂浆。于是在地层中建立起一个临时承载棚，在其防护下施工。

2．超前小导管预注浆

超前小导管预注浆是沿开挖外轮廓线，以一定角度打入管壁带孔的小导管，并以一定压力向管内压注水泥或化学浆液的措施。它既能将洞周围岩体预加固，又能起超前预支护作用。此法适用于自稳时间很短的砂层、砂卵（砾）石层等松散地层施工。

3. 降水、堵水

在松散地层中含水，对隧道施工的危害极大。排除施工部位的地下水，有利于施工。降水、堵水的方法较多，如降水可在洞内或辅助坑道内井点降水。在埋深较浅的隧道中，可用深井泵降水，在洞外地面隧道两侧布点进行。

在地下水丰富，而且排水条件或排水费用太高，经过技术、经济比选，可采用注浆堵水措施。注浆堵水又分地面预注浆和洞内开挖工作面预注浆。二者中采用哪种方法，应根据隧道埋深，工程地质和水文地质情况，钻孔和压浆设备能力，以及技术、经济、工期等方面进行综合分析后采用。

10.7　流　沙

流沙是沙土或粉质黏土在水的作用下丧失其内聚力后形成的，多呈糊浆状，对隧道施工危害极大。由于流沙可引起围岩失稳坍塌，支护结构变形，甚至倒塌破坏。因此，治理流沙必先治水，以减少沙层的含水量为主。宜采取以下措施进行治理。

1. 加强调查，制订方案

施工中应调查流沙特性、规模，了解地质构成、贯入度、相对密度。粒径分布、塑性指数、地层承载力、滞水层分布、地下水压力和透水系数等，并制订出切实可行的治理方案。

2. 因地制宜，综合治水

隧道通过流沙地段，处理地下水的问题，是解决隧道流沙、流泥施工难题中的首要关键技术。施工时，因地制宜，采用"防、截、排、堵"的治理方法。

（1）防——建立地表沟槽导排系统及仰坡地表局部防渗处理，防止降雨和地表水下渗。

（2）截——在正洞之外水源一侧，采用深井降水，将储藏丰富的构造裂隙水，通过深井抽水排走，减少正洞的静水和动水压力，对地下水起到拦截作用。

（3）排——有条件的隧道在正洞水源下游一侧开挖一条洞底低于正洞仰拱的泄水洞，用以降排正洞的地下水，或采用水平超前钻孔真空负压抽水的办法，排除正洞的地下水。

（4）堵——采用注浆方法充填裂隙，形成止水帷幕，减少或堵塞渗水通道。

以上几种施工方法，应根据工程地质、水文地质条件和地下水的性质、类型、赋存部位以及工期要求和经济效益等因素综合分析，合理选用。

3. 先护后挖，加强支护

开挖时必须采取自上而下分部进行，先护后挖，密闭支撑，边挖边封闭，遇缝必堵，严防沙粒从支撑缝隙中溢出。也可采用超前注浆，以改善围岩结构，用水泥浆或水泥水玻璃为主的注浆材料注入或用化学药液注浆加固地层，然后开挖。

在施工中应观测支撑和衬砌的实际沉落量变化，及时调整预留量。架立支撑时应设底梁并纵横、上下连接牢固，以防箱架断裂倾倒。拱架应加强刚度，架立时设置底梁并垫平楔紧，拱脚下垫铺牢固。支撑背面用木板或槽形钢板遮挡，严防流沙从支撑间逸出。在流沙逸出口附近较干燥围岩处，应尽快打入铺杆或施作喷射混凝土，加固围岩，防止逸出扩大。

4. 尽早衬砌，封闭成环

流沙地段，拱部和边墙衬砌混凝土的灌注应尽量缩短时间，尽快与仰拱形成封闭环。这样，即使围岩中出现流沙也不会对洞身衬砌造成破坏。

10.8　岩　爆

埋藏较深的隧道工程，在高应力、脆性岩体中，由于施工爆破扰动原岩，岩体受到破坏，使掌子面附近的岩体突然释放出潜能，产生脆性破坏，这时围岩表面发生爆裂声，随之有大小不等的片状岩块弹射剥落出来。这种现象称之岩爆。岩爆有时频繁出现，有时甚至会延续一段时间后才逐渐消失。岩爆不仅直接威胁作业人员与施工设备的安全，而且严重地影响施工进度，增加工程造价。

1．隧道内岩爆的特点

（1）岩爆在未发生前并无明显的预兆（虽然经过仔细找顶并无空响声）。一般认为不会掉落石块的地方，也会突然发生岩石爆裂声响，石块有时应声而下，有时暂不坠落。这与塌顶和侧壁坍塌现象有明显的区别。

（2）岩爆时，岩块自洞壁围岩母体弹射出来，一般呈中厚边薄的不规则片状，块度大小多呈几厘米长宽的薄片，个别达几十厘米长宽。严重时，上吨重的岩石从拱部弹落，造成岩爆性坍方。

（3）岩爆发生的地点，多在新开挖工作面及其附近，个别的也有距新开挖工作面较远处。岩爆发生的频率随暴露后的时间延长而降低。一般岩爆发生在16d之内，但是也有滞后一个月甚至数月还发生岩爆的。

2．岩爆产生的主要条件

国内外的专家研究结果表明，地层的岩性条件和地应力的大小是产生岩爆与否的两个决定性因素。从能量的观点来看，岩爆的形成过程是岩体中的能量从储存到释放直至最终使岩体破坏而脱离母岩的过程。因此，岩爆是否发生及其表现形式就主要取决于岩体中是否储存了足够的能量，是否具有能量释放的条件及能量释放的方式等。

3．岩爆的防治措施

岩爆产生的前提条件取决于围岩的应力状态与围岩的岩性条件。在施工中控制和改变这两个因素就可能防止或延缓岩爆的发生。因此，防治岩爆发生的措施主要有二：一是强化围岩；二是弱化围岩。

强化围岩的措施很多，如喷射混凝土或喷钢纤维混凝土、锚杆加固、锚喷支护、锚喷网联合、钢支撑网喷联合，紧跟混凝土衬砌等。这些措施的出发点是给围岩一定的径向约束，使围岩的应力状态较快地从平面转向三维应力状态，以达到延缓或抑制岩爆发生的目的。

弱化围岩的主要措施是注水、超前预裂爆破、排孔法、切缝法等。注水的目的是改变岩石的物理力学性质，降低岩石的脆性和储存能量的能力。后三者的目的是解除能量，使能量向有利的方向转化和释放。据文献介绍，切缝法和排孔法能将能量向深层转移。围岩内的应力，特别是在切缝或排孔附近周边的切向应力显著降低。同时，围岩内所积蓄的弹性应变能也得以大幅度地释放，因而切缝法和排孔法可有效地防治岩爆。

4．岩爆地段隧道施工的注意事项

（1）如设有平行导坑，则平导应掘进超前正洞一定距离，以了解地质，分析可能发生岩爆的地段，为正洞施工达到相应地段时加强防治，采取必要措施。

（2）爆破应选用预先释放部分能量的方法，如超前预裂爆破法、切缝法和排孔法等，先期将岩层的原始应力释放一些，以减少岩爆的发生。爆破应严格控制用药量，以尽可能减少爆破对围岩的影响。

（3）根据岩爆发生的频率和规模情况，必要时应考虑缩短爆破循环进尺。初期支护和衬砌要紧跟开挖面，以尽可能减少岩层的暴露面和暴露时间，防止岩爆的发生。

（4）岩爆引起坍方时，应迅速将人员和机械撤到安全地段；采用摩擦形锚杆进行支护，增大初锚固力；采用钢纤维喷射混凝土，抑制开挖面围岩的剥落；采取挂钢筋网或用钢支撑加固；充分作好岩爆现象观察记录；采用声波探测预报岩爆工作。

10.9　高地温

隧道通过高温、高热地段，会给施工带来困难。一般在火山地带的地区修建隧道或地下工程会遇到高温高热的情况，如日本某地的发电厂工程的隧道，其围岩温度高达 175℃。更有甚者，在高温隧道中还发生过由于地层喷出热水或硫化氢等有害气体导致施工人员烫伤或中毒的情况。

1．高地温的热源

地热的形成按热源分类，可分为三大类：地球的地幔对流，火山岩浆集中处的热能及放射性元素的裂变热成为热源。其中，对隧道工程造成施工影响的，主要是火山的热源和放射性元素的裂变热源。

（1）火山热的热源：由于火山供给的热是地下的岩浆集中处的热能而产生热水，这种热水（泉水）成为热源又将热供给周围的岩层。当隧道或地下工程穿过这种岩层，就会发生高温、高热的现象。

（2）放射性元素的裂变热的热源：根据日本文献介绍，由于地壳内岩石中含有放射性物质，其裂变热产生地温，地下增温率以所处的深度不同而异，其平均值为 3℃/100m。东京大学院内测定的实例表明，该处地下增温率为 2.2℃/100m。假定地表温度为 15℃，地下增温率以 3℃/100m 计，覆盖层厚 1000m 深处的地温则成为 45℃。日本某地质调查所对 30 处深层热水地区调查的结果，在平原地区认为不受火山热源的影响，其地下 2000m 深处的地下温度为 67～136℃。这说明如果覆盖层很厚，即使没有火山热源供给，也有发生高温、高热问题的可能性。

2．高地温地段隧道施工的措施

（1）为保证隧道施工人员进行正常的安全生产，我国有关部门对隧道施工作业环境的卫生标准都有规定。如铁道部规定，隧道内气温不得超过 28℃；交通部规定，隧道内气温不宜高于 30℃。国外的资料介绍，日本规定隧道内温度低于 37℃。

（2）为达到规定的标准，在施工中一般采取通风和洒水及通风与洒水相结合的措施。地温较高时，可采用大形通风设备予以降温。地温很高时，在正洞开挖工作面前方的一段距离，利用平导超前钻探，如有热水涌出，可在平导内增建降水、排水设施和排水钻孔，以降低正洞的水位。如正洞施工中仍有热水涌出时，可采用水玻璃水泥等药液注浆，以发挥截水及稳定围岩的作用。

（3）高温地段的衬砌混凝土：在高温（如 70℃ 高温）的岩体及喷混凝土上浇注二次衬

砌混凝土时，即使厚度再薄，水化热也不易溢出。由于混凝土里面和表面的温差，在早龄期有可能存在裂缝。因此，对二次混凝土衬砌防止裂缝，应采取下述措施。

① 为了防止高温时的强度降低，应选定合适的水灰比，并考虑到对温泉水的耐久性，宜采用高炉矿渣水泥（分离粉碎形水泥）。混凝土配合比和掺合剂应作试验优选。

② 在防水板和混凝土衬砌之间设置隔热材料，可隔断从岩体传播来的热量，使混凝土内的温度应力降低。

③ 把一般衬砌混凝土的浇注长度适当缩短。

④ 用防水板和无纺布组合成缓冲材料，由于与喷混凝土隔离，因此，混凝土衬砌的收缩可不受到约束。

⑤ 适当设置裂缝诱发缝，一般在两拱角延长方向设置。

10.10　瓦斯地层

瓦斯是地下坑道内有害气体的总称，其成分以沼气（甲烷 CH_4）为主，一般习惯称沼气为瓦斯。

当隧道穿过煤层、油页岩或含沥青等岩层，或从其附近通过而围岩破碎、节理发育时，可能会遇到瓦斯。如果洞内空气中瓦斯浓度已达到爆炸限度并与火源接触，就会引起爆炸，对隧道施工会带来很大的危害和损失。所以，在有瓦斯的地层中修建隧道，必须采取相应措施，才能安全顺利施工。

1. 瓦斯的性质

（1）瓦斯（沼气）为无色、无臭、无味的气体，与碳化氢或硫化氢混合在一起，发生类似苹果的香味，由于空气中瓦斯浓度增加，氧气相应减少，很容易使人窒息或发生死亡事故。

（2）瓦斯质量分数为 0.554，仅占空气一半，所以在隧道内，瓦斯容易存在坑道顶部，其扩散速度比空气大 1.6 倍，很容易透过裂隙发达、结构松散的岩层。

（3）瓦斯不能自燃，但极易燃烧，其燃烧的火焰颜色，随瓦斯浓度的增大而变淡，空气中含有少量瓦斯时火焰呈蓝色，浓度达 5% 左右时，火焰呈淡青色。

2. 瓦斯的燃烧和爆炸性

当坑道中的瓦斯浓度小于 5% 时，遇到火源时，瓦斯只是在火源附近燃烧而不会爆炸；瓦斯浓度在 5%～16% 时，遇到火源具有爆炸性；瓦斯浓度大于 14%～16% 时，一般不爆炸，但遇火能平静地燃烧，瓦斯浓度爆炸界限见表 10-1。

表 10-1　　　　　　　　　　　　瓦斯爆炸浓度界限

瓦斯浓度/%	爆炸界限
5～6	瓦斯爆炸下界限
14～16	瓦斯爆炸上界限
9.5	爆炸最强烈
8.0	最易点燃
低于 5.0、大于 16	不爆炸，与火焰接触部分燃烧

瓦斯燃烧时，遇到障碍而受压缩，即能转燃烧为爆炸。爆炸时能发生高温，封闭状态的

爆炸（即容积为常数），温度可达 2150～2650℃；能向四周自由扩张时的爆炸（即压力为常数），温度可达 1850℃。坑道中发生瓦斯爆炸后，坑道中完全无氧，而充满氮气，二氧化碳及一氧化碳。这些有害气体很快传布到邻近的坑道和工作面，凡是来不及躲避的人，都会遭到中毒窒息，甚至死亡。

瓦斯爆炸时，爆炸波运动造成暴风在前，火焰在后，暴风遇到积存瓦斯，使它先受到压力，然后火焰点燃发生爆炸。第二次瓦斯受到的压力比原来的压力大，因此爆炸后的破坏力也更剧烈。

3. 瓦斯放出的类型

从岩层中放出瓦斯，可分为 3 种类型。

（1）瓦斯的渗出：它是缓慢地、均匀地、不停地从煤层或岩层的暴露面的空隙中渗出，延续时间很久，有时带有一种"嘶嘶"声音。

（2）瓦斯的喷出：比上述渗出强烈，从煤层或岩层裂缝或孔洞中放出，喷出的时间有长有短，通常有较大的响声和压力。

（3）瓦斯的突出：在短时间内，从煤层或岩层中，突然猛烈地喷出大量瓦斯，喷出的时间，可能从几分钟到几小时，喷出时常有巨大轰响，并夹有煤块或岩石。

以上 3 种瓦斯放出形式，以第一种放出的瓦斯量为大。

4. 防止瓦斯事故的措施

（1）隧道穿过瓦斯溢出地段，应预先确定瓦斯探测方法，并制订瓦斯稀释措施、防爆措施和紧急救援措施等。

（2）隧道通过瓦斯地区的施工方法，宜采用全断面开挖，因其工序简单、面积大、通风好，随掘进随衬砌，能够很快缩短煤层的瓦斯放出时间和缩小围岩暴露面，有利于排除瓦斯。

上下导坑法开挖，因工序多，岩层暴露的总面积多，成洞时间长，洞内各工序交错分散，易使瓦斯分处积滞浓度不匀。采用这种施工方法，要求工序间距离尽量缩短，尽快衬砌封闭瓦斯地段，并保证混凝土的密实性，以防瓦斯溢出。

（3）加强通风是防止瓦斯爆炸最有效的办法。把空气中的瓦斯浓度吹淡到爆炸浓度以下的 1/5～1/10，将其排出洞外，有瓦斯的坑道，决不允许用自然通风，必须采用机械通风。通风设备必须防止漏风，并配备备用的通风机，一旦原有通风机发生故障时，备用机械能立即供风，保证工作面空气内的瓦斯浓度在允许限度内。当通风机发生故障或停止运转时，洞内工作人员应撤离到新鲜空气地区，直至通风恢复正常，才准许进入工作面继续工作。

（4）洞内空气中允许的瓦斯浓度应控制在下述规定内：

① 洞内总回风风流中小于 0.75%；

② 从其他工作面进来的风流中小于 0.5%；

③ 掘进工作面 2% 以下；

④ 工作面装药爆破前 1% 以下。

如瓦斯浓度超过上述规定，工作人员必须立即撤到符合规定的地段，并切断电源。

（5）开挖工作面风流中和电动机附近 20m 以内风流中瓦斯浓度达到 1.5% 时，必须停工。停机，撤出人员，切断电源，进行处理。

开挖工作面内，局部积聚的瓦斯浓度达到 2% 时，附近 20m 内，必须停止工作，切断电源，进行处理。

因瓦斯浓度超过规定而切断电源的电气设备，都必须在瓦斯浓度降到1%以下时，方可开动机器。

（6）瓦斯隧道必须加强通风，防止瓦斯积聚。由于停电或检修，使主要通风机停止运转，必须有恢复通风、排除瓦斯和送电的安全措施。恢复正常通风后，所有受到停风影响的地段，必须经过监测人员检查，确认无危险后方可恢复工作。所有安装电动机和开关地点的20m范围内，必须检查瓦斯，符合规定后才可启动机器。局部通风机停止运转，在恢复通风前，亦必须检查瓦斯，符合规定方可开动局部风机，恢复正常通风。

（7）如开挖进入煤层，瓦斯排放量较大，使用一般的通风手段难以稀释到安全标准时，可使用超前周边全封闭预注浆。在开挖前沿掌子面拱部、边墙、底部轮廓线轴向辐射状布孔注浆，形成一个全封闭截堵瓦斯的帷幕。特别对煤层垂直方向和断层地带进行阻截注浆，其效果会更佳。

开挖后要及时进行喷锚支护，并保证其厚度，以免漏气和防止围岩的失稳。

（8）采用防爆设施。

① 遵守电器设备及其他设备的保安规则，避免发生电火，瓦斯散发区段，使用防爆安全形的电器设备，洞内运转机械须具有防爆性能，避免运转时发生高温火花。

② 凿岩时用湿式钻岩，防止钻头发生火花，洞内操作时，防止金属与坚石撞击、摩擦发生火花。

③ 爆破作业，使用安全炸药及毫秒电雷管，采用毫秒雷管时，最后一段的延期时间不得超过130ms。爆破电闸应安装在新鲜风流中，并与开挖面保持200m左右的距离。

④ 洞内只准用电缆，不准使用皮线。使用防爆灯或蓄电池灯照明。

⑤ 铲装石渣前必须将石渣浇湿，防止金属器械摩擦和撞击发生火花。

5.严格执行有关制度

（1）瓦斯检查制度：指定专人、定时和经常进行检查，测量风流和瓦斯含量，严格执行瓦斯允许浓度的规定。瓦斯检查手段可采用瓦斯遥测装置、定点报警仪和手持式光波干涉仪。随时发现异常情况，应及时报告技术主管负责人，采取措施进行处理。

（2）洞内严禁使用明火，严禁将火柴、打火机、手电筒及其他易燃品带入洞内。

（3）进洞人员必须经过瓦斯知识和防止瓦斯爆炸的安全教育。抢救人员未经专门培训不准在瓦斯爆炸后进洞抢救。

（4）瓦斯检查人员必须挑选工作认真负责、有一定业务能力、经过专业培训、考试合格者，方可进行监测工作。

第11章 施工辅助作业

修建隧道时，为配合开挖、运输、支撑及衬砌等基本作业而进行的其他作业，称为隧道施工辅助作业。其内容包括压缩空气的供应、施工供水与排水、施工通风与防尘、施工供电与照明等。

11.1 压缩空气的供应

在隧道施工中，一压缩空气为动力的风动机械（具）设备得到广泛的使用，常用的凿岩机、装渣机、喷射混凝土机锻钎机、压浆机等。这些风动机所需的压缩空气是由空气压缩机（以下简称空压机）生产，并通过高压风管输送给风动机的。

压缩空气俗称高压风，即经空气压缩机后的具有一定压力的空气。要保证风动积雪（具）设备正常工作，压缩空气必须具有一定的风量和风压。

11.1.1 供风量的计算

空压机站应根据能满足各种风动机械（具）设备正常运转及输送损耗所需要的风量。供风量的大小可根据下式计算

$$Q = (1 + K_备)(\sum qK + q_漏)k_m (\text{m}^3/\text{min}) \tag{11-1}$$

式中，$K_备$ 为空压机的备用系数，一般采用 75% ~ 90%；$\sum q$ 为风动机具所需风量（可查阅风动机具性能表）；K 为同时工作系数，见表 11-1；k_m 为空压机所处海拔高度对空压机生产能力影响系数，见表 11-2；$q_漏$ 为管路及附件的漏耗损失，其值为 $q_漏 = \alpha \sum L (\text{m}^3/\text{min})$。其中，$\alpha$ 为每公里漏风量，平均为 $1.5 \sim 2.0\ m^3/(min \cdot km)$；$\sum L$ 为管路总长，km，包括主、支管路的实际铺设长度和配件折合成管路的当量长度，配件折合成管路的当量长度，可参考表 11-3。

根据计算的风量选择合适的储风罐，如果用多台空压机时，一般采用相同的型号，以方便操作和维修。

表 11-1 同时工作系数

机具类型	凿岩机		装渣机		锻钎机	
同时工作系数	1~10	11~30	1~2	3~4	1~2	3~4
K	0.85~1.00	0.75~0.85	0.75~1.0	0.50~0.70	0.75~0.70	0.50~0.65

表 11-2 海拔高度影响系数

海拔高度/m	0	305	610	915	1219	1524	1829	2134	2438	2743	3048	3658	4572
k_m	1	1.03	1.07	1.10	1.14	1.17	1.20	1.23	1.26	1.29	1.32	1.37	1.43

表 11-3　　　　　　　　　　　　　配件折合成管路长度

钢管内径/mm 配件名称	25	50	75	100	150	200	300
球心阀	6.0	15.0	25.0	35.0	60.0	85.0	
闸门阀	0.3	0.7	1.1	1.5	2.5	3.5	6.0
丁字管	2.0	4.0	7.0	10.0	17.0	24.0	40.0
异径管	0.5	1.0	1.7	2.5	4.0	6.0	10.0
45°弯头	0.2	0.4	0.7	1.0	1.7	2.4	4.0
90°弯头	0.9	1.8	3.2	4.5	7.7	10.8	18.0
135°弯头	1.4	2.8	4.9	7.0	12.0	16.8	28.0
逆止阀		3.2		7.5	12.5	18.0	30.0

11.1.2　空压机站

空压机站主要有空压机、配电设备、储风罐（俗称风包）、送风管及配件、循环水池（用于冷却风压机）等组成。

空压机按动力来源可分为电动和内燃两种。短隧道可采用移动式内燃空压机，长隧道可采用固定式大形电动空压机。

空压机站一般应靠近洞口，与铺设的高压风管路同侧，并注意防洪、防火、防爆破。机房要求地形宽敞，通风良好，地基坚固。空压机组采用并列式布置，两空压机之间的间距不小于 1.5m。此外，还应考虑空压机出入、调换、加油、加水等方便。

11.1.3　高压风管管径的选择

高压风管管径应根据可能出现的最大风量和容许的最大风压损失来确定。使之满足：能通过计算的最大供风量；送风管末端的风压不小于 0.6MPa，以保证高压风通过胶管到达风动机械（具）后仍能保持 0.5MPa 的风压。

压缩空气在输送过程中，由于管壁摩擦、接头、阀门等产生阻力，其压力会减少，一般称压力损失。根据达西公式，钢管的风压损失 $\triangle P$ 可按下式计算：

$$\triangle P = \lambda \frac{L}{d} \frac{v^2}{2g} \gamma \times 10^{-6}$$

式中，λ 为摩阻系数，见表 11-4；L 为送风管路长度（包括配件当量长度，见表 11-3）；d 为送风管内径，m；g 为重力加速度，采用 9.81m/s²；γ 为压缩空气的中毒。

表 11-4　　　　　　　　　　　　　风管摩阻系数 λ 值

风管内径/mm	λ	风管内径/mm	λ
50	0.0371	150	0.0264
75	0.0324	200	0.0245
100	0.0298	300	0.0221
125	0.0282	300	0.0221

大气压强下，温度为 0℃ 空气重度为 12.9N/m³，温度为 t℃ 时，其重度则为 $\gamma_t = 12.9 \times \dfrac{273}{273 + t}$ (N/m³)，此时，压力为 P 的压缩空气的重度

$$\gamma = \gamma_t \frac{P + 0.1}{0.1} \quad (\text{N/m}^3)$$

式中，P 为空压机的压缩空气的压力，MPa；γ 为压缩空气在风管中的速度，m/s，可根据风量和风管面积求得。

胶皮风管是连接钢管与风动机具的，由于其压力损失较大，一般应尽量缩短其使用的长度，胶皮风管的压力损失值见表 11-5。

表 11-5　　　　　　　　高压风通过胶管的风压损失

通过风量 / (m³/min)	胶管内径 /mm	胶管长度					
		5	10	15	20	25	30
2.5	19	17.2	34.4	51.6	68.8	86.0	103.0
	25	4.19	8.37	12.56	16.74	20.93	25.1
3.0	19	24.3	48.6	72.9	97.2	121.5	145.8
	25	5.92	11.84	17.76	23.68	29.0	35.52
4.0	19	37.5	75.0	112.5	450.0	187.5	225.0
	25	9.14	18.28	27.42	36.56	45.7	54.84

高压风钢管管径选择可按下列步骤进行：

① 计算出送风管路最大的理论长度；

② 根据最大供风量及送风管管路最大理论长度，由表 11-6 可查得风管直径。

表 11-6　　　　　　　　容许通过风量与管径、管长关系

管长 / mm　风管直径 / mm	100	200	400	600	800	1000	1250	1500	2000	3000	5000
50	16	11	8	6	5						
70	46	33	23	19	16	15					
100	98	70	50	40	35	31	28	25	22	18	14
125	177	125	89	72	68	56	50	47	40	32	25
150	289	205	145	119	102	92	83	75	65	53	41
200		436	309	252	218	196	174	160	138	113	87
250						348	315	284	245	202	158
300									401	325	303

注：本表系送风管始端风压 0.7MPa，钢管末端风压为 0.6MPa，即风压通过管路的损失为 0.1MPa。

③ 根据查得的风管直径及最大供风量，计算风压损失值 $\triangle P$（也可查表 11-7 确定）当风压损失值 $\triangle P \leqslant P - 0.6$MPa 时（$P$ 为送风钢管始端风压），查得的风管直径即可使用，否则要将风管直径加大一级，并重复以上步骤重新选取，直至满足为止。

表 11-7　　　　　　　　　　　　　　　风压损失

风管内径/mm　　最大供风量	50	75	100	125	150	200	250	300
10	0.416	0.047						
20	1.653	0.188						
30		0.422	0.092					
40		0.751	0.155	0.051				
50		1.175	0.257	0.08				
60			0.37	0.114	0.043			
70			0.504	0.155	0.059			
80			0.658	0.203	0.076	0.017		
90			0.833	0.257	0.097	0.021		
100			1.025	0.317	0.120	0.026	0.008	
110				0.383	0.144	0.032	0.010	
120				0.456	0.172	0.038	0.012	
130				0.536	0.202	0.044	0.014	
140					0.234	0.052	0.016	
150					0.269	0.059	0.019	0.007
160					0.305	0.067	0.021	0.008
170						0.076	0.024	0.009
180						0.085	0.027	0.010
190						0.095	0.030	0.011
200						0.105	0.033	0.013

注　本表按送风钢管始端 0.7MPa，送风管长度（含当量长度）为 1000m 计算而得。

11.1.4　高压风管管路铺设要求

（1）管道敷设要求平顺，接头密封，防止漏风，凡有裂纹、创伤、凹陷等现象的钢管不能使用。

（2）在洞外地段，风管长度超过 500m 且温度变化较大时，宜安装伸缩器；靠近空压机 150m 以内，风管的法兰盘接头宜用耐热材料制成垫片，如石棉垫衬等。

（3）压风管道在总输出管道上，必须安装总闸阀以便控制和维修管道；主管上每隔 300～500m 应分装闸阀；按施工要求，在适当地段（一般每隔 60m）加设一个三通接头备用；管道前端至开挖面距离宜保持在 30m 左右，并用高压软管接分风器；分部开挖通往各工作面的软管长度不宜大于 50m，与分风器联结的胶皮软管长度不宜大于 10m。

（4）主管长度大于 1000m 时，应在管道最低处设置油水分离器，定期放出管中聚积的油水，以保持管内清洁与干燥。

（5）管道安装前应进行检查钢管内不得留有残杂物和其他脏物；各种闸阀在安装前应拆开清洗，并进行水压强度试验，合格者方能使用。

（6）管道在洞内应敷设在电缆、电线的另一侧，并与运输轨道有一定距离，管道高度一般不超过运输轨道的轨面，应适当增大距离。如与水沟同侧时不应影响水沟排水。

（7）管道使用时，应有专人负责检查、养护。

11.2　施工供水与排水

施工中的供水和排水是同施工安全密切相关的。坑道内出现地下水会软化围岩，引起落石坍方；坑道底部积水不及时排除，则有碍钻眼、爆破和清底接轨；坑道顶部淋水对工人健康不利；水量过大时甚至会淹没工作面，迫使工作停顿，这是水对施工不利的一面。但是，坑道内凿岩、喷雾洒水、灌注衬砌、机械运转和施工人员日常生活等都离不开水。因此隧道工程既要有供水设施，又要有排水措施，方能确保施工安全顺利进行。

11.2.1　施工供水

施工供水主要考虑水质要求、水量大小、水压及供水设施等几方面的问题。

1. 水质要求

凡无臭味，不含有害矿物质的洁净天然水，都可以做施工用水，饮用水的水质则要求更为新鲜清洁。无论生活用水还是施工用水，均应做好水质化验工作。参照国家水质标准，施工用水水质要求见表 11-8，生活用水水质要求见表 11-9。

表 11-8　　　　　　　　　　　施工用水水质要求

用水范围	水质项目	允许最大值
混凝土作业	硫酸盐（SO_4）质量浓度	不大于 1000mg/L
	pH 值	≤4
	其他物质	不含油、糖、酸等
湿式凿岩与防尘	细菌总数	在 37℃ 培养 24h 每毫升不超过 100 个
	大肠杆菌总数	每升水不超过 3 个
	浑浊度	不大于 5mg/L，特殊情况不大于 10mg/L

表 11-9　　　　　　　　　　　生活饮用水卫生标准

项　目	允许最大值
色度	不大于 20℃，应保证透明和无沉淀
浑浊度	不大于 5mg/L，特殊情况（暴雨洪水）不大于 10mg/L
悬浮物	不得有用肉眼可见的水生物及令人厌恶的物质
嗅和味	原水或煮沸后饮用时不得有异臭和异味
细菌总数	在 37℃ 培养 24h 每毫升不超过 100 个
大肠杆菌总数	每升水不超过 3 个
总硬度	不大于 8.9mg/L（25℃）
铅质量浓度	不大于 0.1mg/L
砷质量浓度	不大于 0.05 mg/L
氧化物质量浓度	不大于 1.5 mg/L
铜质量浓度	不大于 3 mg/L
锌质量浓度	不大于 5 mg/L
铁总质量浓度	不大于 0.3 mg/L
pH 值	6.5~9.5
酚类化合物	加氯消毒时，水中不得长生氯酚臭
余氯质量浓度	奔驰附近有利氯质量浓度不小于 0.3 mg/L，管路末端不小于 0.05 mg/L

2. 用水量估算

用水量与隧道的规模、施工进度、施工人员数量、机械化程度等条件有关，变化幅度较大，一般可参照表 11-10 来估算 1d 的用水量，再加一定的储备量。

表 11-10　　　　　　　　　　　　　**1d 的用水量**　　　　　　　　　　　　　　　t

用水项目	单位	耗水量	说　明
手持式凿岩机	t/（台·h）	0.20	
喷雾洒水	t/min	0.03	每次爆破后喷雾 30min
衬砌	t/h	1.50	包括混凝土养护及洗石
机械	t/（台·h）	5.00	循环冷却
浴池	t/次	15.0	
生活	t/（人·d）	0.02	

3. 供水方式

供水方式主要根据水源情况而定。在选择水源时，应根据当地季节变化，要求有充足的水量，保证不间断供水。通常应尽量利用自流水源，以减少抽水机械设备。一般是把山上流水或泉水，河水或地下水（打井）用水管或抽水机引或扬升到位于山顶的蓄水池中，然后利用地形高差形成水压，通过管路送达使用地点。

蓄水池形式一般为开口式，水池容量应根据最大计算用水量、水源及抽水机等情况而定。为防止抽水机发生故障或偶尔停电，还应考虑备用水量。根据经验可按 1d 用水量的 1/2～2/3 来修建。

蓄水池位置应选择在基底坚固的山坡上，避开隧道洞顶，以防止水池下沉开裂后漏水渗入隧道，造成山体滑动或坍方。

水池相对高度，以水达到隧道最高工作面时的水压不下于 0.3MPa 为准，折合水柱高为 30m。因此，水池与它供水的最高工作面间的高差应为

$$H \geqslant 1.2（30 + h_{损}）\quad（m）\tag{11-2}$$

式中，1.2 为压力储备系数；$h_{损}$ 为管路全部水头损失，其值为 $\sum h_{摩} + \sum h_{局}$，其中 $\sum h_{摩}$ 为管路摩擦损失，$\sum h_{局}$ 为管路局部损失。管路水头损失的计算可查阅有关手册。

4. 供水管道布置

（1）管道敷设要求平顺，短直且弯头少，管路管径尽可能一致，接头严密不漏水。

（2）管道沿山顺坡敷设悬空跨距大时，应根据计算来设立支柱承托，支撑点与水管之间加木垫；严寒地区应采用埋置或包扎等防冻措施，以防水管冻裂。

（3）水池的输出管应设总闸阀，干路管道每隔 300～500m 应安装闸阀一个，以便维修和控制管道。管带闸阀布置还应考虑一旦发生管道故障（如断管）能够暂时由水池或水泵房供水的布置方案。

（4）给水管道应安设在电线路的异侧，不妨碍运输和人行，并设专人负责检查养护（可与压风管共同组织一个维护、养护工班）

（5）管带前端至开挖面一般保持 30m 的距离，用直径 50mm 的高压软管接分水器，分水器上预留的异径三通至其他工作面供水使用软管（φ13mm）连接，其长度不宜超过 50m。

（6）如利用高山水池，其自然压头超过所需水压时，应进行减压，一般是在管路中段设

中间水池作过渡站，也可直接利用减压阀来降低管道中水流的压力。

11.2.2　洞内排水

隧道施工中应将洞内工程废水及地下水及时排出洞外，以防止坑道浸水影响施工和淹没工作面。洞内排水方式应根据线路坡度大小和水量大小而定。按隧道开挖方向和线路坡度情况，洞内排水可分为两种。

1. 顺坡施工排水

向洞内开挖为上坡，叫顺坡施工。此时只需随着隧道的延伸，在一侧（或两侧）开挖排水沟，使水顺坡自然排出洞外。

2. 反坡施工排水

向洞内开挖为下坡，叫反坡施工。斜井开挖亦属此类。因水向工作面汇集，需用机械排水，排水系统常用的布置方式有两种。

（1）分段开挖反坡水沟，在分段处挖集水坑，每个集水坑处设一抽水机，把水抽至后一段反坡，最后一个抽水机把水排出洞外，如图 11-1(a) 所示。

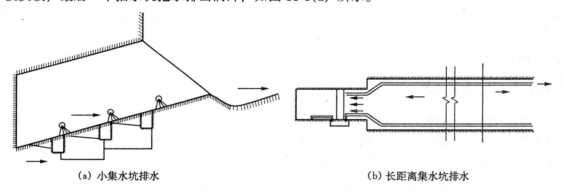

（a）小集水坑排水　　　　　　　　　　（b）长距离集水坑排水

图 11-1　反坡排水方式示意图

这种方式的优点是工作面无积水，抽水机的位置固定，亦不需要水管。缺点是用的抽水机多，而且要开挖反坡水沟。一般隧道较短和坡度较小时采用。

（2）隔开较长距离开挖集水坑，开挖面的积水用小水泵抽到最近的集水坑内，再用主抽水机将水排到洞外，如图 11-1(b) 所示。

这种方式的优点是所需抽水机的数量少，缺点是要安装水管，抽水机需随坑道掘进而拆迁前移。在隧道较长、涌水量较大时采用为宜。

反坡施工的隧道，应对地下水涌水量有足够估计，排水设施要有后备。必要时，应在坑道掌子面上钻较深的探水眼，防止突然遇到地下水囊、暗河等大量涌水进入坑道造成事故。

另外，施工排水的一个特殊方面是要防止洞外洪水突然倒灌洞内，尤其在反坡施工及斜井施工时，洪水倒灌往往会造成重大安全事故。为此，做好洞口地表排水、截水设施。

11.3　施工通风与防尘

隧道施工中由于凿岩、爆破、装渣运输、喷射混凝土等作业，产生大量的粉尘，而且炸药爆炸还会释放大量的 CO、CO_2、NO_2、SO_2、H_2S 等有害气体，隧道穿经煤层或某些地层时，还会放出瓦斯、硫化氢等有害气体；洞内施工人员要消耗氧气，呼出 CO_2 等；这些都会使洞内工作环境的空气恶化，降低洞内施工效率，甚至会造成安全事故。此外，随着隧道不断向山体深部延伸，温度和湿度相应增高，对人体也会产生有害影响。

隧道施工通风的目的，就是向洞内送进新鲜空气，排出有害气体，降低粉尘浓度和洞内温度，保障洞内施工人员的健康，改善劳动条件，从而保证施工安全和提高劳动生产效率。

按照《隧规》规定，洞内作业环境必须符合下列卫生标准。

（1）洞内空气中含氧量不得小于 20%，并保证洞内施工人员每人有 $3\ m^3/min$ 的新鲜空气；当洞内采用内燃机作业时，供风量不宜小于 $3\ m^3/(min \cdot kW)$。

（2）粉尘最高容许浓度为：$1m^3$ 空气中含有 10% 以上游离 SiO_2 的粉尘为 2mg。

（3）瓦斯隧道装药爆破时，爆破地点 20m 内，风流中瓦斯浓度必须小于 1.0%；总回风道风流中瓦斯浓度应小于 0.75%；开挖面瓦斯浓度大于 1.5% 时，所有人员必须撤到安全地点。

（4）有害气体最高容许浓度为：CO 最高容许浓度为 $30mg/m^3$。在特殊情况下，施工人员必须进入工作面时浓度可为 $100mg/m^3$，但工作面时间不得超过 30min。CO_2 按体积计不得大于 0.5%，氮氧化物（换算成 NO）为 $5mg/m^3$ 以下。

（5）洞内气温不得超过 28℃；噪声不得超过 90dB。

11.3.1　施工通风方式

施工通风方式应根据隧道的长度、掘进坑道的断面大小、施工方法和设备条件等诸多因素来确定。在施工中，有自然通风和机械通风两类，其中自然通风是利用洞室内外的温差或高差来实现通风的一种方式，受洞外气候条件的影响极大，一般仅限于短直隧道。

机械通风方式，按照通风类型，通风机安装位置的不同，可分为风管式、巷道式两大类。而风管式通风根据隧道内空气流向的不同，又可分为压入式、吸出式和混合式 3 种。

11.3.1.1　风管式通风

此种通风方式的风流经由管道输送，又可分为 3 种形式。

（1）压入式通风，如图 11-2(a) 所示。这种通风方式的特点为：风机将洞外新鲜空气通过风管压送到工作面，而工作面的污浊空气沿巷道排出洞外，以达到通风的目的。这种通风方式若采用大功率、大管径，其适用范围更广。

（2）吸出式通风，如图 11-2(b) 所示。这种通风方式的特点为：风机将工作面的污浊空气吸入风管而排出洞外，巷道内空气新鲜而工作面附近空气污浊；风机离工作面距离较近时，易被爆破废弃的石块砸坏。这种通风方式一般不宜单独使用，常与压入式风机配合组成混合式通风。

（3）混合式通风，如图 11-2(c) 所示。这种通风方式的特点为：设置两套风机与风管，一套为吸出式，将洞内污浊空气排出洞外。另一套为压入式，向工作面输送新鲜空气。既保持了前述两种通风方式的优点，又避免了它们的不足，因此是施工现场常采用的通风方式。但混合式通风的管路、风机设施增多，在管径较小时可采用，若采用大管径、大功率风机时，其经济性不如压入式。采用混合式通风，必须注意的技术要求：压入和吸出两台风机必须同时启动；吸出风机的通风能力应比压入风机的通风能力大 20%～30%。

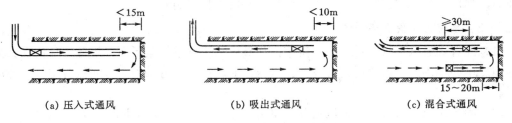

（a）压入式通风　　　　　　（b）吸出式通风　　　　　　（c）混合式通风

图 11-2　风管式通风的 3 种方式

吸出风机和压入风机的位置布置最小交错 30m，以便在洞内形成短循环风流；压入风机的管端部与工作面的距离应在风流有效射程之内，一般为 15～20m。

11.3.1.2　巷道式通风

巷道式通风式利用隧道本身（包括成洞、导坑及扩大地段）和辅助坑道（如平行导坑）组成主风流和局部风流两个系统互相配合而达到通风的目的。现以设有平行导坑的隧道为例说明如图 11-3 所示。

1. 主风流循环系统

利用平行导坑与正洞的横向联络通道作为风道，在平行导坑口侧面的风道口处设置主风机（主扇），通风时把平行导坑设置的两道挡风门关闭。当主扇向外吸风时，平行导坑内空气产生负压，正洞外面把新鲜空气即通过正洞向洞内补充，污浊空气经由最前端横通道进入平行导坑，在经施工通风道排出洞外，从而形成以坑道为通风道的主风流循环系统，使主风流范围内的污浊空气很快被排出洞外。

挡风门是巷道通风的关键之一，为此必须做到以下几点。

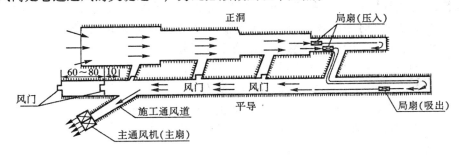

图 11-3　巷道式通风（单位：m）

（1）平行导坑口设置两道风门，其间距为 1.2～1.5 倍出渣列车长度，一般为 60～80m。设置两道风门，是为保证当列车通过平行导坑口时，始终有一道风门处于关闭状态，而不出现风流短路。

（2）不做运输的横通道应及时关闭，以减少风流损失。

（3）挡风门应做到顺风关、逆风开，要做到严密不漏风，应派专人看守和维修。

2. 局部风流循环系统

正洞及平行导坑开挖作业区，必须配置风扇，已形成局部风流循环系统，在图 11-3 中，正洞开挖作业区布置一台压入式风机，压入新鲜空气，工作面的污浊气体即随主风流系统经横通道、平行导坑排出洞外。为了提高平行导坑开挖作业区通风效果，可布置成以吸出式为主、压入式为辅的混合式通风。主风流只能够把部分新鲜空气由压入式风机压送到平行导坑工作面，而污浊气体则由吸出风机吸出到平行导坑中排出洞外。

11.3.1.3　通风方式的选择

（1）风管式通风不仅适用于独头坑道，如导坑独头掘进、全断面开挖等，目前在长大隧道的施工中亦多采用。当风量需要较大，风压需要较高时，可采用两台或数台型号的通风机串联。

（2）巷道式通风通常与辅助坑道配合使用，是解决长大隧道通风的主要方法之一。如风压需要较高、无大功率通风机时可采用数台同型号的通风机并联。另外，巷道式通风尚有风墙式、通风竖井、通风斜井、横洞等。

（3）随着我国独头掘进技术的提高，开挖断面的增大，通风方式更趋近于采用大功率、大管径的压入式通风。秦岭隧道Ⅱ线平导，开挖断面为 28m²，独头掘进 9.5km。通风设计为两阶段，第一阶段采用 PF-110SW55 形风机，$\phi 1.3m$ 的 PVC 塑布软风管的单机压入式通风，通风长度可达 6km；第二阶段在 4.5～5km 处设通风站，采用混合式通风，总通风长度可达 10km。

11.3.2　施工通风的计算

施工通风计算的目的是选择通风机，确定风机型号和轴功率的主要依据是风量和风压。

11.3.2.1　风量计算

（1）按洞内同时工作的最大人说所需的风量计算：

$$Q = kmq \tag{11-3}$$

式中，Q 为所需风量，m³/min；k 为风量备用系数，常取 $k = 1.1 \sim 1.2$；m 为洞内同时工作的最多人数；q 为洞内每人每分钟需要的新鲜空气量，通常按 3m³/（人·min）计算。

（2）按稀释洞内同时爆破采用的多炸药量所产生的有害气体需要的风量计算：

由于通风方式不同，计算方法也各不相同，以下分别介绍。

① 巷道式通风

$$Q = 5Ab/t \tag{11-4}$$

式中，Q 为所需风量，m³/min；A 为洞内同时爆破的最多炸药量，kg；b 为 1kg 炸药折合成 CO 的体积，一般取 $b = 40L/kg$；t 为爆破后的通风时间，min。

② 管道式通风

（a）压入式通风

$$Q = \frac{7.8}{t} \sqrt[3]{AS^2 L^2} \tag{11-5}$$

式中，S 为坑道的开挖断面面积，m²；L 为坑道的通风长度，m；其他符号同前。

（b）吸出式通风

$$Q = \frac{18}{t} \sqrt{ASL_{散}} \tag{11-6}$$

式中，$L_{散}$ 为爆破后炮烟的扩散长度，m，非电起爆 $L_{散} = 15 + A$，电雷管起爆 $L_{散} = 15 + A/5$。其他符号同前。

（c）混合式通风。采用混合式通风时，要求吸出功率大于压入风机功率，即 $Q_{混吸} >$

$Q_{混压}$。所以只计算 $Q_{混}$ 压即可。$Q_{混}$ 压按式（11-5）计算，但式中 L 改为 $L_{入口}$（吸出风机到工作面的距离），即

$$Q_{混压} = \frac{7.8}{t} \sqrt[3]{AS^2 L_{入口}^2} \tag{11-7}$$

通常取 $Q_{混吸} = 1.3Q_{混压}$，式中 $Q_{混压}$ 为压入风量；$Q_{混吸}$ 为吸出风量；$L_{入口}$ 为压入风口至工作面的距离，一般接 25m 计算。其他符号同前。

（3）按内燃机作业废气稀释的需要计算

$$Q = n_j A \tag{11-8}$$

式中，n_j 为洞内同时使用内燃机作业的总功率，kW；A 为洞内同时使用内燃机每 1kW 所需要的风量，一般采用 $3m^3/(min \cdot kW)$ 计算。

（4）按洞内允许最小风速验算风量

$$Q = 60 v_{min} S_{max} \tag{11-9}$$

式中，v_{min} 为洞内允许最小风速，m/s，全断面开挖时为 0.15m/s，其他坑道为 0.25m/s；S_{max} 为坑道最大断面面积，m^2。

按上述 4 种情况计算后，取其中最大者为计算风量。要求通风机提供的风量为

$$Q_{供} = PQ \tag{11-10}$$

式中，Q 为计算所需风量；P 为管道漏风系数。

P 值与风道直径、长度、接头质量、风压、风管材料等因素有关，是一个大于 1 的系数，可按有关设计手册查用。如采用胶质风管或金属风管时，其值可参考表 11-11，表 11-12。

表 11-11　　　　　　　　　　　胶质风管漏风系数

风管长度/m	50	100	150	200	250	300	400	500
漏风系数/P	1.04	1.08	1.11	1.14	1.16	1.19	1.25	1.30

表 11-12　　　　　　　　　　　金属风管漏风系数

风管长度/m	风管每节为 3m 及下列直径（m）时的漏风系数			风管每节为 4m 及下列直径（m）时的漏风系数		
	0.5	0.7	0.8	0.5	0.7	0.8
100	1.02	1.01	1.01	1.02	1.01	1.008
	1.09	1.04	1.03	1.06	1.03	1.02
200	1.08	1.05	1.03	1.06	1.02	1.02
	1.27	1.16	1.16	1.19	1.11	1.06
300	1.16	1.09	1.06	1.10	1.06	1.04
	1.51	1.29	1.318	1.37	1.22	1.12
400	1.25	1.15	1.10	1.16	1.10	1.06
	1.82	1.46	1.32	1.61	1.34	1.23

续表 11-12

风管长度 /m	风管每节为 3m 及下列直径（m）时的漏风系数			风管每节为 4m 及下列直径（m）时的漏风系数		
	0.5	0.7	0.8	0.5	0.7	0.8
500	1.36	1.21	1.14	1.25	1.14	1.08
	2.25	1.62	1.45	1.88	1.51	1.32
600	1.49	1.28	1.19	1.27	1.18	1.12
	2.76	1.93	1.57	2.22	1.66	1.45
700	1.63	1.36	1.27	1.48	1.28	1.16
	3.44	2.20	1.79	2.60	1.85	1.56
800		1.45	1.33		1.30	1.22
		2.63	2.05		2.13	1.74
900		1.54	1.36		1.39	1.25
		2.89	2.25		2.28	1.87
1000		1.65	1.50		1.46	1.28
		3.42	2.52		2.62	2.07

注：表中同格内上行值为风管接头用橡皮或油封衬垫密封，螺栓完全拧紧。下行值为风管接头用马粪纸或麻绳密封，螺栓完全拧紧。

对于长距离的通风，一般采用 PVC 塑料软管。管路直径大于 1m。

对于高山地区，由于压强的降低，供风量需要进行修正，即：

$$Q_高 = 100 Q_正 / P_高 \tag{11-11}$$

式中，$Q_高$ 为高度修正后的供风量；$Q_正$ 为正常条件下的供风量，m^3/min；$P_高$ 为高山地区大气压，kPa，见表 11-13。

表 11-13 　　　　　　　　　　　隧道施工时的洞内外照明布置

工作地段	照明布置
开挖面 40m 以内作业段	两侧用 36V，500W 的卤钨灯各 2 盏（或 300W 卤钨灯 7 盏，以不小于 2000W 为准），灯泡距离隧道底面 4m
开挖面 40～100m 以内	安设 2 盏 400W 的高压钠灯和 2 盏 400W 的什么，间距约 15m，灯泡距离隧道底面高 5m
开挖面 100m 至成洞末端	每隔 40m，左右各设 400W 的高压钠灯 1 盏
模板台车衬砌作业段	台车前 10～15m，增设 400W 的高压钠灯 1 盏，台车上亮度不足时，增设 36V，300W 或 500W 的卤钨灯
成洞地段	每隔 40m 设 400W 的高压钠灯 1 盏
斜井、竖井井身，掌子面及喷射混凝土作业面	使用 36V，500W 或 300W 的卤钨灯，已施工井身部位选用小功率的 110V 高压钠灯。间距：混合井 30m 安装 1 盏，主副井每 25m 安装 1 盏
洞外场地	每隔 200m 安装高压钠灯 1 盏

11.3.2.2　风压计算

在通风过程中，风流必须要有一定的风压，才能克服沿途的各种阻力，将风送到洞内，并保证具有一定的风速，风流所受的阻力主要有摩擦阻力、局部阻力和正面阻力，即

$$h_机 \geqslant \sum h_阻 = \sum h_摩 + \sum h_局 + \sum h_正$$

1. 摩擦阻力 $h_摩$

摩擦阻力是管道（巷道）周壁与风流中空气分子间的扰动和摩擦而产生的阻力，也称沿

程阻力。

根据流体力学的达西公式可以导出隧道通风的摩擦阻力公式

$$h_{摩} = \lambda \cdot \frac{L}{d} \cdot \frac{v^2}{2g} \cdot \gamma \tag{11-12}$$

式中，$h_摩$ 为摩擦阻力，kPa；λ 为达西系数；L 为风管长度，m；v 为风流速度，m/s；d 为风管直径；m；g 为重力加速度，m/s^2；γ 为空气重度，N/m^3。

对于任意形状时，$d = 4S/U$（U 为风管道周边长度，S 为风管面积），代入公式有：

$$h_{摩} = \frac{\lambda \cdot \gamma}{8g} \cdot \frac{LU}{S} \cdot v^2 \tag{11-13}$$

若风道流量为 Q，m^3/s，则 $v = Q/S$，再令 $a = \lambda\gamma/8g$（α 称为摩擦阻力系数，N·s^2/m^4），将 α，v 带入式（11-13）有

$$h_{摩} = aLUQ^2/S^3 \tag{11-14}$$

风流经过风管的某些局部地点（如断面扩大、断面减小、拐弯、交叉）时，由于速度方向发生突然变化而导致风流本身产生剧烈的冲击，由此产生的风流阻力称局部阻力。

现以风流突然扩大为例来分析局部阻力的计算。设空气自小断面 S_1 流到大断面 S_2，小断面的风速为 v_1，到大断面中流速必然将为 v_2，这时所产生的能量损失可按下式计算

$$h_{大} = \frac{(v_1 - v_2)^2}{2g}\gamma \tag{11-15}$$

因为

$$S_1 v_1 = S_2 v_2, \quad v_2 = \frac{S_1}{S_2} v_1$$

即

$$h_{大} = \left(1 - \frac{S_1}{S_2}\right)^2 \cdot \frac{v_1^2}{2g} \cdot \gamma$$

令

$$\xi_{大} = \left(1 - \frac{S_1}{S_2}\right)^2$$

则有

$$h_{大} = \xi_{大} \cdot \frac{v_1^2}{2g} \cdot \gamma \tag{11-16}$$

类似于断面扩大时的局部阻力分析，也适用于其他几种不同情况，如断面缩小等。现用 $v = Q/S$ 代替 v_1，r 取 12N/m^3，得局部阻力公式为

$$h = 0.612\xi \frac{Q^2}{S^2} \quad (\text{kPa}) \tag{11-17}$$

式中，ξ 为局部阻力系数，见表 11-13。其他符号同前。

2. 正面阻力 $h_正$

当通风面积受阻时，会在受阻区域出现过风断面减小后再增大这一现象，相应地会增加风流阻力，一般可用下式计算

表 11-14 局部阻力系数表

管（巷）道形式	阻力系数 ξ				
	30°	45°	60°	90°	120°
 1.5	0.08	0.11	0.14	0.175	0.20
2.0	0.07	0.10	0.12	0.15	0.17

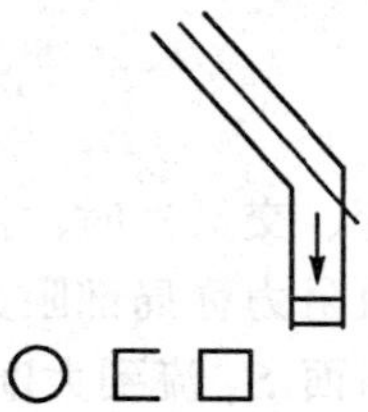 α	10°	20°	30°	40°	50°
ξ	0.018	0.070	0.164	0.359	0.494
α	60°	70°	80°	90°	100°
ξ	0.654	0.818	1.145	1.471	1.800
α	110°	120°	130°	150°	170°
ξ	2.130	2.620	2.845	3.600	5.070

如为圆形则需除以 1.22

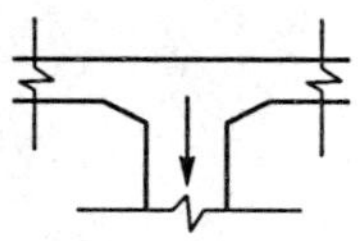

$\xi = 1.5$

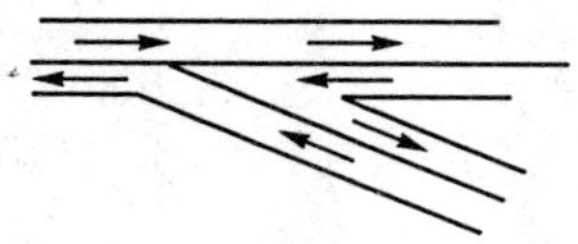

$\alpha = 45° - 60°$，$\xi = 1.5$

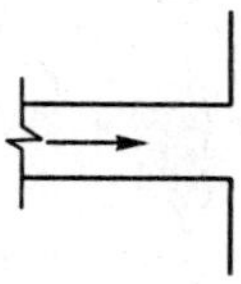

$\xi = 1.0$

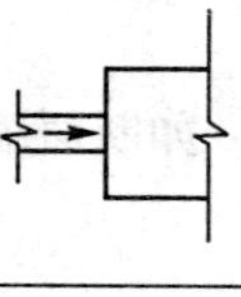 面积比 f/F	0.2	0.4	0.5	0.8
ξ	0.64	0.36	0.25	0.04

断面变化地点	ξ	断面变化地点	ξ
由洞口进入正洞	0.6	由导坑单道断面进入双道断面	1.70
由成洞进入扩大及导坑或上导坑	0.46	由导双道断面进入单道断面	1.00
由漏斗孔进入导坑	2.00	由平导进入通风道	0.50

$$h_{正} = 0.612 \Psi S_m Q^2 / (S - S_m)^3 \quad (kPa)$$

式中，Ψ 为正面阻力系数，当列车行走时，$\Psi = 1.15$，当列车停放时 $\Psi = 0.15$，如两列车（或斗车）同一间距超过 1m 时，则逐一相加；S_m 为阻塞物最大迎风面积，m^2。其他符号同前。

11.3.3 通风机的选择

通风机由轴流式和离心式两类。在隧道施工通风中主要采用轴流式通风机。它具有风量大、功率高、结构紧凑、重量轻等优点。选择时，按 $Q_机 \geqslant 1.1 Q_供$（其中 1.1 是风量储备系数，$Q_供$ 则为前述计算结果）及 $h_机 \geqslant P \sum h_阻$（P 为漏风系数，$\sum h_阻 = \sum h_摩 + \sum h_局 + \sum h_正$），从通风机技术性能表或通风机"特性曲线"图中选取合适的通风机型号。通风机应有备用，数量一般为计算能力的 50%。此外，根据具体情况，还可以选用具有吸尘、防爆和低噪音等特性的风机。

11.3.4 风机及风管布置

设置通风机时，其安装基础要能充分承受机体重量和运行时产生的震动，或者水平架设到台架上。吸入口注意不要吸入液体和固体，而且要安装喇叭口以提高吸入、排除的效率。

放置在隧道内的风管，应设在不妨碍出渣运输作业、衬砌作业的空间处，同时要牢固地安装，以免因受到振动、冲击而发生移动、掉落。在衬砌模板台车附近，不要使风管急剧弯曲，以减少风压损失。风管一般均用夹具等安装在支撑构件上，若不使用支撑，自由喷射混凝土和锚杆时，可在锚杆上装特殊夹具挂承力索，而后通过吊钩安装风管。风管的连接应密贴，以减少漏风，一般硬管用密封带或垫圈，软管则用紧固件连接。风管可挂设在隧道拱顶中央、隧道中部或靠边墙角处，一般在拱顶中央处通风效果较佳。

11.3.5 通风管理

隧道施工通风取得良好的效果，除合理选择通风设备外，还必须加强通风管理，并要求做到以下几点：

(1) 定期测试通风量、风速、风压，检查通风设备的供风能力和动力消耗；

(2) 发现风管、风门、封闭的通道等处漏风时，必须堵塞；

(3) 通风巷道中，避免停放闲置的车辆、堆积料具和废渣；

(4) 采用平行导坑通风巷道时，除最外一个横通道外，其余均应设置风门，在通风时及时关闭风门。

11.3.6 防 尘

在隧道施工中，凿岩、装渣、喷射混凝土等作业都有粉尘产生，特别是粒径小于 $10\mu m$ 的粉尘，极易被人吸入人体内，沉附于支气管中，或吸入肺泡而造成矽肺病。为了使坑道的含尘量降低到 $2mg/m^3$ 以下，必须采取综合防尘措施。归纳起来有如下几个方面：

(1) 采用湿式凿岩，用高压水冲洗孔眼使岩粉变成浆液流出；

(2) 使用机械通风也是降低洞内粉尘浓度的重要手段，在主要作业（钻眼、装渣等）时间内，应始终开动风机保持通风；

（3）喷雾洒水不仅可以清除爆破、出渣所产生的粉尘，而且可溶解少量有害气体，并能降低坑道温度，使空气变得明净清爽；

（4）工作人员应戴防尘口罩，防止粉尘吸入人体内，这也是有效防尘方法之一。

此外，喷射混凝土采用半湿式或湿式喷射作业，可减少或消除混合料在拌合、运送及喷射时产生的粉尘。

11.4 施工供电与照明

在隧道施工中，电动机械及照明都需要用电。因此，保证洞内供电非常重要。

11.4.1 供电线路

隧道供电电压一般是三相四线 400/230V，动力机械电压标准是 380V，成洞地段照明用 220V，工作地段照明用 24～36V。

对于长隧道考虑到低压输电因线路过长而使末端电压降得太多，故用 6～10kV 高压电缆进洞，然后在洞内适当地点设变电站，将高压电流变成 400/230V，再送至工作地点。洞内 220V 照明线均应使用防潮绝缘导线，并架设在离地面 2.2m 以上的瓷瓶上。高压电缆的架设高度应高出地面 3.5m。

11.4.2 施工照明

隧道施工采用电灯照明，照明光线要充足均匀。以往施工照明采用白炽灯，它既费电，亮度又差，且易造成事故。近年来已开始采用高压钠灯、低压卤钨灯、钠铊铟灯、镝灯等新光源。

1．高压钠灯

此种灯的发光效率为 20～30lx/W，透雾性能好，没有眩光。尽管洞内放炮后烟雾弥漫，但灯下物体仍清晰可见，此灯能经受爆破冲击波的震动，诱虫少，使用寿命长，可达 2000～5000h，是洞内施工较理想的照明光源。

2．低压卤钨灯

这种灯的发光效率为 20～30lx/W，通常使用的有两种，一种为 36V，300W 或 36V，500W 卤钨灯，寿命大于 600h，亮度为白炽灯的两倍。另一种是 36V，500W 溴钨灯，使用寿命大于 500h，亮度为白炽灯的三倍，适用于作业面照明。

3．钠铊铟灯

它是一种新型气体放电灯。发光效率为 60～80lx/W，光色好，适用于大面积照明，灯的使用寿命为 1000～2000h。但在洞内使用时透烟雾性能差，悬挂高度在 15m 以下时有眩光。

4．镝 灯

镝灯是一种高强度气体放电灯，发光效率在 70lx/W 以上。显色性能好，光色洁白，清晰宜人，灯的使用寿命大于 500h，适用于洞外场地照明。

对于这些新的光源，在应用时要按照表 11-14 的要求布置施工时的洞内外照明。

第 12 章　隧道施工组织设计与施工管理

12.1　隧道的施工组织设计

隧道施工组织设计是组织施工的基本文件。它是根据施工文件要求、隧道工程特点、围岩条件、工期要求、周围环境、施工技术装备和施工力量等技术和经济因素等，在确保安全、经济的前提下，编制隧道施工组织设计，确定合理的施工方法、对施工工艺、机械配备、监控量测、工序安排、劳动组织、材料供应、工程投资、场地布置等，作出合理的计划，并提出组织措施和充分预计可能出现问题的对策等，确保隧道施工有条不紊地顺利进行。

12.1.1　隧道各阶段施工组织设计的内容

设计阶段编制的施工组织设计，称为隧道施工指导性组织设计；隧道施工前准备阶段、隧道施工阶段和竣工验收阶段编制的施工组织设计，称为隧道工程的实施性施工组织设计。

12.1.1.1　隧道工程的指导性施工组织设计

对地质复杂、施工条件困难和控制总工期的重点工程，应由设计单位在隧道工程设计阶段编制指导性施工组织设计，并编入相应的设计文件。它是规定整个工程项目的总规划和总决策，制定隧道施工的轮廓计划，初步拟定施工方法、施工程序及施工时间，部署隧道施工各个环节和彼此之间的协调关系，并为编制隧道工程设计概算提供依据。隧道指导性施工组织设计文件组成与内容应包括以下内容。

(1) 施工组织设计说明书，主要内容如下：

① 设计依据；

② 工程概况；

③ 当地自然条件；

④ 施工条件（含材料供应）；

⑤ 辅助工程；

⑥ 过渡工程；

⑦ 施工期限安排及其依据；

⑧ 施工准备工作；

⑨ 施工方法及工序安排；

⑩ 不良地质和特殊地质地段施工的原则；

⑪ 施工通风、防尘、排水及动力照明的布置和必要措施；

⑫ 采用新技术、新工艺、新材料和新方法；

⑬ 劳动力安排意见；

⑭ 其他有关事项。

(2) 主要工程数量表。

(3) 主要机具设备表。

(4) 隧道进出口及斜井、竖井、横洞、平行导坑洞口施工场地布置图。

(5) 隧道各口施工通风设计图。

(6) 隧道各口施工通风道及机械安装设计图。

(7) 施工排水设计图。

(8) 施工动力及照明线路布置图。

(9) 隧道防尘及其他必要措施设计图。

(10) 指导性施工组织设计图 (含劳动力动态图)。

(11) 过渡工程设计图。

(12) 其他必要的布置图或设计图。

12.1.1.2　隧道工程的实施性施工组织设计

实施性施工组织设计是由施工单位根据指导性施工组织设计和工地具体情况,对隧道施工中各项分部工程,各工序及施工队或班组的人力、机具等配备情况,分期、分部位、分项目的编制更为具体详细的计划安排,实行施工组织动态管理,其目标是为了达到安全、经济、保质、保量、按期或争取提前圆满地完成施工任务。

实施性施工组织设计的主要内容如下。

(1) 工程概况:包括隧道名称、起讫里程;中线平面位置及纵向坡度情况;隧道所处围岩的工程地质和水文地质情况、所处地区的气候条件、地形地貌;当地可供利用的运输道路、电力、水源和当地建筑材料等情况;本隧道与洞外其他工程的关系及工期等。

(2) 施工准备工作的安排:提出复测或控制测量的要求及其完成期限;计算洞口工程和临时工程 (如临时便道、给水、供电、通讯、施工房屋等) 的工程数量,合理安排施工顺序和施工期限;合理布置为隧道施工服务的整套附属生产设施,如当地砂石料的开采场地、木工场、机修房、变电站、空压机站、水泵站等;各种机械的安装、配套及试运转;材料库的建立及部分材料的储运工作等。

(3) 工程数量:计算包括洞内外的各种工程数量并列表汇总。

(4) 材料数量:包括主要材料及辅助材料并将供应计划列表汇总。

(5) 机械 (具) 配备:将各种施工机械 (具) 的配备数量及其耗油量 (列入材料表中) 列表汇总。

(6) 劳力及工班组织:将劳动计划、各工序需要的工天数列表汇总;工班组织也即各工序具体劳力分工安排情况。

(7) 提供各种施工设计:包括开挖、支护设计;钻爆设计;运输计划设计;施工监测计划;施工通风设计;作业循环图;高压风、水、电设计等。

(8) 洞口平面布置图。

(9) 施工组织进度图:隧道各工序施工进度及劳动力动态用坐标图形式表示,并附上主要材料、机械表等。

(10) 质量及安全措施:特别要对新技术的工艺提出质量要求,对各工序要提出相应的安全措施。

12.1.2　隧道实施性施工组织设计编制依据原则及程序

12.1.2.1　编制依据

(1) 隧道的各种设计文件、标准图、工程数量。

(2) 工期要求、劳动力、材料、机械（具）、运输等条件。

(3) 现场调查资料、预先选定的施工方案。隧道施工方案一般包括辅助坑道方案、开挖方案、支撑与预加固方案、支护与衬砌方案、风水电作业方案、场地布置方案、运输方案、施工进度和劳材计划及机具设备计划等。

(4) 各种定额指标，包括劳动定额、材料定额和机械定额。

根据定额可计算出全部工程所需的劳动工天、材料总消耗量、机械总台班数。它是编制施工计划、经济核算的依据。

(5) 各种质量、安全规划及管理制度。包括主要技术组织措施；采用推广新技术；提高劳动生产率，节约人力、物力，降低工程成本；检查和提高工程质量的制度；施工安全措施；开展劳动竞赛及施工奖惩制度等。

12.1.2.2　编制原则

根据隧道工程的技术与经济特点，在编制时应贯彻以下原则。

(1) 严格遵守签订的工程施工承包合同或上级下达的施工期限，保证按期或提前完成隧道施工任务，交付使用通车运营。

(2) 遵守隧道施工技术规范和操作规程，确保隧道工程质量及施工安全。

(3) 采用新技术、新工艺、新方法，不断提高机械化施工及预制装配化施工进度，降低成本和提高劳动生产率，减轻劳动强度，统筹安排施工及尽量做到均衡生产。

(4) 开源节流，精打细算，充分利用现有设施，尽量减少临时工程，降低工程造价，提高投资经济效益。

(5) 认真贯彻就地取材的原则，尽量利用当地资源。

(6) 合理组织冬、雨季施工和隧道工程建筑材料运输、贮备工作，增加全年施工工作日，力求降低冬、雨季施工的附加费用。

(7) 节约隧道施工用地，少占或不占农田，注意水土保持和重视环境保护。

(8) 统筹布置隧道施工场地，要确保施工安全，要方便职工、民工的生产和生活。

编制隧道施工组织设计的程序，如图 12-1 所示。

12.1.3　隧道施工前的准备工作

12.1.3.1　技术准备

(1) 审核设计文件。熟悉设计文件，并核对平纵剖面、地质资料等是否和现场条件相符，洞口位置、辅助坑道位置、排水系统以及洞口工程与其他工程安排等是否合理。

(2) 控制桩的复核和复测。对洞口投点及水准点要做好交接工作，仔细复核和复测，当桩少不便施工时应进行补设。

(3) 施工调查。为给施工组织设计提供依据，要进行施工调查，主要内容有：地质的现场核实；砂、石料来源及场地布置；二、三类料来源；劳力、电力、交通运输以及房屋拆

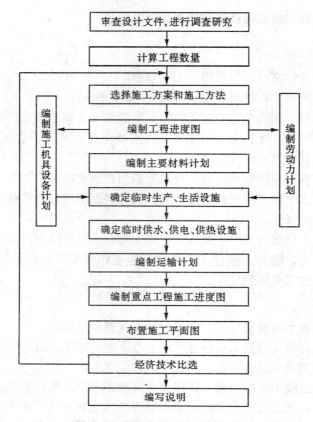

图 12-1　隧道施工组织设计程序

迁、生活供应、水源等。调查完毕写出详细报告。

（4）确定施工方案。在熟悉设计文件和现场调查的基础上，本着能适应地质变化，与本单位人力、物力、技术相适应的原则，在安全、按质、按时完工的前提下，选择隧道的施工方案。选择隧道施工方案的基本要求是：优质、高速、安全、经济、均衡生产和文明施工等。

（5）培训专业人员。对技术工人及基层管理人员如爆破工、喷射工、电工、安全员、质量检查员等，要进行专门培训后方能上岗，特别是采用新技术施工前一定要进行施工前的技术培训。

（6）编制实施施工组织设计。

12.1.3.2　物资准备

对隧道施工中的各种材料、机械（具）需要量及其供应计划、来源、采购、运输等都要做到件件落实，特别要保证五大材（木材、钢材、水泥、油料、炸药）的需求。

对大型机械一定要做好其运进、试运转等工作，并要做好对旧机械的维修、保养工作。

12.1.3.3　施工场地布置

根据洞口地形，做好材料堆放、临时房舍位置、运输线路、弃渣场地、专用机械及搅拌站场地等的规划。在施工场地布置时应注意以下几点：

（1）洞口相邻工程（桥、涵）应优先安排，以减少对正洞施工的干扰，并开辟场地；

（2）弃渣场要少占良田，并要避免弃渣危及已建墩台的安全；

（3）机棚、料库等临时房屋位置要考虑材料加工的连续性和作业之间的相互关系；

（4）砂、石、水泥场地要考虑便于装运，设计时应采用高站台、低货位；

（5）生活区离工地要远近适当，且要尽量集中，要靠近水源并注意防洪。

12.1.4　隧道施工场地布置

隧道施工场地布置应根据洞口地形特点，结合隧道工程规模大小、洞口地形特点、弃渣场地位置、水源情况及工期要求，结合劳动力安排，机械设备、材料用量、施工方法等因素，进行全面规划、统筹安排、合理布置，要为安全生产、快速施工创造有利条件。

12.1.4.1　弃渣场

（1）弃渣场宜设在空地的低洼处，并尽量少占用农田。渣堆不得流失、坍滑而影响下游工农业设施及相邻建筑物。

弃渣场的用地可按松散系数 1.3 计算规划。

（2）如无弃渣场地而弃于河道中，应满足水流畅通和通航要求；并应检查各种水位时弃渣是否会形成挑水影响本岸和彼岸坡面稳定。

（3）运距不远时可考虑弃渣做洞外路基填方和桥头路堤填土，考虑弃渣做施工场地的填筑及填补沟壑造田。

（4）注意环境保护。

12.1.4.2　材料库

大宗材料（如砂、石料、水泥、木材、钢材等）的存放地点（砂、石料堆放场地，水泥仓库，木材仓库，钢材仓库）及木材、钢材加工场地的布置，应考虑材料运进工地方便，易于卸车，靠近使用地点，注意防洪防潮或防火的要求，并应便于加工搬运和施工使用等。

12.1.4.3　隧道施工生产房屋和生产设施布置

（1）通风机房和空压机房应靠近洞口，尽量缩短管道长度，以减少管道中能量损失，尤其要尽量避免出现过多的角度弯折。

（2）搅拌机应尽量靠近洞口，靠近砂、石料，便于装车运输。

（3）炸药和雷管要分别存放。其库房要选择离工地 300～400m 以外的隐蔽地点，并安装避雷装置。

（4）隧道施工机械场所的位置，要求便道可直达，并用电用水方便。

（5）隧道工地的临时道路：工地的主干道宜呈环状布置，次要道路可布置成枝状，应有回车的调头场地。路面宽度双车道 6m、单车道 3.5m。

（6）行政管理和生活福利设施，应方便生产及方便工人生活。工地项目部办公室可位于工地出入口附近，便于有效指挥隧道施工和管理。

12.1.4.4　隧道工地生活房屋的布置

生活用房要与洞口保持一定距离，以保证工人和工作人员有一个较安静的休息环境，但又不宜过远，且工人上下班行走方便。整个生活区要适当集中，以便学习和管理。要考虑职工室外文体活动场地的布置，要注意防洪防水，做好环境保护和卫生的要求。

12.1.4.5 库房及生活用房布置

所有库房及生活用房的布置，均应充分考虑安全因素，如应避开坡面坍滑、危岩落石及泥石流等的危害；还应考虑防潮、防水、防洪（特别是水泥、炸药库）。

总而言之，隧道施工场地布置要尽量做到"占山不占地、占地不占田、修路又造田"。施工单位通过对隧道施工现场的详细踏勘，对投标文件认真分析，充分考虑各种因素，本着合理、实用、经济的原则，进行隧道施工设施及场地平面布置。

12.1.5 施工进度计划

隧道施工进度计划，反映工程从施工准备工作开始直到工程竣工为止的全部施工过程，并反映隧道工程各方面之间的配合关系，反映工程各分部及工序之间的衔接关系。隧道施工进度计划有助于指挥部门抓住关键，统筹全局，合理布置人力、物力，正确指导施工生产的顺利进行；有助于工人群众明确施工目标，更好地发挥主动精神；有利于施工企业内部及时配合和协同作战；有利于加快施工进度。

隧道施工进度计划是按照流水作业原理编制的。隧道施工组织必须研究隧道施工过程。隧道施工过程一般可分为施工准备过程、基本施工过程、辅助施工过程和服务施工过程。

隧道施工过程的组织，主要是解决"施工空间组织"和"施工时间组织"两方面的问题。

隧道施工过程的空间组织：主要解决施工单位的机构组织和人员配备问题，以及具体工程项目的各种生产、生活、运输、行政管理及临时设施的空间分布问题。

隧道施工过程的时间组织：主要解决工程项目的施工作业方式和施工作业工序的安排及衔接问题。

12.1.5.1 隧道施工作业方式

隧道施工作业方式有以下几种。

1. 顺序作业

按工艺流程和施工程序安排作业，即按先后顺序进行组织施工操作。例如隧道坑道开挖这一分项工程的施工程序是：放样、钻眼、装药、引爆、通风除尘、寻帮找顶、装渣、出渣等。

2. 平行作业

线形隧道工程施工作业面特点是很长，因此，根据隧道各分项工程和施工技术的需要，分为几段或几个施工点，同时按程序施工。这种平行作业施工方式可缩短工期，但隧道施工仅有两个工作面，对于长大隧道，坑道长，施工条件恶劣。为了加快掘进，需设置辅助坑道，如横洞、斜井、竖井、平行导坑等，可以增加坑道开挖施工工作面和采用平行作业方式组织生产，加快施工速度及改善施工条件等。

3. 流水作业

这种作业方式是将隧道工程划分为若干个施工段或工区，某一工种的工人队（组）先在第一施工段完成第一道工序，再转移到第二施工段完成同一道工序，同样，另一工种的工人队（组）紧跟其后依次序在各施工段完成下一道工序，如此类推，像流水一样前进，直到完成全部施工任务为止。流水作业是以施工专业化为基础，优点是前一工序可迅速为后一工序让出工作面，从而加快了工程进度；各队（组）在各施工段上连续均衡施工，可合理地使用劳力、材料和机具（如模板和支撑等材料能在各施工段周转使用）；各工种的工人队（组）连续进行同一种工作，可提高熟练程度，有利于保证工程质量和提高劳动生产效率。流水作业是顺序作业和平行作业相结合的一种施工方法，它保留了平行作业和顺序作业施工的优点，消除了它们的缺点。在工序相同的多个施工段的隧道线形工程施工组织中，其优越性是显而易见的，故被较多采用。

12.1.5.2　隧道施工进度图

隧道施工进度计划一般采用隧道施工进度图来表示。隧道施工进度图有横道图、垂直图和网络图 3 种形式。

1．横道图

横道图（见图 12-2）一般由两大部分组成：左面部分是以分项工程为主要内容的表格，包括相应的工程量、定额和劳动量等计量依据；右面部分是指示图表，它是由左面表格中的有关数据经计算等得到的。指示图表用横向线条形象地表示分部各项工程的施工进度，横线的长度表示隧道施工期限；横线的位置表示隧道施工过程，横线上的数字表示劳动力数量；横线不同的符号表示作业队（组）或施工段；横线长度表示隧道各施工阶段的工期和总工期，并综合反映各分部分项工程相互间的关系。可采用此图进行资源综合平衡调整。

横道图表示方法，适用于绘制集中性的工程进度图、材料供应计划图，或作为辅助性的图示，附在说明书中向隧道施工单位下达任务。

2．垂直图

垂直图（见图 12-3）是用坐标图的形式绘制。以横坐标表示隧道长度（以百米标表示里程），以纵坐标表示施工年月（日）。用各种不同的线形代表各项不同的工序。每一条斜线都反映某一工序的计划进度情况：开工计划日期和完工计划日期，某一具体日期进行到哪一里程位置上以及计划的施工速度（月进度）。

各斜线的水平方向间隔表示各工序的距离，其竖直方向间隔表示各工序的拉开时间。各工序均衡推进表示在进度图上为各斜线之间相互平行。垂直图可用于隧道工程进度分析和控制，工程分析情况和施工日期一目了然。

3．网络图

图 12-4 是隧道施工一个作业循环的网络图表示形式。从图中可看出，在每一循环中，各项工作的平行作业，且图中工程主次清晰，可一目了然地找出交接准备到放炮与通风除尘的关键线路，便于保证主要关键线路的人力和物力供应。同时，对次要线路上的工作也能掌握，避免导致因未完成而影响关键线路上的作业进程。整个循环作业过程有条不紊，完成各作业项目的工期准备，以保证整个循环作业顺利进行。

采用网络图形式进行隧道施工工序分析，网络图既能反映施工进度，又有反映各工序和各施工项目相互关联相互制约的生产和协作关系。可采用网络图表示隧道施工中集中性工程或线形工程的进度，还可以通过计算机对施工计划进行优化。它是一种较先进的工程进度图的表示形式。

12.1.5.3　隧道施工进度计划编制步骤

（1）将隧道工程分部项目的施工划分工序；

序号	工程项目	单位	数量	定额	劳动量(工日)	每班平均人数	工作日(天)	施工进度（年·月份 4～11）
1	准备共作				178	23	8	23
2	采砂石粒	m³	3963	2.56	10133	105	96	106
3	运输材料	t³	595	0.12	2490	24	104	24
4	洞外石方	m³	1638	0.49	803	50	16	50
5	下部导坑	m³	2640	1.61	4259	40	108	40
6	上部导坑	m³	1553	1.59	2474	24	106	24
7	扩大	m³	3330	1.62	5729	54	106	54
8	挖底	m³	3804	1.61	6138	58	106	58
9	浇边墙	m³	847	3.17	3704	35	106	25
10	浇拱圈	m³	1168	3.17	3704	35	106	35
11	拱背填片石	m³	338	1.31	112	5	96	5
12	压浆	m³	439	2.77	1214	13	96	13
13	浇水沟混凝土盖板	m³	19.4	6.94	204	9	24	9
14	整修路板	m³	1486	0.26	393	25	16	25
15	浇路面	m³	1486	0.28	414	25	16	25
16	砌洞门水沟	m³	185	2.10	388	15	26	15
	总　计				41644			

劳动力安排示意图

人数：100、200、300、400

23　50　146　170　218　300　357　366　371　384　278　238　211　160　102　77　67　65　50　25

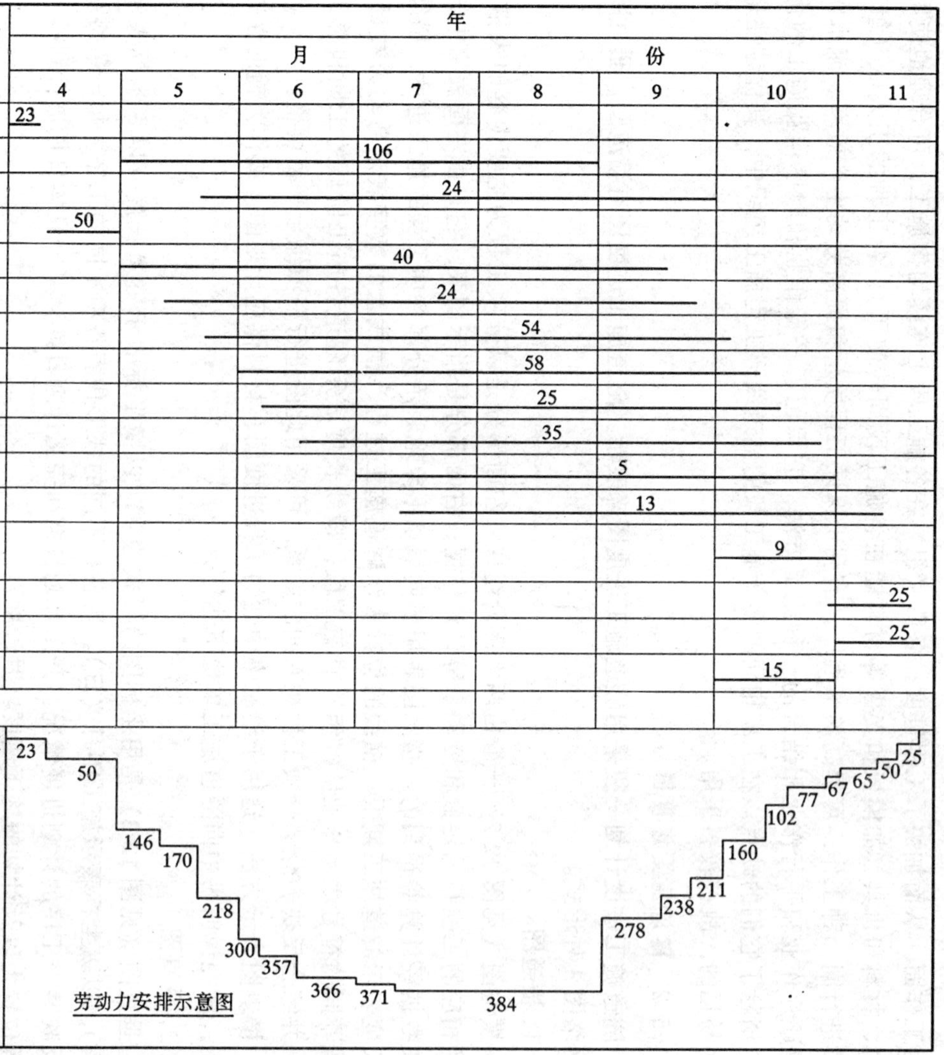

图 12-2　隧道施工进度图-横道图

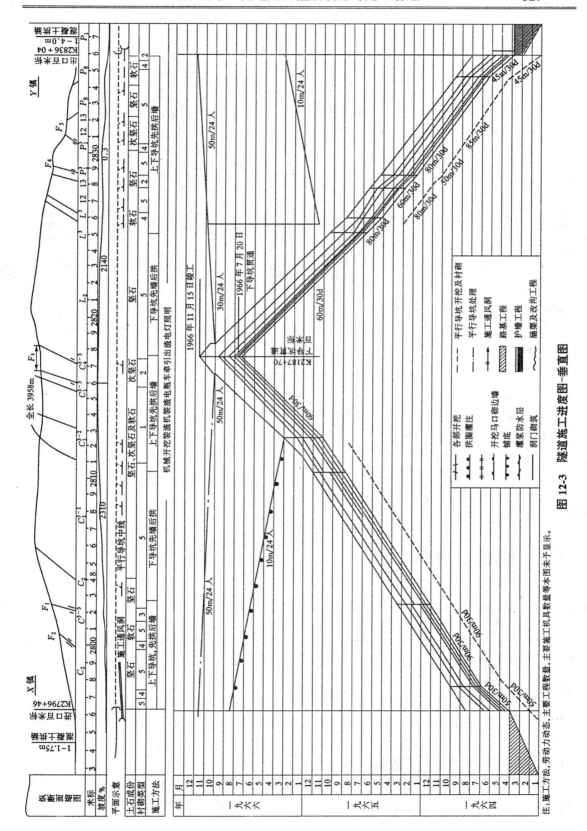

图 12-3　隧道施工进度图－垂直图

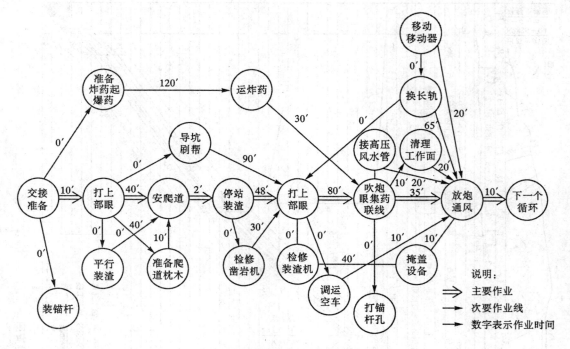

图 12-4　隧道施工进度图—网络图

（2）计算各工序的工程量；

（3）计算各工序的劳动量和机械台班量；

（4）计算各工序的生产周期；

（5）安排各工序的施工进度；

（6）检查和调整施工进度计划；

（7）隧道施工资源需求量计划及其他图表；

（8）特殊地段的施工进度图绘制。

12.2　隧道施工管理

12.2.1　隧道施工计划管理

隧道施工计划管理是根据合同要求，通过计划把隧道施工组织设计的内容具体化，使施工全过程做到综合平衡、衔接配套，以保证施工目标的全面实现。计划管理是隧道施工管理工作的中心环节。

施工计划管理的目标是实现合同要求，获得最好的经济效益和社会效益。

隧道施工计划管理程序，包括：隧道施工计划编制、实施、检查和调整 4 个不断循环的环节。

1. 隧道施工计划编制依据和原则

（1）隧道施工计划编制依据。根据隧道工程承包合同的工程项目、工程量、工期要求，并以施工图、施工预算、合同价格和其他各项指标作为依据，结合施工单位的劳力、技术水平、材料设备、运输等施工条件，编制隧道施工计划。

（2）隧道施工计划编制原则。

① 应遵循根据地质条件，结合实践经验决定隧道施工进度的原则；

② 要遵循综合平衡、全面安排的原则；

③ 要贯彻积极可靠、留有余地的原则；

④ 要坚持按施工方案和施工程序合理组织施工，保证重点照顾一般；

⑤ 要坚持保证施工安全和工程质量的原则。

2．隧道施工计划种类和内容

隧道施工计划内容，包括：总工程数量、劳动力总工日、施工总进度和年度安排、隧道工程总造价和年度工程费、主要材料、机械和车辆申请计划等。

（1）隧道施工年度计划。计划年度要求完成的工程项目和工程量、施工进度安排、部署劳力、提出财务、材料、机械、运输等后勤保障计划。

（2）隧道施工季度计划。在年度计划内，具体规定各季度的各项指标和具体的施工计划。

（3）月（旬）或日隧道施工计划。根据季度施工计划，安排月（旬）或日计划完成的施工进度、工程量、劳力、材料使用等具体项目。

3．隧道施工计划编制方法

隧道施工计划是施工组织设计的重要组成部分，而隧道施工进度计划是施工计划的核心，因此，编制隧道施工计划应先做好进度计划。

隧道施工计划的编制方法步骤如下：

① 计算工作量和劳动工日及所需机械台班；

② 按施工顺序调整工程项目、工程数量；

③ 确定施工顺序、施工方法和作业组织等；

④ 编制隧道施工进度计划和劳力平衡计划；

⑤ 编制材料、机械、运输、财务等计划。

12.2.2　隧道施工技术管理

12.2.2.1　隧道施工技术管理工作任务及内容

1．隧道施工技术管理工作任务

为确保工程优质，不仅要有良好的施工计划管理，还要采取相应的技术组织保证措施。只有在隧道工程计划管理与技术管理同时上水平，才能把工程质量创优目标落到实处。

（1）隧道施工技术管理工作保证措施。

① 制定科学的隧道施工方案和详细的施工工艺；

② 加强隧道施工技术措施，推广使用新技术；

③ 选用先进设备，提高隧道施工装备技术水平；

④ 重点工序施工前必须制订质量保证目标及技术保证措施；

⑤ 加强职工上岗技能培训，特殊岗位持证上岗；

⑥ 坚持换手复核制度，确保技术指令及监控量测成果准确无误。

（2）隧道工程技术管理主要任务。

① 科学地组织各项施工技术工作；

② 建立规范的施工技术秩序；

③ 充分发挥技术力量和装备的作用；

④ 提高机械化施工水平；

⑤ 保证隧道工程质量，提高劳动生产率；

⑥ 降低工程成本。保质保量按期完成隧道施工任务。

2．隧道施工技术管理主要内容

(1) 编制隧道阶段性施工组织设计；

(2) 制定隧道施工技术措施和操作规程；

(3) 图纸会审、技术交底、变更设计、技术培训、质量检查、材料试验、技术革新和总结；

(4) 保管隧道工程资料，建立技术责任制；

(5) 保证工程质量，改进施工技术和操作方法及施工工艺，这是技术管理的中心内容。

实现上述各项施工技术管理工作，关键是建立并严格执行隧道施工的各种技术管理工作规章制度：

① 隧道施工技术责任制；

② 施工图纸会审制；

③ 施工技术交底制；

④ 隧道施工测量复核制；

⑤ 隧道工程施工试验制；

⑥ 工程质量检测制；

⑦ 隧道施工现场监控量测制；

⑧ 隧道施工日志制；

⑨ 隧道工程技术档案制。

3．隧道施工技术管理基础工作

(1) 制订和贯彻隧道施工技术标准和规程；

(2) 认真执行国家颁发的技术标准和规程；

(3) 执行施工单位有关施工方法和操作方法及工程质量要求等规定；

(4) 制订各种技术管理工作制度；

(5) 开展隧道施工技术科学研究工作；

(6) 做好隧道施工技术资料积累和管理工作；重视隧道设计与施工总结工作。

12.2.2.2 隧道施工技术责任制及技术管理

1．隧道施工技术责任制

建立和健全隧道施工技术责任制是保证技术管理工作正常开展的关键。在隧道工程技术责任制中，应该明确规定各级工程技术人员和施工人员对各项工作所负的职责；应明确分工、层层负责、层层检查和监督到位。

2．隧道施工技术管理工作内容

(1) 隧道施工图纸学习与会审；

(2) 隧道施工技术交底；

（3）隧道施工技术档案管理制度。

12.2.3　隧道施工质量管理

"质量责任重于泰山"和"百年大计，质量第一"等口号，明确强调质量是工程建设永恒的主题。

12.2.3.1　隧道施工全面质量管理

全面质量管理是把对隧道工程施工质量的管理，归结为对生产的全企业所有部门及全体人员，在生产过程中工作质量的管理，通过管理好工作质量来保证工程质量。它是以数理统计方法及充分发挥专业技术与人事组织的作用，建立起一整套全面质量管理保证体系。

1. 全面质量管理特点

具有广泛群众性、全面性、预防性和可控制性、服务性、科学性、工作质量与工程质量责任明确性等。

2. 全面质量管理基本方法

对施工全过程进行科学管理的系统及包括质量教育，PDCA（Plan，Do，Check，Action，即计划、实施、检查、处理）制度，技术标准化及 QC（Quality Control）小组活动四部分。

隧道施工全面质量管理，常用的几种数理统计方法有：

（1）主次因素排列图法。对质量不合格的问题进行统计分析，找出发生质量问题的主要原因的一种方法。它的作用是可以找出"关键性因素"对工程质量管理的影响程度。

（2）因果关系分析图法。分析工程质量问题因果关系，寻找产生质量问题原因的一种方法，以便对症下药采取良方予以解决。

（3）直方图法。通过概率数分布来分析研究数据的集中程度和波动范围的数学方法。用横坐标表示特性单位，以纵坐标表示频率数，通过分析绘成的直方图的形状来判断统计数据的分布是否正常，即隧道施工过程是否稳定——通过与技术标准和质量标准的比较，判断是否存在异常现象。

（4）控制图法（又称管理图或监控图法）。控制图应用方法：一般是在施工生产正常情况下，先取样品，经计算求得控制上、下界限数值后，画出管理控制图。并在生产过程中定期取样品，得出数据描在控制图上。如果点子落在控制界限内，则表明施工生产过程正常，如果点子超出控制界限，则表明施工生产过程不正常，应及时采取措施使生产恢复正常。

12.2.3.2　确保隧道工程质量和工期的保证措施

1. 确保隧道施工工程质量主要措施

（1）建立健全质量管理保证体系；

（2）提高全员质量意识，按分项分工序实施专项质量意识教育，建立健全质量管理及奖惩的规章制度；

（3）公开招投标选择具有丰富隧道施工经验的专业施工队伍；

（4）成立隧道施工工地中心试验室，加强对施工过程质量的检验和监控量测，严禁不合格材料进入任何工序，确保各项工序一次成优；

（5）狠抓工序质量的自检、互检与专业检查，确保隧道整体工程质量优良。

2．确保隧道施工工期要求主要措施

（1）调遣精兵强将，强化施工管理。组建精干的工程项目经理部、成立各种专业队，建立各种管理体系。

（2）科学组织、精心施工、文明生产。运用统筹法、网络技术、系统工程等新技术编制切实可行的实施性施工组织设计、选择最优施工方案，确保工程按计划完成。

（3）广泛应用高效先进成套隧道施工机具及采用先进的施工工艺，合理安排作业层次，投入足够的劳力和技术骨干，提高工效加快进度；

（4）成立协调小组抓好协调，减少施工干扰，使工程施工顺利进行；

（5）抓住时机，适时掀起施工高潮，开展劳动竞赛，振奋拼搏创优精神，加快施工进度；

（6）做好雨季施工和农忙季节的施工安排，减少雨水对施工的影响，做好防汛准备，有备无患；农忙季节前做好材料储备，农忙中安排机械化作业工序，需配劳务工工序尽量避开抢收抢种季节，农忙时内部职工不请假等临时措施。

12.2.4　隧道施工经济管理

隧道工程施工经济管理工作，主要是施工定额和控制工程项目的成本管理两大项内容。

12.2.4.1　隧道工程建设标准定额使用

标准定额是指在规定的一段时间内完成工程质量合格的单位工程数量所消耗的劳力、材料和机械台班等数量的标准。

定额使用时应注意：

（1）在施工中如果施工条件、地质条件变化较大，原定额已不适应时，提出对具体定额的修改意见，报编制定额单位批准后执行；

（2）严格按照定额手册中的说明要求办理；

（3）应注意定额拟定中的施工条件应与本隧道工程施工条件是否一致或较接近；

（4）计算单位要统一，可换算的项目，注意换算方法；

（5）学会善于联系工程实际，灵活使用各种定额。

12.2.4.2　隧道工程成本管理

工程成本管理是施工企业为降低工程成本而进行各项经济管理的总称。其目的主要是以尽量少的劳动力、机械台班和材料消耗，优质高效地完成施工任务，并获得较好的经济效益。

（1）隧道工程成本的计划；

（2）隧道施工工程成本责任的控制；

（3）隧道工程成本核算与分析。

12.2.5　隧道施工安全管理

建立健全隧道施工各项安全管理制度、规划和规定、措施及基本要求如下：

（1）做好隧道施工前安全准备工作；

（2）建立健全隧道施工安全管理制度；

（3）认真贯彻施工安全规范；

（4）制定项目安全制度，提高安全施工意识；

（5）加强施工技术安全管理；

（6）加强安全教育，制定相应安全措施；

（7）隧道施工机械设备的安全措施；

（8）防触电及电器设备安全措施；

（9）防高空坠落伤人的安全制度；

（10）施工现场设立安全标志；

（11）洞内作业安全管理；

（12）洞内和夜间施工照明；

（13）爆破器材安全管理；

（14）严格执行安全检查制度；

（15）特殊技术工人技术培训；

（16）岗前安全教育；

（17）实行交接班制度；

（18）发现险情，必须设立警示标志；

（19）领导干部必须经常深入现场，检查安全工作；

（20）实行安全工作与经济挂钩；

（21）配备足够防水、火、毒安全器材；

（22）隧道施工应重视防火灾；

（23）加强隧道的围岩量测监控工作。

对隧道施工中的各类事故，均应严格按照"三不放过"的原则处理，即事故原因调查不清楚不放过；事故责任者和施工人员未受到应有的教育不放过；没有制订出今后防范措施不能放过。

参考文献

[1] 客运专线铁路隧道工程施工技术指南 TZ 214—2005 [S]. 北京：中国铁道出版社，2005.

[2] 朱永全，宋玉香. 隧道工程 [M]. 北京：中国铁道出版社，2009.

[3] 周爱国. 公路隧道施工 [M]. 北京：人民交通出版社，2004.

[4] 重庆交通科研设计院. 公路隧道设计规范（JTG D 70—2004）[S]. 北京：人民交通出版社，2004.

[5] 中铁二局集团有限公司. 铁路隧道施工规范（TB10204—2002）[S]. 北京：中国铁道出版社，2002.

[6] 交通部重庆公路科学研究所. 公路隧道施工规范（JTJ042—94）[S]. 北京：人民交通出版社，1995.

[7] 铁道专业设计院. 铁路隧道喷锚构筑法技术规范（TB-10108—2002）[S]. 北京：中国铁道出版社，2003.

[8] 关树宝. 隧道工程设计要点集 [M]. 北京：人民交通出版社，2003.

[9] 国家技术监督局，建设部. 工程岩体分级标准（GB50128—2001）[S]. 北京：中国计划出版社，1995.

[10] 中铁二局集团有限公司. 不良地质隧道的开挖与支护技术研究 [M]. 北京：中铁二局集团有限公司，2001.

[11] 陈先国，田义，罗春雨，等. 五指山公路隧道工程技术 [M]. 北京：人民交通出版社，2008.

[12] 钱东升. 公路隧道施工技术 [M]. 北京：人民交通出版社，2003.

[13] 邓江. 猫山公路隧道工程技术 [M]. 北京：人民交通出版社，2003.